国家社科基金结项成果

陕西师范大学优秀著作出版基金资助成果

陕西师范大学中国语言文学“世界一流学科建设”成果

宋代文体学思想研究

任竞泽 著

人民出版社

目 录

绪论：中国古代文体学思想论纲[①]

中国古代文体学正在成为中国古代文学和中国古代文论研究的学术增长点之一，高水平的学术论文和著作时有出现，文体学学科的建立时机也日见成熟。尽管当下文体学研究涉略到文体形态、文体分类、文体批评研究等诸多方面，但对文体学理论之整体研究还是个薄弱环节，这显然与文体学研究的繁荣态势是不相称的。我们知道，一门学科的建立和成熟必须有相应的系统理论作指导，而文体学思想则是一种内蕴更为丰富的文体学理论范型，在涉略文体学之方方面面的同时，更多关注文体观念的形成发展与社会政治、历史文化、哲学思想及文学思潮的关系。不过目前文体学思想研究还是一个颇为荒芜的研究领域，仅有数位学者在一些单篇论文中涉及，尚无整体研究，而系统的文体学理论批评或者说文体学思想文献整理更是无从谈起，故而中国古代文体学思想研究可以某种意义上适时地弥补这一学术缺憾。我们通过综论中国古代文体学思想的研究现状和趋势，比较文体学思想与文学思想史的关系、文体批评史与文学批评史的关系及其文体学思想与文体理论批评的关系，以宋代文体学思想为核心概述中国古代文体学思想的整体特征及其形成的社会历史环境因素，进而探讨和呈现中国古代文体学思想研究的方法原则、学术价值和理论意义。

---

① 本文发表于《中国社会科学院研究生院学报》2018 年第 3 期。

第一节 同异比较与方法借鉴：文体学思想与文学思想史

文学批评史和文学思想史是中国古代文论史的两种基本范型，从某种意义上来说，中国文学史可以说就是中国文体发展史，中国文体理论批评史与中国文学理论批评史也是并肩而行，而中国文体学思想史也自然融入在中国文学思想史的演进历程之中，是中国文论史的重要组成部分。我们在综述文体批评及文体学思想研究现状和趋势的基础上，借鉴罗宗强、左东岭等学者的中国文学思想史研究方法，进而寻绎和总结中国古代文体学思想的治学路径、发展规律、体系概貌和整体特征。

国内外中国古代文体学理论研究主要包括两个方面：首先，文体学理论批评研究。近40年来相关科研成果极为丰硕，涉及辨体破体、尊体变体等文体批评与文体观念研究，以及以文为诗、以诗为词等具体的诗文、词学辨体等等，包括如下几个方面：1. 围绕“文体批评”尤其是“辨体批评”展开的如吴承学《辨体与破体》《破体之通例》、何诗海《明清总集凡例与文体批评》、张宏生《辨体与合体——李渔的词曲渗透之论及其时代》、赵维江《效体·辨体·破体——论元好问的词体革新》、罗宗强《寻源、辨体与文体研究的目的——读书手记》、李建中《辨体明性：关于古代文论诗性特质的现代思考》、陈斌《辨体：许学夷论汉魏六朝诗歌流变》、许结《元明辨体思潮与赋学批评》、葛晓音《从诗骚辨体看“风雅”和“风骚”的示范意义——兼论历代诗骚体式研究的思路和得失》、陈文新《从辨体角度看明清章回小说的几个特征》、汪泓《许学夷明诗辨体批评述考》等。2. 围绕“以文为诗”“以诗为词”等的如霍松林《从北征看“以文为诗”》、李健章《韩愈“以文为诗”辨》、许总《杜甫以文为诗论》、杨海明《论“以诗为词”》、崔铭《对“以诗为词”创作倾向的新透视》、胡建升等《宋人以文为赋论》等。3. 围绕“文体观念”的如吴承学《中国早期文字与文体观念》，吴承学、李冠兰《文辞称引与文体观念的发生——中国早期文体观念发生研究》，吴承学、李冠兰《命篇与命体——兼论中国古代文体观念的发生》，许总《论韩孟诗派的思想倾向与文体观念》，杨东林《开放的文体观——刘勰文体观念探微》等。经知网检索统计，自1978年以来40年间，这几方面的文体学理论论文近500篇，可谓繁荣。其次，文体学思想研究。

尽管在20世纪90年代初期便有以“文体学思想”为名的论文王常新《中国古代文体学思想》发表，但其后出现了长达15年的断层，未能得到响应，稍见集中的研究只是近十余年的事情。包括如下几个方面：1. 从整体来研究的有王常新《中国古代文体学思想》、程新炜《中国古代文体论的前期发展与思想文化背景》、黄念然《中国古代文体学思想的特点及其文化成因》等。2. 论魏晋六朝曹丕、刘勰、钟嵘等文体学思想的，包括何诗海等《〈文心雕龙〉的文体学思想》、効天庆《曹丕与陆机的文体学思想比较论略——兼及魏晋文学思潮的发展轨迹》、胡红梅《曹丕文体学思想新解》、任竞泽《〈典论·论文〉文体学思想甄微》、任竞泽《钟嵘〈诗品〉之文体学思想》等。3. 论唐宋元文体学思想的，如任竞泽《杜甫的文体学思想》、任竞泽《辨体对立角色与破体开拓意义——欧阳修的文体学思想探微》、任竞泽《真德秀的文体学思想》、任竞泽《王应麟的文体学思想》、任竞泽《辨体与变体：朱熹的文体学思想论析》、任竞泽《朱熹文体学思想的学术渊源及影响》、何诗海《经史一体与文体谱系——郝经文体学思想初探》等。4. 论清代及近代转型期文体学思想的，如吴承学等《论〈四库全书总目〉的文体学思想》、吴承学《〈文体通释〉的文体学思想》、柯镇昌《刘师培的文体学思想及其研究方法刍议》、李建中《文学是文体的艺术——汉语文体学理论重构与韦勒克文体学思想》、任竞泽《曹雪芹的文体学思想——兼及脂评本〈红楼梦〉的文体文献学价值》、胡建升《融汇中西的文体探索——论王国维的文体思想》等。可以看出，与辨体理论批评研究之繁盛相比，颇显冷落寂寥。

整体来看，因为中国古代文体学学科的逐渐确立和成熟，相关研究已经极为全面和深入，文体理论研究尤其是辨体批评研究成效显著，但以文体学思想为名的论文却仅20余篇。此外，诸位学者之研究均为单篇论文，关注的是某位作家或某一文论总集中的文体学思想，至于中国文学批评史或者说中国文学思想史视野下的整体的文体学思想研究则付之阙如。这样，在中国古代文体学研究自身学科理论与方法尚处于建构过程之中，在学科理论与具体的学术实践正处于相互碰撞和交融之时，在中国古代文体学理论的系统研究还是一个较为薄弱的环节之情形下，中国古代文体学思想文献整理与研究之创新意义和学术价值便突显出来，具有了开风气之先的作用和意义。

如上所述，中国古代文体学思想研究目前还是个较为陌生的学术领域，其学科属性与中国文学思想史颇为相近，而中国文学思想史已经是一门相对成熟的学科了，所以进行文体学思想研究应当充分借鉴文学思想史的研究方法。作为中国古代文体学理论的两种范式，研究中国古代文体理论批评与中国古代文体学思想有着明显的区别，这与中国文学批评史和中国文学思想史之间的关系极为相似或者说相通。换言之，中国文体批评史是中国文学批评史的一部分，而中国文体学思想史则是中国文学思想史的一部分，二者是双线并行的。我们通过比较这两种文论范式的不同，可以借鉴中国文学思想史的研究方法进行中国古代文体学思想研究。

我们知道，20 世纪 80 年代，罗宗强先生以《隋唐五代文学思想史》为代表创立了中国文学思想史学科，其后左东岭、张毅等学者发扬光大，形成了中国文学思想史系列专著，分别对中国文学思想史与中国文学批评史的同异及其中国文学思想史的研究方法进行了全面探讨，这对于理解中国古代文体理论批评与中国古代文体学思想之间的关系及如何探寻中国古代文体学思想的研究方法有重要启示和借鉴意义。具体如下：

其一，中国古代文体学思想研究应重视文体观念深层原因的把握，这与治文学思想史要注重形成文学思想的复杂社会历史环境原因诸如政治、经济、哲学、宗教、风俗等有相通之处。如左东岭先生云："中国文学思想史研究的主要优点，就是把文学批评史的平面研究变成立体的研究。所谓立体，指的是在纵向上注重过程性的研究，不把文学思想理解成静止不变的固定形态；在横向上是注重形成文学思想的复杂原因，诸如政治的、经济的、哲学的、宗教的、风俗的等等，也就是文学思想史更重视对于文学观念的深层原因的把握。"① 再如："要对文学思想的发展过程与演变原因进行深入的研究，就离不开对社会历史环境的考察。""影响文学思想的因素是非常复杂的，举凡经济、政治、哲学、宗教、风俗、社会思潮、生活时尚、地域文化等等，任何一种都会成为影响文学思想的因素。"② 这一方面让我们意识到中国古代文体学思想研究与中国古代文体理论批评研究的不同，同时也启发我们在研究文体学思想时，要特别重视影响文体学思想形成的社会历史环

① 左东岭：《中国文学思想史研究方法的再思考》，《中国人民大学学报》2014 年第 4 期。

② 左东岭《中国文学思想史的学术理念与研究方法——罗宗强先生学术思想述论》，《文学评论》2004 年第 3 期。

境因素。例如曹丕、欧阳修等人的文体学思想就与此息息相关。

其二，文学思潮对文学思想的影响。某一历史时期代表时代风气的重要文学思潮、文学运动及文学流派等对文学思想的形成和发展会产生极大影响，如沈时蓉云："朱维之先生在《中国文艺思潮史略》所谈的这两种意义，实质上已经揭示出文学思想史与传统的文学史和批评史相比较所具有的不同特征。它不是按朝代胪列作家作品的文学史，也不是叙述各体文学发展变化的文体史，也不是仅仅注重外铄的文学理论批评的批评史，它是从内容、思想和风格各方面所体现出来的文学思潮的奔流的历史。"① 再如左东岭云："更深入探讨当时文学思潮的复杂成因。许多历史因素都不是产生于一时一事的现象，而是存在着许多深层的复杂历史关联，只有将某一阶段的前后关联都弄清楚了，此一时期的许多现象才能呈现出其真实面貌。"② 同样，文体学思想研究也离不开联系文学思潮进行考察，例如曹丕、欧阳修、黄庭坚的文体学思想就与建安文人集团、宋代古文运动、江西诗派等密不可分。

其三，文学思想史研究是一种跨学科的交叉研究，文体学思想亦不例外。如左东岭云："二是跨学科研究与回归文学本位的协调。文学思想史研究既然是一种立体动态的研究，当然会涉及许多领域。士人心态的变化会牵涉到朝政变迁、社会思潮演变等历史要素，而每一种人的文学思潮的背后也大都有某种哲学的观念作为支撑，不弄清这些就很难把文学思想说清楚。于是文学思想史研究中便有了儒释道思想的研究，有了士人心态的研究，有了政治制度的研究等。"③ 罗宗强云："因为这一学科涉及面广，文学思想的发展与哲学思想、艺术思想、宗教思想等等有关系……这些相邻学科影响文学思想，是非常复杂的，它往往是一种观念，一种情趣，一种人生境界的影响，材料的选择与分析当然应该从这种内在联系上着眼。"④ 文体学思想研

① 沈时蓉：《从思潮史到思想史——中国文学思想史研究的回顾与展望》，《四川师范学院学报》1993 年第 4 期。

② 左东岭《朝代转折之际文学思想研究的价值与意义：以元明之际文学为例》，《光明日报》2007 年 4 月 3 日第 007 版。

③ 左东岭《中国文学思想史的学术理念与研究方法——罗宗强先生学术思想述论》，《文学评论》2004 年第 3 期。

④ 罗宗强：《路越走越远——研究中国古代文学思想史的体会》，《文史知识》1990 年第 10 期。

究也同样要文史哲兼顾，例如欧阳修、朱熹、真德秀等的文体学思想就与他们的史学思想和哲学思想交融相通，或者与他们的艺术思想不无关系。

其四，从创作实践中总结出文学思想。罗宗强、左东岭等学者最鲜明的文学思想史研究方法就是从创作实践中总结出文学思想，如罗宗强云："治中国古代文学思想史与治中国古代文论，有同也有不同。二者都要研究文学批评与文学理论，这是同的地方；除此之外，文学思想史还要研究文学创作所反映出来的文学思想，这是不同的地方。"[①] 左东岭云："从学科发展层面讲，是为了突破已经具有近百年研究历史的中国文学批评史的学科限制，使中国古代文学观念史的研究向着更高层次提升。仅就研究对象而言，文学思想史将自己的研究对象扩展至创作实践的领域，这极大地拓展了研究的空间，从而使本学科拥有丰富的学术内涵与宽广的发展前景。"[②] 同样，文体学思想研究也要重视创作实践中的文体观念，如杜甫、周邦彦等自身的文体言论文献极为稀见，但是在创作中却取得了集文体之大成的成就，他们诗词创作中蕴含的文体学思想为历代批评家所认识和总结，综罗历代相关文体批评文献，我们就可以从中总结和构建出他们的文体学思想体系。

要之，通过全面阅读辑录、分类评析中国古代文献典籍中浩繁的文体史料，选取其中具有代表性的文体学思想理论文献进行研究，借鉴以罗宗强为代表的文学思想史研究路径和方法，庶几可以整体勾勒和深入了解中国古代文体学思想的文献分布、体系特征及演进规律等。

第二节　个案特征与方法概览：中国古代文体学思想研究举隅

综上所述，我们在研究中国古代文体学思想时，需要借鉴文学思想史的研究方法。接下来我们就以宋代文体学思想为中心进行考察，结合当代学者对中国历代文体学思想研究的成果和方法，概观中国古代文体学思想研究的方法原则和整体特征。

第一，研究中国古代文体学思想要充分考虑目录学传统、总集编选、类书编纂、名理思潮、史官文化等综合文化学术因素。一些文体学者已经注意

---

① 罗宗强：《路越走越远——研究中国古代文学思想史的体会》，《文史知识》1990 年第 10 期。

② 左东岭：《中国文学思想史研究方法的再思考》，《中国人民大学学报》2014 年第 4 期。

到这一点，如黄念然在《中国古代文体学思想的特点及其文化成因》一文中云："在中国文体学理论形成与发展过程中一些文化因素如目录学学术传统、总集编选、类书编纂等给予了深远影响。强调文体的继承与创新的辩证性并综合考察文体盛衰的内外部因素是理解中国古代文体源流的民族特色的重要途径。"[①] 程新炜亦云："文学发展产生了文学分体，文体分化产生了辩体的需要，辩体的系统化、理论化产生了文体论。此外，历史上的文化和思潮的因素，如目录学、名理辩析思潮、传统史官文化、新兴通变思潮等，对文体论的发展也起了较大的促进作用。"[②]

具体来说，关于目录学和类书对文体学思想的影响，如曹丕的文体分类学思想中，从归纳并类着眼，"四科八体"的"四科"就是"四分法"，它对真德秀的"四目"法产生了影响，而其源头则要溯至孔门四科、类书分类以及目录学"四部"等[③]。再如《四库全书总目》"在文体学研究上具有独特的价值和地位。作为一部官方组织、集体编纂、旨在对历代文化典籍作总结与批评的目录学著作，其考察视野之开阔，涉及问题之纷繁广博，是一般文体学专著所无法比拟的。《四库全书》对于图书的收录、编排以及《总目》所体现的文体批评观念，如文体谱系与文体分类、文体渊源与文体本色、骈文与散文文体、史传与小说文体等理论，都比较集中地反映了清代前中期的文体学思想与认识水平，并对当时及后世的文体学研究产生了深远影响"[④]。

第二，从创作实践中总结文体学思想。从创作实践中总结文学思想是以罗宗强为代表的文学思想史学者的主要研究路径，左东岭先生更是结合了文体学理论诸如文体使用、辨体与破体等进行阐述，尤能看到文体学思想与文学思想的关系。如左东岭云："关于如何从创作实践中提取文学思想观念的问题，原来只是从作者的创作倾向中加以概括。其实，从作者的题材选取、文体使用、创作格式、审美形态等方面，均能体现作者对于各种文学问题的看法。"[⑤] 其后进一步论说："如何从创作实践中提炼出文学思想……辨体与

① 黄念然：《中国古代文体学思想的特点及其文化成因》，《中国政法大学学报》2012 年第 3 期。
② 程新炜：《中国古代文体论的前期发展与思想文化背景》，《内蒙古电大学刊》1994 年第 6 期。
③ 任竞泽：《〈典论·论文〉文体学思想甄微》，《陕西师范大学学报》2014 年第 1 期。
④ 吴承学、何诗海：《论〈四库全书总目〉的文体学思想》，《北京大学学报》2007 年第 4 期。
⑤ 左东岭：《中国文学思想史研究方法的再思考》，《中国人民大学学报》2014 年第 4 期。

破体永远是创作的两极，而在这两种不同的追求中，便显示出作者对待传统的态度。再如，对于诗体的选择，也能透露出作者的文学观念，他是喜爱古体诗，还是喜爱格律诗，这其中显示了他对于形式技巧的态度。还有，一位作家的作品体貌是与流行的主流体貌相趋同，还是能够独树一帜？如果是后者，那他很可能体现了作者对于文学价值的不同观点而具有新的创造。”①

关于这一点，韩非子、杜甫、周邦彦的文体学思想最能体现，三者自身的文体学言论文献几乎没有，但是在各自的作品中却蕴涵丰富的文体学思想体系，需要进行总结和提炼。如马世年《韩非散文所体现出的文体学思想》一文就是这样做的：“将程千帆先生所提出的‘从作品中抽象出文学规律和艺术方法来’的学术思想引入到《韩非子》的研究当中，我们可以从中总结出与传统文学理论以及现代文学思想相关的一系列看法来，‘文体学思想’便是其中之一。”② 再如，杜甫的文体学思想极为丰富，但除了“别裁伪体”和“吴体”这样的只言片语外，很难再发现其他文体文献，但我们从历代学者对其作品的评论文献中，可以发现他的文体学思想诸如“诗文之辨”的辨体理论内涵和意义、古今学者对“别裁伪体”的解释充满歧义、杜甫之诗文优劣论及其“以诗为文”“以文为诗”的辨体特征以及“吴体”所代表杜甫“破弃声律”和“时用变体”的破体观等③。这正如罗宗强先生所云：“有的文学家可能没有或很少文学理论的表述，而他的创作所反映的文学思想却是异常重要的。”④ 很显然，历代名家对杜甫的评论，无疑代表着杜甫创作实际所反映出来的文体学思想，亦正与罗先生所言吻合：“把在文学创作中反映出来的文学思想倾向，与文学批评、文学理论相印证，结合起来研究，我们才有可能写出一部完整的文学思想史。”⑤

第三，哲学思想、史学思想对文体学思想的影响，或者说不同领域的学科交叉研究，需要文史哲打通。如左东岭云：“中国古代文学思想研究就是对中国古代理论家、批评家和作家如何理解文学进行全面的探讨。这是一门

① 左东岭：《中国文学思想史研究方法的再思考》，《中国人民大学学报》2014 年第 4 期。
② 马世年：《韩非散文所体现出的文体学思想》，《光明日报》2008 年 9 月 19 日。
③ 任竞泽：《杜甫的文体学思想》，《广东社会科学》2015 年第 2 期。
④ 罗宗强：《略论文学思想史的研究对象和研究方法》，《南开学报》1991 年第 3 期。
⑤ 罗宗强：《略论文学思想史的研究对象和研究方法》，《南开学报》1991 年第 3 期。

交叉学科，涉及文史哲，需要进行文学、史学、哲学打通式研究。”[①] 如朱熹和王应麟的文体学思想就鲜明体现了这一点。朱熹的文体学思想是其文学思想的重要组成部分，与其儒家的哲学理学思想密切相关。朱熹对《诗经》的诠释方法和纲领，即“读诗须先识得六义体面”之辨体为先思想，是他“亦须先识得古今体制”的进一步引申和强调。作为理学家，儒家思想的“中庸”理念及其论《易》时相关的经权、常变等朴素辩证观，都是他辨体通变观的哲学思想基础。[②] 再如王应麟的文体学思想主要体现在《辞学指南》和《玉海·艺文》两部著作中。王氏丰富的文体学思想的形成，与其“综罗文献”的史学思想，师承朱熹、吕祖谦、真德秀等通儒硕学的理学思想，以及以“博学宏词科”出身为荣耀等政治学术背景都有很大关系。[③] 作为元初重要的文体学家，郝经以经世致用为宗旨，在“六经自有史”学术理念的指导下，初步构建了一个“文本于经”的文体学谱系，并以详尽的文体论充实了这一谱系。[④] 除了须综合文史哲三大门类学科外，还应考虑众多新兴学科与文体学思想的学科交融关系。如吴子林称“文体学是文艺学的一个分支，是与文艺哲学、文艺心理学、文艺社会学以及文艺批评学等并列的学科”[⑤]。

第四，文学思潮对文体学思想的形成和影响。如劾天庆认为：“陆机的文体学思想是曹丕文体学思想的承传发展，本文拟从文体种类变化、文体秩序安排、文体特征阐释、体系建构等四个方面，分析陆机对曹丕文体学思想的继承发展性，并从中探讨魏晋文学思潮的发展轨迹。”[⑥] 再如，欧阳修的文体学思想是其文学思想的重要组成部分，与其书法文艺理论亦相通交融。他引领时代风气的文学革新运动从某种意义上来说就是文体上的变革创新，具体包括以文为诗、以诗为词、以文为赋、以文体为四六以及其他文体的变

① 左东岭：《国学与古代文学思想研究》，《江西社会科学》2011 年第 3 期。

② 任竞泽：《辨体与变体：朱熹的文体学思想论析》，《厦门大学学报》2016 年第 6 期。

③ 任竞泽：《王应麟的文体学思想》，《济南大学学报》2011 年第 1 期。

④ 何诗海：《经史一体与文体谱系——郝经文体学思想初探》，《学术研究》2007 年第 8 期。

⑤ 吴子林：《文体：有意味的形式及其创造——童庆炳“文体诗学”思想研究》，《文艺评论》2012 年第 9 期。

⑥ 劾天庆：《曹丕与陆机的文体学思想比较论略——兼及魏晋文学思潮的发展轨迹》，《兰州大学学报》2009 年第 4 期。

格变体等。[①] 更具代表的是，黄庭坚的文体学思想与江西诗派及其成员诸如陈师道、吕本中等的文体观密不可分，综合诸家的文体论，从而形成了江西诗派系统的文体学思想体系。[②]

第五，近代西学东渐思潮影响下的文体学思想研究，以王国维和刘师培为代表。如胡建升认为："王国维在《人间词话》等文学批评论著中寄寓了自己的文体观念。我们从文体因革论、尚情论、尊体论三个方面来讨论王国维的文体思想，并尝试从新旧学术思想交替与融通的视角，分析王国维在近代文体批评方面所做出的积极贡献。"[③] 柯镇昌云："刘师培古代文体学研究的最大特点是与文章学研究的紧密结合，同时注重实证，善于借鉴古今中外的研究理论和方法，由此做到言必有据。在他的研究过程中，透露出深深的历史责任意识，使得其研究成果具有着特别的历史厚重感。"[④] 关于融汇中西的文体学思想这一点，其他诸如章太炎、钱钟书等都是如此。

第三节　文献整理和学科树立：文体学思想研究的学术价值和理论意义

该绪论是本书稿《宋代文体学思想研究》课题论证思路的扩充和延展，名为论纲，指明这是中国古代文体学思想研究的宏大设计构想和大纲框架，而《宋代文体学思想研究》只是这一架构的一部分，或者说只是中国古代文体学思想史系列的一个朝代阶段，这与罗宗强先生研究中国文学思想史的初衷及设想很相似，即先以《隋唐五代文学思想史》为切入口，进而结撰系列专著，形成一门学科和独立的学术领域。这种设想和构架体现了这一研究的学术价值和理论意义，当然也可以看作是宋代文体学思想研究的学术价值和理论意义。

首先，文体学思想史价值。一方面，在内容结构和体系建构上，以时代

---

① 任竞泽：《辨体对立角色与破体开拓意义——欧阳修的文体学思想探微》，《甘肃社会科学》2017 年第 6 期

② 任竞泽：《黄庭坚的文体学思想》，《文化与诗学》2014 年第 2 期。

③ 胡建升：《融汇中西的文体探索——论王国维的文体思想》，《社会科学论坛》2009 年第 10 期。

④ 柯镇昌：《刘师培的文体学思想及其研究方法刍议》，《中国社会科学院研究生院学报》2015 年第 4 期。

为线索，大体分为五个时期：一是先秦两汉孕育萌芽期，二是魏晋南北朝形成发展期，三是唐宋金元定型成熟期，四是明代集成鼎盛期，五是清代近代总结新变期。以朝代为演进轨迹进行历史的描述和思考，可以说就是一部成系列的文体学思想史。另一方面，按照中国文论史的发展过程，在整体的历代文体学思想研究基础上，选取具有丰富文体学内蕴的经典批评家的经典文论著作进行个案式研究，从而又有效地克服了仅仅对传统中国文体学思想做浅层次的、概论式的讲述之弊端。这样既可以描述出中国文体学思想史的发展概貌，又能够对作为个案研究而专门论析的经典文论著作从文体学的角度进行重新审视和解读。

具体来说，按照文学史和文学批评史的发展脉络，选取历代文坛和文论代表人物进行研究，这也是借鉴文学思想史的研究策略和路数，如沈时蓉认为罗宗强《李杜论略》中“可以看出构成文学思想史研究格局的三个重要思想”之一就是“研究文学思想的发展史，必须注重对文坛代表人物的研究，因为文坛代表人物的文学思想，体现着一个时期文学思潮的主要特色”①。同样，我们研究中国古代文体学思想史，也在不同时期选择文坛代表人物诸如曹丕、刘勰、钟嵘、杜甫、欧阳修、黄庭坚、朱熹、郝经、元好问、许学夷、胡应麟、曹雪芹等等进行集中研究，这样可以管中窥豹，概观中国古代文体学思想的演进规律和体貌特征。

其次，文体学理论价值和学科树立意义。本论纲志在开拓文体学研究领域，为文体学学科之建立打下基础。近几十年以来，中国古代文体学研究渐成学术热点，在一些大型的国内外文体学专题会议上，很多学者如郭英德、吴承学等都对文体学学科之建立提出过宏观的研究设想，对文体学理论批评研究也提出了一些建设性意见，但对文体学思想的系统构建尚未见有学者论及，本文试图起到弥补这一学术缺憾的作用。中国古代文体学正日渐形成自己独特的研究领域和学术特色，学科的建立也日渐成熟。而我们知道，任何一门学科的形成、建立和壮大，理论先行和以理论为指导都是极为重要的，而文体学思想是文体学理论的一种重要范式。这样，在目前中国古代文体学理论的系统研究还是一个较为薄弱的环节之情形下，本研究之创新意义和学

① 沈时蓉：《从思潮史到思想史——中国文学思想史研究的回顾与展望》，《四川师范学院学报》1993 年第 4 期。

术价值便凸显出来。

其价值和意义还体现在，可以促进经典文论研究的深化拓展，并以此形成文体学理论的经典化过程。按照中国文论史尤其是中国文体学思想史的发展线索，分别对历代文论著作进行全面的文体学理论研究，重点深入挖掘其中每个朝代经典文论所包蕴的文体学理论内涵，可以说是对中国古代经典文论的深化与拓展。诸如刘勰《文心雕龙》、钟嵘《诗品》等经典文论，历代学者们已经对其文学理论意义进行过多方位的分析阐述，而我们则另辟蹊径，从文体学思想研究的视域对其中的文论意涵进行发掘阐释，这样的研究对于丰富拓展中国古代文体学研究及中国古代文论史研究之范围、内蕴，都具有重要的学术价值。

尤其是，这种学科树立意义还体现在多学科交叉研究上，即在“大文论”的宏通文艺思想史视野下，以文体学理论批评史料为基础，纳入书论、画论、乐论等不同艺术理论中的相关文体文献，并结合不同时期的文学史、史学史、政治史、思想史、哲学史、学术史、文化史等与文体学思想密切相关的学术文献，全面立体地呈现各个时期文体学理论批评的发生发展和演进历程。同时，在文体学思想研究中，要特别重视梳理和展示不同时期重要的文体理论命题和范畴，通过对代表文论家、重要文论著述的文体批评研究，清晰揭示出相关命题范畴的源流演变及其与学术思想史的影响关系，要处处凸显不同文体理论范畴的多学科交融互通之内蕴特征和脉络关系。

第三，文学批评史和文学思想史意义。文学批评史和文学思想史是中国古代文论史的两种基本范型，从某种意义上来说，一部中国古代文学史可以说就是中国古代文体发展史，而中国文体学思想史也自然融入在中国文学批评史和中国文学思想史的演进历程之中。文体学思想是文学思想的一个侧面，我们力图通过具有创造性的文体学思想研究方法和透视角度，把中国古代文学思想史之研究推向一个新的高度，从而丰富中国文艺思想史的学术内涵，使中国文体学思想史成为与中国文学批评史及中国文艺思想史并行共进的研究模式，并在重写中国文学批评史和中国文学思想史时提供新的视角。

任何一种文学理论都有它的发生发展和演变进程，文体批评或者文体学思想亦不例外。在中国古代文体学史上，文体学思想也有它自身独特的批评史发展脉络，是中国文学思想史和中国文学批评史的重要组成部分。正如吴承学先生所云：“自魏晋以来，文体研究历来都是中国古代文学批评的重要组成部分，古代许多文学批评其实也就是文体批评。”① 可以说，传统文学批评中的文体学思想研究是开展中国古代文体学研究的一个重要抓手，需要进行系统而深入的文献整理与阐释研究。

第四，文体学思想史料整理汇编及其文献学价值。我们以历史发展为线索，在每一个朝代既要全面地搜集辑录具有文体学理论意义的文献史料，同时又要选取具有典型性的代表性文体批评文献进行个案研究，从而管中窥豹，以经典文体批评文论典籍来透视这一时代的文体学思想概貌。通过对历代每一部文论经典的细读和深鉴，逐一识别和搜罗出相关的文体理论批评言论资料，然后分门别类进行深入阐释和研究。

这种注重文献整理的学术意识也与文学思想史研究相近，如左东岭云：“文学思想史的研究除了要具备良好的理论思辨能力和文学审美能力之外，同时需要良好的史学修养与自觉的历史意识。因为文学思想史的研究主要由两个环节所组成：文献的搜集辨析与文献的解读阐释。文献的搜集辨析乃是历史研究的必备功夫，而文献的解读阐释同样需要具备自觉的历史意识，否则很难揭示古代文学思想的真实面貌。”② 再如：“中国古代文学思想的阐释需要以弄清历史原貌为其基本原则，因此在其阐释工作中应该具备三种历史意识。一是关注古今观念之间所存在的明显差异，二是对承载中国古代文学思想文献的不同文体特征的考察与把握，三是对于古代文论文献所产生的具体历史语境要进行认真的探讨与辨析。”③

所以，通过全面搜集、整理中国古代不同历史时期文史哲文献典籍中的文体学思想史料，厘清历代文体学理论批评文献的分布形态和存在特征，并进行进一步的文体学理论研究和文体学思想体系构建。预计把历代文体学思想文献整理编辑成系列资料集，在此基础上编辑中国古代文体学思想史料篇目汇编及索引，同时从文艺理论和文体文献学的角度对文体史料进行深入的辨析研究。作为中国古代文体学思想研究的基础性理论文献建设工程，文献整理及研究中应突出史料性和实证性，竭力从第一手文献中搜集资料，积极借鉴中国传统文献学辑佚、目录学、版本学等办法，对中国古代文体学思想文献史料进行校勘、

① 吴承学：《中国古代文体形态研究》（绪论），中山大学出版社 2002 年版，第 1 页。

② 左东岭：《中国古代文学思想阐释中的历史意识》，《首都师范大学学报》2015 年第 6 期。

③ 左东岭：《中国古代文学思想阐释中的历史意识》，《首都师范大学学报》2015 年第 6 期。

编辑、整理、出版，并就文体批评文献史料的分布、形态、特征、分类等进行深入理论研究，力求体现出原创性、开拓性、集成性和传世价值。

如前文所述，中国古代文体学思想研究分为五个历史时期，每个时期的文体学思想文献来源、搜集整理，主要有如下几个层面：首先是这一时期以及后世辑录的总集、类书、别集中的专论专文、书信序跋等；其次是经学、史书、子书中的相关文体文献；其次是与古代文论及文体批评相关的史学史、学术史、政治史、思想史、哲学史、音乐史、绘画史、书法史等相关文体文献史料；再次是这一时期的史志、年谱、目录、学案、实录、会要、笔记等与文体学理论学术背景相关的史料。

在此基础上，建立、健全中国古代文体学理论批评文献史料学，编辑全面、实用的工具书包括文体文献编目及重要文体文献汇编，切实推进和拓展中国古代文体学思想的研究。任何一门学科的建立和发展，其研究的基础可以说都在于文献史料的挖掘和整理，中国古代文体学思想也不例外。希望通过对中国古代文史典籍中的文体文献资料进行全面阅读、辑录、分类、整理，出版多卷本《中国古代文体学思想资料汇编》，为有志于文体学研究的学者提供便利。

这一文献整理过程，既要从浩繁的文论典籍中选择和甄别具有文体学研究空间和价值的学术文献，又要在进一步的阅读浏览中能够鉴识其中的文体批评和辨体理论意义，这就像在万里山川中遴选矿藏一样，是一个如顾炎武所讲之“采铜于山”[①] 的劳作过程。文学理论研究容易出现的缺陷就是失于玄虚空泛，就理论而谈理论，或对一些概念范畴命题作形而上的大谈特谈，或在理论上进行宏大的叙事和体系建构，结果如空中楼阁，缺乏必要的坚实的文献基础，而这种文献学方法则可以有效地避免这一弊端的产生。

要之，中国古代文体学思想研究就是揭示中国古代文学史、文学批评史上重要作家、思想家、批评家及文学流派、文学运动、文学思潮中涌现的文体观念，及其形成的文学文化、哲学思想、时代政治、社会环境等背景因素。在全面地收集和整理中国古代文献典籍中相关文体学资料的基础上，借鉴现当代相关学术研究成果，科学认真地梳理和总结中国古代文体学思想的发生发展、存在形态、内涵特征和发展规律。

---

① 顾炎武撰、华忱之校：《亭林诗文集》，中华书局 2008 年版，第 93 页。

第一章　杜甫的文体学思想及其对宋代文体批评的影响[①]

杜甫向来是中国古代文学和唐代诗学研究的重镇，并形成了专门的学术领域即“杜诗学”，近百年来相关专著论文不啻万千，如有学者统计，仅1977年到1999年20余年间，便涌现百部专著和2500篇论文[②]，这可以说是中国学术史上的一个奇观，令人称叹。其中数量浩繁的诗体文体研究是其重要组成部分，主要集中在具体的诗体文体形态研究上，诸如古诗（包括七言、五言古诗）、律诗包括排律、七律、五律、组律、联章律诗，新题乐府诗、绝句，以及大量的赋研究，这是诗赋分体研究的主体。散文研究包括祭文、墓志、神道碑、述、状、策问、记、说、表、序等也有不少成果。[③] 此外还有一些诸如吴体、拗体、以诗为文等文体个案研究等。但据笔者陋见，系统地观照和构建杜甫文体学思想的论文尚付之阙如，这不论对当下中国古代文体学日益成为学界研究热点的态势，还是对繁荣的杜诗学研究本身来说，不能不说是一个遗憾。杜甫自己的文体学言论文献并不多，诸如别裁伪体、后贤兼旧制、强学为吴体、王杨卢骆当时体等等，堪称凤毛麟角，但其中所蕴含的文体学内蕴却极为丰富，可谓字字珠玑。虽然这些文献早已是学者耳熟能详并被频频使用和论述，但是我们换一个角度完全从文体学的视域来全面深入地透视和挖掘其理论内涵，同时结合自唐元稹以来历代学者关于

---

① 本章前三节发表于《广东社会科学》2015年第2期，第四节发表于《海南大学学报》2015年第6期。

② 张忠纲、赵睿才：《新时期杜甫研究述略》，《杜甫研究学刊》2001年第1期。

③ 张忠纲、赵睿才：《20世纪杜甫研究述评》，《文史哲》2001年第2期。

他的文体评述文献，对一些传统命题论题诸如戏为六绝句、集大成、吴体等进行全新的文体学解读阐释，会有不少创获，这对于杜诗学研究当不无裨益。尤可注意的是，关于杜甫对宋代文学创作及其宋代文学思想的深远影响早已成为学界的共识；同样，宋代文体理论批评诸如“以文为诗”“以诗为文”“偏长某体”“兼备众体”等可以说都是围绕杜诗学而发端并蔚成风气的。

第一节 “别裁伪体”和“以诗为文”

辨体论是杜甫文体学思想的核心，包括别裁伪体和以诗为文两个方面。前者辨的是“人各有体”的“作家个性”（包括时代文体风格），由作者明确提出；后者则辨的是“文各有体”的“文体个性”，是由晚唐司空图及宋代以来批评家对其创作的理论总结。杜甫的诗学辨体观继承了钟嵘《诗品》“辨彰清浊，掎摭利病”的理念，并开启唐代诗学辨体批评之先鞭，同时对宋明以来的“文章以体制为先”的诗文辨体理论产生深远影响。

首先，“别裁伪体”的辨体理论内涵和意义。杜甫的诗学观大多散见于诸如《戏为六绝句》《解闷十二首》《偶题》等组诗篇章之中，其中《戏为六绝句》自成体系，其重要性正如郭绍虞先生所云：“盖其一生诗学所诣，与论诗主旨之所在，悉萃于是，非可以偶而游戏视之也。”[①] 以此为基础的杜甫文学思想研究论著很多，虽然都会谈到“别裁伪体”，但往往语焉不详，未能对其文体学意义上的辨体内涵和意义进行关注。而当我们完全从辨体来解读时，会有不少创获。

其一，语义阐释学上的“别裁伪体”新解。关于别、裁之义，我们以郭绍虞先生的《戏为六绝句集解》为文献基础，可以看出，历代解释大同小异，如出一辙，即别为区别、区分、分别、别去，裁为裁革、革去、裁正、裁去、删除、裁割、裁约、裁汰等，如邵宝《杜诗分类集注》称：“裁，革去也”，“此六句议论文体”，“若能痛自裁革浮薄之体”云云。[②] 王

① 郭绍虞：《杜甫〈戏为六绝句〉集解》，人民文学出版社 1978 年版，第 3 页。

② 郭绍虞：《杜甫〈戏为六绝句〉集解》，人民文学出版社 1978 年版，第 45 页。

嗣奭《杜臆》称“别裁，谓区别而裁去之”[①]。仇兆鳌《杜诗详注》云：“不知优孟古人皆伪体也，必须区别裁正其伪体，而直与风雅为亲。”[②] 杨慎《升庵诗话》：“必也区别裁正浮伪之体，而上亲风雅，则诸公之上，转益多师，而汝师端在是矣。”[③] 钱谦益《读杜二笺》：“别者，区别之谓；裁者，裁而去之也。果能别裁伪体，则近于风雅矣。”[④] 虞元昌《杜诗阐》：“果能辨别真伪，裁去伪体，则直追风雅。”[⑤] 张溍《读书堂杜诗注解》：“别，分别；裁，裁去。欲其删除伪体而务法前人也。别裁伪体，即‘递相祖述’恶习，唯裁割别去之，魔气既净，乃可托胎风雅。”[⑥] 郭知达《九家集注杜诗》：“公今指言浮华者谓之伪体，欲裁约之，以近风雅。”[⑦] 史炳《杜诗琐证》：“但须区别裁汰浮伪之体，而亲近风雅，则古今多师，莫非汝师矣。”[⑧] 据此，郭绍虞先生在《中国历代文论选》注解中也持此论，称：“别，别择。裁，裁去。别裁伪体，谓去伪存真。”[⑨] 此外，郭先生在《中国文学批评史》上引用前所引钱谦益《读杜二笺》之解即“别者，区别之谓；裁者，裁而去之也”，并认为“此说亦能发挥杜老意思”。[⑩] 由于郭绍虞先生之于批评史的地位，以及集解《戏为六绝句》的学术实践，尤其是《中国历代文论选》作为高校通用教材的流传之广，影响之大，故而上述对“别裁伪体”的解释可以说在学术界已成定论，不容置疑，其后鲜有别解翻案者。

我们认为，这当然是较为准确的解释之一，但正如郭绍虞先生在《集解序》中所言：“第惜其为韵语所限，不能如散体之曲折达意，故代词之所指难求，诗句之分读易淆，遂致笺释纷纭，莫衷一是，杜甫诗学，求明反晦。”[⑪] 如果着眼于辨体，我们或可有如下两种也说得通的解释。

一种解释是，别为鉴别、辨别、辨识、识别、析别，裁为鉴裁、裁断、

---

① 郭绍虞：《杜甫〈戏为六绝句〉集解》，人民文学出版社 1978 年版，第 46 页。
② 郭绍虞：《杜甫〈戏为六绝句〉集解》，人民文学出版社 1978 年版，第 46 页。
③ 郭绍虞：《杜甫〈戏为六绝句〉集解》，人民文学出版社 1978 年版，第 47 页。
④ 郭绍虞：《杜甫〈戏为六绝句〉集解》，人民文学出版社 1978 年版，第 48 页。
⑤ 郭绍虞：《杜甫〈戏为六绝句〉集解》，人民文学出版社 1978 年版，第 48 页。
⑥ 郭绍虞：《杜甫〈戏为六绝句〉集解》，人民文学出版社 1978 年版，第 48 页。
⑦ 郭绍虞：《杜甫〈戏为六绝句〉集解》，人民文学出版社 1978 年版，第 49 页。
⑧ 郭绍虞：《杜甫〈戏为六绝句〉集解》，人民文学出版社 1978 年版，第 53 页。
⑨ 郭绍虞、王文生：《中国历代文论选》（2），上海古籍出版社 2001 年版，第 62 页。
⑩ 郭绍虞：《中国文学批评史》，商务印书馆 2010 年版，第 221 页。
⑪ 郭绍虞：《杜甫〈戏为六绝句〉集解》，人民文学出版社 1978 年版，第 3 页。

裁辨、决定、裁决、裁判、判别、判定等，二者是同义复合词的关系，也就是辨别的意思。这样来看，“别裁伪体”也就是辨体，“伪体”是以伪代真伪或正伪之体，属以偏概全，就如以卢王指代四杰一样，当然重点是辨识错误的伪体进而裁定正体即“风雅”。或者说别裁即辨，伪体亲风雅，一伪一正，指文体之正伪，这样此一句即辨体，既包含辨体作为手段和工具，同时也有辨体宗旨和目的，即“亲风雅”。“别”为辨别，大家容易理解，裁为辨裁，则有如下文献为证，如《汉语大字典》释“裁”其中一意为裁断、决定，并举如下例证，晋范宁《谷梁传序》：“《公羊》辨而裁，其失也俗。”杨世勋疏：“裁，谓善能裁断。”王安石《答韶州张殿丞书》：“险挟翰墨，以裁前人之善恶。”① 前者辨裁连用，后者裁人善恶，正如裁（辨）体之真伪相似。这在前人注解杜诗时也有这种解释。如周甸《杜释会通》云：“别裁伪体亲风雅，言当自立一规模，裁格当今体格之非正者，而上追风雅三百篇。”② 黄生《杜工部诗说》云：“但其中有真有伪，作者须自鉴裁，其亲风雅者，真也；其悖风雅者，伪也。”③ 宗廷辅《古今论诗绝句》云：“当斥伪体而亲风雅，别以定识，裁以定力。识力既精，趋向不惑，自然能择善而从，不善而改。”④

此外，自宋明以来，辨体也称别体，这也为众多文体学者的共识，如许学夷《诗源辨体》卷三十六：“古、律、绝句，诗之体也；诸体所指，诗之趣也；别其体，斯得其趣矣。”⑤ 对此，吴承学解释道：“他认为只有分别各种诗体的体制特点，才能获得真正的艺术美感。这样辨体便被赋予了审美的高妙意趣。”⑥ 严羽《答吴景仙书》：“吾叔试以数十篇诗，隐其姓名，举以相试，为能别得体制否？”⑦

另一种解释是，别裁即辨体，别为辨别、明辨、区分，为动词；裁为体裁、体制、裁制，为名词。《汉语大字典》释义：“别，明辨、区分。”举例

---

① 徐中舒主编：《汉语大字典》（缩印本），湖北辞书出版社、四川辞书出版社 1992 年版，第 1286 页。

② 郭绍虞：《杜甫〈戏为六绝句〉集解》，人民文学出版社 1978 年版，第 46 页。

③ 郭绍虞：《杜甫〈戏为六绝句〉集解》，人民文学出版社 1978 年版，第 47 页。

④ 郭绍虞：《杜甫〈戏为六绝句〉集解》，人民文学出版社 1978 年版，第 53 页。

⑤ 许学夷著、杜维沫校点：《诗源辩体》，人民文学出版社 1987 年版，第 370 页。

⑥ 吴承学：《中国古代文体形态研究》，中山大学出版社 2002 年版，第 434 页。

⑦ 严羽著、郭绍虞校释：《沧浪诗话校释》，人民文学出版社 1961 年版，第 252 页。

如《方言》卷三："别，治也。戴震疏证：辨别不混淆，故为治之义。"《正字通·刀部》："别，辨也。"《书毕命》："旌别淑慝。"孔传："言当识别万民之善恶。"《荀子·宥坐》："有父子讼者，孔子拘之，三月不别。"杨倞注："别，犹决也。谓不辨别其子之罪。"[①]《汉语大字典》："裁，体裁，体制，格式。"举例如《文选·陆机文赋》："若夫丰约之裁，俯仰之形，因宜适变，曲有微情。"张铣注："裁，制也。"《文心雕龙·明诗》："然诗有恒裁，思无定位。"[②] 可见，别裁即辨体，也就是辨别、辨识体制、体裁。而"别裁"连用之最早的原初意义即为辨体，当出自于《文心雕龙原序》："若夫论著为文之义，陈古绎今，别裁分体，如方圆之规矩，声音之律吕。"[③]很显然，所谓别裁分体为互文见义，即分别体裁，也即辨体。其他类似释义如高士奇《三体唐诗原序》："在唐百余年间，才人杰士驰骋于声律之学，体裁风格，与时盛衰，其间正变杂出，莫不有法……其持论未必尽合于作者之意，然别裁规制，究切声病，辨轻重于毫厘，较清浊于吁噏，法不谓不备矣。"[④] 再如汪由墩《松泉集文集》卷三十："本纪志传，体虽不同，事本一贯……总裁先生机务殷繁，止可总挈大纲，别裁是否，何暇覆案事实，一一用心。"[⑤]《诗集》卷七《题少宰吴馆师松篁坐啸图即次原韵》："淄渑示别裁，酸咸殊俗好。"[⑥]

就本句来说，说"别裁"为辨体，那么"别裁伪体亲风雅"是不是就有重复之嫌呢？我们可以这样划分句子和理解句意，即二五句型，"别裁"是辨体，先提出辨体这一工具和手段，然后进一步阐释辨体的内容是什么，即辨的是文体之真伪，或者说伪体和真体正体（风雅），并且一个"亲"字还指出了辨体的目的和宗旨，所以并不矛盾。

其次，辨体之内涵特征和承传影响。关于辨体之内涵，别裁伪体亲风雅，辨真伪、正伪之体之真体正体容易理解，也基本是明确的，即"风雅"正体，所谓"比兴体制"也，杜甫《同元使君春陵行》有序云："不意复见

---

① 徐中舒主编：《汉语大字典》（缩印本），湖北辞书出版社、四川辞书出版社1992年版，第138页。

② 徐中舒主编：《汉语大字典》（缩印本），湖北辞书出版社、四川辞书出版社1992年版，第1286页。

③ 刘勰著、范文澜注：《文心雕龙注》，人民文学出版社1958年版，第2页。

④ 周弼编：《三体唐诗》卷首，文渊阁四库全书本。

⑤ 汪由墩：《松泉集》卷30，文渊阁四库全书本。

⑥ 汪由墩：《松泉集》卷7，文渊阁四库全书本。

比兴体制，微婉顿挫之词，感而有诗”云云[①]，同时也就是本文中的汉魏、风骚、屈宋之体，当然这是占主流的与“伪”相对的正体真体。此外，由于最终“转益多师是汝师”，故而其他历代集真伪优劣于一身的诗人中，在辨体的基础上，其中的优点和正体也应当学习和继承，例如本文中的庾信晚年的诗赋，即“凌云健笔意纵横”及“老更成”的“暮年诗赋”，就应当与他早期南朝的徐庾体、宫体诗辨析开来。同样，四杰在诗歌成就上也是功过参半，即便其为人所哂的“当时体”也要进行必要的辨体别裁，也有其自身不可否认的和不可磨灭的艺术成就，要一分为二地对待和吸收。

其中的伪体所指在历代注杜中可以说是见仁见智，莫衷一是。众说中如指四杰的浮薄之体、轻薄为文、当时体的，如集解中所谓“今指言浮华者谓之伪体”[②]、“优孟古人皆伪体也”[③]、“悖风雅者”[④]、“齐梁体”或“以无出处者为伪体”[⑤]、“以轻薄者所为文体为伪体”[⑥]、“以性情不真者为伪体”[⑦]等等，郭绍虞先生集众家之说而指出：“伪体云者，不真之谓，其沿流失源，甘作齐梁后尘者，固不免于伪；即放言高论，不能虚心以集益者，亦何莫非伪体乎？”[⑧]

杜甫在这里的辨体内容包括时代文体和作家文体，属于文体风格上的，即严羽《沧浪诗话》“诗体”中的“以时而论”和“以人而论”，可以说就是对杜甫辨体的一个总结。对应起来，诸如“以时而论”，“多病邺中奇”（邺中体）、建安体、汉魏体、齐梁体，“以人而论”的苏李体（李陵苏武是吾师）、曹刘体（曹刘不待薛郎中）、陈拾遗体（过陈拾遗故宅）、王杨卢骆体（王杨卢骆当时体）等等，此外如“流传江鲍体”等，不能一一细论。

关于承传和影响，杜甫的这种辨真伪之体，继承和影响了中国古代两部诗学辨体之作《诗品》和《沧浪诗话》。如钟嵘《诗品》之“辨彰清浊，掎摭利病”，《诗品序》云：“陆机《文赋》，通而无贬；李充《翰林》，疏

---

① 周祖譔：《隋唐五代文论选》，人民文学出版社1990年版，第113页。

② 郭绍虞：《杜甫〈戏为六绝句〉集解》，人民文学出版社1978年版，第49页。

③ 郭绍虞：《杜甫〈戏为六绝句〉集解》，人民文学出版社1978年版，第46页。

④ 郭绍虞：《杜甫〈戏为六绝句〉集解》，人民文学出版社1978年版，第47页。

⑤ 郭绍虞：《杜甫〈戏为六绝句〉集解》，人民文学出版社1978年版，第51页。

⑥ 郭绍虞：《杜甫〈戏为六绝句〉集解》，人民文学出版社1978年版，第52页。

⑦ 郭绍虞：《杜甫〈戏为六绝句〉集解》，人民文学出版社1978年版，第52页。

⑧ 郭绍虞：《杜甫〈戏为六绝句〉集解》，人民文学出版社1978年版，第53页。

而不切；王微《鸿宝》，密而无裁；颜延论文，精而难晓；挚虞《文志》，详而博赡，颇曰知言；观斯数家，皆就谈文体，而不显优劣。至于谢客集诗，逢诗辄取；张隐《文士》，逢文即书；诸英志录，并义在文，曾无品第。嵘今所录，止乎五言。虽然，网罗今古，词人殆集。轻欲辨彰清浊，掎摭病利，凡百二十人。预此宗流者，便称才子。至斯三品升降，差非定制，方申变裁，请寄知者耳。"[①] 如严羽《沧浪诗话·诗辨》之"辨白是非，定其宗旨"与此更为相似，《答吴景仙书》开篇云："仆意谓辨白是非，定其宗旨，正当明目张胆而言。"[②] 其中，"辨白是非"扼要而明确地道出了《诗辩》一章以"诗辨"为名的本意。

更重要的是，杜甫之辨体理念还是唐代诗学辨体的先声。唐代诗学辨体主要包括三个方面，即以皎然《诗式》为代表的全唐五代诗格中的辨体批评、司空图《二十四诗品》及其文论中的辨味批评以及以殷璠《河岳英灵集》为代表的唐人选唐诗中的辨体理念。[③] 尤其是殷璠之"审鉴诸体"正是审鉴雅俗之体，而司空图辨于味也正是辨于酸咸之味，这种辨彰清浊、辨白是非、别裁真伪之辨体内蕴和辨体方法与上所举别裁是否、淄渑示别裁等都有异曲同工之妙。其后辨文体之源流正变、优劣高下、异同工拙等便成了中国古代辨体的最核心的内容。吕居仁批老杜《早秋苦热堆案相仍》诗云："杜诗亦有工拙，须有别裁，不至效其所短。"诸如许学夷《诗源辨体》、叶燮《原诗》等便都与此相同。

我们所要注意的是，"别裁伪体亲风雅"两句在《戏为六绝句》中殿后压阵，可见"辨体"于这一组诗的重要性。"辨体"于杜甫诗论和文学思想的重要性，如王运熙等称"其论诗宗旨以风雅为准绳"[④]。郭绍虞在对最后两句总结中也称："于是指示正鹄，而以'转益多师'为宗旨，杜甫至是，盖已将其论诗主旨和盘托出，无余蕴矣。"[⑤] 王运熙《杜甫的文学思想》一文中认为："'别裁伪体'和'转益多师'是杜甫文学理论批评的立足点和

① 钟嵘著、吕德申校释：《钟嵘诗品校释》，北京大学出版社 1986 年版，第 99 页。

② 严羽著、郭绍虞校释：《沧浪诗话校释》，人民文学出版社 1961 年版，第 706 页。

③ 任竞泽：《唐代诗学辨体批评》，《人文杂志》2013 年第 12 期。

④ 王运熙、杨明：《中国文学批评通史·隋唐五代卷》，上海古籍出版社 1996 年版，第 281 页。

⑤ 郭绍虞：《杜甫〈戏为六绝句〉集解》，人民文学出版社 1978 年版，第 54 页。

总原则，对后世产生了深远的影响。”[①] 可见，无论王运熙等以“亲风雅”为论诗宗旨，还是郭绍虞以“转益多师”为论诗宗旨，其中，“别裁伪体”之辨体方法都是实现这一宗旨目的的手段和工具。严羽“辨白是非，定其宗旨”，便以辨体为工具，最终定“以盛唐为法”的论诗宗旨，其理论总纲是完全继承了杜甫的。而且郭绍虞先生认为“转益多师”实是老杜的诗学标准，并认为“少陵论诗之旨于是大明，此则所谓‘别裁伪体也’。”[②] 于辨体更见重视。

第三，以诗为文和诗文之辨的辨体特征。杜甫之诗文优劣论，以及杜诗韩文之论，自晚唐司空图以来便是历代批评家争论不休的话题，并且引发了宋代诗文之辨的辨体理论争鸣，某种意义上说，宋人“文章以体制为先”之辨体风气的形成和蔚为大观，是以此为发端和导火索的。

杜甫诗文辨体理论是历代批评家总结其创作经验和成就而总结出来的，也即罗宗强所云：“有的文学家可能没有或很少文学理论的表述，而他的创作所反映的文学思想却是异常重要的。”[③] 这与“别裁伪体”之辨“作家个性”风格之体是自己明确提出来的有所不同。大体有两方面完全不同的看法。

一是认为杜甫“少陵之文本自过人，反以诗掩耳。”[④]（张溍语）如其《淑妃皇甫氏神道碑》一文，仇兆鳌评价道：“此系宫妃墓碑，绝无素行可载，若寥寥记叙，又少雷皇之象，故不得不假六朝之藻丽，以寓追悼之哀词，此作者善于结构体裁也。”[⑤] 再如《祭故相国清河房公文》，张溍称誉此文“时含时露，用意婉至，此少陵第一首文。盖交遇知己，其情既笃，则其文自佳”，“此篇亦生平最著意之文”[⑥]。司空图《题柳柳州集后》：“金之精粗，效其声，皆可辨也，岂清于磬而浑于钟哉？然则作者为文为诗，格亦可见，岂当善于彼而不善于此耶？思观文人之为诗，诗人之为文，始皆系其所尚，既专则搜研愈至，故能炫其工于不朽。……又尝观杜子美《祭太尉

---

① 王运熙：《杜甫的文学思想》，载《杜甫研究论文集》第二辑，中华书局 1962 年版。

② 郭绍虞：《中国文学批评史》，商务印书馆 2010 年版，第 222 页。

③ 罗宗强：《略论文学思想史的研究对象和研究方法》，《南开学报》1991 年第 3 期。

④ 杜甫著、仇兆鳌注：《杜诗详注》卷 25，文渊阁四库全书本。

⑤ 杜甫著、仇兆鳌注：《杜诗详注》卷 25，文渊阁四库全书本。

⑥ 杜甫著、仇兆鳌注：《杜诗详注》卷 25，文渊阁四库全书本。

房公文》，李太白佛寺碑赞，宏拔清厉，乃其歌诗也。”[①] 刘开扬《杜文管窥》：“世人每读杜诗而厌读杜文，以为非其所长，于我何益，盖未深思耳。杜文与太白、独孤及诸人之文亦四杰之后、韩柳之前文章发展之里碑也……欲知文章发展之历程者，不可不读杜文也。”[②]

二是认为杜甫“无韵者殆不可读”“少陵拙于为文”。对此，熊礼汇先生引如下文献，并给出自己的结论。如仇兆鳌曰：“杜诗皆熔经铸史，而散文时有艰涩。”（杜诗评注卷二十五）刘克庄：“余观杜集无韵者，唯夔州府诗题数行颇艰涩，容有误字脱简。”陈师道：“少陵不合以文章似吟诗样吟，退之不合以诗句似做文样做。”陈振孙《直斋书录解题》：“世言子美诗集大成，而无韵者几不可读，然开天以前文体，大略皆如此。”[③] 鲁迅也称：“杜甫的诗好，文章也就不行。”[④] 其原因，如熊礼汇所云：“前人分析杜文成就不高的原因，有一种较为流行的看法，即杜甫平生专注于诗的创作，仅以作文为余事，而作文又是以诗为文。”[⑤] 这其实有两种原因，前一种所谓“有诗人之文，以全力为诗，以余力作文……李杜王孟之不能文也，其心思亦有所专注耳”。第二种原因尤为重要，即“以诗为文”，这直接引发了宋人“文章以体制为先”的辨体尊体理论争鸣。这就是陈师道引黄庭坚语最经典的论述：“诗文各有体，韩以文为诗，杜以诗为文，故不工耳。”[⑥]

第二节 “尽得古今之体势”与“集文体之大成”

关于杜诗的“集大成”特征和原因，自唐代元稹提出以来，历代学者多有论述，现当代学者诸如程千帆、莫砺锋、马承五、杜晓勤、孙桂平、林继中等都有多角度全面的总结。但无疑“集文体之大成”应是杜诗集大成最核心的内容，这从元稹开始便已明确指出，其中包括集“文体风格”和集“文体体裁”之大成两个方面。他的这种兼备众体的“集文体之大成”

① 周祖课：《隋唐五代文论选》，人民文学出版社 1990 年版，第 350 页。
② 张忠纲、赵睿才：《20 世纪杜甫研究述评》，《文史哲》2001 年第 2 期。
③ 熊礼汇：《杜甫散文创作倾向论——兼论杜甫以诗为文说》，《杜甫研究学刊》2002 年第 2 期。
④ 邓哲：《谈鲁迅对杜甫的态度》，《杜甫研究学刊》1990 年第 1 期。
⑤ 熊礼汇：《杜甫散文创作倾向论——兼论杜甫以诗为文说》，《杜甫研究学刊》2002 年第 2 期。
⑥ 何文焕：《历代诗话》，中华书局 1981 年版，第 303 页。

说是对曹丕文体学思想的全面体现，并影响了宋以来相关文体理论的热议和争鸣。以下分而论之。

首先，诸体兼善之集文体之大成说的文献评说和历史演变。元稹首倡其说，其《唐检校工部员外郎杜君墓系铭并序》云："至于子美，盖所谓上薄风骚，下该沈宋，古傍苏李，气夺曹刘，掩颜谢之孤高，杂徐庾之流丽，尽得古今之体势，而兼人人之所独专矣。"① 所谓"尽得古今之体势，而兼人人之所独专矣"，很明显是"集文体之大成"，而这正是杜甫《偶题》所云"后贤兼旧制，历代各清规"② 的绝妙理论总结。林继中在列举元稹一文后指出："元稹所谓的集大成，主要是指各种风格与体式的完备及典范性。""集大成也毕竟体现为'尽得古今之体势，而兼人人之所独专'。"③ 其后如欧阳修等《新唐书·杜甫传赞》称"然恃华者质反，好丽者壮违，人得一概，皆自名所长。至甫，浑涵汪茫，千汇万状，兼古今而有之"④。秦观则明确将积众家文体之长与集大成结合起来，其《韩愈论》云："杜子美之于诗，实积众家之长，适其时而已。""呜呼，杜氏韩氏，亦集诗文之大成者欤！"⑤ 陈师道《后山诗话》云："苏子瞻云：'子美之诗，退之之文，鲁公之书，皆集大成者也。'学诗当以子美为师，有规矩，故可学。"⑥ 苏轼是提出杜诗集大成的人，但还未从文体方面来论述，显得笼统。秦观则从文体风格方面明确提出其集大成的特征。严羽《沧浪诗话》："少陵诗，宪章汉魏，而取材于六朝，至其自得其妙，则前辈所谓集大成者也。"⑦ 元辛文房《唐才子传》云："观李杜二公……双振当时，兼众善于无今，集大成于往昔，历世之下，想见风尘。"⑧ 明李东阳《麓堂诗话》中列举了杜诗表现的20种体貌的诗句后说："执此以论，杜真可谓集诗家之大成者矣。"⑨ 潘德舆《养一斋诗话·李杜诗话》卷二云："其尤疏者，微之、少游尊杜至极，无以复

① 郭绍虞、王文生：《中国历代文论选》（2），上海古籍出版社2001年版，第66页。
② 郭绍虞、王文生：《中国历代文论选》（2），上海古籍出版社2001年版，第64页。
③ 林继中：《论杜甫"集大成"的情感本体》，《福州大学学报》2012年第4期。
④ 欧阳修、宋祁等：《新唐书》卷201，文渊阁四库全书本。
⑤ 秦观：《淮海集》卷22，文渊阁四库全书本。
⑥ 何文焕：《历代诗话》，中华书局1981年版，第304页。
⑦ 严羽著、郭绍虞校释：《沧浪诗话校释》，人民文学出版社1961年版，第171页。
⑧ 辛文房：《唐才子传》卷2，文渊阁四库全书本。
⑨ 丁福保：《历代诗话续编》，中华书局1983年版，第1398页。

加，而其所尊之之由，则徒以其包众家之体势姿态而已，于其本性情、厚伦纪、达六义、绍三百者，未尝一发明也，而允为列代诗人之称首哉?”从反面批评的角度，更显示出元稹、秦观之“包众家之体势姿态”的集文体大成观点。翁方纲认为杜诗“非有兼人之力，万夫之勇者弗能当也”。傅若金云:“子美学优才赡，故其诗兼备众体，而植纲常、系风化为多，三百篇以后之诗，子美其集大成也。”释普闻《诗论》云：“老杜之诗，备于众体，是为‘诗史’。”

其次，元稹所谓集大成，主要是指各种风格与体式的完备及典范性。“尽得古今之体势”之“体势”就兼具体裁和风格二者而言的。“上薄风骚”和“气夺曹刘”，指教化怨愤和“遒壮抑扬冤哀悲离”而言，包括思想内容和文体风格两个方面。“下该沈宋”指“沈宋之流，研练精切，稳顺声势，谓之为律诗”的近体诗，“古傍苏李”则指“苏子卿、李少卿之徒，尤工为五言”的五言古体诗，这是指兼具古今文体体裁形式的，而“掩颜谢之孤高，杂徐庾之流丽”则是指兼具“孤高”和“流丽”之不同文体风格的。

我们先看历代学者论杜甫兼文体风格之大成者，如秦观《论韩愈》云：“昔苏武、李陵之诗，长于高妙；曹植、刘公干之诗，长于豪逸；陶潜、阮籍之诗，长于冲淡；谢灵运、鲍照之诗，长于峻洁；徐陵、庾信之诗，长于藻丽。于是杜子美者，穷高格之妙，极豪逸之气，包冲淡之趣，兼俊洁之姿，备藻丽之态，而诸家之所不及焉。然不集众家之长，杜氏亦不能独至于斯也。”① 接下来秦观总结道：“呜呼！杜氏、韩氏，亦集诗文之大成者欤!”② 王安石称杜诗“有平淡简易者，有锦丽精确者，有严重威武若三军之帅者，有奋迅驰骤若泛驾之马者，有淡泊闲静若山谷隐士者，有风流蕴藉若贵介公子者。盖其诗绪密而思深，观者苟不能臻其阃奥，未识其妙处。夫岂浅近者所能窥哉！此甫之所以光掩前人而后来无继也。”③ 再如孙仅指出杜甫对中晚唐诗人的影响：“公之诗之而为六家：孟郊得其气焰，张籍得其简丽，姚合得其清雅，贾岛得其奇僻，杜牧、薛能得其豪健，陆龟蒙得其赡

① 秦观:《淮海集》卷22，文渊阁四库全书本。

② 秦观:《淮海集》卷22，文渊阁四库全书本。

③ 转引自温金成《浅谈杜甫的戏为六绝句》,《社会科学》1981年第2期。

博。皆出公之奇偏尔，尚轩轩然自号一家，爀世烜俗。”① 从其影响中也可见其集诸种文体风格之大成。

我们再看论集文体体制之大成者。除了前面所述杜诗包尽古体、近体、歌行、乐府、律诗、绝句等各种诗歌体式之外，其他诸如“以文为诗”即诗含各种散文文体者。如：“杜工部五言诗，尽有古今文章之体……若《上韦左丞》，书体也；《留花门》，论体也；《北征》，赋体也；《送从弟亚》，序体也；《铁堂》、《青阳峡》以下诸诗，记体也；《遭田父泥饮》，颂体也；《义鹘》、《病柏》，说体也；《织成褥段》，箴体也；《八哀》，碑状体也；《送王砅》，纪传体也。可谓牢笼众有，挥斥百家。”他如：“有以文体作诗者，如剑南纪行《龙门阁》、《水会渡》诸诗，湖南纪行《空灵峡》诸诗，用游记体。如《赠王评事》‘我之曾老姑’一首，用传体。如《八哀诗》八首，用碑铭墓志体。如《北征》、《壮游》诸诗，用记体。”或称《饮中八仙歌》“一路如连山断岭，似接不接，似闪不闪，极行文之乐事，用《史记》合传例为歌行”。(茧斋诗谈)，乃“风雅中司马太史也”（唐宋诗醇）。或称“《奉先咏怀》及《北征》是两篇有韵古文”（《岘用说诗》）。或称“此（指《丹青引赠曹将军霸》）太史公列传也，多少事实，多少议论，多少顿挫，俱在尺幅中”（《杜诗镜铨》）。或称《八哀》“此八公传也，而以韵语纪之，乃老杜创格”（《杜臆》），“当与太史公诸赞方驾”（《后村诗话》）。或称《壮游》“此诗可续《八哀》，是自为列传也”（《读杜心解》）。或称《李潮八方小篆歌》与《公孙大娘弟子舞剑器行》“章法之妙，直与史迁之文相抗矣”（《昭昧詹言》）。或称《送重表侄王砅评事使南海》是“自传叙事体”，“是太史公传荆轲、鲁连笔意”（《唐诗归》）。或称《九日》“用文章叙事体，一气转折，遒劲顿挫，不直致，不枯瘦，乃知严沧浪所讥以文为诗之论，非也”（《昭昧詹言》）。②

要之，杜诗集大成之“大”，正如萧涤非所称，杜诗最显著的特征之一是“大”，其中就指“形式的多样性，所谓众体俱备，诸体兼擅，诗差不多成了万能的工具”③。

① 转引自程千帆、莫砺锋《杜诗集大成说》，《文学评论》1986 年第 6 期。

② 参见邓哲《谈鲁迅对杜甫的态度》，《杜甫研究学刊》1990 年第 1 期。

③ 参见张忠纲、赵睿才《新时期杜甫研究述略》，《杜甫研究学刊》2001 年第 1 期。

第三，《戏为六绝句》与《典论论文》文体论及行文结构比较研究。历代批评家对杜诗兼备众体、备于众体、诸体兼善、尽得古今之体势、尽有古今文章之体的集文体之大成的高度评价，固然是杜甫“转益多师”的学习态度、学习方法以及创作实践的结果，但若从理论的角度来看，则完全符合曹丕“唯通才能备其体”的文体学思想。因为“文非一体，鲜能备善”，“此四科不同，故能之者偏也”①，所以这是一个很难达到的标准。在中国文学批评史上，杜甫之前，曹植和王粲是代表，之后宋代苏轼和黄庭坚较为典型。如刘勰《文心雕龙明诗》认为：“然诗有恒裁，思无定位，随性适分，鲜能通圆。”而“兼善则子建仲宣，偏美则太冲公干”。吕本中《紫薇诗话》：“自古以来语文章之妙，广备众体，出奇无穷者，唯东坡一人；极风雅之变，尽比兴之体，包括众作，本以新意者，唯豫章一人。”② 陆游《吕居仁集序》：“故其（山谷）诗文汪洋闳肆，兼备众体。”③ 陆九渊《与程帅》：“至豫章而益大肆其力，包含欲无外，搜抉欲无秘，体制通古今。”④ 周必大《周益国文忠公集省斋文稿》称其“体备众妙”⑤，等等，不一而足。

当然，苏轼、黄庭坚可以说是诗文词赋诸体兼善，但杜甫则准确来说是诗歌这一文体在二级文体上的备于众体，因为其“文不如诗”，故而有前所引宋人对他“能诗不能文”的偏好偏美的评价，这就更令人称奇，因为曹丕、葛洪、刘勰以来关于偏能与兼才这一组对立矛盾的文体理论范畴，竟不可思议地集杜甫于一身，并为历代批评家所点评注意到。

第三节　“破弃声律”与“变而不失其所”

破体变体与辨体尊体是一组对立的文体概念范畴，主要体现在杜甫的“戏”体律诗诸如强戏为吴体、戏为俳谐体以及戏为六绝句等近体律绝创作上，尤其是“吴体”最能代表他“破弃声律”“时用变体”的破体观。相关变体破体理论范畴则在后人对其创作实际所作的文体批评之中，是对其丰

---

① 郭绍虞、王文生：《中国历代文论选》（2），上海古籍出版社2001年版，第158页。

② 傅璇琮：《黄庭坚和江西诗派研究资料汇编》，中华书局1978年版，第44页。

③ 傅璇琮：《黄庭坚和江西诗派研究资料汇编》，中华书局1978年版，第766页。

④ 傅璇琮：《黄庭坚和江西诗派研究资料汇编》，中华书局1978年版，第450页。

⑤ 傅璇琮：《黄庭坚和江西诗派研究资料汇编》，中华书局1978年版，第115页。

富的诗歌创作经验的理论总结，我们认为这应该属于杜甫的文体学思想的重要组成部分。前所述以文为诗和以诗为文也是破体论的核心所在。

首先，吴体的破体特征。元稹《唐检校工部员外郎杜君墓系铭并序》云："唐兴，官学大振，历世之文，能者互出，而又沈宋之流，研练精切，稳顺声势，谓之为律诗。由是而后文变之体极焉……尽得古今之体势，而兼人人之所独专矣。"显然，元稹已然注意到初盛唐之际"文变之体极焉"的破体变体兴起的理论背景是由于沈宋以来律诗繁荣的结果，也因此促成了杜甫"尽得古今之体势，而兼人人之所独专"的集文体之大成的巨大成就。宋人胡仔则明确提出杜甫诗的"破体"特征，称之为"破弃声律"，如胡仔云："古诗不拘声律，自唐至今诗人皆然，初不待破弃声律。诗破弃声律，老杜自有此体，如《绝句漫兴》《黄河》《江畔独步寻花》《夔州歌》《春水生》，皆不拘声律，浑然成章，新奇可爱，故鲁直效之作……之类是也。老杜七言如……《愁》（强戏为吴体）……老杜自我作古，其诗体不一，在人所喜取而用之。"[①] 故而老杜的破体正是指破弃律诗之声律。

北宋蔡居厚最早看到并提出杜甫"吴体"和"俳谐体"等新句的变体特征。如他说："文章变态，固亡穷尽；然高下工拙，亦各系其人才。子美以'盘涡鹭浴底心性，独树花发自分明'为吴体，以'家家养乌鬼，顿顿食黄鱼'为俳谐体，以'江上谁家桃树枝，春寒细雨出疏篱'为新句，虽若为戏，然不害其格力。"[②] 胡仔则明确提出"吴体"为"律诗之变体"的"变体"范畴。如他说："律诗之作，用字平侧，世固有定体，众共守之。然不若时用变体，如兵出奇，变化无穷，以惊世骇目……凡此皆律诗之变体，学者不可不知。"[③] 所谓"世固有定体，众共守之"是说每种文体有它一定的文体规范，须要共同遵守，这是辨体，即吴承学先生所说的要"坚持文各有体的传统，主张辨明和严守各种文体体制"[④]。而所谓"不若时用变体"云云，是说"破体"，即"大胆地打破各种文体界限，各种文体互相融合"[⑤]，这样才能创新。正如刘勰《文心雕龙·通变》所云："夫设文之体

① 胡仔：《苕溪渔隐丛话》，人民文学出版社1962年版，第319页。
② 胡仔：《苕溪渔隐丛话》，人民文学出版社1962年版，第93页。
③ 胡仔：《苕溪渔隐丛话》，人民文学出版社1962年版，第79页。
④ 吴承学：《中国古代文体形态研究》，中山大学出版社2002年版，第409页。
⑤ 吴承学：《中国古代文体形态研究》，中山大学出版社2002年版，第408页。

有常，变文之数无方，何以明其然耶？凡诗赋书记，名理相因，此有常之体也；文辞气力，通变则久，此无方之数也。”① 王若虚《文辨》云：“或问文章有体乎？曰：‘无’。又问无体乎？曰：‘有’。然则果何如？曰：‘定体则无，大体须有。’”② 对此，吴承学解释或可加深我们的认识和理解，并与胡仔、王若虚之论相互发明：“文体虽没有绝对的、一成不变的体制，但必须有相对的总体体制。如果没有‘大体’，也就取消了各种文体的个性，文体之间没有区别，实际上也就无文体可言了。这是一种辨证观点，‘大体须有’，故应辨体，‘定体则无’，故可破体。”③ 需要解释的是，变体即破体，吴承学云：“破体，原是书法术语。书法上的‘破体’指不同正体的写法。《书断》谓‘王献之变右军行书，号曰破体。’指行书的变体。戴叔伦《怀素上人草书歌》云：‘始从破体变风姿’。可见破体的特点是‘变’，是对正体的突破，也是一种有创造性的字体。”④

胡仔所谓老杜“吴体”之“破弃声律”，黄庭坚称之为“不必尽律”。如黄庭坚在注杜诗“野艇恰受两三人”时称：“改作航，殊无理，此特吴体，不必尽律。”⑤ 方回、许印芳等则把胡仔的吴体变体称为“拗字变格”或“拗调变格”。如方回《瀛奎律髓》指出：“老杜‘吴体’之所谓拗，则才小者不能为之矣。”评杜甫《狂夫》云：“然格高律熟，意奇句妥，若造化生成，为此等诗者，非真积力久不能到也。学诗者以此为准，为‘吴体’拗字变格，亦不可不知。”⑥ 明王世懋则以变风变雅评其拗体之变，《艺圃撷余》云：“子美七言律之有拗体，其犹变风变雅乎？”⑦

杜甫吴体律诗之变体变格，辩证地将辨体和破体结合起来，是“变而不失其所”。如清许印芳《律髓辑要》评老杜《愁》诗云：“前三联皆对偶，首句、四句、六句是古调，次句、三句、五句是拗调，每联中古调、拗调参用，上下联不粘，是为拗调变格。尾联上句仍用拗调，下句以平调作收，变

① 刘勰著、范文澜注：《文心雕龙注》，人民文学出版社 1958 年版，第 519 页。
② 王若虚：《滹南遗老集》卷 37，文渊阁四库全书本。
③ 吴承学：《中国古代文体形态研究》，中山大学出版社 2002 年版，第 422 页。
④ 吴承学：《中国古代文体形态研究》，中山大学出版社 2002 年版，第 424 页。
⑤ 黄庭坚：《山谷集》卷 4，文渊阁四库全书本。
⑥ 方回：《瀛奎律髓》卷 23，文渊阁四库全书本。
⑦ 丁福保：《历代诗话续编》，中华书局 1983 年版，第 776 页。

而不失其所，此‘吴体’所以为律诗，不能混入古诗也。少陵集中，此体最多，不知者或误为古诗。”① 所谓“变而不失其所”，是指吴体律诗以古体之拗调来变体，但通篇仍大体遵守律诗文体规范，故而整体来说仍是律诗，而非古诗。正如王奎光所云：“‘吴体’破弃了律诗的外在声律，但是却又合乎律诗以‘文从字顺’为标志的内在声律。”“也就是说，‘吴体’类律诗，没有从根本上打破律诗的声律。”“外如不整，中实应节，也即是大拗类律诗的内在声律特点。”② 这也就是吴讷所谓“变而不失其正”，如《文体明辨序说·碑文》：“主于叙事者曰正体，主于议论者曰变体，叙事而参之以议论者曰变而不失其正。”③

某种意义上说，杜甫之“集大成”，正是融古今诗体正变于一身，有通有变，有继承有创新，辩证地看待辨体尊体与破体变体之间的关系的，其中的“变体”似乎更为重要。如苏轼《书吴道子画后》称：“故诗至于杜子美，文至于韩退之，书至于颜鲁公，画至于吴道子，而古今之变，天下之能事毕矣。”④ 对此，程千帆、莫砺锋总结道：“苏轼的目光是犀利的，他第一个看出杜诗是古典诗歌的一大转变。同时，他也看出了‘集大成者’的实践所显示的穷则变的内涵，虽然还不能对这种历史现象具有辩证的理解和准确的表述。”⑤ 明胡震亨也有此论述：“即少陵拗体，亦盛唐之变风，大家之降格，而非其正也。”⑥ 王奎光云：“无疑，老杜‘吴体’就是不受格律束缚的一种特殊拗体，是一种创造。”⑦

其次，三篇“戏为”的变体、创体、新体之开创之功和破体意识。杜甫共有戏作诗 27 首，其中强戏为吴体、戏为六绝句和戏为俳谐体三首为一类，其特点是都有革新文体之功。“吴体”的变体特征前已论述，后两首也如黄小珠所云具有创新意义，她认为戏作诗“在历史发展中渐次形成了游戏创新和自嘲托讽两大创作倾向。以杜甫为例，前一类作品有《戏作俳谐

① 参见王奎光《方回的“吴体”诗论及其诗学批评意义》，《文学遗产》2008 年第 4 期。
② 王奎光：《方回的“吴体”诗论及其诗学批评意义》，《文学遗产》2008 年第 4 期。
③ 徐师曾著、罗根泽校点：《文体明辨序说》，人民文学出版社 1962 年版，第 145 页。
④ 苏轼：《东坡集》卷 23，文渊阁四库全书本。
⑤ 程千帆、莫砺锋：《杜诗集大成说》，《文学评论》1986 年第 6 期。
⑥ 胡震亨：《唐音癸签》，上海古籍出版社 1981 年版，第 22 页。
⑦ 王奎光：《方回的“吴体”诗论及其诗学批评意义》，《文学遗产》2008 年第 4 期。

体遣闷二首》、《戏为六绝句》。”以下分而论之。

关于《戏为六绝句》的创体性质，如爱新觉罗·弘历《唐宋诗醇》云：“以诗论文，于绝句中，又属仞体。”[①] 郭绍虞云：“杜甫《戏为六绝句》，开论诗绝句之端，亦后世诗话所宗。论其体则仞，语其义则精。”[②] 朴均雨继之云：“论其体则新创，语其义则精正。”[③] 其后诸如林东海所谓“说诗之诗，并非杜甫的发明，如前所说，这在杜甫之前就有了，甚至论及诗歌的绝句，在杜甫之前也就有了；但自从杜甫《戏为六绝句》一出，才产生较大影响，才有人仿而效之，才真正开创了论诗绝句一体”[④]。钟元凯《要言妙道的论诗诗》称《戏为六绝句》“发出了唐诗大变的信号”[⑤]。张伯伟在《论诗诗的历史发展》一文中，亦称“但论诗诗作为一种诗歌体裁，同时也作为一种文学批评的方式，则是到杜甫《戏为六绝句》的出现才标志着正式成立的”[⑥]。具体来说，“论诗诗”的创体正体现在杜甫的“以文为诗”和“以议论作诗”，这不但影响韩愈的“以文为诗”，而且远及宋诗“以议论作诗，以文字为诗”的独特风貌。正如张伯伟所云：“而论诗诗，则偏重在以议论为诗。这也就构成了杜甫绝句的特点之一。”“绝句中的议论体是杜甫开创的，而论诗绝句正是最突出的代表。”[⑦]

关于“戏为俳谐体”，前所引蔡宽夫诗话称“文章变态”而以“强戏为吴体”“戏为俳谐体”和“戏为新句”为例，可见三首俱为“变体”“新句”。这种“戏为新体”当源自于沈佺期《和元舍人万顷临池玩月戏为新体》。“俳谐体”在唐杜甫之前均以文的体裁出现，如王褒《僮约》、东方朔《答客难》、扬雄《解嘲》、班固《答宾戏》等，形成一种设问体或问难体，杜甫则效之戏以为诗。以俳谐体为名的诗当以杜甫为首创，其后宋元人时有继作，如范成大《次韵魏端仁感怀俳谐体》《上元纪吴中节物俳谐体三十二韵》，陆游《初秋小疾效俳谐体》，朱熹《苦雨用俳谐体》，张侃《秋后积

① 郭绍虞：《杜甫〈戏为六绝句〉集解》，人民文学出版社 1978 年版，第 7 页。
② 郭绍虞：《杜甫〈戏为六绝句〉集解》，人民文学出版社 1978 年版，第 3 页。
③ 朴均雨：《从戏为六绝句看杜甫的诗观》，《北京大学学报》1998 年第 1 期。
④ 林东海：《论诗诗论》，《文学评论》1984 年第 1 期。
⑤ 钟元凯：《要言妙道的论诗诗》，《读书》1986 年第 3 期。
⑥ 张伯伟：《论诗诗的历史发展》，《文学遗产》1991 年第 4 期。
⑦ 张伯伟：《论诗诗的历史发展》，《文学遗产》1991 年第 4 期。

雨起水曾舜卿朱秀文有诗用韵作俳谐体田家苦三叠》，元袁桷、释大訢亦各有一首“戏作俳谐体”等等。整体来说，拟作者并不多，看来“俳谐体”诗并未能成为主流。[①]

第四节　杜甫《戏为六绝句》与曹丕《典论·论文》

杜甫的文学思想集中体现在《戏为六绝句》中，郭绍虞先生云：“盖其一生诗学所诣，与论诗主旨之所在，悉萃于是，非可以偶而游戏视之也。”[②]我们认为，《戏为六绝句》“开论诗绝句之端”[③]，并非“无所依傍”，正如黄庭坚《答洪驹父书》所云：“自作语最难，老杜作诗，退之作文，无一字无来处，盖后人读书少，故谓韩杜自作此语耳。”[④] 同样，《戏为六绝句》在理论体系之建构和文学观点之阐发上，亦自有其“来处”，那就是全面继承了《典论·论文》的文学思想，这应当不是偶然和巧合。《典论·论文》的文学理论体系主要包括批评论、作家论、文体论、文气论和价值论五个方面，杜甫《戏为六绝句》中的诗学思想可以说与之环环相扣，极为契合。全面比较研究这两篇中国文学批评史上的重要论文，这对杜诗学研究的深入拓展当不无裨益。

一，“文人相轻”与“轻薄为文哂未休”。曹丕的“文人相轻”观点与杜甫《戏为六绝句》的“轻薄为文哂未休”之论很相近。从曹丕的“轻”到杜甫的“轻薄”有一个发展过程，而曹植、刘勰、钟嵘的相关言论则是连接起二者的重要链条。以此为依据，我们对“轻薄为文”这一充满歧义并为历来学者聚讼纷纭的命题进行详尽而全面的辨析。

首先，《论文》开门见山指出了文学批评界的不良风气，即“文人相轻”，“轻”为轻薄、轻鄙、讥嘲之意，就如“而固小之”之“小之”。《戏为六绝句》也在第一、二首指出了这种“文人相轻”的陋习，所谓“今人嗤点流传赋”“轻薄为文哂未休”云云，以嗤点、哂笑、轻薄等词对应“相轻”和“小之”。杜甫这种观点和语词上的对应继承是有其依据和渊源的。

---

① 任竞泽：《杜甫的文体学思想》，《广东社会科学》2015 年第 2 期。

② 杜甫著、郭绍虞集解：《〈戏为六绝句〉集解》，人民文学出版社 1978 年版，第 3 页。

③ 杜甫著、郭绍虞集解：《〈戏为六绝句〉集解》，人民文学出版社 1978 年版，第 3 页。

④ 黄庭坚著、郑永晓辑校：《黄庭坚全集辑校编年》，江西人民出版社 2011 年版，第 733 页。

如曹植《与杨德祖书》针对孔璋不自见之患，“前有书嘲之”，又称“吾亦不能妄叹者，畏后世之嗤余也”。[①]“世人著述，不能无病。仆常好人讥弹其文，有不善应时改定。”“刘季绪才不能逮于作者，而好诋诃文章，掎摭利病。”[②] 曹植《与杨德祖书》与曹丕《与吴质书》和《典论·论文》之间的关系不言自明，这里曹植以嘲、嗤、讥弹、诋诃、掎摭等语词来指责文学批评的弊端，正可为中介，让我们清晰看出杜甫嗤点、哂笑、轻薄与曹丕“相轻”的承传关系。

其后，刘勰《文心雕龙·知音》对《论文》借鉴引用最多，不但直接引魏文帝“文人相轻”之言，而且在具体引班固、傅毅的例子时，称“而固嗤毅云‘下笔不能自休’”，以及“于是桓谭之徒，相顾嗤笑”云云[③]，径以嗤、嗤笑来代替和表述。此外，如称“彼实博徒，轻言负诮，况乎文士，可妄谈哉?”[④] 很明显，这里，“博徒”与“轻言”互文见义，即轻薄之徒的轻薄之言。

同样，钟嵘在《诗品序》中也对当时批评界的弊端有所指责，且直接用“轻薄”之词，如云：“次有轻薄之徒，笑曹刘为古拙，谓鲍照羲皇上人，谢朓今古独步。”[⑤] 对此，我们可以说，杜甫“轻薄为文哂未休”之“轻薄”当是继承了曹丕、曹植、刘勰、钟嵘等大批评家之意，这应该是不错的。

其次，我们以此为根据，来辨析历来学者赋予“轻薄为文哂未休”的诸多歧义，并给出一个较为令人信服的结论。综合郭绍虞先生《杜甫戏为六绝句集解》来看，历来对其解释可以归纳为如下三种：

其一，称尔曹、今人哂笑四杰“为文轻薄”或文体轻薄。如郭绍虞云：“轻薄为文，是说当时人讥笑其文体轻薄。”[⑥] 这种观点自宋代以来差无异议，如郭知达《九家集注杜诗》引赵次公云：“四子之文，大率浮丽，太公

---

① 郭绍虞、王文生：《中国历代文论选》第1册，上海古籍出版社2001年版，第166页。
② 郭绍虞、王文生：《中国历代文论选》第1册，上海古籍出版社2001年版，第166页。
③ 刘勰著、范文澜注：《文心雕龙注》，人民文学出版社1958年版，第714页。
④ 刘勰著、范文澜注：《文心雕龙注》，人民文学出版社1958年版，第714页。
⑤ 钟嵘著、吕德申校释：《钟嵘〈诗品〉校释》，北京大学出版社1986年版，第55页。
⑥ 郭绍虞、王文生《中国历代文论选》第2册，上海古籍出版社2001年版，第61页。

以之为轻薄为文，而哂之未休也。”[①] 刘克庄《后村诗话续集》：“杜子美笑王杨卢骆文体轻薄。”[②] 汪师韩《诗学纂闻》：“‘轻薄为文’四字，乃后生哂四家之语，非指后生辈为轻薄人也。”[③] 史炳《杜诗琐证》云：“轻薄为文，乃讥哂四子之言。以后生自为轻薄之文而反哂前辈，亦与上句不贯。”[④]

其二，指后生、尔曹、今人“轻薄为文”“为文轻薄”或文体轻薄。如卢元昌《杜诗阐》云：“‘轻薄为文’，谓今人文体轻薄，非谓轻薄四杰。”[⑤] 张溍《读书堂杜诗注解》：“轻薄为文，即今人也。”[⑥]

其三，“轻薄为文”是分指的，“轻薄”指后生、尔曹、今人为轻薄之人及轻薄之口，这里的“轻薄”是与“文人相轻”的“轻”同义，也就是嗤点、哂笑之义，“为文”指四杰所作之文，合起来就是（尔曹、后生、今人）“轻薄”四杰为文而哂笑之。关于这一点，施鸿保《读杜诗说》所言最详：“四公之语言，当时杰出，今乃轻薄其为文而哂笑之……今按‘轻薄’字，始见《西京杂记》，‘茂陵轻薄者化之’，言人之轻薄也。绝句漫兴云：‘轻薄桃花逐水流’，《赠王侍御契》云：‘洗眼看轻薄’，《贫交行》云：‘纷纷轻薄何须数’，皆是此意。此诗谓后生轻薄之人，讥笑前辈为文也。前二说皆非。”[⑦] 之前亦有诸家持此观点，如宗廷辅《古今论诗绝句》：“轻薄，即指后生辈。”[⑧] 黄生《杜工部诗说》：“‘当时体’三字，出后生轻薄之口，非定论也。”[⑨] 洪迈《容斋四笔》：“身名俱灭，以责轻薄子。”[⑩] 周甸《杜释会通》：“当今轻薄子每以前贤为可笑。”[⑪] 卢世潅《读杜私言》：“若王杨卢骆为轻薄所哂，几无完肤，而子美直骂轻薄身名俱灭，仍以‘万古江河’还诸四杰。”[⑫] 吴见思《杜诗论文》：“杨炯、王勃、卢照邻、骆宾王

① 杜甫著、郭绍虞集解：《〈戏为六绝句〉集解》，人民文学出版社 1978 年版，第 17 页。
② 杜甫著、郭绍虞集解：《〈戏为六绝句〉集解》，人民文学出版社 1978 年版，第 17 页。
③ 杜甫著、郭绍虞集解：《〈戏为六绝句〉集解》，人民文学出版社 1978 年版，第 21 页。
④ 杜甫著、郭绍虞集解：《〈戏为六绝句〉集解》，人民文学出版社 1978 年版，第 21 页。
⑤ 杜甫著、郭绍虞集解：《〈戏为六绝句〉集解》，人民文学出版社 1978 年版，第 20 页。
⑥ 杜甫著、郭绍虞集解：《〈戏为六绝句〉集解》，人民文学出版社 1978 年版，第 21 页。
⑦ 杜甫著、郭绍虞集解：《〈戏为六绝句〉集解》，人民文学出版社 1978 年版，第 22 页。
⑧ 杜甫著、郭绍虞集解：《〈戏为六绝句〉集解》，人民文学出版社 1978 年版，第 18 页。
⑨ 杜甫著、郭绍虞集解：《〈戏为六绝句〉集解》，人民文学出版社 1978 年版，第 20 页。
⑩ 杜甫著、郭绍虞集解：《〈戏为六绝句〉集解》，人民文学出版社 1978 年版，第 20 页。
⑪ 杜甫著、郭绍虞集解：《〈戏为六绝句〉集解》，人民文学出版社 1978 年版，第 20 页。
⑫ 杜甫著、郭绍虞集解：《〈戏为六绝句〉集解》，人民文学出版社 1978 年版，第 20 页。

当时文体杰出，今日轻薄之流，为文何似，而哂之哉！"[①] 张燮承《杜诗百篇》："'轻薄'、'尔曹'，皆指后生。"[②] 仇兆鳌《杜诗详注》："四公之文，当时杰出，今乃轻薄其为文而哂笑之。"[③]

对于以上历代注杜学者的三种解释，郭绍虞先生总结道："然谓杜推尊四子，而以轻薄为文指后生嗤点之辈，则亦未当。……故'轻薄为文'当为讥哂四子之语。"[④] 由于郭绍虞先生之于中国文学批评史上的地位影响，并专力集解《戏为六绝句》，再加上《中国历代文论选》在高校中普遍为本科生和研究生之教材，故而他所支持的第一种解释基本成了学界的不易之论。第二种解释与第一种相近，只不过是主体的改换。

我们认为，第三种解释当更为符合杜甫之原意，尤其是仇兆鳌和施鸿保以杜诗"其他论诗之句互为印证"，显得更为合理，而这正运用了郭绍虞先生的阐释方法，即"至于加以抉择，斟酌去取，则又一以杜甫论诗主旨为衡。本其集中其他论诗之句，触类旁通，互为印证，则群辐共毂，一贯非难，而诸家曲说，昭昭然白黑分矣"[⑤]。惜其在本句中对此方法则未如施鸿保般加以运用。

我们说第三种解释更为符合杜甫原意，即"轻薄之人，轻薄之口，轻薄之意"，总起来说有三个理由：一是同意施鸿保"本其集中其他论诗之句，触类旁通，互为印证"的阐释学方法和依据；二是内证凿凿，即本组绝句中"不薄今人爱古人"之"薄"，亦仅为"轻薄"之意，而非轻薄之文或文体轻薄；三是旁证，即上文所论述的杜甫继承了曹丕、曹植、刘勰、钟嵘以来的相轻、轻薄、轻鄙、轻贱、嗤笑、讥哂等语词含义和理论内蕴，而上述这一切文献论证都是为了说明杜甫对曹丕理论的接受和继承及两文之间的关系。

二，"贵远贱近"与"不薄今人爱古人"。与上文曹、杜所认识到的"文人相轻"及"轻薄为文"这一批评界弊端相关，在文学批评的方法和标准上，杜甫"不薄今人爱古人"的主张则完全继承了曹丕"贵远贱近"等

① 杜甫著、郭绍虞集解：《〈戏为六绝句〉集解》，人民文学出版社1978年版，第21页。
② 杜甫著、郭绍虞集解：《〈戏为六绝句〉集解》，人民文学出版社1978年版，第21页。
③ 杜甫著、郭绍虞集解：《〈戏为六绝句〉集解》，人民文学出版社1978年版，第21页。
④ 杜甫著、郭绍虞集解：《〈戏为六绝句〉集解》，人民文学出版社1978年版，第44页。
⑤ 杜甫著、郭绍虞集解：《〈戏为六绝句〉集解》，人民文学出版社1978年版，第3页。

论断。在如何实践这一正确的批评原则上，刘勰指出批评家的基本素养就是博观、博练、博见，而曹丕所谓“勤学、重寸阴、著书不朽、少壮当努力”以及“备历五经四部”等博学苦读的见解与杜甫“读书破万卷”这句经典亦不谋而合。此外，关于“文人相轻”这一命题中的批评对象、批评家主体以及涉及的各自两组文人群体等，《绝句》和《论文》都有很强的可比性。

首先，“贵远贱近”与“不薄今人爱古人”。针对“文人相轻”的不良风气，曹丕提出“审己度人”的观点，同时指出“贵远贱近，向声背实，崇己抑人（又患闇于自见，谓己为贤）”的三种错误批评方法。刘勰《文心雕龙·知音》篇受其影响，在引用曹丕“文人相轻”之论后，提出了“贱同而思古”这一总的说法，同时提出与曹丕相近的三种观点，即贵古贱今者、崇己抑人者和信伪迷真者。对此，正如彭玉平所云：“最为典型的相轻形态——贵古贱今。文人相轻的现象在同时代人中表现得最为突出，我们耳熟能详的‘贵古贱今’、‘贱同思古’、‘厚古薄今’都是对这一现象的概括。”①

《戏为六绝句》中，杜甫也在论述文人相轻即嗤点、哂、轻薄之后，提出了他的学习和批评标准，即“不薄今人爱古人”，在如何对待古今遗产的态度上，给出了一个正面的说法，可以说是对曹丕“贵远贱近”，刘勰“贱同思古”和“贵古贱今”之反面说法的一个总结。另外，“不薄今人爱古人”也正同于刘勰“无私于轻重，不偏于憎爱，然后能平理若衡，照辞如镜矣”。“薄、爱”与“憎爱”同义，在句中是互文见义的。这与之前葛洪《抱朴子·广譬》所云“贵远而贱近者，常人之情也；信耳而遗目者，古今之所患也”，之后白居易《与元九书》所云“夫贵耳贱目，荣古陋今，人之大情也”所言相同，诸如此类颇多，兹不赘举。而元稹所谓“好古者遗近，务华者去实”之论显然是对杜甫“不薄今人爱古人”以及曹丕、刘勰理论的深入总结，其《唐故工部员外郎杜君墓系铭并序》云：“由是而后，文变之体极焉。然而莫不好古者遗近，务华者去实。……尽得古今之体势，而兼人人之所独专矣。”②

① 彭玉平：《论“文人相轻”》，《中山大学学报》2004 年第 6 期。

② 郭绍虞、王文生：《中国历代文论选》第 2 册，上海古籍出版社 2001 年版，第 66 页。

其次，“备历五经四部”与“读书破万卷”。刘勰在《文心雕龙·知音》篇中认为，要想做到文学批评上的公允，即“不偏于憎爱，无私于轻重”，那么，“务先博观”，即博览群书，勤学苦读，要重视学问积累，也即“凡操千曲而后晓声，观千剑而后识器”①，这显然继承了曹植《与杨德祖书》所谓“盖有南威之容，乃可以论于淑媛；有龙渊之利，乃可以议于断割”云云②。《典论·论文》虽未有直接谈博览读书，但从其著书立言说及《与吴质书》和《典论·自叙》相对照则可以推而及之。

《论文》最后称“文章经国之大业不朽之盛事”，继承了儒家立言不朽的传统，并在司马迁“发愤著书”的基础上，提出了“穷达著书”说，即“故西伯幽而演《易》，周旦显而制《礼》，不以隐约而弗务，不以康乐而加思”③，并称徐干“著论，成一家言”。这种立言不朽、发愤著书而成一家之言的志向，显然是以“重寸阴”“惧乎时之过也”的珍惜时间的读书博观为基础的。在《与吴质书》中也用与此相似的说法，如称“少壮真当努力，年一过往，何可攀援”，以及徐干“著《中论》二十篇，成一家之言，辞义典雅，足传于后”。④ 再如《与王朗书》：“人生有七尺之形，死为一棺之土。唯立德扬名，可以不朽；其次莫如著篇籍。”⑤ 而《典论·自叙》则明确提到“勤学”“备历五经四部”“靡不毕览”云云。如云：“上雅好诗书文籍，虽在军旅，手不释卷。每定省从客，常言：‘人少好学则思专，长则善忘；长大而能勤学者，唯吾与袁伯业耳。’余是以少诵诗论，及长而备历五经四部，史汉、诸子百家之言，靡不毕览。”⑥

同样，杜甫之“不薄今人爱古人”“别裁伪体亲风雅”及“转益多师是汝师”等都是说要广泛学习古今作家作品，唯有“读书破万卷”，才能“下笔如有神”。也就是说，杜甫“不薄今人爱古人”的公允批评标准，是与“转益多师是汝师”及“读书破万卷”分不开的，这显然继承了曹丕、曹植、刘勰以来的相关观点。

---

① 刘勰著、范文澜注：《文心雕龙注》，人民文学出版社 1958 年版，第 714 页。

② 郭绍虞、王文生：《中国历代文论选》第 1 册，上海古籍出版社 2001 年版，第 166 页。

③ 郭绍虞、王文生：《中国历代文论选》第 1 册，上海古籍出版社 2001 年版，第 159 页。

④ 郭绍虞、王文生：《中国历代文论选》第 1 册，上海古籍出版社 2001 年版，第 165 页。

⑤ 郁沅、张明高：《魏晋南北朝文论选》，人民文学出版社 1999 年版，第 16 页。

⑥ 郁沅、张明高：《魏晋南北朝文论选》，人民文学出版社 1999 年版，第 12 页。

第三，“文人相轻”这一文学批评现象中，文人中的“轻者”和“被轻者”都是批评家主体，即是互相的。而作为《论文》和《戏为六绝句》之作者的批评家曹丕和杜甫，则是第三者，是旁观者，他们独立于“文人相轻”这一批评现象之外，所谓“旁观者清”，故而二者的批评标准都是客观公允的，这也是二文和二人的相似之处。当代学者诸如来新夏、彭玉平等的相关“文人相轻”论文中，也已同时提到杜甫和曹丕，从中可以看出二者的前后承传关系。

关于曹丕，来新夏在《文人相轻与文人相亲》一文中称：“鲁迅对曹丕‘文人相轻’的口号有重大的突破，在《五论》一文中，认为‘相轻’之说只是站在旁边看文人轻来轻去的第三者，而真正卷入窝里斗的只有‘被轻’和‘轻人’两种。”① 关于杜甫，彭玉平在《论“文人相轻”》一文中也引用鲁迅《五论文人相轻》云：“文人之间轻来轻去，难免有人看不过眼，起来棒喝一声‘文人相轻’，遂在相轻的文人之外多了一位第三者，虽也是文人，却不在相轻的文人之列。‘相轻’的文人与说‘文人相轻’的文人始终是生存在两个圈子中的。”接下来称“杜甫在《戏为六绝句》中对于批评初唐四杰‘轻薄为文’、‘劣于汉魏近风骚’的‘尔曹’提出了严厉的批评，就属于相轻的圈外人，也就是第三者”。又称：“杜甫从诗歌历史发展的角度肯定了六朝、初唐文学的价值，从第三者的角度对‘尔曹’因为无知而相轻的现象做了严肃批评。”②

最后，《论文》和《绝句》中的“文人相轻”各有两组文人，其行文顺序及所论作家群体都有可比较之处，亦能看出二者之间的承传关系。《论文》开篇“文人相轻，自古而然”，接下来古以傅毅、班固为例，“今之文人”则以“建安七子”为例，一为个体，一为群体。进而提出他“审己以度人”的正确批评标准。《绝句》开篇两首论文人之嗤点哂笑，第一首以古代南朝庾信为例，第二首以今朝“唐初四杰”为例，也是一个体，一群体，然后提出他“不薄今人爱古人”的公允批评标准。

二者的不同之处在于：一是，《论文》中“文人相轻”的现象，古代是古代文人间即傅毅和班固之间，今之文人是七子之间的“良难以相服”。而

① 来新夏：《文人相轻与文人相亲》，《光明日报》2003 年 8 月 13 日。

② 彭玉平：《论“文人相轻”》，《中山大学学报》2004 年第 6 期。

《绝句》中，“轻者”皆为同一批人即今人、后生、尔曹，而被轻者分为古人庾信和今人四杰。二是，《论文》中不管古今文人，他们之间相轻的原因都是因为“贵古贱今”“贵远贱近”的，而《绝句》中的“今人、后生、尔曹”之轻薄之徒的轻薄之处就在于，他们既“贱古”（庾信）又“薄今”（四杰），眼中只有自己，真是“可笑不自量”（韩愈《荐士》语）。也因此，《论文》最后便以描述事实的反面批评标准“贵远贱近”和“向声背实”来作结，而杜甫则以与实际批评情况相反的正面批评标准“不薄今人爱古人”作结。

二者还有两点相似之处：一是，《绝句》中第一首和最后一首的前贤、后生之说，即前贤畏后生，（后生）未见前贤云云，《论文》中虽未有相关言论，但曹丕《与吴质书》中则提到：“诸子但为未及古人，自一时之俊也。今之存者，已不逮矣。后生可畏，来者难诬，恐吾与足下不及见也。”[①]两文是互补而且必须对照解读的，所谓“诸子但为未及古人”正与《绝句》“未及前贤”同，而“后生可畏”则是“前贤畏后生”的翻版了。另一个是，《论文》中称扬七子“咸以自骋骥騄于千里，仰齐足而并驰”，而《戏为六绝句》中赞赏“四杰”亦以“龙文虎脊”和“历块过都”为喻，同时在杜甫另一篇重要的论诗诗《偶题》中亦有“騄骥皆良马，麒麟带好儿”之句[②]，俱以骏马为喻。

三，“能之者偏也，唯通才能备其体”与“能诗不能文”“尽得古今之体势”。文体论是《典论·论文》理论体系中的重点之一，《绝句》中相关的文体观点与之有一定的相合之处，虽不是很鲜明，但若与后世学者对杜甫诗文文体创作的评论总结进行对照，可以看出，杜甫的“能诗不能文”和“尽得古今之体势”与曹丕的“文非一体，鲜能备善”及其“能之者偏也，唯通才能备其体”极为契合。

首先，曹丕的“文非一体，鲜能备善”与杜甫的“能诗不能文”。《论文》在第一段认为“文人相轻”的表现是“以己所长，相轻所短”，而所长所短都指文体而言。他反对这种文坛不良风气，认为“文非一体，鲜能备善”。此外，因为四科八体不同，包括体裁体制之“奏议、书论、铭诔、诗

① 郭绍虞、王文生：《中国历代文论选》第1册，上海古籍出版社2001年版，第165页。
② 郭绍虞、王文生：《中国历代文论选》第2册，上海古籍出版社2001年版，第64页。

赋”“八体”以及文体风格之“雅、理、实、丽”“四科”之不同，故而“能之者偏也”。也就是说作者个性禀赋不同，才能有限，故而大多只能偏长一体。他在具体以文体和文气（才性）评论七子的时候，七子都是各有所长也各有所短的，鲜能备善。如云“王粲长于辞赋”，徐干的辞赋虽“时有齐气”，“然粲之匹也”。对于其他文体，二者则都不擅长，即“然于他文，未能称是”。[①] 陈琳和阮瑀长于章表书记一类文体，为“今之隽也”，言外之意其他文体为其所短。这是从文体体裁的角度来说明他的“能之者偏也”的文体观。同时他还从文气清浊也就是文体风格的角度来说明他的作家“偏长一体”也即擅长某种风格的文体论，如称“应玚和而不壮，刘桢壮而不密”，也就是说在“和与壮”及“壮与密”这两组因文气清浊不同而形成的对立文体风格中，二者都是偏长某一风格而不能兼备之。

《绝句》中，杜甫看到了庾信由南入北之前后期文体风格的转变和不同，前期之“徐庾体”是“清新庾开府”（《春日忆李白》），后期则“文章老更成”，形成了“凌云健笔意纵横”的壮阔豪逸风格，而“今人嗤点”的则是他的“流传赋”也即前期宫体诗风，不免有偏，失之公允。此外，王杨卢骆的“当时体”，则指四杰擅长四六骈文文体体裁，即宋长白《柳亭诗话》所云“初唐四杰草创初开，未脱陈、隋风调”[②]，黄生《杜工部诗说》所谓“四子未泯齐梁余习”[③]，故而“轻薄”者“哂”之“未休”。这正如张溍《读书堂杜诗注解》所云：“‘当时体’三字。文章各代别有体裁，不得执一以论。”[④]

在《绝句》偏长某体的文体理论之外，自宋代以来历代学者争议老杜创作上“能诗不能文”的文体论则一直绵延不绝，可以说是对曹丕《论文》“文非一体，鲜能备善”文体论的某种回应，对照起来颇有意味。大多学者认为“少陵拙于为文”，“无韵者殆不可读”。如陈师道云：“少陵不合以文章似吟诗样吟，退之不合以诗句似做文样做。”陈振孙《直斋书录解题》云：“世言子美诗集大成，而无韵者几不可读，然开天以前文体，大略皆如此。”刘克庄云：“余观杜集无韵者，唯夔州府诗题数行颇艰涩，容有误字

① 郭绍虞、王文生：《中国历代文论选》第1册，上海古籍出版社2001年版，第158页。
② 杜甫著、郭绍虞集解：《〈戏为六绝句〉集解》，人民文学出版社1978年版，第19页。
③ 杜甫著、郭绍虞集解：《〈戏为六绝句〉集解》，人民文学出版社1978年版，第20页。
④ 杜甫著、郭绍虞集解：《〈戏为六绝句〉集解》，人民文学出版社1978年版，第21页。

脱简。”仇兆鳌曰：“杜诗皆熔经铸史，而散文时有艰涩。”① 鲁迅也称：“杜甫的诗好，文章也就不行。”② 其原因，如熊礼汇所云：“前人分析杜文成就不高的原因，有一种较为流行的看法，即杜甫平生专注于诗的创作，仅以作文为余事，而作文又是以诗为文。”③

当然，对此也有持不同意见者，通过反驳杜甫“能诗不能文”的文体观，进而肯定杜文的成就和地位，如刘开扬《杜文管窥》云：“世人每读杜诗而厌读杜文，以为非其所长，于我何益，盖未深思耳。杜文与太白、独孤及诸人之文亦四杰之后、韩柳之前文章发展之里碑也……欲知文章发展之历程者，不可不读杜文也。”④ 唐代司空图认为子美之文与其歌诗一样优秀，如《题柳柳州集后》云：“然则作者为文为诗，格亦可见，岂当善于彼而不善于此耶？思观文人之为诗，诗人之为文，始皆系其所尚，既专则搜研愈至，故能炫其工于不朽。……又尝观杜子美《祭太尉房公文》，李太白佛寺碑赞，宏拔清厉，乃其歌诗也。”⑤ 所谓“善于彼而不善于此”“文人之为诗，诗人之为文”云云，以杜甫为例，正可与曹丕“文非一体，鲜能备善”之论相参看。

其次，曹丕“唯通才能备其体”与杜甫“兼备众体”和“集文体之大成”。《论文》中在肯定“文非一体，鲜能备善”以及大多作者偏长一体的同时，与之相对立的，则提出“唯通才能备其体”的论断，涉及偏才与兼能的关系。这一点体现在《绝句》中，因为杜甫具有“别裁伪体”的辨体眼光和“转益多师”的学习态度，故而能够取得集文体之大成的巨大成就。关于杜诗的“集大成”特征和原因，自唐代元稹提出以来，历代学者多有论述，虽然所言各有千秋，但无疑“集文体之大成”应是杜诗“集大成”最核心的内容，其中包括集“文体风格”和集“文体体裁”之大成两个方面。他的这种“兼备众体”的“集文体之大成”说是对曹丕文体学思想的全面体现，并影响了宋以来相关文体理论的热议和争鸣。

---

① 参见熊礼汇《杜甫散文创作倾向论——兼论杜甫以诗为文说》，《杜甫研究学刊》2002 年第 2 期。

② 刘大杰：《鲁迅谈古典文学》，《文艺报》1956 年第 19 期。

③ 熊礼汇：《杜甫散文创作倾向论——兼论杜甫以诗为文说》，《杜甫研究学刊》2002 年第 2 期。

④ 参见张忠纲、赵睿才《20 世纪杜甫研究述评》，《文史哲》2001 年第 2 期。

⑤ 周祖譔：《隋唐五代文论选》，人民文学出版社 1990 年版，第 350 页。

具体来说，最早当属元稹在《唐检校工部员外郎杜君墓系铭并序》所云："至于子美，盖所谓上薄风骚，下该沈宋，古傍苏李，气夺曹刘，掩颜谢之孤高，杂徐庾之流丽，尽得古今之体势，而兼人人之所独专矣。"① 其后宋人继之，欧阳修、苏轼、黄庭坚、秦观、陈师道、严羽等大家都有精到论述。如欧阳修等《新唐书·杜甫传赞》云："然恃华者质反，好丽者壮违，人得一概，皆自名所长。至甫，浑涵汪茫，千汇万状，兼古今而有之。"② 秦观《韩愈论》云："杜子美之于诗，实积众家之长，适当其时而已。""呜呼，杜氏韩氏，亦集诗文之大成者欤!"③ 陈师道《后山诗话》云："苏子瞻云：'子美之诗，退之之文，鲁公之书，皆集大成者也。'"④ 严羽《沧浪诗话》云："少陵诗，宪章汉魏，而取材于六朝，至其自得其妙，则前辈所谓集大成者也。"⑤ 明清以来所论亦不乏人，如李东阳《麓堂诗话》云："执此以论，杜真可谓集诗家之大成者矣。"⑥ 潘德舆《养一斋诗话·李杜诗话》云："微之、少游尊杜至极，无以复加，而其所尊之之由，则徒以其包众家之体势姿态而已。"释普闻《诗论》云："老杜之诗，备于众体，是为'诗史'。"⑦

曹丕认为"唯通才能备其体"，也就是一个作家能够兼备众体与其才能有关，必须是"通才"方可。而杜甫之所以"诸体兼善"，这与他的"通才"是分不开的。如元傅若金云："子美学优才赡，故其诗兼备众体，而植纲常、系风化为多，三百篇以后之诗，子美其集大成也。"清翁方纲《石州诗话》也认为杜甫之集众家文体之长，"非有兼人之力，万夫之勇者弗能当也"⑧。王运熙等在论杜甫时则将兼备众体和偏长一体结合起来："杜甫历来被认为是诗歌艺术的集大成者。元稹在《唐故工部员外郎杜君墓系铭》中指出，唐代许多诗人在创作上往往偏长一体，而杜甫则'尽

---

① 郭绍虞、王文生：《中国历代文论选》第2册，上海古籍出版社2001年版，第66页。
② 欧阳修、宋祁等：《新唐书》，中华书局1975年版，第5738页。
③ 陶秋英编选、虞行校订：《宋金元文论选》，人民文学出版社1984年版，第203页。
④ 何文焕：《历代诗话》，中华书局1981年版，第304页。
⑤ 严羽著、郭绍虞校释：《沧浪诗话校释》，人民文学出版社1961年版，第171页。
⑥ 丁福保：《历代诗话续编》，中华书局1983年版，第1398页。
⑦ 参见程千帆、莫砺锋《杜诗集大成说》，《文学评论》1986年第6期。
⑧ 参见程千帆、莫砺锋《杜诗集大成说》，《文学评论》1986年第6期。

得古今之体势而兼人人之所独专矣。'"[①] 显而易见，上述历代批评家对杜诗兼备众体、备于众体、诸体兼善、尽得古今之体势、尽有古今文章之体的集文体之大成的高度评价和激赏，可以说就是曹丕"唯通才能备其体"文体观的绝妙注脚，尤能说明杜甫对曹丕文体论的理论继承并通过创作实践体现出来。

第三，从文体风格论的角度来看，曹丕认为，不同才能、个性、禀赋的人，其诗文便显示出不同的风格来，也就是"文如其人"这一传统命题。《论文》中文气论的核心是"气之清浊有体"，也即清气、浊气和清体、浊体。这既是一种才性论也是一种文体风格论。从才性论的角度看，曹丕指出作家的才能禀赋和气质个性是先天的，不可力强而致，提出了作家的才能、才气、通才之论。《戏为六绝句》中，杜甫则提出作家的"才力"，即"才力应难跨数公"。很明显，才力与才性相配。

所谓清气和浊气，清气指清健、阳刚之文体风格，也叫逸气，属壮美，也就是刘勰以来所说的"建安风骨"。浊气则指舒缓、阴柔之文体风格，也叫齐气，属优美，也就是齐梁绮靡之文风。曹丕显然欣赏的是前者。他在批评徐干"时有齐气"时，也肯定了刘桢有"逸气"。在《绝句》中，杜甫称许庾信文章的"老成"和"凌云健笔"及"纵横之意（气）"，便属于清刚之气，这正是曹丕所具有和肯定的"建安风骨"，相对应的则是老杜所代表的"盛唐气象"。杜甫欣赏"清"气在他文也处处可见，如所谓"清诗句句尽堪传""清新庾开府，俊逸鲍参军"等。尽管他极力赞赏清刚之气，但由于"转益多师"的态度，使他对不同的风格也能兼容并包，如《绝句》中的"翡翠兰苕"属优美阴柔之风格，而"鲸鱼碧海"则属壮美刚健之风格。

除此之外，关于文学的价值论方面，二者亦不乏相似观点。《论文》中，曹丕极大地肯定了文章和文人的价值，认为文章"经国之大业，不朽之盛世"，年寿荣乐等都"未若文章之无穷"，"古之作者，寄身于翰墨，见意于篇籍"，便"声名自传于后"，提倡"发愤著书""穷达著书"而"成一家之言"，这完全继承了儒家立言不朽的文学价值观。《绝句》中，这种立言不朽和扬名于后的观点，集中体现在"尔曹身与名俱灭，不废江河万

① 王运熙、杨明：《中国文学批评通史》（隋唐五代卷），上海古籍出版社1996年版，第290页。

古流”之中，可以说就是对曹丕理论的浓缩和概括。而杜甫另一篇重要且能代表他诗学观的论诗诗《偶题》，开篇四句则又是对这一观点的重申：“文章千古事，得失寸心知。作者皆殊列，名声岂浪垂?”其间关系，读者当自得之。①

① 任竞泽：《杜甫〈戏为六绝句〉与曹丕〈典论论文〉》，《海南大学学报》2015 年第 3 期。

第二章　宋人“文章以体制为先”的辨体论源流[①]

作为中国古代文体学的核心理论范畴，“辨体”批评是中国古代文体学研究的基本起点，是贯通其他相关问题的核心问题，在构建中国古代文体学的学科上占有重要地位。“辨体”理论内蕴丰富，但“文章以体制为先”的辨体观无疑是其核心观点，如吴承学先生在《中国古代文体学论纲》一文中强调，“以‘辨体’为‘先’是中国古代文学批评与文学创作的传统与首要原则”，接下来便列举历代相似文献诸如“故词人之作也，先看文之大体，随而用心”“文章以体制为先，精工次之”“先体制而后文之工拙”“论诗文当以文体为先，警策为后”“文辞以体制为先”“文莫先于辨体”“凡为古文辞者，必先识古人大体，而文辞工拙又其次焉”等等[②]，在反复论证之后，结论是：“古人首先在认识观念上视‘辨体’为‘先’在的要务，又在具体的批评实践中通过对‘划界’与‘越界’的分寸的精微感悟与把握，从而使‘辨体’成为古代文体学中贯通其他相关问题的核心问题。”[③] 这种“体制为先”的辨体观在宋代蔚成风气，并对元明清以来辨体理论产生了深远影响，但其源头则在魏晋六朝和唐代，有一个清晰的源流承传历史轨迹。本章试全面地梳理这一辨体理论发展脉络，进而详尽地分析阐释其理论内涵，并深入探求其盛衰兴废的文化历史原因，从而看出其在中国

---

① 本章发表于《求索》2016 年第 5 期，《中国社会科学文摘》2016 年第 10 期推荐论文。

② 吴承学：《中国古代文体学研究》，人民出版社 2011 年版，第 14 页。

③ 吴承学：《中国古代文体学研究》，人民出版社 2011 年版，第 16 页。

古代文体学和中国文学批评史上的地位和意义。

第一节　宋代“体制为先”辨体：成熟和定型

罗根泽先生认为，以刘勰《文心雕龙》和吴讷《文章辨体》、徐师曾《文体明辨》为代表的六朝与明代是中国古代文体学的两个集大成时代[①]，宋代文体学虽未如上述两个时代的繁荣态势，但宋代文体学理论尤其是“先体制”或“以体制为先”的辨体观却不折不扣是中国古代辨体理论批评发展的最重要历史时期，具有承上启下的重要地位。这一点古今学者都有所论述。如元祝尧《古赋辨体》称“宋时名公于文章必辨体，此诚古今的论”[②]；郭绍虞先生亦称“论诗辨体亦是宋人风气”。[③] 这种辨体观自“宋时名公”诸如王安石、黄庭坚、谢良佐、陈师道、吕本中、张戒、朱熹、吕祖谦、严羽、真德秀、王应麟、洪迈、倪思等，形成了一个清晰的承传发展脉络，以下详而论之。

在北宋，或者说整个宋代，黄庭坚是提出这一理论的第一人。其《书王元之〈竹楼记〉后》云：“或传王荆公称《竹楼记》胜欧阳公《醉翁亭记》，或曰此非荆公之言也。某以谓荆公出此言未失也。荆公评文章，常先体制而后文之工拙。盖尝观苏子瞻《醉白堂记》，戏曰：‘文词虽极工，然不是《醉白堂记》，乃是《韩白优劣论》耳。’以此考之，优《竹楼记》而劣《醉翁亭记》，是荆公之言不疑也。”[④] “记”体文以描写、叙述为主，王禹偁《竹楼记》是这方面的典范；欧阳修《醉翁亭记》和苏东坡《醉白堂记》都未能遵守这一体制规范，杂以议论，于是出现了名“记”实“论”的弊端。所谓“荆公评文章，常先体制而后文之工拙”这一经典辨体理论，无疑是黄庭坚对前后两次王安石的文体批评实践的理论总结。后来这一文献及观点屡被宋元以来文学家加以记载、复述和引用，如宋严羽《沧浪诗话》、潘自牧《记纂渊海》、陈鹄《耆旧续闻》、胡仔《苕溪渔隐丛话》、王

① 吴讷著、于北山点校：《文章辨体序说》，徐师曾著、罗根泽点校：《文章辨体序说》，人民文学出版社1962年版，第1页。

② 祝尧：《古赋辨体》卷8，文渊阁四库全书本。

③ 严羽著、郭绍虞校释：《沧浪诗话校释》，人民文学出版社1961年版，第68页。

④ 黄庭坚著、郑永晓辑校：《黄庭坚全集辑校编年》，江西人民出版社2011年，第1526页。

正德《余师录》、金王若虚《滹南集》、元祝尧《古赋辨体》、潘昂霄《金石例》、明黄宗羲《明文海》所载郑以伟《自叙》、李时勉《古廉文集》、唐顺之《稗编》等，林林总总，不可备录，足见其理论地位，尤其严羽和祝尧的引述在中国辨体理论批评发展史上影响深远。

与此相似的辨体观点，黄庭坚在他文中也屡屡提及，如《朝奉郎通判泾州韩君墓志铭》云：“人以为君庄重寡言，作文词务体要，断狱深原其情。”①《次韵秦观过陈无己书院观鄙句之作师道》云：“试问求志君，文章自有体。”②《小山集序》云：“论文自有体，不肯一作新进士语，此又一痴也。”《答王观复》云：“昔东坡尝云：‘熟读《檀弓》二篇，当得文章体制。’此确论也，愿以此求之。”③所谓“文章自有体”“论文自有体”“当得文章体制”“作文词务体要”云云，可以说是其“先体制而后文之工拙”这一辨体论的补充和完善，足见其并非偶然论及，当为有意识的系统构建其辨体理论体系。

在他的影响下，“江西诗派”重要成员诸如吕本中的学诗须“先见体式”和陈师道的“诗文各有体”等也如此论。如吕本中《童蒙诗训》云：“学诗须熟看老杜、苏、黄，亦先见体式，然后遍考他诗，自然工夫度越他人。”④陈师道《后山诗话》：“黄鲁直云：杜之诗法出审言，句法出庾信，但过之尔。杜之诗法，韩之文法也。诗文各有体，韩以文为诗，杜以诗为文，故不工尔。”⑤

北宋与黄庭坚约略同时的著名思想家谢良佐从儒家道学家的角度，提出了学诗当“先识取六义体面”的观点，如《上蔡语录》云：“问学诗之法，曾本云：‘问学诗以何为先？’云：‘先识取六义体面。’”⑥其卷一称“气虽难言，即须教他识箇体段始得”⑦，可见其文学和哲学上“辨体为先”的观点是一致的。谢良佐辨体论的最大贡献和最引人注目的地方是对朱熹的直接

① 黄庭坚著、郑永晓辑校：《黄庭坚全集辑校编年》，江西人民出版社2011年，第798页。
② 黄庭坚著、郑永晓辑校：《黄庭坚全集辑校编年》，江西人民出版社2011年，第499页。
③ 黄庭坚著、郑永晓辑校：《黄庭坚全集辑校编年》，江西人民出版社2011年，第943页。
④ 傅璇琮：《黄庭坚和江西诗派研究资料汇编》，中华书局1978年版，第44页。
⑤ 何文焕：《历代诗话》，中华书局1981年版，第303页。
⑥ 谢良佐：《上蔡语录》卷2，文渊阁四库全书本。
⑦ 谢良佐：《上蔡语录》卷1，文渊阁四库全书本。

影响。

南宋的辨体理论以朱熹和严羽最为系统和完备，主要受谢良佐和黄庭坚的影响。尤其朱子的辨体观，直接启示并潜移默化地渗透于一众理学家诸如真德秀、吕祖谦、王应麟等的文体学思想，并对严羽产生巨大影响，在当时形成一股颇为强劲的辨体文艺思潮。

南宋初年，张戒是最早站出来反对黄庭坚及其江西诗派的，但其辨体观却与黄氏及陈、吕等江西派的主张不谋而合，如《岁寒堂诗话》云："论诗文当以文体为先，警策为后。"①

朱熹则继承谢良佐的辨体思想，不但多次直接引用而且进一步形成了自己系统的辨体理论体系。最具代表的，他提出了"亦须先识得古今体制雅俗向背"的辨体论断，并以此辨体方法来辨别古书真伪。如《答巩仲至第四书》："来喻所云'漱六艺之芳润，以求真淡'，此诚极至之论，然恐亦须先识得古今体制雅俗乡背，仍更洗涤得尽肠胃间夙生荤血脂膏，然后此语方有所措。"② 他处相关论述也很多，如："今观微子之命、蔡仲之命、左传中数处诰命，大抵文意相类。及以《閟宫》、《殷武》末章观之，诚恐古人作文，亦须有个格样递相祖述。"③ 所谓"格样"即指文体体制。

与此相似的"辨体为先"观点，便是他在《朱子语类》中反复提及的"读诗须先识六义体面"了。这一重要辨体论断在《诗经》一卷中反复出现四次，其中两次直接引用谢良佐之论，如其一云："若上蔡怕晓得诗，如云'读诗，须先要识得六义体面'，这是他识得要领处。"④ 其二云："读诗之法，只是熟读涵味，自然和气从胸中流出，其妙处不可得而言。不待安排措置，务自立说，只恁平读著，意思自足。……上蔡曰：'学诗，须先识得六义体面，而讽味以得之。'此是读诗之要法。"⑤ 另外两次则化谢良佐之言为己所用，如其一云："问时举：'看文字如何？'曰：'诗传今日方看得纲领。要之，紧要是要识得六义头面分明，则诗亦无难看者。'曰：'读诗全在讽

① 丁福保：《历代诗话续编》，中华书局1983年版，第499页。

② 陶秋英编选、虞行校订：《宋金元文论选》，人民文学出版社1984年版，第308页。

③ 朱熹著、黎德靖编：《朱子语类》，中华书局1986年版，第500页。

④ 朱熹著、黎德靖编：《朱子语类》，中华书局1986年版，第2070页。

⑤ 朱熹著、黎德靖编：《朱子语类》，中华书局1986年版，第2086页。

咏得熟，则六义将自分明。须使篇篇有个下落，始得。’”[①] 其二云：“《关雎》一诗文理深奥，如乾坤卦一般，只可熟读详味，不可说。至如《葛覃》、《卷耳》，其言迫切，主于一事，便不如此了。又曰：‘读诗须得他六义之体，如风、雅、颂则是诗人之格。后人说诗以为杂雅、颂者，缘释《七月》之诗者以为备风、雅、颂三体，所以启后人之说如此。’”[②] 以上“诗经学”辨体观可以说是他“亦须先识得古今体制”的进一步引申和强调，二者相得益彰。其所继承并引述的谢良佐这条文献，之前大多未被人注意和重视，而朱熹则把它发扬光大，在中国古代辨体理论批评史上功勋卓著，其意义非同寻常，同时可以看出他对解读《诗经》的诠释学方法即“辨体”方法的高度重视和熟练运用，这对于全面深入地了解他的诠释学理论方法也有很大帮助。

朱熹辨体论渊源，一方面是他的哲学思想上的概念范畴基础，即“先体而后用”。如《朱子语类》卷五十三：“以体、用言之，有体而后有用。”[③]《太极图说解》：“言理则先体而后用。”一方面源自于他关于“为学”与“读书”的观念。如云：“为学须先立得个大腔当了，却旋去里面修治壁落教绵密。今人多是未曾知得个大规模，先去修治得一间半房，所以不济事。”[④]“为学须是先立大本。”[⑤]

吕祖谦辨体观直接秉承其先祖吕本中，如《古文关键》卷首“总论看文字法”云：“学文须熟看韩、柳、欧、苏，先见文字体式，然后遍考古人用意下句处。”[⑥] 这全袭自前所录吕本中《童蒙诗训》“文字体式”条。

真德秀的文体学思想集中体现在《文章正宗》中，其辨体论则散见在宋王应麟《辞学指南》这部著名文体论著的记载中，如“表条”云：“西山先生曰：表章工夫最宜用力，先要识体制，贺谢进物，体各不同。”如“记条”：“西山先生曰：记以善叙事为主，前辈谓《禹贡》《顾命》乃记之祖，

---

① 朱熹著、黎德靖编：《朱子语类》，中华书局 1986 年版，第 2088 页。

② 朱熹著、黎德靖编：《朱子语类》，中华书局 1986 年版，第 2094 页。

③ 朱熹著、黎德靖编：《朱子语类》，中华书局 1986 年版，第 1286 页。

④ 朱熹著、黎德靖编：《朱子语类》，中华书局 1986 年版，第 130 页。

⑤ 朱熹著、黎德靖编：《朱子语类》，中华书局 1986 年版，第 188 页。

⑥ 洪本健：《欧阳修资料汇编》，中华书局 1995 年版，第 340 页。

以其叙事有法故也。后人作记未免杂以论体。”[①] 可见，真德秀“先要识体制”的辨体观，就是明确辨析“记”体与“论”体的体制规范不同，以反对“后人作记未免杂以论体”，这两段合起来可以说就是前所录黄庭坚《书王元之〈竹楼记〉后》的翻版，读者当自得之。

王应麟的辨体观一方面体现在上述引用真德秀的“先要识体制”言论，另一个就是《辞学指南》中引述倪思的辨体言论，如卷二云：“倪正父曰：文章以体制为先，精工次之，失其体制，虽浮声切响，抽黄对白，极其精工，不可谓之文矣。”王氏接着评道：“凡文皆然，而王言尤不可以不知体制。”[②] 这既反映了王应麟学术思想上的“综罗文献”特点，也说明了他“会集群言而以己意发之”的文体理论创新价值。

严羽“先体制”的辨体观继承了黄庭坚和朱熹的理论，并有自己独特的创新。首先，是“先体制而后文之工拙”的辨体论。如《沧浪诗话·诗法》云：“辨家数如辨苍白，方可言诗。”[③] 其后小字注云：“荆公评文章，先体制而后文之工拙。”众所周知，严羽是强烈反对苏、黄诗风的，我们说他受黄庭坚的影响会让人怀疑，但亦不难理解：一方面，他的小字注“荆公评文章，先体制而后文之工拙”未提黄庭坚其人其文，让我们看到他的隐晦之意；另一方面，也从侧面反映了黄庭坚这一辨体理论的重要性，让严羽在构建自己的辨体理论体系时难以绕开和躲避，可谓意味深长。他处论及此意的如《诗法》首则云：“学诗先除五俗：一曰俗体，二曰俗意，三曰俗句，四曰俗字，五曰俗韵。”[④]《诗辨》云：“诗之法有五：曰体制，曰格力，曰气象，曰兴趣，曰音节。”[⑤] 可以看出，他关于学诗和诗法的正反角度各五，但均“以体制为先”，可以说就是其所引述黄庭坚之言“先体制而后文之工拙”的最好注脚。其次，在此基础上，严羽形成了具有个人特色的“辨体”内蕴，这便是“辨尽诸家体制”。如《诗法》云：“辨家数如辨苍

---

① 王应麟：《玉海》附《辞学指南》，影印文渊阁四库全书本，（台湾）商务印书馆1983年版，第948—310页。

② 王应麟：《玉海》附《辞学指南》，影印文渊阁四库全书本，（台湾）商务印书馆1983年版，第948—281页。

③ 何文焕：《历代诗话》，中华书局1981年版，第695页。

④ 严羽著、郭绍虞校释：《沧浪诗话校释》，人民文学出版社1961年版，第693页。

⑤ 何文焕：《历代诗话》，中华书局1981年版，第687页。

白，方可言诗。”《答吴景仙书》云：“作诗正须辨尽诸家体制，然后不为旁门所惑。今人作诗差入门户者，正以体制莫辨也。世之技艺，犹各有家数，市缣帛者，必分道地，然后知优劣，况文章乎？仆于作诗不敢自负，至识则谓有一日之长，于古今体制，若辨苍素，甚者望而知之。来书又谓‘忽被人捉破发问，何以答之？’仆正欲人发问而不可得者，不遇盘根，安别利器。我叔试以数十篇诗，隐其姓名，举以相试，为能别得体制否？”① 这里，所谓“辨体制、辨苍素、辨苍白、辨家数、别得体制”云云，主要是指辨析《诗体》章中“以人而论”和“以时而论”的各种诗体风格。

洪迈《容斋随笔·三笔》卷十二“作文字要点检”条亦云：“作文字不问工拙大小，要之不可不著意点检，若一失事体，虽遣词超卓，亦云未然。前辈宗工，亦有所不免。”②

倪思在中国文学史和批评史上鲜为人知，但上所引他那段“辨体”经典论断，却被后世文体学家奉为圭臬，并被频频引用而传声名于后。如明吴讷、徐师曾的辨体论著中都曾全文引用。但现当代学者只从吴讷、徐师曾著作中引述，而不知最早记载倪思这条材料的便是王应麟，并赖以保存此重要文献，仅此便能确立他在中国古代辨体理论批评发展史上的重要地位。此外，在整个宋代的辨体理论史上，黄庭坚具有开创之功，倪思则可以说是总结者，二者南北宋遥相辉映。

第二节　唐前“先其体制”辨体：发生和发展

宋代“以体制为先”的辨体论最直接的源头在《文心雕龙》这部集文体之大成之作。其后，北朝颜之推及唐代诗学辨体批评有进一步的发展。而“辨体”作为中国古代文体学的基本理论范畴，其发生则深深植根于中国传统文化哲学的土壤之中，《周礼》和《尚书》最为代表。

从深层渊源上来说，中国传统儒家文化典籍是真正孕育孳生“辨体”范畴的母体。其中《尚书》的“辞尚体要”与“文章以体制为先”可以说意蕴相通，极为契合，并成为刘勰辨体论的哲学基础。“辨体”一词连用则

① 何文焕：《历代诗话》，中华书局1981年版，第707页。

② 洪迈撰、孔凡礼点校：《容斋随笔》，中华书局2005年版，第571页。

最早出现在《周礼》中，是儒家礼制之尊卑贵贱的反映。而所谓“尊卑、贵贱、前后、左右”之等级制度与“先体制而后工拙”之“先后”无疑也是相通的。如《周礼》云：“内饔掌王及后、世子膳羞之割烹煎和之事，辨体名肉物，辨白品味之物。”郑玄注曰：“体名，背、胁、肩、臂、臑之属。”[①] 宋易祓云：“牲有体名，或贵或贱，当辨其可用而去其不可用。”[②] 清毛奇龄云：“士丧礼分七体，特牲分九体，少牢分十一体，其中有肩、胉、髀、胁、脊、臂、臑、肫、脡、骼诸名总是，以前后左右分贵贱之等。周礼‘内饔掌割烹’有‘辨体’，谓解羊豕之体而辨其前后左右横直之不同。今其制已不可考则，但分六体，而以前为贵，以后为贱，而次第献之，似亦不失礼意矣。”[③]

刘勰《文心雕龙》具有系统的辨体理论体系，“先其体制”是其辨体理论的核心内蕴之一。而这以“文体为先”的辨体观共有四类或者说四组略显不同的表述方式。第一，“童子雕琢，必先雅制”“才童学文，宜正体制”。如《体性》篇云：“故童子雕琢，必先雅制。”[④]《附会》篇云：“夫才童学文，宜正体制”[⑤]。二者的说法很相似，“雕琢”和“学文”即“文章”或“论文”，“必先”“雅制”和“宜正”“体制”则与“先其体制”极度吻合。

第二，就是《尚书》“辞尚体要”的辨体说，其在《文心雕龙》中出现多次，如《风骨》篇云：“《周书》云：辞尚体要，弗惟好异。”《序志》篇云：“盖周书论辞，贵乎体要”“辞训之异，宜体于要”。[⑥] 再如《奏启》云：“是以立范运衡，宜明体要。”[⑦] 所谓“辞尚体要”，“辞”可以看作是“为辞”也就是创作，当以“体要”（大体）为上（尚）、为先；也可理解为“辞”就是文章，“辞尚体要”也就是“文章以体制为先”。

第三，刘勰的“三准”“六观”说、也是“文章以体制为先”的体现。

---

① 郑玄注、陆德明音义、贾公彦疏：《周礼注疏》卷4，文渊阁四库全书本。

② 易祓：《周官总义》卷3，文渊阁四库全书本。

③ 毛奇龄：《辨定祭礼通俗谱》卷4，文渊阁四库全书本。

④ 刘勰著、周振甫译注：《文心雕龙今译》，中华书局1986年版，第260页。

⑤ 刘勰著、周振甫译注：《文心雕龙今译》，中华书局1986年版，第378页。

⑥ 刘勰著、周振甫译注：《文心雕龙今译》，中华书局1986年版，第453页。

⑦ 刘勰著、周振甫译注：《文心雕龙今译》，中华书局1986年版，第215页。

如《镕裁》篇云：“是以草创鸿笔，先标三准：履端于始，则设情以位体；举正于中，则酌事以取类；归余于终，则撮辞以举要。”[①]“草创鸿笔”与“论文章”“论诗”含义相同，而“先标三准”，也强调了一个“先”字，且“三准”的首位便是“设情以位体”，这显然是“先其体制”的体现了。再如《知音》篇云：“是以将阅文情，先标六观：一观位体，二观置辞，三观通变，四观奇正，五观事义，六观宫商。”[②]在这里，“将阅文情”与“论文”和“论诗”相似，属文学批评和鉴赏；接下来“先标六观”与“先标三准”一样突出了一个“先”字；且首位便是“观位体”，这与“三准”的第一“准”为“设情以位体”几乎相同，都使用了“位体”这一关键词。

第四，《总术》《通变》《封禅》三篇中所谓“务先大体”“宜宏大体”“宜明大体”的表述与“先其体制”则更为接近了。《文心雕龙·总术》：“赞曰：文场笔苑，有术有门。务先大体，鉴必穷源。”[③]《通变》篇云：“是以规略文统，宜宏大体。”《封禅》篇云：“构位之始，宜明大体。”所谓“文场笔苑”“规略文统”和“构位之始”都是指“文章”“论文”或“词人之作也”，而“务先大体”“宜宏大体”和“宜明大体”无疑便是“文体为先”，这很容易理解。

到了隋朝，刘善经“词人之作也，先看文之大体”的辨体论断直接受刘勰影响[④]，但以其浅显易懂并为后世学者所频频引用而成为辨体经典，因为其简明扼要的表述与宋人“文章以体制为先”更为接近了。刘善经在《论体》中“文体为先”的论述有二次，其一云：“凡制作之士，祖述多门……凡词人之作也，先看文之大体。”[⑤]其二云：“凡作文之道，构思为先……既得所求，然后定其体分。”[⑥]

唐代诗学繁荣，杜甫、皎然、司空图等著名诗人都在前人的基础上为唐代辨体批评的发展助以一臂之力。《戏为六绝句》中“别裁伪体”辨体论是

---

① 刘勰著、周振甫译注：《文心雕龙今译》，中华书局1986年版，第295页。

② 刘勰著、周振甫译注：《文心雕龙今译》，中华书局1986年版，第438页。

③ 刘勰著、周振甫译注：《文心雕龙今译》，中华书局1986年版，第390页。

④ 任竞泽：《刘勰〈文心雕龙〉的辨体理论体系——兼论其辨体观的开创意义和深远影响》，《学术论坛》2015年第6期。

⑤ 遍照金刚撰、卢盛江校考：《文镜秘府论汇校汇考》，中华书局2006年版，第1450页。

⑥ 遍照金刚撰、卢盛江校考：《文镜秘府论汇校汇考》，中华书局2006年版，第1470页。

杜甫文体学思想的核心，历代学者对“别裁伪体”的阐释歧义纷出，经过辨析，我们认为“辨体”才是其本意，杜甫的辨体观成为唐代诗学辨体的先声。众多诗格之作中的“辨体为先”文学思想最为集中和具有代表性。如唐徐夤《雅道机要》云：“凡为诗者，先须识体格。”①“凡为诗须明断一篇终始之意。未形纸笔，先定体面。”②僧神彧《诗格》云：“先须明其体势，然后用思取句。”③桂林僧景淳《诗评》云：“凡为诗要识体势。”④

皎然《诗式》在唐人诗格之作中诗学思想最为系统，其所言“辨体一十九字”在中国古代辨体理论批评史上占有重要地位。在南北朝，以刘勰和刘善经为代表的辨体理论虽已有一定成就，但文学批评上“辨体”一词连用则以皎然的“辨体一十九字”为最先提出。其后，虽然宋代辨体已颇为发达，但文献中并未见有“辨体”连用的。元明以来，以“辨体”为名的辨体总集诸如祝尧《古赋辨体》、吴讷《文章辨体》、徐师曾《文体明辨》、贺复征《文章辨体汇选》、许学夷《诗源辨体》呈繁荣之势，批评家以“辨体”为名的文体批评也逐渐增多，这是中国古代文体发展史上“辨体”范畴的主要演进轨迹。《诗式》“辨体有一十九字”条云：“评曰：夫诗人之思初发，取境偏高，则一首举体便高；取境偏逸，则一首举体便逸。才性等字亦然。体有所长，故各功归一字。偏高、偏逸之例，直于诗体、篇目、风貌无妨。一字之下，风律外彰，体德内蕴，如车之有毂，众辐归焉。共一十九字，括文章德体，风味尽矣，如《易》之有彖辞焉。今但注于前卷中，后卷不复备举。其比兴等六义，本乎情思，亦蕴乎十九字中，无复别出矣。高、逸、贞、忠、节、志、气、情、思、德、诫、闲、达、悲、怨、意、力、静、远。”⑤

司空图之辨味辨体批评是唐代诗学辨体的总结者，其核心即“辨于味而后可以言诗也”的主张，如《与李生论诗书》云：“文之难，而诗之难尤难。古今之喻多矣，而愚以为辨于味而后可以言诗也。江岭之南，凡是资于适口者，若醯，非不酸也，止于酸也；若盐，非不咸也，止于咸而已。华之

① 张伯伟：《全唐五代诗格汇考》，凤凰出版社2002年版，第440页。
② 张伯伟：《全唐五代诗格汇考》，凤凰出版社2002年版，第448页。
③ 张伯伟：《全唐五代诗格汇考》，凤凰出版社2002年版，第493页。
④ 张伯伟：《全唐五代诗格汇考》，凤凰出版社2002年版，第511页。
⑤ 丁福保：《历代诗话续编》，中华书局1983年版，第35页。

人以充饥而遽辍者，知其咸酸之外，醇美者有所乏耳。彼江岭之人，习之而不辨也，宜哉！"① 首先进行诗与文之间的文体体裁辨体，其后进行咸酸文体风格之辨味辨体，将体制辨体与风格辨体很好地结合起来，这一切都是围绕着他"辨于味而后可以言诗也"的"辨体为先"的诗学辨体理论而展开的。

第三节　元明清"文体为先"辨体：繁荣和总结

沿着宋代文体学理论的发展轨迹，元明清辨体走向繁荣和总结，尤其是明代，可以说是中国古代辨体理论的集大成时代，而许学夷《诗源辩体》则最具理论体系。

在元代，祝尧《古赋辨体》是中国古代第一个以"辨体"名书的，这对明代以"辨体"为名的总集繁荣意义重大。祝尧《古赋辨体》有系统的文体学思想和严整的辨体批评理念，"辨体"一语在书中频频出现，而且辨体批评作为主线一脉贯穿于整个著作终始。宋代辨体批评的巨大成就，对祝尧的辨体思想启发很大，其所谓"宋代名公于文章必先辨体"的辨体言论，便是在这一影响下形成的。如《古赋辨体》"宋体"序云："王荆公评文章尝先体制，观苏子瞻《醉白堂记》曰：韩白优劣论尔。后山云：退之作记，记其事尔。今之记乃论也。少游谓《醉翁亭记》亦用赋体。范文正公《岳阳楼记》用对句说景，尹师鲁曰"传奇体尔"。宋时名公于文章必辩体，此诚古今的论。"② 祝尧是最早注意到宋代辨体风气之兴盛和辨体理论之发达的，这对我们重新认识和研究宋代文体学来说很重要。

郝经和潘昂霄的"先其体制"辨体观在元代也颇具代表性，如郝经《答友人论文书》云："为文则固自有法，故先儒谓作文体制之而后文势。"③ 潘昂霄《金石例原序》云："文章先体制而后论其工拙，体制不明，虽操觚弄翰于当时，犹不可，况其勒于金石者乎？"④

明代是继魏晋南北朝又一个文体集大成的时代，最典型的标志就是，以

① 周祖譔：《隋唐五代文论选》，人民文学出版社 1990 年版，第 348 页。

② 祝尧：《古赋辨体》卷 8，文渊阁四库全书本。

③ 陶秋英编选、虞行校订：《宋金元文论选》，人民文学出版社 1984 年版，第 474 页。

④ 潘昂霄：《金石例》，文渊阁四库全书本。

“辨体”为名的文体著作和总集选本相继涌现，包括吴讷《文章辨体》、徐师曾《文体明辨》、贺复征《文章辨体汇选》以及许学夷《诗源辨体》等。其中，吴讷和徐师曾是最受现当代文体学者所关注，相关研究也较多。吴讷《文章辨体凡例》第一条第一句话便是“文辞以体制为先”①，可见这是其《文章辨体》一书“辨体”的核心观点和总纲。并在“诸如总论作文法”中引述倪思的观点②，同时引《金石例》“学力既到，体制亦不可不知，如记、赞、铭、颂、序、跋，各有其体。不知其体，则喻人无容仪，虽有实行，识者几人哉?”③ 徐师曾《文体明辨序》云：“曾成童时即好古文，及叨馆选，以文字为职业，私心甚喜，然未有进也。幸承师授，指示真诠，谓文章必先体裁，而后可论工拙；苟失其体，吾何以观？亟称前书，尊为准则。曾退而玩索焉。久之，而知属体之要领在是也。”④ 在《文章纲领》“总论”的第一条便引述倪思之论，第二条引明陈洪谟曰：“文莫先于辨体，体证而后意以经之，气以贯之，辞以饰之。”⑤ 其后又引述严羽的辨体理论。可以看出，吴、徐的辨体理论以汇聚引述前人相关观点文献为主，二者各自的“先其体制”论断都各有一则，即吴讷的“文辞以体制为先”和徐师曾的“文章必先体裁，而后可论工拙”。

与吴讷、徐师曾的辨体理论以汇聚前人观点为主不同，许学夷《诗源辨体》中的“先其体制”言论不但繁多而且皆为戛戛独造，自具体系，成为中国古代诗学辨体理论的终结者和总结者。“先其体制”这一辨体论在《诗源辨体》中凡出现八次，说法各有不同。依次是：其一，卷十一云：“或问：‘唐末之纤巧，与梁陈以后之绮靡，孰为优劣?’曰：‘诗文俱以体制为主，唐末语虽纤巧，而律体则未尝亡；梁陈以后，古体既失，而律体未成，

---

① 吴讷著、于北山点校：《文章辨体序说》，徐师曾著、罗根泽点校：《文章辨体序说》，人民文学出版社1962年版，第9页。

② 吴讷著、于北山点校：《文章辨体序说》，徐师曾著、罗根泽点校：《文章辨体序说》，人民文学出版社1962年版，第14页。

③ 吴讷著、于北山点校：《文章辨体序说》，徐师曾著、罗根泽点校：《文章辨体序说》，人民文学出版社1962年版，第14页。

④ 吴讷著、于北山点校：《文章辨体序说》，徐师曾著、罗根泽点校：《文章辨体序说》，人民文学出版社1962年版，第78页。

⑤ 吴讷著、于北山点校：《文章辨体序说》，徐师曾著、罗根泽点校：《文章辨体序说》，人民文学出版社1962年版，第81页。

两无所归，断乎不可为法。’”[①] 其二，卷十二云：“诗，先体制而后工拙。王、卢、骆七言古，偶俪虽工，而调犹未纯，语犹未畅，实不得为正宗，此自然之理，不易之论。然不能释众人之惑者，盖徒取其工丽而不识正变之体故也。故予论初唐七言古为破第二关。学者过此无疑，其他不难辨矣。”[②] 其三，卷十四云：“尝观刘伯温《春秋明经》，虽近时义，而首尾不同，盖亦变而未定之体也，今举业家安得复仿之耶？故诗虽尚气格而以体制为先，此余与元美诸公论有不同也。”[③] 其四，后集纂要卷一云：“吴复序云：‘诗先性情而后体格。……’予谓：《国风》体制既定，故专论性情，即所谓认性、认神也。学汉魏而下，不先体制而先性情，所以去古日远耳。”[④] 其五，后集纂要卷二云：“予谓：诗先体制而后气格，仲默、昌谷、君采、用修诸人多学六朝、初唐，似过而实不及也。”[⑤] 其六，“总论”第四则称“予作《辨体》，自谓有功于诗道者六”[⑥]，第三为“论汉魏五言，而先其体制”[⑦]。其七，总论第五则对“先其体制”作了进一步的阐发，称“不读三百篇，不可以读汉魏；不读汉魏，不可以读唐诗。尝观论汉魏五言者，多不先其体制，由不读三百篇也。”[⑧] 其八，卷三十云：“诗先定其正变，而后论其浅深，否则愈深愈僻，必有入于怪恶者。……其说本于宋人，此不识正变而徒论深浅也。”[⑨] 卷三十三五代：“予作《辨体》，于汉、魏、六朝、初、盛、中、晚唐，既详论之矣，而于元和诸公以至王、杜、皮、陆，亦皆反覆恳至，深切著明，正欲分别正变，使人知所趋向耳。宋朝诸公非无才力，而终不免于元和、西昆之流，盖徒取快意一时而不识正变之体故也。严沧浪云：‘作诗正须辨尽诸家体制，然后不为旁门所惑。今人作诗，差入门户者，正以体制莫辨也。’”[⑩] 卷三十五总论：“揭曼硕谓‘识诗体于源委正变之余’，

① 许学夷著、杜维沫校点：《诗源辩体》，人民文学出版社1987年版，第137页。
② 许学夷著、杜维沫校点：《诗源辩体》，人民文学出版社1987年版，第142页。
③ 许学夷著、杜维沫校点：《诗源辩体》，人民文学出版社1987年版，第153页。
④ 许学夷著、杜维沫校点：《诗源辩体》，人民文学出版社1987年版，第393页。
⑤ 许学夷著、杜维沫校点：《诗源辩体》，人民文学出版社1987年版，第407页。
⑥ 许学夷著、杜维沫校点：《诗源辩体》，人民文学出版社1987年版，第314页。
⑦ 许学夷著、杜维沫校点：《诗源辩体》，人民文学出版社1987年版，第314页。
⑧ 许学夷著、杜维沫校点：《诗源辩体》，人民文学出版社1987年版，第314页。
⑨ 许学夷著、杜维沫校点：《诗源辩体》，人民文学出版社1987年版，第286页。
⑩ 许学夷著、杜维沫校点：《诗源辩体》，人民文学出版社1987年版，第318页。

可谓得其要领。"[①]"略不识正变之体，而注释又多穿凿。"[②]

在上述八则文献中，有四则包括其一"诗文俱以体制为主"、其二"诗，先体制而后工拙"、其六"论汉魏五言，而先其体制"、其七"尝观论汉魏五言者，多不先其体制"等完全沿袭了前人的观点，并无新意，无须多作说明。

需要指出的是其他四则三种说法，都是他的独创。第一个是，其四之"先体制而后性情"这个论断可以说完全颠覆了传统，与"先体制而后工拙"截然不同。因为"体制"和"工拙"都属于语言艺术形式方面的。但主张"先体制而后性情"却可以说是犯了自古以来"诗言志""先质而后文"和"为情而造文"之文学本质的理论大忌，其合理与否是值得商榷和令人怀疑的，但值得注意的是，我们从中可以看出他"先其体制"的辨体观在他整个理论体系中的核心地位和重要作用。

第二个是，其五"诗先体制而后气格"和其三"诗虽尚气格而以体制为先"的主张，可以说又是许学夷对辨体理论的一个创举。他在"先体制而后工拙"和"先体制而后性情"的工拙语言形式和情感思想内容这一递进的观念之外，又提到"气格"这一关乎诗歌风格美学的文体特征，这就把"先其体制"这一辨体理念融化、渗透和贯穿到文学理论领域的方方面面。此外，"先体制而后气格"还打破了曹丕"文以气为主"这一经典的"文气"理论，具有很重要的理论革新意义。

第三个是，其八中所谓"诗先定其正变，而后论其浅深""此不识正变而徒论深浅也""识诗体于源委正变之余"云云，其"先正变"可以说是对"先体制"这一传统辨体理论的扩展和延伸，而"后浅深"则在"后工拙""后性情"和"后气格"的基础上踵事增华，其理论开拓意义不言而喻。此外，因为传统的"文章先体制而后工拙"主要指辨体和尊体的诗文之"正"而言的，而"诗先定其正变"则同时着眼于"正和变"即"辨体、尊体"和"破体、变体"这一组辨体论的对立范畴，视野更为开阔，同样具有很大的文体理论革新意义。

除了以上吴、徐、许三者的系统辨体理论之外，其他散见在明代众多文

---

① 许学夷著、杜维沫校点：《诗源辩体》，人民文学出版社 1987 年版，第 340 页。

② 许学夷著、杜维沫校点：《诗源辩体》，人民文学出版社 1987 年版，第 342 页。

学批评家文集中的相关文献还很多，可以说贯穿了整个明代文学批评史。如程敏政《明文衡》卷二十六之朱夏《答程伯大论文书》云：“古之论文必先体制而后工致。”① 徐祯卿：“诗贵先合度，而后工拙。纵横格轨，各具风雅。”② 唐顺之《稗编》卷七十三：“先正有云‘文章’先体制而文辞，学赋者其致思焉。”③ 卷七十五：“古之论文必先体制而后工拙。”④ 高启《独庵集序》：“诗之要：有曰格，曰意，曰趣而已。格以辨其体，意以达其情，趣以臻其妙也。体不辨，则入于邪陋，而师古之义乖；情不达，则堕于浮虚，而感人之实浅；妙不臻，则流于凡近，而超俗之风微。”⑤ 高棅《唐诗品汇总序》：“惟近代襄城杨伯谦氏《唐音集》，颇能别体制之始终，审音律之正变。”⑥ 李梦阳《答吴谨书》：“夫文自有格，不祖其格，终不足以知文。”⑦

其中，陈子龙可以说是明代辨体论的殿军，在明末颇具代表性。如《宣城蔡大美古诗序》云：“故予尝谓今之论诗者，先辨其形体之雅俗，然后考其性情之贞邪。假令有人操胡服胡语而前，即有婉娈之情，幽闲之致，不先骇而走哉？夫今之为诗者，何胡服胡语之多也。大美能不惑于流俗，而以体格矜重，可与立矣。”⑧《皇明诗选序》云：“揽其色矣，必准绳以观其体。符其格矣，必吟诵以求其音。协其调矣，必渊思以研其旨。大较去淫滥而归雅正，以合于古者九德六诗之旨。”⑨

与以“辨体”为名的辨体总集繁荣一样，明代文论家以“辨体为先”的批评言论也很多，如王世懋《秇圃撷余》云：“作古诗先须辨体。”⑩ 陈洪谟云：“文莫先于辨体。”⑪ 车大任《又答友人书》：“诗文各有体，不辨体

① 程敏政：《明文衡》卷26，文渊阁四库全书本。
② 何文焕：《历代诗话》，中华书局1981年版，第769页。
③ 唐顺之：《稗编》卷73，文渊阁四库全书本。
④ 唐顺之：《稗编》卷75，文渊阁四库全书本。
⑤ 蔡景康：《明代文论选》，人民文学出版社1993年版，第50页。
⑥ 蔡景康：《明代文论选》，人民文学出版社1993年版，第58页。
⑦ 蔡景康：《明代文论选》，人民文学出版社1993年版，第109页。
⑧ 蔡景康：《明代文论选》，人民文学出版社1993年版，第422页。
⑨ 蔡景康：《明代文论选》，人民文学出版社1993年版，第419页。
⑩ 王世懋：《秇圃撷余》，文渊阁四库全书本。
⑪ 吴讷著、于北山点校：《文章辨体序说》，徐师曾著、罗根泽点校：《文章辨体序说》，人民文学出版社1962年版，第81页。

而能有得者，未之前闻也。"[1] 章潢《图书编》云："学《易》莫要于玩象，学诗莫要于辨体。辨体不清则诠义不澈。"[2]

到了清代，关于"先须辨体"的文体论虽不能与宋明相比，但诸如曹雪芹、王士祯、周亮工、叶燮、章学诚等在文史学界及批评史上的巨大影响力，使得他们的"先其体制"辨体文献颇为引人瞩目，是中国古代辨体理论批评史上不可或缺的重要一环。首先要提起的是《红楼梦》这部旷世经典，曹雪芹"每一题到手，必先度其体格宜与不宜"的文学创作论，最能代表其"文章以体制为先"的辨体思想。如《红楼梦》第七十八回云："宝玉笑道：'这个题目，似不称近体，须得古体，或歌或行，长篇一首，方能恳切。'众人听了，都立身点头拍手，道：'我说他立意不同！每一题到手，必先度其体格宜与不宜，这便是老手妙法。就如裁衣一般，未下剪时，须度其身量。这题目名曰《姽婳词》，且既有了序，此必是长篇歌行方合体的。或拟白乐天《长恨歌》或拟咏古词，半叙半咏，流利飘逸，始能尽妙。'"[3]

其他如王士祯、周亮工、叶燮的"先辨雅俗""先期严体""先辨其源流本末"等，在有清一代都具有一定的代表性。如《然灯记闻》载王士祯语："为诗且无计工拙，先辨雅俗。"[4] 周亮工《何省斋太史诗序》："文之有周、秦，有汉、魏，有六朝、唐、宋，非必有意期为是体也，亦非初有是体而规规焉有所程量而为之。……因使执笔为文词，未暇抒思，先期严体。"[5] 计东《答诸弟子论诗》："学诗必先从古体入，能古体矣，然后学近体。若先从近体入者，骨必单薄，气必寒弱，材必俭陋，调必卑靡，其后必不能成家，纵成家亦洒削小家而已，许浑、方干之类是也。""学古诗必先从五古入，次七言，次古乐府。""学五古、七古者，且勿亟下笔，请先读古诗。""三百篇熟矣，请读楚辞……迄江左陶氏、三谢、颜延之、江、鲍、沈约之诗，俱当辨其体制，晰其音节，有截然不相似者，有微似而大异者，

① 黄宗羲：《明文海》卷161，文渊阁四库全书本。

② 章潢：《图书编》卷11，文渊阁四库全书本。

③ 曹雪芹著、脂砚斋评、邓遂夫校订：《脂砚斋重评石头记庚辰校本》，作家出版社2006年版，第1415页。

④ 郭绍虞：《清诗话》，上海古籍出版社1999年版，第119页。

⑤ 王镇远、邬国平：《清代文论选》，人民文学出版社1999年版，第112页。

有甚似而甚异者。江淹《拟杂体诗序》及诗三十首，辨之颇核。”① 叶燮《与友人论文书》：“夫文之为用，实以载道。要先辨其源流本末，而徐以察其异轨殊途；固不可执一而论，然又不可以二三其旨也。是在正其源，而反求其本已矣。”②

此外，诸如钱谦益、黄宗羲、徐釚、戴名世、沈德潜、厉鹗等著名文学家的相关辨体论述，虽未在文中对“先其体制”之重要的“先”字有明确表述，但联系上下文仍能看出其潜在的含义。如钱谦益《徐元叹诗序》：“自古论诗者莫精于少陵‘别裁伪体’之一言。……论诗人之体制，则温、李之类，咸不免风云儿女之讥。先河后海，穷源溯流，而后伪体始穷，别裁之能事始毕。”③ 黄宗羲《论文管见》：“作文虽不贵模仿，然要使古今体式无不备于胸中，始不为大题目所压倒。”④ 徐釚《紫云词序》：“近出绪余为长短句，肆力图谱，虚怀讨论，一字未安，必穷究古人体制，别其高下清浊，期于不失分刌乃已。”⑤ 戴名世《再与王静斋先生书》：“窃以为文章非苟然作也，要在于明其体，平其心，养其气，捐其近名之心，去其欲速之见，夫如是而其去古也不远矣。”⑥ 沈德潜《答滑苑祥书》：“夫文章之根本，在弗畔乎道。……根本既立，次言体法。体与法有不变者，有至变者。……既观乎道以探文之源，复准乎体与法以究文之流。”⑦ 厉鹗《查莲坡蔗塘未定稿序》：“诗不可以无体，而不当有派。诗之有体，成于时代，关乎性情，真气之所存，非可以剽拟似，可以陶冶得也。……少陵所云‘多师为师’，荆公所谓‘博观约取’，皆于体是辨。众制既明，鑪鞴自我，吸揽前修，独造意匠……盖合群作者之体，而自有其体，然后诗之体可得而言也……殆无体不苞，以成为莲坡之诗体欤？”⑧

最后，章学诚可以说是清代这一辨体理论的总结者，其《古文十弊》云：“凡为古文辞者，必先识古人大体，而文辞工拙又其次焉。不知大体，

① 王镇远、邬国平：《清代文论选》，人民文学出版社 1999 年版，第 251 页。
② 王镇远、邬国平：《清代文论选》，人民文学出版社 1999 年版，第 267 页。
③ 王镇远、邬国平：《清代文论选》，人民文学出版社 1999 年版，第 11 页。
④ 王镇远、邬国平：《清代文论选》，人民文学出版社 1999 年版，第 97 页。
⑤ 王镇远、邬国平：《清代文论选》，人民文学出版社 1999 年版，第 374 页。
⑥ 王镇远、邬国平：《清代文论选》，人民文学出版社 1999 年版，第 424 页。
⑦ 王镇远、邬国平：《清代文论选》，人民文学出版社 1999 年版，第 459 页。
⑧ 王镇远、邬国平：《清代文论选》，人民文学出版社 1999 年版，第 480 页。

则胸中是非不可以凭，其所论次，未必俱当事理。”[①] 这一经典论断的影响力，称之为与黄庭坚、倪思之论鼎足而三当不为过，这从现当代文体学者的引用率上就能最为直观地看出来。

至此，我们以宋代“文章以体制为先”的辨体论为中心，上勾下连，探其源并溯其流，全面梳理了中国古代“先其体制”辨体理论的发展历程，选取自南北朝刘勰至清代章学诚等共50余位文论家，搜罗约80余条相关辨体文献，将中国古代文体学这一核心理论范畴的演进概貌简明地呈现出来。可以看出，在三个时段中，各有一两个重要的批评家以他们系统的辨体理论体系引领时代风气——唐前以南朝刘勰为代表，如江河之源，发端便自滔滔汩汩；宋代则有黄庭坚和朱熹，一南一北，双峰并峙；元明清中，祝尧和许学夷前后辉映，章学诚则堪称中国古代这一理论的终结者和总结者。围绕在这些领袖周围的是一系列在中国文学史和批评史上占有重要地位的文史大家，如众星捧月，以他们各自的吉光片羽、片言只论为这股辨体潮流推波助澜。虽因篇幅关系，未能更深入地分析挖掘这一辨体理论演进盛衰背后繁杂的社会历史文化因素，但若能为当下成为学界热点的文体学研究提供较为完备的辨体史料，从中略见本章的文体文献学价值，则作者之初衷庶几能够得以实现。[②]

① 王镇远、邬国平：《清代文论选》，人民文学出版社1999年版，第620页。
② 任竞泽：《“文章以体制为先”的辨体论源流》，《求索》2016年第5期。

第三章　辨体对立角色与破体开拓意义①
——欧阳修的文体学思想探析

作为宋代著名的政治家、史学家、文学家、思想家，学术界对其相关研究极为广泛深入，仅以“思想”为题名的科研成果就包括诸如儒学思想、经学思想、佛老思想、老庄思想、易学思想、史学思想，以及政治、经济、法律、音乐、美学、学术、王道、改革、民族、民本、中隐、教育、风俗、科举、朋党、重农、恤农、园林、养生、谏议、人才、财政、变法、治水、赋税、正统论、春秋学、诠释学、工商业、管理哲学、经济立法、音乐美学、儒家君子、儒家人学、富国强兵、简政安民、勤政裕国、吏治改革、政治改革、国防经济、农业改革、古今之变思想等等。作为宋代古文运动的领袖，欧阳修的文学思想可以说是扭转宋初颓靡文风的一面旗帜，相关研究成果也颇为丰硕，诸如文学思想、文学理论、文艺思想、女性诗学思想、公文思想、文学阐释思想、书法批评思想、书学思想、词学思想、诗学理论、散文理论、传记文学理论、文道观、词学观、文章论、画论、小说观念、文艺价值观等等。而文体学思想是其文学思想的重要组成部分，他引领时代风气的文学革新思潮从某种意义上来说就是文体上的变革创新，但迄今对其文体学的系统全面地研究尚付之阙如。相关文体学研究主要集中在文体形态和题材内容上，如散文、古文、诗歌、辞赋、词、艳词、书信、书简、骚体、骈文、公文、四六、祭文、七律、七绝、雅词、游记、碑志文、碑铭文、金石文、哀悼文、记体文、艳情词、恋情词、闺情词、题跋文、唱和诗、祝祭

---

① 本章发表于《甘肃社会科学》2017 年 6 期。

文、帖子词、风物诗、赠序文、咏物诗、分题诗、分韵诗、序跋文、山水诗、政论文、咏物词、豪放词、小品杂记、应用文体、批评文体、传记文学、以诗论诗、山水游记、禁体物语诗等等。文体学理论方面的只有数篇关于“以文为诗”“以诗为词”“西昆体”“太学体”的论文①，这远不能反映欧阳修系统的文体学思想。欧阳修的文体学思想大体包括辨体尊体和得体合体，变而不失其正的变体破体，文非一体鲜能备善的文备众体，古文时文辨体，《醉翁亭记》的文体学意义及经典化过程，以及《新五代史记》以“呜呼”总结的破体观等。我们通过全面搜罗、分析、总结欧阳修自身及其历代批评家的相关文体批评文献，进而构建欧阳修的文体学理论批评体系，从而看出他的文体学思想在宋代文体学思想及文学思想研究中的历史地位和深远影响。

第一节　辨体尊体：先体制而后工拙

宋代辨体蔚成风气，祝尧称“宋时名公于文章必先辨体”，如《古赋辨体》“宋体”序云：“王荆公评文章尝先体制，观苏子瞻《醉白堂记》曰：韩白优劣论尔。后山云：退之作记，记其事尔。今之记乃论也。少游谓《醉翁亭记》亦用赋体。范文正公《岳阳楼记》用对句说景，尹师鲁曰‘传奇体尔’。宋时名公于文章必辩体，此诚古今的论。”② 而欧阳修正是他所指的王荆公“评文章尝先体制”这一辨体思潮中“宋时名公”的关键人物之一。

首先，欧阳修在宋人“先体制而后工拙”这一辨体论中的理论地位和对立角色。祝尧所论的原始文献来自黄庭坚，其《书王元之竹楼记后》云：“或传王荆公称《竹楼记》胜欧阳公《醉翁亭记》，或曰：‘此非荆公之言也。’某以谓荆公出此言未失也。荆公评文章，常先体制而后文之工拙。盖尝观苏子瞻《醉白堂记》，戏曰：‘文词虽极工，然不是《醉白堂记》，乃是

① 参见葛晓音《欧阳修排抑“太学体”新探》，《北京大学学报》1983 年第 5 期；郑孟彤《论欧阳修“以文为诗”的美学价值》，《文学遗产》1987 年第 1 期；李晶晶《浅论欧阳修“以文为诗”的诗学理论》，《黑龙江教育学院学报》2009 年第 5 期；刘越峰《论欧阳修的文体创新及其文学史意义》，《泰山学院学报》2009 年第 5 期。

② 祝尧：《古赋辨体》卷 8，文渊阁四库全书本。

韩白优劣论耳。'以此考之，优《竹楼记》而劣《醉翁亭记》，是荆公之言不疑也。"① 在这一经典辨体文献中，王禹稱、王安石、欧阳修、苏轼、黄庭坚的确是"宋时名公"，可以说以五人之力足以左右着北宋乃至整个宋代的政治和文学走向。本文虽短，仅百字，却行文曲折，波澜起伏，人物关系微妙复杂，欧、王、苏、黄，每一个在宋代文学史上都举足轻重，而其中所蕴含的文体学内蕴和辨体论纲领，其意义更是非比寻常。

这里的"常先体制而后文之工拙"的辨体观就是一种尊体观，指每一种文体都有它内在的恒定不变的体制规范，这种体制规范决定着它与其他文体的界限和区分度，也就是文体的内在规定性，要求作者在创作时必须严格遵守。"记"体文和"论"体文有着不同的体制规范，"记"以叙事为主，不可杂以议论。如吴讷《文章辨体》"记"条云："《金石例》云：记者，纪事之文也。西山曰：记以善叙事为主。《禹贡》《顾命》，乃记之祖。后人作记，未免杂以议论。"② 本文中，王安石认为王禹稱《竹楼记》胜欧阳修《醉翁亭记》，就是因为《竹楼记》遵守"记"体规范，而《醉翁亭记》和《醉白堂记》都"杂以议论"，打破"记"体文体制规范，似记实论。据此，吴讷亦云："迨至欧苏而后，始专有以论议为记，宜乎后山诸老以是为言也。"③ 吴讷所谓"宜乎后山诸老以是为言也"，指陈师道《后山诗话》所言"退之作记，记其事尔；今之记乃论也。少游谓《醉翁亭记》亦用赋体"④。作为"江西派"的"三宗"之一，陈师道受黄庭坚影响，坚持辨体尊体观念，上所引记、论之辨与《书王元之竹楼记后》如出一辙，也提到欧阳修《醉翁亭记》。像这种严辨记、论文体界限并显示优劣的辨体论，在宋代主要以诗文之辨和诗词之辨为主，而陈师道所言尤为经典："退之以文为诗，子瞻以诗为词，如教坊雷大使之舞，虽极天下之工，要非本色。"⑤ 针对于此，吴承学先生云："'先体制而后工拙'，即考察是否符合文体的规

① 洪本健：《欧阳修资料汇编》，中华书局1995年版，第134页。

② 吴讷著、于北山点校：《文章辨体序说》，徐师曾著、罗根泽点校：《文章辨体序说》，人民文学出版社1962年版，第41页。

③ 吴讷著、于北山点校：《文章辨体序说》，徐师曾著、罗根泽点校：《文章辨体序说》，人民文学出版社1962年版，第42页。

④ 何文焕：《历代诗话》，中华书局1981年版，第309页。

⑤ 何文焕：《历代诗话》，中华书局1981年版，第309页。

范，然后再考虑艺术语言、表现技巧等方面问题。这是中国传统文学批评中一种带普遍性的批评原则。”① 再如他称“辨体”，就是“坚持文各有体的传统，主张辨明和严守各种文体体制。”②

本文的核心是黄庭坚提出的“荆公评文章，常先体制而后文之工拙”这一经典辨体论断，是宋代第一人，开宋人辨体风气之先，并成为此后历代古今学者所引用率最高的辨体文献。值得注意的是，欧阳修在本文中是以辨体的对立者破体的面目出现的，成为宋代“辨体为先”这一思潮的“背景”，这也不足为奇，相反最能反映欧阳修在宋代文学革新和文体革新中的领袖地位。同时也从反面说明，欧阳修是宋人“文章先体制而后文之工拙”这一经典形成的理论基础，其意义不言自明。

关于欧阳修在这一辨体理论文献中的地位和关系，可以这样来看：在本文关于辨体破体这一创作、批评和理论的链条中，王禹稱、欧阳修、苏轼是创作者，王禹稱《竹楼记》是在创作中遵守“记”体文体制规则的尊体辨体典范，相反，欧阳修的《醉翁亭记》和苏轼的《醉白堂记》是打破“记”体文体制规范的破体变体代表；而王安石则是文体批评者，首先看到欧、王之记的辨体和破体的区别，以及苏轼“记”而杂以议论的不遵守体制规范之弊，并通过辨析优劣高下之辨体批评来表明他对辨体破体所持的褒贬态度；黄庭坚则是辨体理论的总结者，他在辨析王安石的文体批评的基础上，总结出了“文章先体制而后文之工拙”这一中国古代辨体批评的核心理论范畴，影响深远。

颇有意味的是，元代刘壎所记载的同样涉及欧阳修、王安石、黄庭坚三者的辨体批评文献与《书王元之竹楼记后》极为相似，可以对照参看，刘壎《隐居通议》云：“欧阳公作《五代史》，或作序记其前，王荆公见之曰：‘佛头上岂可著粪？’山谷先生叹息以为名言，且曰：‘见作序引后记，为其无足信于世，待我而后取重耳。’”③ 欧阳修作《新五代史》，其前自作序记，王安石认为这不符合史书和序记的文体规范，即“佛头上岂可著粪”，是破体，而黄庭坚“叹息以为名言”，这正与《书王元之竹楼记后》中同意并肯

---

① 吴承学：《文体学源流》，《中山大学学报》1993 年第 1 期。

② 吴承学：《辨体与破体》，《文学评论》1991 年第 1 期。

③ 洪本健：《欧阳修资料汇编》，中华书局 1995 年版，第 452 页。

定王安石的观点相对应，而本文中“且曰：‘见作序引后记，为其无足信于世，待我而后取重耳’”，以具体的辨体事例为证也正与前文中“荆公评文章，常先体制而后文之工拙”的辨体理论概括相吻合，可见欧阳修在宋代辨体理论批评中的重要地位和对立角色。

关于黄庭坚所记载的王安石对于欧阳修《醉翁亭记》的文体批评，在当时引起了很大争论，诸如前所记述王安石、苏轼、黄庭坚、陈师道、秦观等文坛领袖大家都参与其中，形成了一股强劲的辨体批评风气，宋代辨体批评及其文体学理论的繁荣可以说便肇端于此，欧阳修及其《醉翁亭记》在这股文体思潮的导火索作用和引领意义不言自明。同时或稍后的相关文献记载和评价争论则绵延不绝。其中，秉持与王安石、黄庭坚等相反意见，对《醉翁亭记》的破体意义大加赞赏者有之。如王若虚《滹南遗老集》卷三十六：“宋人多讥病《醉翁亭记》，此盖以文滑稽，曰：何害为佳，但不可为法耳。”① “荆公谓王元之《竹楼记》胜欧阳《醉翁亭记》，鲁直亦以为然，曰：‘荆公论文，常先体制而后辞之工拙。’予谓《醉翁亭记》虽浅玩易，然条达逃快，如肺肝中流出，自是好文章。《竹楼记》虽复得体，岂足置欧文之上哉？”② 再如陈鹄《西塘集耆旧续闻》卷十记载评论：

> 东坡云：“永叔作《醉翁亭记》，其辞玩易，盖戏云耳，又不自以为奇特也。而妄庸者乃作永叔语云：‘平生为此文最得意。’又云：‘吾不能为退之《画记》，退之亦不能为吾《醉翁亭记》。’此又大妄也。”陈后山云：“退之作记，记其事尔；今之记，乃论也。”少游谓《醉翁亭记》亦用赋体。余谓文忠公此记之作，语意新奇，一时脍炙人口，莫不传诵，盖用杜牧《阿房赋》体，游戏于文者也，但以记号醉翁之故耳。富文忠公尝寄公诗云：“滁州太守文章公，谪官来此称醉翁。醉翁醉道不醉酒，陶然岂有迁客容？公年四十号翁早，有德亦与耆年同。”又云：“意古直出茫昧始，气豪一吐阊阖风。”盖谓公寓意于此，故以为出茫昧始，前此未有此作也。不然，公岂不知记体耶？观二公之

① 洪本健：《欧阳修资料汇编》，中华书局 1995 年版，第 432 页。
② 洪本健：《欧阳修资料汇编》，中华书局 1995 年版，第 432 页。

论，则优《竹楼》而劣《醉翁亭记》，必非荆公之言也。[①]

其次，欧阳修的文体批评和辨体言论。北宋孙升还谈到过欧阳修的辨体批评事例，亦与《书王元之竹楼记后》有相通之处，如《孙公谈圃》卷上云："荆公为许子春作《家谱》，子春寄欧阳永叔，而隐其名。永叔未及观，后因曝书读之称善。初疑荆公作，既而曰：'介甫安能为？必子固也。'"[②] 孙升（1037—1099）于元丰八年宋哲宗即位后任监察御史。元祐年间，历任殿中侍御史、知济州、提点京西刑狱、金部员外郎、中书舍人、知应天府等职。因被列入元祐党人，于绍圣初被外贬。孙升为与欧、王、苏、黄等同时人且有所交集，其所谈录当为可信，从中也可看出当时这种"辨体"风气的流行和兴盛。

再如北宋藏书家董逌在《广川书跋》记载过两则关于欧阳修文体批评的事例，如《韩明府碑》云："汉韩明府《修孔子庙碑》，其文虽剥缺，然可句读得之。明府名敕，字叔节。欧阳永叔尝谓：'书传无以敕名者。秦制：天子之命为敕。汉用秦法，当时岂臣下敢以敕自名者也？考之字书，'敕'字从'朿'，谓诫也，王者出命令以诫正天下者也。'"[③] 辨命、敕文体的同义和源流。再如董逌《桐柏庙碑》云："唐元稹《修桐柏庙碑》，昔欧阳永叔谓刻铭于碑，谓之碑文、碑铭，后世伐石刻文，既非因柱，已不宜谓之碑，则稹书此为碑过矣。古者，庙中庭谓之碑，故以碑为节，然独不可以石刻文遂谓之碑。"[④] 欧阳修辨析了铭、碑与碑文、碑铭的文体同异，进而指出元稹《修桐柏庙碑》文体之过失。上述两文董逌在记录欧阳修的文体批评的同时，也给出自己独到的辨体见解，进一步说明了北宋蔚成风气的辨体风尚。

此外，北宋末南宋初年的王观国也在其《学林》中记载了两则欧阳修的辨体批评文献，弥足珍贵。如《学林》卷五云："欧阳公《诗话》曰：'平明谏草朝天去'，诗虽美，而人谏固不可用草稿。"观国按："《论语》

① 洪本健：《欧阳修资料汇编》，中华书局 1995 年版，第 393 页。
② 洪本健：《欧阳修资料汇编》，中华书局 1995 年版，第 133 页。
③ 洪本健：《欧阳修资料汇编》，中华书局 1995 年版，第 205 页。
④ 洪本健：《欧阳修资料汇编》，中华书局 1995 年版，第 206 页。

曰：‘为命，裨谌草创之。’草创谓制作也。古之命令，后世改为制诏。”① 再如《学林》卷六云：“欧阳文忠公尝谓王勃《滕王阁序》类俳，盖唐人文格如此，好古文者不取也。”② 无论是辨析诗与谏草之别还是序文类俳的古文骈文，都能看出欧阳修的鲜明辨体意识。当然，从以上董逌和王观国用不同例子不约而同地对欧阳修辨体上的过失进行指摘，可见欧阳修并不善于辨体批评，关于这一点，清洪亮吉云“欧阳公善诗而不善评诗”当不无道理。③

他如欧阳修辨析书简状牒之文体源流，如《与陈员外书》：“……寓书存劳，谓宜有所款曲以亲之之意，奈何一幅之纸，前名后书，且状且牒，如上公府。……而削札为刺，止于达名姓；寓书于简，止于舒心意、为问好。惟官府吏曹，凡公之事，上而下者则曰符、曰檄；问讯列对，下而上者则曰状；位等相以往来，曰移、曰牒。……故非有状牒之仪，施于非公之事，相参如今所行者。其原盖出唐世大臣，……及五代，始复以候问请谢加状牒之仪，如公之事，然止施于官之尊贵及吏之长者。其伪缪所从来既远，世不根古，以为当然。居今之世，无不知此，而莫以易者，盖常俗所为积习已牢，而不得以更之也。”④ 再如《州名急就章并序》云：“急就章者，汉世有之，其源盖出于小学之流，昔颜籀为史游序之详矣。”⑤ 辨急就章的文体源流。论行状志文辨体，如《与杜䜣论祁公墓志书》：“……如葬期逼，乞且令韩舍人将行状添改作志文。修虽迟缓，当自文一篇纪述。……若以愚见，志文不若且用韩公行状为便，缘修文字简略，止记大节，期于久远，恐难满孝子意。但自报知己，尽心于纪录则可耳，更乞裁择。”⑥ 对此辨体观点，姚鼐持有异议，如《古文辞类纂序》：“余撰次古文辞，不载史传，以不可胜录也。惟载太史公、欧阳永叔表志序论数首，序之最工者也。……志者，识也。或立石墓上，或埋之圹中，古人皆曰志。为之铭者，所以识之辞也。然恐人观之不详，故又为序。世或以石立墓上，曰碑，曰表，埋乃曰志。乃分

---

① 洪本健：《欧阳修资料汇编》，中华书局1995年版，第215页。
② 洪本健：《欧阳修资料汇编》，中华书局1995年版，第215页。
③ 洪本健：《欧阳修资料汇编》，中华书局1995年版，第1163页。
④ 欧阳修著、洪本健校笺：《欧阳修诗文集校笺》，上海古籍出版社2009年版，第1818页。
⑤ 欧阳修著、洪本健校笺：《欧阳修诗文集校笺》，上海古籍出版社2009年版，第1541页。
⑥ 欧阳修著、洪本健校笺：《欧阳修诗文集校笺》，上海古籍出版社2009年版，第1842页。

志、铭二之，独呼前序曰志者，皆失其义。盖自欧阳公不能辨矣。”①

第三，欧阳修创作中的合体得体现象。与此矛盾的是，自北宋以来，许多批评家诸如吕本中、罗大经等都普遍认为欧阳修的创作是符合“先见文字体式”和“文章各有体”这一辨体尊体理论的。如同为“江西派”人士，吕本中就与黄庭坚和陈师道的看法相左，认为欧、苏文章皆符合体制规范，是学者“先见文字体式”的辨体榜样，如《童蒙诗训》“文字体式”：“学文须熟看韩、柳、欧、苏，先见文字体式，然后更考古人用意下句处。”②

再如罗大经引述杨东山“文章各有体”的辨体论，认为欧阳修之所以为“一代文章冠冕者”，是因为其诸体如诗、碑、铭、记、序、《五代史记》、四六、《诗本义》、奏议、小词等诸体兼善，是“得文章之全者”，而且最重要的是“其事事合体故也”，而得体合体即辨体尊体。如罗大经《鹤林玉露》，杨东山尝谓余曰：“文章各有体，欧阳公所以为一代文章冠冕者，固以其温纯雅正，蔼然为仁人之言，粹然为治世之音，然亦以其事事合体故也。如作诗，便几及李、杜。作碑铭记序，便不减韩退之。作《五代史记》，便与司马子长并驾。作四六，便一洗昆体，圆活有理致。作《诗本义》，便能发明毛、郑之所未到。作奏议，便庶几陆宣公。虽游戏作小词，亦无愧唐人《花间集》。盖得文章之全者也。其次莫如东坡，然其诗如武库矛戟，已不无利钝。且未尝作史，藉令作史，其渊然之光，苍然之色，亦未必能及欧公也……”又云：“欧公文，非特事事合体，且是和平深厚，得文章正气。”③ 且与吕本中观点相同，认为欧、苏都是“文章各有体”和“事事合体”之“得文章正气”正体的尊体者。

除了以上引述吕本中、罗大经文献集中体现欧阳修较为全面的辨体思想外，宋金元明清以来众多批评家在评价欧阳修具体的某种文体或某篇作品时，往往以“得体”来代指其创作中的尊体辨体，涉及各种文体。

在南宋，韩淲、楼昉、吴沆等对欧阳修的墓志、议论文、记等进行评价，认为“得体”“正体”，如韩淲《涧泉日记》卷下：“欧阳公作孙泰山、胡翼之墓志得体。”④ 楼昉《崇古文诀》卷十九云：“《丰乐亭记》，不归功

① 洪本健：《欧阳修资料汇编》，中华书局 1995 年版，第 1149 页。

② 洪本健：《欧阳修资料汇编》，中华书局 1995 年版，第 194 页。

③ 洪本健：《欧阳修资料汇编》，中华书局 1995 年版，第 389 页。

④ 洪本健：《欧阳修资料汇编》，中华书局 1995 年版，第 365 页。

于己而归功于上，最为得体。”① 再如北宋司马光《温国文正司马公文集》卷七九《书孙之翰墓志后》评《尚书刑部郎中充天章阁待制兼侍读赠右谏议大夫孙公墓志铭》云：“昔蔡伯喈尝言：‘吾为碑铭多矣，皆有惭德，唯郭有道无愧色耳。’观欧阳公此文……可谓实录而无愧矣。”② 所谓碑铭“实录”，即为“得体”，而蔡邕碑铭多阿谀失实，已自失体。吴沆《环溪诗话》卷中：“环溪云：荆公置杜甫于第一，韩愈第二，永叔第三，太白第四，盖谓永叔能兼韩、李之体而近于正，故选焉耳。”③

在金元，金代李冶《敬斋古今黈》卷八：“欧阳永叔作诗，少小时颇类李白，中年全学退之，至于暮年，则甚似乐天矣。夫李白、韩愈、白居易之诗，其词句格律各有体，而欧公诗乃具之，但岁时老少差不同，故其文字，亦从而化之耳。”④ 意即欧阳修诗具备“词句格律各有体”的尊体特点。元郝经《郝文忠公陵川文集》卷三十一：“《述拟》：李唐以来，对属切律，遂为四六，谓之官样。或为高古，以则先汉，依放《盘》、《诰》，则以为野而非制，故皆模写陈烂，谨守程式，不遗步骤。至于作者，如韩、柳、欧、苏，亦不敢自作。强勉为之，而世谓之画葫芦。行之千有余年，弗可改已。……要之典雅古赡，情实感激，得体而已。”⑤ 认为欧阳修四六文“得体而已”。元王恽《秋涧先生大全文集》卷九十四：“欧公文尊经尚体，于中和中做精神。”⑥ 王恽所谓“欧公文尊经尚体”对欧阳修的“尊体”说的尤为简洁明了。

在明代，茅坤赞其“得体”处最多，归有光、艾南英也有所评论。茅坤对欧阳修各体文诸如序、记、论、表等反复称赞“得体”，最为代表，如“得记文正体”“议论得大体”“最得体处”“故为得体”等等。如若茅坤《唐宋八大家文钞》论例：“《燕喜亭记》：淋漓指画之态，是得记文正体，而结局处特高。欧公文，大略有得于此。”⑦ “《五代史梁太祖论》议论得大

① 洪本健：《欧阳修资料汇编》，中华书局1995年版，第368页。
② 欧阳修著、洪本健校笺：《欧阳修诗文集校笺》，上海古籍出版社2009年版，第880页。
③ 洪本健：《欧阳修资料汇编》，中华书局1995年版，第386页。
④ 洪本健：《欧阳修资料汇编》，中华书局1995年版，第437页。
⑤ 洪本健：《欧阳修资料汇编》，中华书局1995年版，第441页。
⑥ 洪本健：《欧阳修资料汇编》，中华书局1995年版，第441页。
⑦ 洪本健：《欧阳修资料汇编》，中华书局1995年版，第560页。

体，而文殊圆转淡宕。”[1]“《谢氏诗序》为女氏序，从兄之诗、母之墓铭来，得体。”[2]“《相州昼锦堂记》冶女之文，令人悦眼，而最得体处，在安顿卫国公上。”[3]“《龙冈阡表》幼孤而欲表父之德也于其母之言，故为得体。”[4]“《宋廖道士序》文体如贯珠，只此一篇开永叔门户。”[5]归有光《古文举例》评《春秋论上》云：“凡作辨论文字，须设为问难，而以己意分解。如此，非惟说理明透，而文字亦觉精神。如欧阳永叔《春秋论》、王阳明《元年春王正月论》是也。”[6]归有光《古文举例》评《泰誓论》云：“欧阳文忠《泰誓论》凡七段，首六段六缴语相同。此种文法于论体最切，陈止斋《山西诸将孰优论》即是学此。”[7]艾南英《天佣子集》卷五《再与陈怡云公祖书》：“传志一事，古之史体，龙门而后，惟韩、欧无愧立言。”[8]

在清代，爱新觉罗·弘历、沈德潜、姚鼐、王元启、林云铭、王符曾、浦起龙、吴汝纶、何焯、卢元昌、吕葆中等也对其文能“得体”尊体多有评论，往往称“立言有体”“乃得大体”“得雅、颂之遗”“此体为宜”“是为正体”“深得立言之体”“立言尤有体也”“祭文中正体逸调”“尤为得体”“各得其体”“文字照应处得大体”“立言曲而有体”“最得奏对之体”等等，兹撮举几例列于下，以见大概。如爱新觉罗·弘历等《唐宋文醇》卷二十二云：“《明用》：朱子谓，用九用六，欧公之说得之。此文云，不谓六爻皆常九，则本陆绩九已在二初即非九之义。文体绝似明初制义，盖制义本是宋人经义之变，说经之文理当如是。……录之，使读者知制义之源。”[9]“《丰乐亭记》：圣祖御评：归美国家太平，以为丰乐之由。立言有体，而俯仰处更多闲情逸韵。”[10]沈德潜《唐宋八大家文读本》评语卷一二评《观文殿大学士行兵部尚书西京留守赠司空兼侍中晏公神道碑铭并序》云：“通体

① 洪本健：《欧阳修资料汇编》，中华书局 1995 年版，第 569 页。
② 洪本健：《欧阳修资料汇编》，中华书局 1995 年版，第 571 页。
③ 洪本健：《欧阳修资料汇编》，中华书局 1995 年版，第 573 页。
④ 洪本健：《欧阳修资料汇编》，中华书局 1995 年版，第 577 页。
⑤ 洪本健：《欧阳修资料汇编》，中华书局 1995 年版，第 560 页。
⑥ 欧阳修著、洪本健校笺：《欧阳修诗文集校笺》，上海古籍出版社 2009 年版，第 549 页。
⑦ 欧阳修著、洪本健校笺：《欧阳修诗文集校笺》，上海古籍出版社 2009 年版，第 562 页。
⑧ 洪本健：《欧阳修资料汇编》，中华书局 1995 年版，第 629 页。
⑨ 洪本健：《欧阳修资料汇编》，中华书局 1995 年版，第 932 页。
⑩ 洪本健：《欧阳修资料汇编》，中华书局 1995 年版，第 945 页。

从旧学作意。晏元献无甚显功，然能使众贤聚于朝廷，则荐贤为国之功不可泯也。奉诏撰文自应端重醇正，得雅、颂之遗。”① 姚鼐《诸家评点古文辞类纂》评语卷三评《为君难论下》：“欧公之论，平直详切。陈悟君上，此体为宜。”② 王元启《读欧记疑》：“公志墓文，纯用史公纪传体，可云波澜莫二。”③ 王符曾评云：“衬托既绝工，立言尤有体也。”④（《欧阳文忠公文钞》评语卷一七）浦起龙《古文眉诠》评语卷六二评《祭资政范公文》云：“祭文中正体逸调。”⑤ 卷五十九：“《外制集序》：序为自作，而体近承制。一路顺叙，风度雍容；风度其本色，体制则式后矣。”⑥ “《内制集序》：掌制之作，所谓官样文章也。其按之也，以还体裁；其扬之也，以志遭遇，笔笔回翔。”“《太子太师致仕杜祁公墓志铭》：此亦志墓大篇最雅洁者，不多涉议论激宕，是为正体。”⑦ 吴汝纶《诸家评点古文辞类纂》评语卷四五评《集贤校理丁君墓表》云：“荆公所为墓志，代发不平之鸣；此则立言含畜，尤为得体。”⑧《集贤院学士刘公墓志铭》：“其为文章，尤敏赡。一日，追封皇子、公主九人，公方将下直，为之立马却坐，一挥九制数千言，文辞典雅，各得其体。”⑨ 何焯《义门读书记》卷三八评《夷陵县至喜堂记》云：“文字照应处得大体，所记虽止一堂，仍非独为吾一人之私也。”⑩ 卢元昌《山晓阁选宋大家欧阳庐陵全集》评语卷一：“《论美人张氏恩宠宜加裁损劄子》：至末仍结到亏损圣德，立言曲而有体。”⑪ 赵士麟《读书堂全集》卷二十五：“永叔正文体，不顾士子言。”⑫ 吕葆中《唐宋八家古文精选》：“《论台谏官唐介等宜早牵复劄子》：就已然之实事开陈启发，以听人主之自

---

① 欧阳修著、洪本健校笺：《欧阳修诗文集校笺》，上海古籍出版社2009年版，第647页。
② 欧阳修著、洪本健校笺：《欧阳修诗文集校笺》，上海古籍出版社2009年版，第534页。
③ 洪本健：《欧阳修资料汇编》，中华书局1995年版，第998页。
④ 欧阳修著、洪本健校笺：《欧阳修诗文集校笺》，上海古籍出版社2009年版，第1083页。
⑤ 欧阳修著、洪本健校笺：《欧阳修诗文集校笺》，上海古籍出版社2009年版，1233页。
⑥ 洪本健：《欧阳修资料汇编》，中华书局1995年版，第854页。
⑦ 洪本健：《欧阳修资料汇编》，中华书局1995年版，第854页。
⑧ 欧阳修著、洪本健校笺：《欧阳修诗文集校笺》，上海古籍出版社2009年版，第710页。
⑨ 欧阳修著、洪本健校笺：《欧阳修诗文集校笺》，上海古籍出版社2009年版，第929页。
⑩ 欧阳修著、洪本健校笺：《欧阳修诗文集校笺》，上海古籍出版社2009年版，第997页。
⑪ 洪本健：《欧阳修资料汇编》，中华书局1995年版，第720页。
⑫ 洪本健：《欧阳修资料汇编》，中华书局1995年版，第721页。

悟，最得奏对之体。”[①] 林纾《古文辞类纂选本》评语卷八评《梅圣俞墓志铭并序》：“文精神全聚前半，入后则金石之例应尔。读者当于前半篇涵泳，始知立言之得体亲切处。”[②] 缪荃孙《云自在龛随笔》卷一：“马迁至欧阳修十七史，皆出一人之笔，虽美恶不等，各有体裁。”[③] 王元启《真州东园》：“议论极正大，如此结束，乃得大体。”[④] 张伯行《唐宋八大家文钞》：“《吉州学记》归美李侯意，只带叙于其间，文之得大体者。”[⑤] 林云铭《古文析义》评《泷冈阡表》：“句句归美先德，且以自己功名皆本于父母之垂裕，深得立言之体。”[⑥] 不可赘举。例文迤逦而下，一方面可以看出清代学者对欧阳修文能得体尊体的普遍认可，这在清代批评家古文评点繁荣的态势中能够异口同声，差无异议，是个值得关注的文论现象；另外也能从中看出诸如此类文本的文体文献价值。

欧阳修自己在文中也数次提到过“得体”，虽为就事而论的得事之体，但与文章得体是相通的。如《归田录》卷上：“太祖皇帝初幸相国寺，至佛像前烧香，问‘当拜与不拜’，僧录赞宁奏曰：‘不拜。’问其何故，对曰：‘见在佛不拜过去佛。’赞宁者，颇知书，有口辩，其语虽类俳优，然适会上意，故微笑而颔之，遂以为定制，至今行幸焚香皆不拜也，议者以为得体。”再如《归田录》卷上：“李文靖公为相，沉正厚重，有大臣体。尝曰：‘吾为相无他能，唯不改朝廷法制，用此以报国。’士大夫初闻此言，以为不切于事。及其后当国者，或不思事体，或收恩取誉，屡更祖宗旧制，遂至官兵冗滥，不可胜纪，而用度无节，财用匮乏，公私困弊。推迹其事，皆因执政不能遵守旧规，妄有更改所致至此，始知公言简而得其要，由是服其识虑之精。”再如《归田录》卷下：“仁宗初立今上为皇子，令中书召学士草诏。学士王当直，诏至中书谕之。王曰：‘此大事也，必须面奉圣旨。’于是求对，明日面禀，得旨乃草诏。群公皆以王为真得学士体也。”[⑦]

---

① 洪本健：《欧阳修资料汇编》，中华书局1995年版，第847页。

② 欧阳修著、洪本健校笺：《欧阳修诗文集校笺》，上海古籍出版社2009年版，第885页。

③ 洪本健：《欧阳修资料汇编》，中华书局1995年版，第1280页。

④ 洪本健：《欧阳修资料汇编》，中华书局1995年版，第1006页。

⑤ 洪本健：《欧阳修资料汇编》，中华书局1995年版，第784页。

⑥ 洪本健：《欧阳修资料汇编》，中华书局1995年版，第822页。

⑦ 欧阳修：《集古录》，文渊阁四库全书本。

第四，欧阳修文集中还有很多效某某体、学某某体、拟某某体等诗词之作，所谓效、学、拟某体，首先要求作者必须对所要效、学、拟的文体特征和文体风格极为熟悉和了解，具有强烈的辨识其体的辨体意识和辨体功夫。根据时代顺序，共拟效之体包括六朝的玉台体、谢灵运体，唐代的太白体、韩愈体、韩孟联句体、孟郊体、贾岛体、李长吉体、王建体，宋代的圣俞体等，具体包括文集中的《拟玉台体七首》[①]、《将至淮安马上早行学谢灵运体六韵》[②]、《春寒效李长吉体》[③]、《弹琴效贾岛体》[④]、《刑部看竹效孟郊体》[⑤]、《鹌鹑词效王建作》[⑥]、《栾城遇风效韩孟联句体》[⑦]、《寄题刘著作义叟家园效圣俞体》[⑧]。

其他如后世学者所分析的，如陈善《扪虱新语》上集卷二："韩文公尝作《赤藤杖歌》云……欧阳公遂每每效其体，作《菱溪大石》云。"[⑨] 清翁方纲《石洲诗话》卷三"太白戏圣俞"条云："欧公有《太白戏圣俞》一篇，盖拟太白体也。"[⑩] 清褚人获《坚瓠集》补集卷五："银蒜"欧阳永叔仿玉台体诗："银蒜押帘宛地垂。"[⑪]

此外，通过分析鉴赏以上的拟效六朝唐宋诸家诗体，我们还可以窥见欧阳修的诗体风格之承传源流。如清鲁九皋《诗学源流考》："及欧阳公出，始知学古，与梅圣俞互相讲切。欧诗长篇多效昌黎，间取则于太白；梅则于唐人诸家，不名一体，惟造平淡。"[⑫] 归有光《欧阳文忠公文选》评语卷九评《梅圣俞墓志铭并序》："通篇以诗作案，此昌黎《贞曜志》体也。"李之仪《又与友人往还》："近时欧阳文忠公《秋声》乃规摹李白，其实则与

---

① 欧阳修著、洪本健校笺：《欧阳修诗文集校笺》，上海古籍出版社 2009 年版，第 1257 页。
② 欧阳修著、洪本健校笺：《欧阳修诗文集校笺》，上海古籍出版社 2009 年版，第 1308 页。
③ 欧阳修著、洪本健校笺：《欧阳修诗文集校笺》，上海古籍出版社 2009 年版，第 1352 页。
④ 欧阳修著、洪本健校笺：《欧阳修诗文集校笺》，上海古籍出版社 2009 年版，第 100 页。
⑤ 欧阳修著、洪本健校笺：《欧阳修诗文集校笺》，上海古籍出版社 2009 年版，第 179 页。
⑥ 欧阳修著、洪本健校笺：《欧阳修诗文集校笺》，上海古籍出版社 2009 年版，第 250 页。
⑦ 欧阳修著、洪本健校笺：《欧阳修诗文集校笺》，上海古籍出版社 2009 年版，第 330 页。
⑧ 欧阳修著、洪本健校笺：《欧阳修诗文集校笺》，上海古籍出版社 2009 年版，第 239 页。
⑨ 洪本健：《欧阳修资料汇编》，中华书局 1995 年版，第 204 页。
⑩ 欧阳修著、洪本健校笺：《欧阳修诗文集校笺》，上海古籍出版社 2009 年版，第 150 页。
⑪ 洪本健：《欧阳修资料汇编》，中华书局 1995 年版，第 910 页。
⑫ 洪本健：《欧阳修资料汇编》，中华书局 1995 年版，第 1151 页。

刘梦得、杜牧之相先后者。"[1]

第五，《诗本义》中的诗学辨体观念。《诗本义》中，所谓"诗非一人之作，体各不同""古诗之体，意深则言缓，理胜则文简""一篇之诗，别为三体"云云，都体现出鲜明的辨体意识和文体观点。如卷六《鸿雁》："诗非一人之作，体各不同，虽不尽如此，然如此者多也。"卷八《何人斯》："论曰，古诗之体，意深则言缓，理胜则文简，然求其义者，务推其意理，及其得也，必因其言，据其文以为说舍此，则为臆说矣。"卷十四《豳问》："或问：七月，豳风也，而郑氏分为雅颂。其诗八章，以其一章二章为风，三章四章五章六章之半为雅，又以六章之半七章八章为颂。一篇之诗，别为三体，而一章之言，半为雅而半为颂，诗之义果若是乎?"卷十五《诗解统序》："二雅混于小大而不明，三颂昧于商鲁而无辨，此一经大概之体，皆所未正者。"[2]

最后，《集古录跋尾》中的书法辨体理论。欧阳修的辨体批评理论最为集中地体现在《集古录》中的辨书法方面的书体之异同、风格以及在此辨体基础之上的辨书法真伪优劣，如卷十《小字法帖》："余尝辨锺繇贺捷表为非真，而此帖字画笔法皆不同，传模不能不失本体，以此真伪尤为难辨也。"[3] 其中通过辨析字画笔法之不同，进行真伪"辨"体，最为代表。他如卷六《唐石壁寺铁弥勒像颂》："然其所书刻石存于今者，惟此颂与安公美政颂尔。二碑笔画字体远不相类，殆非一人之书，疑模刻不同，亦不应相远如此。又疑好事者寓名，以为奇也，识者当为辨之。"卷一《秦泰山刻石》："今俗传峄山碑者，史记不载，又其字体差，大不类泰山存者，其本出于徐铉。"卷三《后汉残碑》："复知为后汉时人，而隶字在者甚完，体质淳劲，非汉人莫能为也。"卷九《唐李藏用碑》："玄度以书自名于一时，其笔法柔弱，非复前人之体，而流俗妄称借之尔。故存之以俟识者。"[4] 所谓二碑笔画字体远不相类、识者当为辨之、"又其字体差，大不类泰山存者""其笔法柔弱，非复前人之体"云云，都体现了欧阳修的辨体理念。如此颇多，列于下，以见大概：

集古录卷九：唐高重碑。唐世碑刻，颜柳二公书尤多，而字体笔画

① 洪本健：《欧阳修资料汇编》，中华书局1995年版，第97页。
② 欧阳修：《诗本义》，文渊阁四库全书本。
③ 欧阳修：《集古录》，文渊阁四库全书本。
④ 欧阳修：《集古录》，文渊阁四库全书本。

往往不同，虽其意趣或出于临时，而亦系于模勒之工拙，然其大法则常在也。此碑字画锋力俱完，故特为佳，矧其墨迹，想宜如何也。

集古录卷七：唐颜真卿小字麻姑坛记。或疑非鲁公书，鲁公喜书大字，余家所藏颜氏碑最多，未尝有小字者，惟干禄字书注最为小字，而其体法与此记不同，盖干禄之注持重舒和而不局蹙，此记遒峻，临结尤为精悍，此所以或者疑之也。余初亦颇以为惑，及把玩久之，笔画巨细皆有法，愈看愈佳，然后知非鲁公不能书也，故聊志之以释疑者。

集古录卷九：唐沈传师游道林岳麓寺诗。独此诗以字画传于世，而诗亦自佳，传师书非一体，此尤放逸可爱也。

集古录卷三：后汉元节碑。碑无年月而知为汉人者，以其隶体与他汉碑同尔。

集古录卷五：隋老子庙碑。道衡文体卑弱，然名重当时，余所取者特得字画近古，故录之。唐人字皆不俗，亦可佳也。

集古录卷五：隋龙藏寺碑。字画遒劲，有欧虞之体。

集古录卷五：唐薛稷书。薛稷书刻石者，余家集录颇多，与墨迹互有不同。唐世颜柳诸家刻石者，字体时时不类，谓由模刻，人有工拙。昨日见杨褒家所藏薛稷书，君谟以为不类，信矣。凡世人于事，不可一概，有知而好者，有好而不知者，有不好而不知者，有不好而能知者，褒于书画好而不知者也。画之为物，尤难识其精粗真伪，非一言可达，得者各以其意，披图所赏，未必是秉笔之意也。昔梅圣俞作诗，独以吾为知音，吾亦自谓举世之人知梅诗者莫吾若也。吾尝问渠最得意处，渠诵数句，皆非吾赏者。以此知披贞观永徽之间图所赏，未必得秉笔之人本意也。

集古录卷六：唐裴大智碑。以余之博求而得者止此，故知其不多也。然字画笔法多不同，疑模刻之有工拙。惟此碑及独孤册碑，字体同而最佳，册碑在襄阳而不完，可惜也。

集古录卷六：唐西岳大洞张尊师碑。慈之书体兼虞褚，而遒丽可喜。

集古录卷六：唐群臣请立道德经台奏答。今经注字皆一体，疑非诸王所书，而后人追寓其名尔。

集古录卷六：唐郑预注多心经。盖开元天宝之间，书体类此者数家，如捣练石、韩公井记、洛祠志，皆一体，而皆不见名氏，此经字体不减三记，而注尤精劲，盖他处未尝有，故录之而不忍弃。

集古录卷九：唐法华寺诗。右法华寺诗唐越州刺史李绅撰。似绅自书，然以端州题名，较之字体殊不类。

集古录卷九：唐玄度十体书。二家之本，大体则同，而文有得失，故并存之，览者得以自择焉。

集古录卷九：唐山南西道驿路记。公权书往往以模刻失其真，虽然其体骨终在也。

集古录卷十：遗教经。右遗教经，相传云羲之书，伪也，盖唐世写经手所书。唐时佛书，今在者，大抵书体皆类此，第其精粗不同尔。近有得唐人所书经题，其一云薛稷，一云僧行敦，书者皆与二人他所书不类，而与此颇同，即知写经手所书也。然其字亦可爱，故录之。盖今士大夫笔画能仿佛乎此者鲜矣。①

所列文献中诸如：字体笔画往往不同、其体法与此记不同、传师书非一体、以其隶体与他汉碑同尔、道衡文体卑弱、“字画遒劲，有欧虞之体”、字体时时不类、“然字画笔法多不同，疑模刻之有工拙”、字体同而最佳、“慈之书体兼虞褚，而遒丽可喜”、今经注字皆一体、“书体类此者数家，如捣练石，韩公井记，洛祠志，皆一体，而皆不见名氏，此经字体不减三

① 欧阳修：《集古录》，文渊阁四库全书本。

记”、较之字体殊不类、大抵书体皆类此、皆与二人他所书不类，等等，都体现了欧阳修鲜明的辨体理论批评意识。文艺理论是相通的，中国古代文学辨体的一些概念范畴诸如破体、得体、失体、变体等多源于书法理论，故而欧阳修的书法辨体理论无疑是他文学辨体理论和文艺思想的重要组成部分，理应受到重视并进行深入研究。

第二节　变体破体：公于文章变而不失其正尔

辨体和破体是中国古代辨体理论批评中一组对立的概念范畴，二者在文体观上是诸如继承与创新、保守与激进、遵守与打破、常与变、正与变、通与变等二元对立的辩证关系，是尊体和变体的关系，正如吴承学《辨体与破体》云：“宋代以后直到近代，文学批评和创作中明显存在着两种对立倾向：辨体和破体。前者坚持文各有体的传统，主张辨明和严守各种文体体制，反对以文为诗，以诗为词等创作手法；后者则大胆地打破各种文体的界限，使各种文体互相融合。”① 如吴先生所言，这一对立文体理论范畴在宋代各种文学流派、文学运动和文学思潮的论争中具有催化剂般的重要作用，是贯穿整个宋代文学史和文学批评史的核心理论要素。其中，欧阳修和黄庭坚是开风气之先并左右文坛辨体风尚的关键人物。在这一对立范畴中，欧阳修在创作上明显以破体变体为主，这与他政治和文学的改革家身份是相契合的。此外，破体创作中，《醉翁亭记》最为名篇，后世相关评论最为繁复，从中能够看出其文体和辨体的经典化过程；而《新五代史记》赞论的必以“呜呼”发端，也最能反映其破体变体观念。

首先，变而不失其正。虽然欧阳修总的来说是破体多于尊体，但也还是以破中有辨和变中有正的辨体通变观为主要特征，即清何焯所谓“变而不失其正”，其《义门读书记》卷三九评《秋声赋》云：“虽非楚人之词，然于体物自工。至后乃推论人事，初非纯用议论也。讥之者只是不识，公于文章，变而不失其正尔。”②

其一，欧阳修自己的变体破体理论也是关乎书法的，这与前边所论辨体

---

① 吴承学：《辨体与破体》，《文学评论》1991 年第 1 期。

② 欧阳修著、洪本健校笺：《欧阳修诗文集校笺》，上海古籍出版社 2009 年版，第 480 页。

批评主要出于《集古录》跋尾的书体理论是一致的，当然书体与文体艺术上是相通的。他主张既要尊体守法，又要出乎笔墨蹊径之外，最终又要不离乎正，即核心书体理论“古之善书者必先楷法，渐而至于行草，亦不离乎楷正”，但整体是更欣赏“老逸不羁”的变体书法。如欧阳修《跋茶录》云：“善为书者以真楷为难，而真楷又以小字为难。……君谟小字新出而传者二，《集古录目序》横逸飘发，而《茶录》劲实端严，为体虽殊，而各极其妙。……古之善书者必先楷法，渐而至于行草，亦不离乎楷正。张芝与旭变怪不常，出乎笔墨蹊径之外，神逸有余而与羲、献异矣。”① 所谓“古之善书者必先楷法”，指楷书体制最规范，是学书的基础，所以“善书者必先楷法”，与“学诗者必先体制”的辨体尊体之论断是完全一致的。接下来，所谓“渐而至于行草”，“行草”是书法上楷书的变化，尤其草书是“破体”极致，是一种“变体”，所以说欧阳修在“书体”发展演进上是主张循序渐进，有正有变，即先楷书之辨体，继而草书破体的。但这个“行草”变体是一个有限度的变化，不可走向极端，即“亦不离乎楷正”，这正是何焯所总结的“变而不失其正”理论。在这个书体变化基本原则之下，他还是更倾向和欣赏变化不常的书体风格，张芝、张旭就是代表，所谓“张芝与旭变怪不常，出乎笔墨蹊径之外，神逸有余而与羲、献异矣”。

这一书体理念在《集古录》中有进一步的申述，如卷六《唐美原夫子庙碑》云：“喦天宝时人，字画奇怪，初无笔法，而老逸不羁，时有可爱，故不忍弃之，盖书流之狂士也。文字之学，传自三代以来，其体随时变易，转相祖习遂以名家，亦乌有法邪？至魏晋以后，渐分真草，而羲献父子为一时所尚，后世言书者非此二人皆不为法，其艺诚为精绝，然谓必为法，则初何所据？所谓天下孰知夫正法哉！喦书固自放于怪逸矣，聊存之以备传览。”② 他认为“文字之学”自古以来就是“其体随时变易”，变化不常是一种常态和发展趋势，没有一个固定的体制规范必须遵守，用三个问句诸如“亦乌有法邪？”“然谓必为法，则初何所据？”“所谓天下孰知夫正法哉？”层层递进，以说明他对于魏晋以来“羲献父子为一时所尚，后世言书者非此二人皆不为法”的固守法度而不知变化生新的书坛态势的不满，也因此

① 欧阳修著、洪本健校笺：《欧阳修诗文集校笺》，上海古籍出版社2009年版，第1937页。

② 欧阳修：《集古录》卷6，文渊阁四库全书本。

对“嵒”“字画奇怪，初无笔法，而老逸不羁”和“自放于怪逸”的书体风格由衷喜欢，认为“时有可爱”。当然，所谓“故不忍弃之”“聊存之以备传览”云云，“不忍”“聊存”之语又能看出他对“奇怪、老逸不羁、怪逸”这类“变而失乎正”的书法的某种警惕和秉持保留态度的审慎。

其二，与书法辨体论上既秉持“变而不失其正”的纲领，又倾向于某种程度上激赏“老逸不羁”的“怪奇”风格不同，在著名的“古文运动”文体变革中，欧阳修则坚决贯彻“变而不失其正”的辨体通变观。其过程众所周知，即先“变”西昆体轻媚萎靡的卑弱文风，但以石介为代表“太学体”在变革中走向极端，有陷入“怪癖”的弊端，即变而失正，欧阳修此时再次借知贡举之机，深革其弊，最后使“文格遂变而复正”，趋向平淡自然。

关于欧阳修领导的“古文运动”这一螺旋式上升的“变而不失其正”的辨体革新过程，在当时北宋，便由众多与欧阳修关系密切的大家从文体革新的变体破体角度提出，虽然这些文献已屡为文学史批评史所引述，但是我们完全从文体学的视域来观照，会有不同的学术创获，而且这也是我们研究其文体学思想不可或缺的一大板块，很有必要进行列举，以见概貌。

在北宋，韩琦、吴充、苏轼、苏辙、杨杰、叶涛、欧阳发等都有全面的总结，影响深远。苏轼所论最为代表，如《上欧阳内翰书》云：“自昔五代之余，文教衰落，风俗靡靡，日以涂地。圣上慨然太息，思有以澄其源，疏其流，明诏天下，晓谕厥旨。于是招来雄俊魁伟敦厚朴直之士，罢去浮七轻媚丛错采绣之文，将以追两汉之余，而渐复三代之故。士大夫不深明天子之心，用意过当，求深者或至于迂，务奇者怪僻而不可读。余风未殄，新弊复作。”① 吴充《欧阳公行状》：“嘉祐初，公知贡举，时举者为文，以新奇相尚，文体大坏，公深革其弊，前以怪僻在高第者，黜之几尽，务求平淡典要。士人初怨怒骂讥，中稍信服，已而文格遂变而复正者，公之力也。”② 苏辙《祭欧阳少师文》：“嗟维此时，文律颓毁，奇邪谲怪，不可告止。……号兹‘古文’，不自愧耻。公为宗伯，思复正始，狂词怪论，见者投弃。”③ 苏辙《欧阳文忠公神道碑》：“二年，权知贡举。是时进士为文，

① 洪本健：《欧阳修资料汇编》，中华书局1995年版，第88页。
② 洪本健：《欧阳修资料汇编》，中华书局1995年版，第57页。
③ 洪本健：《欧阳修资料汇编》，中华书局1995年版，第107页。

以诡异相高，文体大坏，公患之，所取率以词义近古为贵，凡以险怪知名者黜去殆尽。牓出，怨谤纷然，久之乃服，然文章自是变而复古。”① 叶涛《重修（神宗）实录（欧阳修）本传》：“时文士以磔裂怪僻相尚，文体大坏，及是，修知贡举，深革其弊，前在高第者尽黜之，务求平淡典要。士人初怨怒骂讥，已而文格卒变。”② 欧阳发《事迹》：“嘉祐二年，先公知贡举，时学者为文，以新奇相尚，文体大坏。公深革其弊，一时以怪僻知名在高等者，黜落几尽。……而五六年间，文格遂变而复古，公之力也。”③

到了南宋，对这一文体革新上的“变而不失其正”的变体过程，诸如沈括、叶梦得、陈振孙等文史大家也多有论述，如沈括：“嘉祐中，士人刘几，累为国学第一人，聚为怪险之语，学者翕然效之，遂成风俗，欧阳公深恶之。会公主文，决意痛惩，凡为新文者，一切弃黜，时体为之一变，欧阳之功也。”④ 叶梦得《石林诗话》卷上：“至和、嘉祐间，场屋举子为文尚奇涩，读或不能成句。欧阳文忠公力欲革其弊，既知贡举，凡文涉雕刻者，皆黜之。”⑤ 陈振孙《直斋书录解题》卷四论《刘状元东归集十卷》云：“始在场屋有声，文体奇涩，欧公恶之，下第。”⑥

明清以来，诸如李贽、茅坤、胡应麟、蔡世远、程廷祚等也有相似的说法，如明李贽《史纲评要》卷二十九：“嘉祐二年，以翰林学士欧阳修知贡举。先是，进士相习为奇僻之文，渐失浑淳。修深疾之，痛加裁抑，时所推誉，皆不在选。浇薄之士候修晨朝，群聚诋斥之，然文体自是少变。”⑦ 清吕葆中《唐宋八家古文精选》：“《泷冈阡表》：至其称美先德，只举一二事以概，其余更不多及。立言之体固各有所当也，否则或近乎略矣。荆川《文编》评之曰‘变正’，谓其与他墓表不同耳。”⑧

其次，欧公特变前人法度，古文运动之文体变革。欧阳修在文学史上最引人瞩目之处是他的古文运动，这一文学运动是他“庆历新政”政治运动的

① 洪本健：《欧阳修资料汇编》，中华书局 1995 年版，第 112 页。
② 洪本健：《欧阳修资料汇编》，中华书局 1995 年版，第 102 页。
③ 洪本健：《欧阳修资料汇编》，中华书局 1995 年版，第 128 页。
④ 洪本健：《欧阳修资料汇编》，中华书局 1995 年版，第 73 页。
⑤ 洪本健：《欧阳修资料汇编》，中华书局 1995 年版，第 173 页。
⑥ 洪本健：《欧阳修资料汇编》，中华书局 1995 年版，第 397 页。
⑦ 洪本健：《欧阳修资料汇编》，中华书局 1995 年版，第 595 页。
⑧ 洪本健：《欧阳修资料汇编》，中华书局 1995 年版，第 849 页。

组成部分，而文体革新则是文学革新的实质，可用朱弁所云“欧公特变前人法度”来进行概括，如《风月堂诗话》卷上：“前辈云，按柏梁之体，句句用韵，其数以奇，韩、苏亦皆如此。然欧公作《孙明复墓志》，乃与此说不同，又未知如何也。岂欧公特变前人法度，欲自我作古乎？当更讨论之耳。”[①]

其一，欧阳修自己的文体革新思想言论文献。欧阳修有感于唐太宗政治隆盛，但“独于文章不能少变其体”“而惟文章独不能革五国之弊”，认为其原因是“其积习之势，其来也远”，“盖习俗难变”，而最根本的难点在于“而文章变体又难也”，所以文体革新“则不可以骤革也”。他在《集古录》中曾对此两发感慨，如《集古录》卷五：“南北文章至于陈隋，其极矣。以唐太宗之致治，几乎三王之盛，独于文章不能少变其体，岂其积习之势，其来也远，非久而众胜之，则不可以骤革也。”[②]《集古录》卷七：“唐自太宗致治之盛，几乎三代之隆，而惟文章独不能革五国之弊，既久而后韩柳之徒出，盖习俗难变，而文章变体又难也。”[③] 所论处处围绕文体变革之难，当然也坚定了一个改革家的变体决心，从而带来宋代古文的革新和繁荣，并以此引领了整个宋代辨体变体的兴盛和繁荣。

他自己关于不满于宋初“西昆体”时文流行而进行古文文体改革的言论则集中体现在《记旧本韩文后》《苏氏文集序》两文中，这也是文学史、批评史著作中经常引用的反映他文学思想的名篇。从文体的角度，这两篇的变体意义巨大，不可或缺，故录于下。《记旧本韩文后》：“是时天下学者杨刘之作，号为时文，能者取科第，擅名声，以夸荣当世，未尝有道韩文者。……后七年，举进士及第，官于洛阳。而尹师鲁之徒皆在，遂相与作为古文。……其后天下学者亦渐趋于古，而韩文遂行于世，至于今盖三十余年矣，学者非韩不学也，可谓盛矣。”[④] 欧阳修《苏氏文集序》：“天圣之间，予举进士于有司，见时学者务以言语声偶擿裂，号为时文，以相夸尚。而子美独与其兄才翁及穆参军伯长，作为古歌诗杂文，时人颇共非笑之，而子美不顾也。其后天子患时文之弊，下诏书讽勉学者以近古，由是其风渐息，而

① 洪本健：《欧阳修资料汇编》，中华书局 1995 年版，第 197 页。

② 欧阳修：《集古录》卷 5，文渊阁四库全书本。

③ 欧阳修：《集古录》卷 7，文渊阁四库全书本。

④ 欧阳修著、洪本健校笺：《欧阳修诗文集校笺》，上海古籍出版社 2009 年版，第 1927 页。

学者稍趋于古焉。"[①]

其二，关于欧阳修这次彪炳史册的文学文体革新运动贯穿于有宋一代，论者颇多，直接着眼于文体变革的，如谢伋、李焘、叶适、岳珂等所谓"一洗西昆磔裂烦碎之体""然文体自是亦少变""惟欧阳修欲驱诏令复古，始变旧体""以崇雅黜浮，期以丕变文格"云云，如谢伋《四六谈麈》："本朝自欧阳文忠、王舒国，叙事之外，自为文章，制作混成，一洗西昆磔裂烦碎之体。厥后学者，益以众多。"[②] 叶适《习学记言》卷48："惟欧阳修欲驱诏令复古，始变旧体。"[③] 岳珂《桯史》卷九："文忠方以复古道自任，将明告之，以崇雅黜浮，期以丕变文格。"[④] 朱熹云："文气衰弱，直至五代，竟无能变。至尹师鲁、欧公几人出来，一向变了。其间亦有欲变而不能者，然大概都要变，所以做古文自是古文，四六自是四六，却不滚杂。"[⑤] 叶梦得《避暑录话》："文章之弊，非公一变，孰能遽革？"[⑥] 陈善《扪虱新语》"欧阳公不能变诗格"："欧阳公诗犹有国初唐人风气，公能变国朝文格，而不能变诗格。及荆公、苏、黄辈出，然后诗格遂极于高古。"[⑦]

其三，着眼于这次文体变革的大家在宋代以后还很多，元明清以来代不乏人。如赵孟坚称"其风稜骨峭，摆落繁华，亦一代之体也"，方回称"历五代至于欧阳公，文风始大变革""力变昆体"，刘壎称"而文体自是一变，渐复古雅""杨、刘昆体固不足道，欧、苏一变，文始趋古"，脱脱等称"然声屋之习，从是遂变"，等等，都从文体革新的角度加以评论。明清以后，所论尤多，如明李贽《藏书》卷三十九："是时进士为文，以诡异相高，文体大坏，修所取率词义古质者，凡险怪知名士，一切不录。……然文章自是变矣。"[⑧] 明唐枢《杂问录》："文章之变，以顺时明道为本。韩、柳、欧苏诸大家，能顺其词气于时，惜乎于道或有戾，故恐非垂宪之言耳。"[⑨]

---

① 欧阳修著、洪本健校笺：《欧阳修诗文集校笺》，上海古籍出版社2009年版，第1064页。
② 洪本健：《欧阳修资料汇编》，中华书局1995年版，第239页。
③ 洪本健：《欧阳修资料汇编》，中华书局1995年版，第355页。
④ 洪本健：《欧阳修资料汇编》，中华书局1995年版，第375页。
⑤ 洪本健：《欧阳修资料汇编》，中华书局1995年版，第333页。
⑥ 洪本健：《欧阳修资料汇编》，中华书局1995年版，第167页。
⑦ 洪本健：《欧阳修资料汇编》，中华书局1995年版，第205页。
⑧ 洪本健：《欧阳修资料汇编》，中华书局1995年版，第593页。
⑨ 洪本健：《欧阳修资料汇编》，中华书局1995年版，第540页。

在清代，如清吴乔“欧、梅变体而后”①，清胡寿芝“欧阳文忠尊李，王文公尊杜，一时风气振刷，诗格大变焉。”② 清林纾“欧阳力变其体，俯仰夷犹，多作吊古叹逝语，亦自成一格”③，等等，不可枚举。

此外，欧阳修虽致力于变革“西昆体”时文，但又不绝对地对杨亿及其时文加以否定，同样有所肯定和赞赏，从中也能看出他变体的辩证通变观。如欧阳修《与荆南乐秀才书》：“夫时文虽曰浮巧，然其为功，亦不易也。”④ 如《六一诗话》云：“杨大年与钱刘数公唱和，自《西昆集》出，时人争效之，诗体一变，而先生老辈患其多用故事，至于语僻难晓，殊不知自是学者之弊。如……虽用故事，何害为佳句也？又如……其不用故事，又岂不佳乎？盖其雄文博学，笔力有余，故无施而不可，非如前世号诗人者区区于风云草木之类，为许洞所困者也。”⑤

第三，以文为诗，以诗为词，以文为赋，以文体为四六，以及其他文体的变格、变调、变体。前面黄庭坚《书王元之〈竹楼记〉后》提到，宋代“文章以体制为先”的辨体风气蔚成风气，其中欧阳修《醉翁亭记》以赋体为文，杂以议论，是一种破体变体。吴承学先生《破体之通例》云：“先体制后工拙是传统文学批评的一条普遍原则。然而宋代以后，破体为文成为一种风气：以文为赋、以文为四六、以文为诗、以诗为词、以古为律等在在可见。”⑥ 对此，欧阳修是这方面破体创作的代表，涉及各个方面。以下详而论之。

关于“以文为诗”，如王十朋《读东坡诗》：“学江西诗者谓苏不如黄，又言韩、欧二公诗乃押韵文耳。予虽不晓诗，不敢以其说为然。”⑦ 清吴乔《围炉诗话》卷一：“李、杜之文，终是诗人之文，非文人之文。欧、苏之诗，终是文人之诗，非诗人之诗。”⑧

关于“以诗为词”，如李清照《词论》：“至晏元献、欧阳永叔、苏子瞻，学际天人，作为小歌词，直如酌蠡水于大海，然皆句读不葺之诗尔，又

---

① 洪本健：《欧阳修资料汇编》，中华书局 1995 年版，第 652 页。
② 洪本健：《欧阳修资料汇编》，中华书局 1995 年版，第 1171 页。
③ 洪本健：《欧阳修资料汇编》，中华书局 1995 年版，第 1290 页。
④ 欧阳修著、洪本健校笺：《欧阳修诗文集校笺》，上海古籍出版社 2009 年版，第 1174 页。
⑤ 何文焕：《历代诗话》，中华书局 1981 年版，第 270 页。
⑥ 吴承学：《破体之通例》，《学术研究》1989 年第 5 期。
⑦ 洪本健：《欧阳修资料汇编》，中华书局 1995 年版，第 247 页。
⑧ 洪本健：《欧阳修资料汇编》，中华书局 1995 年版，第 652 页。

往往不协音律。”① 认为欧阳修词为“句读不葺之诗尔”，“又往往不协音律”，不够本色当行。清代贺贻孙同意其观点，如清贺贻孙《诗筏》：“李易安云：‘而欧阳永叔、苏子瞻词，乃句读不葺之诗耳。’又尝记宋人有云：‘昌黎以文为诗，东坡以诗为词。’甚矣词家之难也！”② 但周济则持相反态度，认为欧阳修词遵守词的体制规范，当行本色，而韩琦、范仲淹的词如其文，“故非专家”。如周济《宋四家词选》目录序论：“韩、范诸巨公，偶一染翰，意盛足举其文，虽足树帜，故非专家；若欧公则当行矣。”③

关于“以文体为四六”，如陈善《扪虱新语》上集卷一“文体”条云：“以文体为诗，自退之始；以文体为四六，自欧公始。”④ 吴讷《文章辨体序说》，祝氏曰：“宋人作赋，其体有二：曰俳体，曰文体。后山谓欧公以文体为四六。夫四六者，属对之文也，可以文体为之，至于赋，若以文体为之，则是一片之文，押几个韵尔，而于《风》之优游，比兴之假托，《雅》、《颂》之形容，皆不兼之矣。”⑤

关于“以古入律和以律入古”，欧阳修赞同“以律入古”，如吴可《藏海诗话》：“欧公云：‘古诗时为一对，则体格峭健。’”⑥ 这与“破体之通例”是相左的，如吴承学云：“于是出现了一种破体的通例……更为具体地说，以文为诗胜于以诗为文，以诗为词胜于以词为诗，以古入律胜于以律入古，以古文为时文，胜于以时文为古文。”⑦

关于“以文为赋”，明孙钅广《山晓阁选宋大家欧阳庐陵全集》卷十：“《秋声赋》，果是以文为赋，稍嫌近切，然说意透，亦自俊快可喜。”⑧

关于“以论为记”，欧阳修所作“记”体文颇多，并多以论为记、以赋为记的变体变调，如《醉翁亭记》等，并都因此成为经典名篇，为历代批评家所瞩目和品评，多以诸如此别是一格、自是一体、始尽其变态、此别是一格、为体之变也、则记体之变等变体之语为评，如宋楼昉《崇古文诀》评语卷一

---

① 洪本健：《欧阳修资料汇编》，中华书局 1995 年版，第 194 页。
② 洪本健：《欧阳修资料汇编》，中华书局 1995 年版，第 678 页。
③ 洪本健：《欧阳修资料汇编》，中华书局 1995 年版，第 1205 页。
④ 洪本健：《欧阳修资料汇编》，中华书局 1995 年版，第 200 页。
⑤ 洪本健：《欧阳修资料汇编》，中华书局 1995 年版，第 503 页。
⑥ 洪本健：《欧阳修资料汇编》，中华书局 1995 年版，第 190 页。
⑦ 吴承学：《破体之通例》，《学术研究》1989 年第 5 期。
⑧ 吴承学：《破体之通例》，《学术研究》1989 年第 5 期。

九评《有美堂记》："此别是一格。"[①] 明茅坤《唐宋八大家文钞》："若史迁之传伯夷，却又通篇以议论为叙事，正与此互相发明。"[②] 金人瑞《评注才子古文》卷十二大家欧文评语："《梅圣俞诗集序》：不知是论，是记，是传，是序，随手所到，皆成低昂曲折。"[③] 吴讷《文章辨体序说》："然观韩之《燕喜亭记》，亦微载议论于中。至柳之记新堂、铁炉步，则议论之辞多矣。迨至欧、苏而后，始专有以论议为记者，宜乎后山诸老以是为言也。大抵记者，盖所以备不忘。如记营建，当记月日之久近，工费之多少，主佐之姓名，叙事之后，略作议论以结之，此为正体。至若范文正公之记严祠、欧阳文忠公之记昼锦堂、苏东坡之记山房藏书、张文潜之记进学斋、晦翁之作《婺源书阁记》，虽专尚议论，然其言足以垂世而立教，弗害其为体之变也。"[④]

"记"文变体之外，当以墓志墓表碑铭之变体变调为最多，以明清批评家之批评为主，多以变调、变体、变格、创格、创例、变例等为评，如明茅坤《唐宋八大家文钞》论例："《北海郡君王氏墓志铭》通篇以众所称许为志，一变调。"[⑤] "《太常博士周君墓表》，变调。"[⑥] 清王元启《读欧记疑》卷三评《胥氏夫人墓志铭》："此文虽云'藏于墓'，其实是哀辞，与后篇《杨夫人志铭》殊体，当改题《胥夫人哀辞并序》。"[⑦] 清章学诚《文史通义》外篇二"墓铭辨例"："铭金勒石，古人多用韵言，取便诵识，义亦近于咏叹，本辞章之流也。韩、柳、欧阳恶其芜秽，而以史传叙事之法志于前，简括其辞以为韵语缀于后，本属变体；两汉碑刻，六朝铭志，本不如是。"[⑧] 储欣《六一居士全集录》评语卷三："《翰林侍读学士右谏议大夫杨公墓志铭》：杨次公知兵可传，文亦离奇，志铭中一变格也。"[⑨] 清鲍振方《金石订例》卷二《母郑夫人石椁铭》："石椁有铭，创例也。"[⑩]《陈文惠公

① 欧阳修著、洪本健校笺：《欧阳修诗文集校笺》，上海古籍出版社 2009 年版，第 1037 页。
② 洪本健：《欧阳修资料汇编》，中华书局 1995 年版，第 568 页。
③ 洪本健：《欧阳修资料汇编》，中华书局 1995 年版，第 655 页。
④ 洪本健：《欧阳修资料汇编》，中华书局 1995 年版，第 503 页。
⑤ 洪本健：《欧阳修资料汇编》，中华书局 1995 年版，第 576 页。
⑥ 洪本健：《欧阳修资料汇编》，中华书局 1995 年版，第 577 页。
⑦ 欧阳修著、洪本健校笺：《欧阳修诗文集校笺》，上海古籍出版社 2009 年版，第 1654 页。
⑧ 洪本健：《欧阳修资料汇编》，中华书局 1995 年版，第 1160 页。
⑨ 欧阳修著、洪本健校笺：《欧阳修诗文集校笺》，上海古籍出版社 2009 年版，第 786 页。
⑩ 洪本健：《欧阳修资料汇编》，中华书局 1995 年版，第 1232 页。

志》："书三代爵土阶官，本赠而不曰赠，变例也。"[①] 清吴闿生《古文范》卷三《柳子厚墓志铭》："欧公作墓铭，乃专用平日条畅之体，以就己性之所近，而文体遂为所坏。"[②]

其他各种文体的破体变体也很多，如序为列传体、赋为制诰体、文而似骚似赋、右语变进书表文之体、歌行体变调、序中略带传体等等，不可枚举，择其要者列于下，如明徐文昭评《释惟俨文集序》云："竟是列传体，其奇伟历落亦从太史公《游侠传》得来者也。"[③] 清李调元评《畏天者保其国赋》云："宋欧阳修《畏天者保其国赋》，虽前人推许，然终是制诰体，未敢为法。"[④] 清张伯行评《祭石曼卿文》："似骚似赋，亦怆亦达。"[⑤] 明胡应麟《诗薮》外编卷五："欧阳自是文士，旁及诗词。所为《庐山高》、《明妃曲》，无论旨趣，只格调迥与歌行不同。"[⑥] 清沈德潜《唐宋八大家文读本》卷十一评《释惟俨文集序》："序中略带传体，又是一格。"[⑦]

第三节　兼备众体与各有所长，不喜杜诗与诗体特异，风格不同与文如其人

"文备众体"和"偏长某体"是中国古代文体学上的一对对立范畴，最早由曹丕在《典论论文》中提出："文非一体，鲜能备善"，"此四科不同，能之者偏也，唯通才能备其体。"[⑧] 大多作者之所以不能兼备众体而是偏长某体，其原因曹丕认为，一个是因为古今文体众多，很难都写好，故而只擅长某一文体；另一个是因为每个人的才能材性不同，气质禀赋各异，即"气之清浊有体"，所以会选择或长于适合自己个性风格的某种体裁。曹丕之后，葛洪、刘勰等批评家对此文体学理论都有所论述，所持的观点很一致，即偏长某体是普遍的现象，而兼善众体很少有人做到。

---

① 洪本健：《欧阳修资料汇编》，中华书局 1995 年版，第 1232 页。

② 洪本健：《欧阳修资料汇编》，中华书局 1995 年版，第 1323 页。

③ 欧阳修著、洪本健校笺：《欧阳修诗文集校笺》，上海古籍出版社 2009 年版，第 1056 页。

④ 欧阳修著、洪本健校笺：《欧阳修诗文集校笺》，上海古籍出版社 2009 年版，第 1971 页。

⑤ 洪本健：《欧阳修资料汇编》，中华书局 1995 年版，第 586 页。

⑥ 洪本健：《欧阳修资料汇编》，中华书局 1995 年版，第 601 页。

⑦ 洪本健：《欧阳修资料汇编》，中华书局 1995 年版，第 837 页。

⑧ 郭绍虞、王文生：《中国历代文论选》第 1 册，上海古籍出版社 2001 年版，第 158 页。

关于这一点，在唐代诗文文学繁荣的态势下也同样如此，如从唐末司空图发端，绵延至整个宋代，关于杜甫能诗不能文和韩愈能文不能诗的文体批评便成为宋代文体学的主要内容，文人学者间就此问题争论不休，也把这一辨体理论推向深入，进而形成了以文为诗、以诗为词等破体辨体理论的极大繁荣。

到了宋代，这一现象彻底改变了。一方面，“偏长某体”的讨论仍在继续，而“兼备众体”则在宋代文学界成为一种普遍现象，如欧阳修、苏轼、黄庭坚等都具有这一特质，这是宋人讨论杜甫“集大成”而形成的一种文化效应，“集文体之大成”也成为陈寅恪所言华夏文化“造极于赵宋之世”的一个组成部分。

首先，文备众体。欧阳修在书法理论上提到过蔡君谟之书“众体皆精”，如《牡丹记跋尾》：“右蔡君谟之书，八分、散隶、正楷、行狎、大小草众体皆精”[①]。这是他崇尚的文体境界，在宋代也是首先达到这一境界的。

宋元以来，诸如苏轼、曾巩、吴充、欧阳发、李纲、王十朋、孙奕、刘克庄、罗大经、刘壎等都对欧阳修的文备众体有所论述，多以体备韩马、公之文备众体、公之文备尽众体、于体无所不备、公无不长、欲备众体、以鸿笔兼众体、盖得文章之全者也、实备众体、信乎能备众体者矣等语道出，这也是对欧阳修文学成就的最大肯定和褒扬，因为在此之前的文学史上很少有人能够做到，并对苏轼、黄庭坚等宋人的文体集大成具有重要的启示和深远影响。如苏轼《六一居士集叙》：“欧阳子论大道似韩愈，论事似陆贽，记事似司马迁，诗赋似李白。此非余言也，天下之言也。”[②] 曾巩《祭欧阳少师文》：“惟公学为儒宗，材不世出。文章逸发，醇深炳蔚。体备韩、马，思兼庄、屈。”[③] 吴充《欧阳公行状》：“盖公之文备众体，变化开阖，因物命意，各极其工。”[④] 欧阳发《事迹》：“然公之文备尽众体，变化开阖，因物命意，各极其工，或过退之。”[⑤] 李纲《书四家诗选后》：“然则四家者，其诗之六经乎！于体无所不备，而测之益深、穷之益远百家者，其诗之诸子

---

① 欧阳修著、洪本健校笺：《欧阳修诗文集校笺》，上海古籍出版社 2009 年版，第 1903 页。

② 洪本健：《欧阳修资料汇编》，中华书局 1995 年版，第 90 页。

③ 洪本健：《欧阳修资料汇编》，中华书局 1995 年版，第 41 页。

④ 洪本健：《欧阳修资料汇编》，中华书局 1995 年版，第 54 页。

⑤ 洪本健：《欧阳修资料汇编》，中华书局 1995 年版，第 120 页。

百氏乎！不该不备，而各有所长，时有所用，览者宜致意焉。”① 王十朋《梅溪王先生文集》前集卷十一《国朝名臣赞欧阳文忠公》：“贤哉文忠，直道大节。知进知退，既明且哲。陆贽议论，韩愈文章，李、杜歌诗，公无不长。”② 罗大经《鹤林玉露》丙编卷二“文章有体”：杨东山尝谓余曰：“文章各有体，欧阳公所以为一代文章冠冕者，固以其温纯雅正，蔼然为仁人之言，粹然为治世之音，然亦以其事事合体故也。如作诗，便几及李、杜。作碑铭记序，便不减韩退之。作《五代史记》，便与司马子长并驾。作四六，便一洗昆体，圆活有理致。作《诗本义》，便能发明毛、郑之所未到。作奏议，便庶几陆宣公。虽游戏作小词，亦无愧唐人《花间集》。盖得文章之全者也。”③ 刘壎《隐居通议》卷五：“公之所作，实备众体，有甚似韦苏州者，有甚似杜少陵者，有甚似选体者，有甚似王建、李贺者，有富丽者，有奇纵者，有清俊者，有雄健苍劲者，有平淡纯雅者。”④ “（文忠公）故发为诗章，皆中和硕大之声，无穷愁郁抑之思，所谓治世之音安以乐，以其时考之则可矣。然亦有奇壮悲吒，如……如此等作，可与古人《出塞曲》相伯仲。信乎能备众体者矣！”⑤ 综上，可以看出，论者所言“能备众体”是包罗各种体裁和风格的。

明清以来，像李东阳、艾南英、江盈科、钱兆鹏、刘开、王国维等也都提到欧阳修这一文学成就，往往称盖唯韩欧能兼之、然文至宋而体备、唯欧阳公号称双美天才、诗人而兼善古文者、文之体制至八家而乃全、诗词兼擅如永叔少游者、无所不有、公盖得文章之全者、兼诗文而哜其胾者等等，如明李东阳《篁墩文集序》：“若序、论、策义之属，皆经之余；而碑、表、锡、志、传、状之属，皆史之余也。二者分殊而体异，盖惟韩、欧能兼之，吾朱子则集其大成。”⑥ 明江盈科《雪涛诗评》：“韩昌黎文起八代，而诗笔未免质木，所乏俊声秀色，终难脍炙人口。宋朝惟欧阳公号称双美天才。”⑦ 清钱兆鹏《述古堂集》卷二《白云山樵文集序》：“诗人中不尽以古文鸣也。

---

① 洪本健：《欧阳修资料汇编》，中华书局 1995 年版，第 193 页。
② 洪本健：《欧阳修资料汇编》，中华书局 1995 年版，第 246 页。
③ 洪本健：《欧阳修资料汇编》，中华书局 1995 年版，第 389 页。
④ 洪本健：《欧阳修资料汇编》，中华书局 1995 年版，第 447 页。
⑤ 洪本健：《欧阳修资料汇编》，中华书局 1995 年版，第 449 页。
⑥ 洪本健：《欧阳修资料汇编》，中华书局 1995 年版，第 519 页。
⑦ 洪本健：《欧阳修资料汇编》，中华书局 1995 年版，第 609 页。

诗人而兼善古文者，在唐则有若韩退之、柳子厚，在宋则有若欧阳永叔、王介甫、苏子瞻。”① 清王国维《人间词话》：“故五代、北宋之诗，佳者绝少，而词则为其极盛时代。即诗词兼擅如永叔、少游者，词胜于诗远甚。”② 清李元度《天岳山馆文钞》卷十五《平山堂重建欧阳文忠公祠记》：“且以余事论之，公修《唐书》及《五代史》，即与龙门颉颃；著《诗本义》，能折衷毛郑二家；著《易童子问》，能纠王辅嗣之失；作《集古录》，即为后世金石家之宗；作四六文，即能一洗昆体；偶作小词，亦无愧唐人《花间集》：公盖得文章之全者，宜其名满天下。”③ 清李元度《天岳山馆文钞》卷十五《读书延年堂文续集序》：“兼诗文而哜其胾者，在唐惟昌黎、河东，在宋惟庐陵、东坡。”④

其次，各有所长，偏长某体。欧阳修在文中也谈到过“文非一体”和偏长某体的文体论，以及材性短长的问题。如《梅圣俞墓志铭并序》：“其初喜为清丽闲肆平淡，久则涵演深远，间亦琢刻以出怪巧，然气完力余，益老以劲。其应于人者多，故辞非一体，至于他文章，皆可喜，非如唐诸子号诗人者，僻固而狭陋也。”⑤《书梅圣俞稿后》：“古者登歌清庙，大师掌之，而诸侯之国亦各有诗，以道其风土性情。至于投壶、饷射，必使工歌以达其意，而为宾乐。盖诗者，乐之苗裔与！……今圣俞亦得之。然其体长于本人情，状风物，英华雅正，变态百出。”⑥ 所谓“辞非一体”“然其体长于”云云，可见他对曹丕这一文体论的熟知和借鉴。

其所论“人材性各有短长”之言尤为人所称道，韩琦、吴充、欧阳发等在他的生平事迹中都作为重点提出来，如韩琦《故观文殿学士太子少师致仕赠太子太师欧阳公墓志铭》：“公曰：‘人材性各有短长，吾之长止于此，恶可勉其所短以徇人邪？’”⑦ 吴充《欧阳公行状》：“公曰：‘人材性各有短长，今舍所长，强其所短，以徇俗求誉，我不能也。’”⑧ 欧阳发《事

① 洪本健：《欧阳修资料汇编》，中华书局 1995 年版，第 1162 页。
② 洪本健：《欧阳修资料汇编》，中华书局 1995 年版，第 1338 页。
③ 洪本健：《欧阳修资料汇编》，中华书局 1995 年版，第 1250 页。
④ 洪本健：《欧阳修资料汇编》，中华书局 1995 年版，第 1250 页。
⑤ 欧阳修著、洪本健校笺：《欧阳修诗文集校笺》，上海古籍出版社 2009 年版，第 881 页。
⑥ 欧阳修著、洪本健校笺：《欧阳修诗文集校笺》，上海古籍出版社 2009 年版，第 1907 页。
⑦ 洪本健：《欧阳修资料汇编》，中华书局 1995 年版，第 24 页。
⑧ 洪本健：《欧阳修资料汇编》，中华书局 1995 年版，第 57 页。

迹》："公曰：'人材性各有短长，岂可舍己所长，勉强其所短，以徇俗求誉？但当尽我所为，不能则止。'"① 再如欧阳发《事迹》云："先公平生文章擅天下，未尝以矜人，而乐成人之美，不掩其所长。诗笔不下梅圣俞，而尝推之，自谓不及，然识者或谓过之。初奉敕撰《唐书》，专成纪、志、表，而列传则宋公祁所撰。朝廷恐其体不一，诏公看详，令删为一体。公虽受命，退而曰：'宋公于我为前辈，且人所见不同，岂可悉如己意？'于是一无所易。书成奏御，旧制，惟列官最高者一人。公官高，当书，公曰：'宋公于传，功深而日久，岂可掩其名，夺其功？'于是纪、志、表书公名，而列传书宋公。宋丞相庠闻之，叹曰：'自古文人好相凌掩，此事前所未有也。'"② 所谓"而乐成人之美，不掩其所长"，"恐其体不一"，"自古文人好相凌掩"等，都与曹丕"文人相轻"理论及相关文体论契合。

其中，魏泰所录欧阳修与晏殊"文人相轻"之事及其欧阳修评论晏殊"长于某体"之故事与上述文体理论更有比较意味。如魏泰《东轩笔录》卷十二："欧阳文忠素与晏公无它，但自即席赋雪诗后，稍稍相失。晏一日指韩愈画像语坐客曰：'此貌大类欧阳修，安知修非愈之后也。吾重修文章，不重它为人。'欧阳亦每谓人曰：'晏公小词最佳，诗次之，文又次于诗，其为人又次于文也。'岂文人相轻而然耶？"③ 蔡襄以曹丕及六朝材性短长论所言欧阳修之"修之资性，善于议论乃其所长"云云，亦可与此对照参看。如蔡襄《乞留欧阳修劄子二道》："臣等伏念事有重轻，度才而处；才有长短，适用为宜。……修之资性，善于议论乃其所长……于修之才则失其所长，于朝廷之体则轻其所重……臣等非私于身，实为朝廷惜任人之体。"④ 再如明郎瑛所记载欧阳修所谓"刘、柳无称与事业，姚、宋不见于文章"之"各有所专也"的文献亦能反映欧阳修这一文体论。如郎瑛《七修续稿》卷三"人各有长"云："尝论道学之士不克建功，功业之士不能文章。善矣，欧阳公曰：'刘、柳无称与事业，姚、宋不见于文章。'各有所专也。故唐、虞之世，名臣各任一职；圣人之门，高第各专一科。人非尧、舜，安

① 洪本健：《欧阳修资料汇编》，中华书局1995年版，第128页。

② 洪本健：《欧阳修资料汇编》，中华书局1995年版，第121页。

③ 洪本健：《欧阳修资料汇编》，中华书局1995年版，第244页。

④ 洪本健：《欧阳修资料汇编》，中华书局1995年版，第30页。

能每事尽善？惟圣人兼之。”①

关于欧阳修不擅长或短于某种文体的文体批评文献，如，“欧阳永叔不能赋”，陈师道《后山诗话》：“世语云：‘苏明允不能诗，欧阳永叔不能赋；曾子固短于韵语，黄鲁直短于散语；苏子瞻词如诗，秦少游诗如词’。”② 清洪亮吉《北江诗话》卷二：“欧阳公善诗而不善评诗。”③

关于欧阳修擅长或长于某种文体的文体批评文献，如长于序跋杂记的，如清陈衍《石遗室论文》卷五评《丰乐亭记》云：“永叔文以序跋杂记为最长，杂记尤以丰乐亭为最完美。”④ 长于史传碑铭的，归有光《欧阳文忠公文选》评语卷八评《资政殿学士户部侍郎文正范公神道碑铭并序》云：“欧阳碑文正公，仅千四百言，而生平已尽；苏长公状司马温公，几万言，而似有余旨。盖欧所长在史家，苏则长于策论。两公短长处，学者不可不知也。”⑤ 清刘大櫆《海峰先生精选八家文钞》卷首：“三苏之所长者一，曰论；曾之所长者一，曰序；柳之所长者二：曰书，曰记；王之所长者二：曰志，曰祭文；欧之所长者三：曰序，曰记，曰志铭；韩则皆在所长，而鹿门必欲其似史迁，何其执耶！此韩之所以作《毛颖传》也。”⑥

而陈衍所谓“断无真能诗而不能文，真能文而不能诗”和“偏胜而不能兼工”之论，虽以“李、杜、韩、柳、欧、苏”众家为例，但很能说明这一文体学理论，如清陈衍《石遗室诗话》卷二十六：“余尝论古人诗文合一，其理相通，断无真能诗而不能文，真能文而不能诗。自周公、孔子以至李、杜、韩、柳、欧、苏，孰是工于此而不工于彼者？其他之偏胜而不能兼工，必其未用力于此者也。”⑦

第三，不喜杜诗，诗体特异；风格不同，文如其人。文学史上有一种普遍现象，即某作家对其他作家的喜欢或不喜欢，尤其是对于名家来说，往往引起学者争论，寻找其原因，这种现象虽然很复杂，涉及双方的文体、兴

① 洪本健：《欧阳修资料汇编》，中华书局1995年版，第536页。
② 洪本健：《欧阳修资料汇编》，中华书局1995年版，第142页。
③ 洪本健：《欧阳修资料汇编》，中华书局1995年版，第1163页。
④ 欧阳修著、洪本健校笺：《欧阳修诗文集校笺》，上海古籍出版社2009年版，第1020页。
⑤ 洪本健：《欧阳修资料汇编》，中华书局1995年版，第597页。
⑥ 洪本健：《欧阳修资料汇编》，中华书局1995年版，第916页。
⑦ 洪本健：《欧阳修资料汇编》，中华书局1995年版，第1313页。

趣、爱好、经历、思想、文化等诸多因素，但最根本的一点则属于文体学风格理论范围。关于欧阳修不喜欢杜甫诗的问题，就曾是中国古代文体学史上的一桩公案，这在杜甫被尊为“诗圣”的宋代不免让人疑惑，不可理解，从而聚讼纷纭，同时他喜欢李白和温庭筠等也一并作为对立面为人所关注。列于下，以见概貌。

如刘攽：“杨大年不喜杜工部诗，谓为‘村夫子’。……欧公亦不甚喜杜诗，谓韩吏部绝伦。吏部于唐世文章，未尝屈下，独称道李、杜不已。欧贵韩而不悦子美，所不可晓；然于李白而甚赏爱，将由李白超趠飞扬为感动也。”[①] 陈师道《后山诗话》：“欧阳永叔不好杜诗，苏子瞻不好司马《史记》，余每与黄鲁直怪叹，以为异事。”[②] 张戒《岁寒堂诗话》卷上：“欧阳公喜太白诗。……欧阳公诗学退之，又学李太白。”[③] 陈善《扪虱新语》上集卷一“文章由人所见”：“文章似无定论，殆是由人所见为高下尔。只如杨大年、欧阳永叔，皆不喜杜诗。二公岂为不知文者，而好恶如此!”[④] 邵博《邵氏闻见后录》卷十九：“欧阳公于诗主韩退之，不主杜子美。刘中原父每不然之。”[⑤] 刘克庄《后村先生大全集》：“杨大年、欧阳公皆不喜杜子美诗，王介甫不喜太白诗，殊不可晓。”[⑥] 清贺贻孙《诗筏》：“少陵不喜渊明诗，永叔不喜少陵诗。虽非定评，亦足见古人心眼各异，虽前辈大家，不能强其所不好。”[⑦]

欧阳修不喜杜诗而喜欢李白，而李、杜风格一飘逸一沉郁，这似乎说明他对不同文体风格有所轩轾。实则不然，他对苏舜钦和梅尧臣这两个文体风格迥然不同的作家却都能接纳而且赞赏有加，这也屡为历代批评家所注意所评论，成为文学史上的一个佳话，他把这种看似矛盾的文体学思想集于一身是一个值得深入研究的话题。如《六一诗话》：“圣俞、子美齐名于一时，而二家诗体特异。子美笔力豪俊，以超迈横绝为奇；圣俞覃思精微，以深远闲淡为意。各极其长，虽善论者不能优劣也。余尝于《水谷夜行》诗略道

---

① 洪本健：《欧阳修资料汇编》，中华书局 1995 年版，第 65 页。

② 洪本健：《欧阳修资料汇编》，中华书局 1995 年版，第 141 页。

③ 洪本健：《欧阳修资料汇编》，中华书局 1995 年版，第 198 页。

④ 洪本健：《欧阳修资料汇编》，中华书局 1995 年版，第 199 页。

⑤ 洪本健：《欧阳修资料汇编》，中华书局 1995 年版，第 178 页。

⑥ 洪本健：《欧阳修资料汇编》，中华书局 1995 年版，第 382 页。

⑦ 洪本健：《欧阳修资料汇编》，中华书局 1995 年版，第 678 页。

其一二云……语虽非工，谓粗得其仿佛，然不能优劣之也。”① 欧阳修《水谷夜行寄子美圣俞》：“其间苏与梅，二子可畏爱。篇章富纵横，声价相磨盖。子美气尤雄，万窍号一噫……梅翁事清切，石齿漱寒濑。……苏豪以气轹，举世徒惊骇。梅穷独我知，古货今难卖。二子双凤凰，百鸟之嘉瑞。”②《读蟠桃诗寄子美》：“韩孟于文词，两雄力相当。……孟穷苦累累，韩富浩穰穰。穷者啄其精，富者烂文章。发生一为宫，揪敛一为商。二律虽不同，合奏乃铿锵。”③ 梅尧臣读欧诗后，作《偶书寄苏子美》云：“吾交有永叔，劲正语多要，尝评吾二人，放检不同调。”④ 陈善《扪虱新语》上集卷一：“韩退之与孟东野为诗友，近欧阳公复得梅圣俞，谓可比肩韩、孟……盖尝目圣俞为诗老云。公亦最重苏子美，称为苏、梅。子美喜为健句，而梅诗乃务为清切闲淡之语。公有《水谷夜行》诗，备述其体。”⑤

以上两点归结起来，应该都属于文学理论上关于文学文体风格的“文如其人”这一古老话题，而欧阳修对此也多次提到，这样再来看上述问题便容易理解了。如欧阳修《薛简肃公文集序》：“其于文章，气质纯深而劲正，盖发于其志，故如其为人。”⑥ 欧阳修《跋晏元献公书》：“公为人真率，其词翰亦如其性，是可佳也。”⑦ 王若虚《滹南遗老集》卷二十二：“欧公与宋子京分修《唐史》，其文体不同，犹冰炭也。”⑧ 清叶燮《已畦集》卷八《南游集序》：“欧阳永叔、苏子瞻诸人，无不文如其诗，诗如其文，诗与文如其人。”⑨

第四节　《醉翁亭记》的文体学意义

关于《醉翁亭记》的辨体破体价值，我们在前面黄庭坚的《书王元之〈竹楼记〉后》已经作了多角度的分析，可见它在欧阳修文体学思想中的独特

---

① 欧阳修著、洪本健校笺：《欧阳修诗文集校笺》，上海古籍出版社 2009 年版，第 47 页。
② 欧阳修著、洪本健校笺：《欧阳修诗文集校笺》，上海古籍出版社 2009 年版，第 45 页。
③ 欧阳修著、洪本健校笺：《欧阳修诗文集校笺》，上海古籍出版社 2009 年版，第 59 页。
④ 洪本健：《欧阳修资料汇编》，中华书局 1995 年版，第 47 页。
⑤ 洪本健：《欧阳修资料汇编》，中华书局 1995 年版，第 199 页。
⑥ 欧阳修著、洪本健校笺：《欧阳修诗文集校笺》，上海古籍出版社 2009 年版，第 1129 页。
⑦ 欧阳修著、洪本健校笺：《欧阳修诗文集校笺》，上海古籍出版社 2009 年版，第 1924 页。
⑧ 洪本健：《欧阳修资料汇编》，中华书局 1995 年版，第 430 页。
⑨ 洪本健：《欧阳修资料汇编》，中华书局 1995 年版，第 693 页。

地位及其在宋代文体学思想史上开风气之先的历史意义。它从出现之日起，因其特殊的文体面貌，便吸引了众多文学批评大家的关注，并进行了广泛而深入的文体批评，堪称宋代文体学思想上的“《醉翁亭记》现象”。相关文体批评除了上述辨体破体外，围绕着它的文体源流问题是最核心的问题，自其诞生之日起，历经宋元明清绵延不绝，同时也形成了它的经典化历史过程。

在《醉翁亭记》的文体学源流上，学者们关注的焦点主要就是“也”字连用的文体形式，主要是宋代和清代，我们分别罗列和分析。我们先把宋代相关文献列于下，再做集中分析评论。

朱翌《猗觉寮杂记》卷上：“《醉翁亭记》终始用‘也’字结句，议者或纷纷，不知古有此例。《易杂卦》一篇，终始用‘也’字。《庄子大宗师》自‘不自适其适’至‘皆物之情’，皆用‘也’字。以是知前辈文格不可妄议。”①

王楙《野客丛书》卷二十七：“欧公作滁州《醉翁亭记》，自首至尾，多用‘也’字。人谓此体创见，欧公前此未闻。仆谓前辈为文，必有所祖。又观钱公辅作《越州井仪堂记》，亦是此体，如其末云：……其机杼甚与欧记同。此体盖出于《周易杂卦》一篇。”②

赵彦卫《云麓漫钞》卷三：“柳子厚游山诸记，法《穆天子传》；欧阳文忠公《醉翁亭记》，体公羊、谷梁解《春秋》；张忠定《谏用兵疏》，傚韩退之《佛骨表》……此所谓夺胎换骨法。”③

费衮《梁溪漫志》卷六“文字用语助”：“文字中用语助太多，或令文气卑弱。典谟训诰之文，其末句初无耶、与、者、也之辞，而浑浑灏灏噩噩列于六经，然后之文人多因难以见巧。退之《祭十二郎老成文》一篇，大率皆用助语。其最妙处，自“其信然邪”以下，至“几

① 洪本健：《欧阳修资料汇编》，中华书局1995年版，第352页。
② 洪本健：《欧阳修资料汇编》，中华书局1995年版，第352页。
③ 洪本健：《欧阳修资料汇编》，中华书局1995年版，第362页。

何不从汝而死也”一段，仅三十句，凡句尾连用“邪”字者三，连用“乎”字者三，连用“也”字者四，连用“矣”字者七，几于句句用助辞矣，而反复出没，如怒涛惊湍，变化不测，非妙于文章者，安能及此？其后欧阳公作《醉翁亭记》继之，又特尽纡徐不迫之态。二公固以为游戏，然非大手笔不能也。”①

陈鹄《西塘集耆旧续闻》卷十：东坡云：“永叔作《醉翁亭记》，其辞玩易，盖戏云耳，又不自以为奇特也。而妄庸者乃作永叔语云：‘平生为此文最得意。’又云：‘吾不能为退之《画记》，退之亦不能为吾《醉翁亭记》。’此又大妄也。”陈后山云：“退之作记，记其事尔；今之记，乃论也。”少游谓《醉翁亭记》亦用赋体。余谓文忠公此记之作，语意新奇，一时脍炙人口，莫不传诵，盖用杜牧《阿房赋》体，游戏于文者也，但以记号醉翁之故耳。富文忠公尝寄公诗云：“滁州太守文章公，谪官来此称醉翁。醉翁醉道不醉酒，陶然岂有迁客容？公年四十号翁早，有德亦与耆年同。”又云：“意古直出茫昧始，气豪一吐阊阖风。”盖谓公寓意于此，故以为出茫昧始，前此未有此作也。不然，公岂不知记体耶？观二公之论，则优《竹楼》而劣《醉翁亭记》，必非荆公之言也。②

王应麟《困学纪闻》卷二十：“杂卦外文家用也字”：“欧阳公记醉翁亭，用‘也’字；荆公志葛源，亦终篇用‘也’字，盖本于《易》之杂卦。韩文公铭张彻亦然。”③

叶寘《爱日斋丛钞》卷四：洪氏评欧公《醉翁亭记》、东坡《酒经》皆以“也”字为绝句，欧用二十一“也”字，坡用十六“也”字，欧记人人能读，至于《酒经》，知之者盖无几。每一“也”上，必押韵，暗寓于赋，而读之者不觉其激昂，渊妙殊非世间笔墨所能形容。

① 洪本健：《欧阳修资料汇编》，中华书局1995年版，第370页。
② 洪本健：《欧阳修资料汇编》，中华书局1995年版，第393页。
③ 洪本健：《欧阳修资料汇编》，中华书局1995年版，第420页。

余记王性之云，古人多此体，如《左传》：“秦用孟明，是以能霸也。”此段凡十“也”字。其后韩文公《潮州祭神文》，终篇皆“也”字。不知欧阳公用柳开仲涂体，开代臧丙作《和州团练使李守节墓志铭》，又作父监察御史梦奇志文，终篇用“也”字。《李志》“也”字十五，末云：“摭辞而书石者，侯之馆客臧丙梦寿也。”性之以欧公全用此体。又观王荆公为《葛源墓志》，始终用“也”字三十，末亦云：“论次其所得于良嗣而为之铭者，临川王安石也。”巩氏谓全学《醉翁亭记》，用之墓文则新，是未知前有柳体也。韩《祭神文》亦于“也”字上寓韵，则《酒经》文，其取法者。朱新仲评《醉翁亭记》终始用“也”字结句，议者或纷纷，不知古有此例。《易杂卦》一篇终始用“也”字。《庄子大宗师》自“不自适其适”至“皆物之情”，皆用“也”字。以是知前辈文格不可妄议。项平父评《醉翁亭记》、《苏氏族谱序》，皆法《公羊》、《谷梁》传。盖苏明允序族谱，亦用“也”字十九。及曾子固作《从兄墓表》，又用“也”字十七。追论本始，古而《易》，后而三传、《庄子》，又近而韩氏，迄柳仲涂以降，欧、王、苏、曾各为祖述。要知前古文体已备，虽有作者，不能不同也。又董弅《闲燕常谈》记：“世传欧阳公《醉翁亭记》成，以示尹师鲁，自谓古无此体。师鲁曰：‘古已有之。’公愕然。师鲁取《周易杂卦》以示公，公无语，果如其说。”朱新仲为书评，董氏兼举其《家世遗论》云：“《亭记》本韩文公《潮州祭大湖神文》，但隐括位置，又加典丽也。”王性之概及韩文，而谓欧实从柳；此复云宗韩。或疑欧公果自负作古者与?[①]

白珽《湛渊静语》卷二：诗有全篇用“也”字者，《墙有茨》、《君子偕老》是也。文亦有全篇“也”字者，如韩公《祭潮州大湖神文》、欧阳《醉翁亭记》，然却是祖《语》、《孟》。《语》云：“吾见其居于位也，见其与先生并行也。非求益者也，欲速成者也。”又曰：“回也，视予犹父也，予不得视犹子也。非我也，夫二三子也。”《孟》云：“‘我非爱其财而易之以羊也，宜乎百姓之谓我爱也。’曰：‘无伤也，是乃仁术也。见牛未见羊也。’”云云，“是以君子远庖厨也”之

---

① 洪本健：《欧阳修资料汇编》，中华书局1995年版，第424页。

类。《荀子荣辱篇》全用“也”字，余篇亦多。[①]

以上所列着眼于《醉翁亭记》“也”字文体形式的宋元文体文献共八家，白珽由宋入元，为了方便，我们也以宋人看待。综合分析，这些文献有如下文体学特征：

其一，《醉翁亭记》文体形式的特殊风貌引人注目，尤其是“也”字连用，而记录这一点的多为野史笔记小说，可见其在当时已经作为故事佳话流布人口，传播很广，朱翌所谓“议者或纷纷”足见当时盛况，其文体学意义从中可见一斑。

其二，《醉翁亭记》独特文体形式引起注意并加以讨论的时间顺序，在宋代集中在三个时段，第一个是初创不久，陈鹄《耆旧续闻》所记最详，最早当是富弼、王安石、黄庭坚、陈师道、秦观诸人，而黄庭坚所记王安石论《竹楼记》胜《醉翁亭记》以及秦少游谓《醉翁亭记》亦用赋体云云，虽未明提“也”字之文体形式，实则已暗含其意了，因为“也”字连用便是沿袭《阿房宫赋》的文体形式。第二个是北宋末年至南宋初年，包括朱翌、王楙、赵彦卫、费衮、陈鹄等文史学者，他们大体生活在同一时期，除了朱翌、王楙外生卒年均不详，而朱翌应是几人中较早关注的，并明确给出其文体源流在《易杂卦》和《庄子大宗师》。第三个是宋末元初，包括王应麟、叶寘、白珽三人，其中叶寘、白珽又以各自的详尽而全面的考论记述，堪称宋人对此文体学源流的总结者。

其三，以“也”字连用为体制特征的《醉翁亭记》文体学源流。分别来看，1. 朱翌：《易杂卦》和《庄子大宗师》；2. 王楙：《周易杂卦》与朱翌同，增加同时人钱公辅《越州井仪堂记》；3. 赵彦卫：《春秋公羊传》、《春秋谷梁传》；4. 费衮：韩愈《祭十二郎文》，形式上邪、乎、矣、也连用；5. 陈鹄：用杜牧《阿房赋》体；6. 王应麟：《易》之杂卦，韩愈铭张彻《故幽州节度判官赠给事中清河张君墓志铭》，王安石《葛源墓志》；7. 叶寘：王铚云《左传》“秦用孟明，是以能霸也”段，洪氏云苏轼《酒经》，叶寘韩愈《潮州祭神文》，北宋初臧丙《和州团练使李守节墓志铭》，又作父监察御史梦奇志文，王安石《葛源墓志》，用柳开仲涂体，朱翌所云

① 洪本健：《欧阳修资料汇编》，中华书局1995年版，第454页。

《易杂卦》和《庄子大宗师》，项安世（1129—1208）评《醉翁亭记》、苏明允《苏氏族谱序》，皆法《公羊》《穀梁》传，曾子固《从兄墓表》，“追论本始，古而《易》，后而三传、《庄子》，又近而韩氏，迄柳仲涂以降，欧、王、苏、曾各为祖述。”8. 白珽：《诗经》之《墙有茨》《君子偕老》，《论语》，《孟子》，《荀子荣辱篇》。

综上，宋人所追溯《醉翁亭记》“也”字连用的文体源流是：1. 先秦：《周易杂卦》，《诗经》之《墙有茨》《君子偕老》，《左传》“秦用孟明，是以能霸也”段，《论语》，《庄子大宗师》，《孟子》，《荀子荣辱篇》。2. 汉代：《春秋公羊传》、《春秋谷梁传》。3. 唐代：韩愈《潮州祭神文》《祭十二郎文》《故幽州节度判官赠给事中清河张君墓志铭》，杜牧《阿房宫赋》。4. 宋代：北宋初臧丙《和州团练使李守节墓志铭》、又作父监察御史梦奇志文，柳开《李守节志》，王安石《葛源墓志》，曾巩《从兄墓表》，苏洵《苏氏族谱序》，苏轼《酒经》，南宋钱公辅《越州井仪堂记》。其中，后出转精，南宋叶寘所谓“追论本始，古而《易》，后而三传、《庄子》，又近而韩氏，迄柳仲涂以降，欧、王、苏、曾各为祖述”云云，不但有新发现，而且其鲜明的辨体源流意识尤可称道，而白珽之增加《诗经》《论语》《孟子》《荀子》四大名著文体源头，其功不可没。

宋代以后，元明对此较为冷淡，极少有人谈起，但到了清代，则袁枚、陆以湉等又掀起一阵热潮，并有新的创获。列于下：

> 清袁枚《随园诗话》卷三：桐城汪稼门先生云：“欧阳公《醉翁亭》，连用‘也’字，仿唐人杜牧《阿房宫赋》‘开妆镜也’，‘弃脂水也’。杜牧又仿汉人边孝先《博塞赋》‘分阴阳也’，‘象日月也’。不知《诗》亦有之，《墙有茨》三章，均用‘也’字，《桑扈》三章，均用‘矣’字；《樛木》三章，均用‘之’字；《细衣》三章，均用‘兮’字。又如《螽斯》三章，首句不易一字，《桃夭》、《兔罝》皆然。《汉广》三章，末句不易一字，《麟趾》、《驺虞》皆然。”此论，古人所未有。①

> 清陆以湉《冷庐杂识》卷八“终篇用也字”：《困学纪闻》云：

① 洪本健：《欧阳修资料汇编》，中华书局1995年版，第1107页。

“欧阳公记醉翁亭，用‘也’字；荆公志葛源，亦终篇用‘也’字，盖本于《易》之《杂卦》。韩文公铭张彻亦然。”余谓终篇用“也”字，始于《尔雅》《释诂》、《释言》、《释训》三篇，凡用“也”字六百九。《诗》《墙有茨》、《君子偕老》篇亦然。《荀子荣辱篇》、《孙武兵法行军篇》、《论语》、《孟子》亦有此体，《公羊》、《谷梁》二传尤多。唐、宋以还，韩文公《祭潮州大湖神文》、柳仲涂《李守节志》，苏东坡《酒经》、陈止斋《戒河豚赋》、汪浮溪《胡霖志铭》皆仿其体，为后世所传。元姚燧《仰仪铭》终篇用“也”字四十一，乃四言体又格之变者矣。《冷庐杂识》卷三《诗赋奇格》：韩文公《南山》诗用“或”字五十一，“若”字三十九，“如”字七。欧阳公《庐山谣》二百九十六字，祇叶十三韵，此诗中奇格也。①

清余诚《古文释义》卷八：“《醉翁亭记》：直记其事，一气呵成，自首至尾，计用二十个“也”字。此法应从昌黎《潮州祭大湖神文》脱胎。……至记亭所以名醉翁，及醉翁所以醉处，俱隐然有乐民之乐意在，而却又未尝着迹，立言更极得体。彼谓似赋体者，固未足与言文；即目为一篇风月文章，亦终未窥见永叔底里。”②

可以发现，在宋人的基础上，袁枚增加了汉代边孝先《博塞赋》，《诗经》则着眼于矣、之、兮字等连用相似的文体形式，又增加九篇，包括《桑扈》三章，均用“矣”字；《樛木》三章，均用“之”字；《细衣》三章，均用“兮”字；《螽斯》三章、《桃夭》《兔罝》首句不易一字；《汉广》三章、《麟趾》《驺虞》末句不易一字，具有一定的拓展意义。最重要的是陆以湉，在前人基础上，又增加了许多，可以说是《醉翁亭记》文体源流考辨的集大成者，所增加的有：先秦《尔雅》之《释诂》《释言》《释训》三篇和《孙武兵法行军篇》；宋代陈傅良《戒河豚赋》、汪藻《胡霖志铭》以及元姚燧《仰仪铭》则受到欧阳修的影响。

这里，需要着重提出的是，陆以湉提到的《孙武兵法·行军篇》，其在

① 洪本健：《欧阳修资料汇编》，中华书局1995年版，第1220页。

② 洪本健：《欧阳修资料汇编》，中华书局1995年版，第865页。

句式上“者”“也”连用，《醉翁亭记》之“者”“也”连用更为与其相近，而且从次数之多上也最堪比拟。遗憾的是，陆以湉仅提出篇名，未做进一步比较，关于这一点，可参见罗漫《〈醉翁亭记〉仿效〈孙子兵法〉》一文[①]。所列余诚《古文释义》沿袭旧说，兹不赘论。

除了“也”字连用的文体形式之外，宋代以来学者还对《醉翁亭记》结尾“太守谓谁？庐陵欧阳修也”的文体源流进行了辨体追溯。宋李淦等远溯至《诗经》之《采苹》篇的“谁其尸之？有齐季女”，如宋李淦《文章精义》：“永叔《醉翁亭记》结云：‘太守谓谁？庐陵欧阳修也。’是学《诗采蘋》篇‘谁其尸之？有齐季女’二句。”[②] 明何孟春《余冬诗话》卷上：“《诗》：‘谁其尸之？有齐季女。’后来作者相袭，遂为文章家一例。……间有见之长句作结者，《醉翁亭记》：‘太守为谁？庐陵欧阳修也。’”[③] 清王之绩则将“醉翁煞法”近追至韩愈《河南府同官记》结语“河东公名均，姓裴氏”和柳宗元《梓人传》结语“余所遇者杨氏，潜其名”。如清王之绩《评注才子古文》卷十二大家欧文评语：“《醉翁亭记》：王蟾《翠亭记》用此格，更多奇丽语，而欧以自然胜之。昌黎《河南府同官记》结云：‘河东公名均，姓裴氏。’柳州《梓人传》结云：‘余所遇者杨氏，潜其名。’醉翁煞法本此，而逸韵则远过二公矣。然此篇终是古文中时文，我欲黜之。”[④] 此外，南宋叶寘则注意到了王安石《葛源墓志》不但“也”字连用文体相似，而且结语“论次其所得于良嗣而为之铭者，临川王安石也”亦如出一辙，如其《爱日斋丛钞》卷四云：“又观王荆公为《葛源墓志》，始终用‘也’字三十，末亦云：‘论次其所得于良嗣而为之铭者，临川王安石也。’”[⑤]

其次，变体得体，以赋为文，不同态度。自宋以来历代学者都关注着《醉翁亭记》以赋为文并杂以议论的变体变调特点，这是文体批评的主流，对此，既有欣赏赞同的，也有贬低否定的。

如肯定褒扬的，朱弁《曲洧旧闻》卷三：“《醉翁亭记》初成，天下莫不传诵，家至户到，当时为之纸贵。宋子京得其本，读之数过，曰：‘只目

① 罗漫：《〈醉翁亭记〉仿效〈孙子兵法〉》，《文学遗产》2003 年第 1 期。
② 洪本健：《欧阳修资料汇编》，中华书局 1995 年版，第 369 页。
③ 洪本健：《欧阳修资料汇编》，中华书局 1995 年版，第 524 页。
④ 洪本健：《欧阳修资料汇编》，中华书局 1995 年版，第 767 页。
⑤ 洪本健：《欧阳修资料汇编》，中华书局 1995 年版，第 424 页。

为《醉翁亭赋》，有何不可？'"[①] 认为以赋为文。明方以智《通雅》卷首："秦少游谓《醉翁亭》用赋体，尹师鲁以《岳阳楼》用传体，大约才人各伸其所独至。"[②] 清吴楚材、吴调侯《古文观止》卷十："《醉翁亭记》通篇共用二十个'也'字，逐层脱卸，逐步顿跌，句句是记山水，却句句是记亭，句句是记太守。似散非散，似排非排，文家之创调也。"[③] 方苞："欧公此篇以赋体为文，其用'若夫'、'至于'、'已而'等字，则又兼用六朝小赋局段套头矣。"（引自《海峰先生精选八家文钞》评语）清唐介轩《古文翼》卷七："《醉翁亭记》：记体独辟，通篇写情写景，纯用衬笔，而直追出'太守之乐其乐'句为结穴。"[④] 清唐文治《国文经纬贯通大义》卷六："《醉翁亭记》：通篇用'也'字调，为特创格。"[⑤] 清贺裳《载酒园诗话》："欧公古诗苦无兴比，惟工赋体耳。至若叙事处，滔滔汩汩，累百千言。"[⑥] 清储欣《唐宋十大家全集录》之《六一居士全集录》："《醉翁亭记》乃遂成一蹊径，然其中有画工所不能到处。"[⑦]

否定贬低的，则有如黄震《黄氏日钞》卷六十一欧阳文："《醉翁亭记》：以文为戏者也。"[⑧] 爱新觉罗·弘历等《唐宋文醇》卷二十二："《醉翁亭记》前人每叹此记为欧阳绝作。闲尝熟玩其辞，要亦无关理道，而通篇以'也'字断句，更何足奇！乃前人推重如此者，盖天机畅则律吕自调，文中亦具有琴焉，故非他作之所可并也。"[⑨] 清李如箎《东园丛说》："欧阳永叔之文，纯雅婉熟，使人读之，亹亹不倦。然比之韩、柳所作，深雄遒劲不及也。虽各自有体，然亦伤助语太多。如《醉翁亭记》，其文之美者也，亦有助语可去。……如此等闲字削去之，则文加劲健矣。"[⑩]

但也有持相反观点，认为《醉翁亭记》符合记体规范，得体合体。元

---

① 洪本健：《欧阳修资料汇编》，中华书局1995年版，第195页。
② 洪本健：《欧阳修资料汇编》，中华书局1995年版，第632页。
③ 洪本健：《欧阳修资料汇编》，中华书局1995年版，第830页。
④ 洪本健：《欧阳修资料汇编》，中华书局1995年版，第1218页。
⑤ 洪本健：《欧阳修资料汇编》，中华书局1995年版，第1320页。
⑥ 洪本健：《欧阳修资料汇编》，中华书局1995年版，第646页。
⑦ 洪本健：《欧阳修资料汇编》，中华书局1995年版，第734页。
⑧ 洪本健：《欧阳修资料汇编》，中华书局1995年版，第407页。
⑨ 洪本健：《欧阳修资料汇编》，中华书局1995年版，第946页。
⑩ 洪本健：《欧阳修资料汇编》，中华书局1995年版，第338页。

虞集《评选古文正宗》卷九："《醉翁亭记》：此篇是记体，欧阳以前无之。或曰赋体，非也。逐篇叙事，无韵不排，只是记体。第三段叙景物，忽然铺叙，记中多有。"[①] 清林云铭《古文析义》卷十四："《醉翁亭记》……既写山水，自不得不记游宴之乐：此皆作文不易之定体也。……计自首上尾，共用二十个'也'字，句句是记山水，却句句是记亭，句句是记太守。"[②]

第三，《秋声赋》变体的褒贬不一。欧阳修《秋声赋》以文为赋，变唐律赋之体，是宋朝文赋的代表，历代评者或赞赏，或批判，各执一词，争论争鸣，也因此推动了《秋声赋》的文体经典化过程。

关于贬低讥嘲者，如清李调元《雨村词话》卷五赋话："宋初人之律赋最伙者，田、王、文、范、欧阳五公。……欧公佳处乃似笺表中语，难免于陈无己以古为俳之诮。故论宋朝律赋，当以表圣、宽夫为正则，元之、希文次之，永叔而降，皆横骛别趋，而偭唐人之规矩者矣。"[③] "制、诰、表、启咸以四六为之，清便流转，直达己见，更以古藻错综其间，便是作家。律赋雅近于四六，而丽则之旨不可不知。则而不丽，仍无取也。宋人四六，上掩前哲，赋学则不逮唐人，良由清切有余，而藻绘不足耳。宋欧阳修《畏天者保其国赋》虽前人推许，然终是制诰体，未敢为法。"[④] "《秋声》、《赤壁》，宋赋之最擅名者，其源出于《阿房》、《华山》诸篇，而奇变远弗之逮，殊觉剽而不留，陈后山所谓'一片之文，押几个韵者耳。'朱子亦云：宋朝文章之盛，前世莫不推欧阳文忠公。南丰曾公与眉山苏公相继迭起，各以文擅名一世。独于楚人之赋，有未数数然者。盖以文为赋，则去风雅日远也。惟六一《黄杨树子赋》词气质直，虽是宋派，其格律则犹唐人之遗。"[⑤] 清赵执信《饴山堂诗文集》文集卷十二："《题幼子庆赋稿》：赋学不著圣门，而盛传秦、汉，越魏、晋，五代间始衰矣。唐以锁院体取士，宋欧、苏《秋声》、《赤壁》竞作，正格顿失其旧。"[⑥]

褒扬叫好者，如祝尧《古赋辩体》卷八："《秋声赋》。此等赋实自《卜

① 欧阳修著、洪本健校笺：《欧阳修诗文集校笺》，上海古籍出版社 2009 年版，第 1020 页。
② 洪本健：《欧阳修资料汇编》，中华书局 1995 年版，第 820 页。
③ 洪本健：《欧阳修资料汇编》，中华书局 1995 年版，第 1156 页。
④ 洪本健：《欧阳修资料汇编》，中华书局 1995 年版，第 1157 页。
⑤ 洪本健：《欧阳修资料汇编》，中华书局 1995 年版，第 1157 页。
⑥ 洪本健：《欧阳修资料汇编》，中华书局 1995 年版，第 815 页。

居》、《渔父》篇来，迨宋玉赋《风》与《大言》、《小言》等，其体虽盛，然赋之本体犹存。及子云《长杨》，纯用议论说理，遂失赋本矣。欧公专以此为宗，其赋全是文体，以扫积代俳律之弊，然于三百五篇吟咏情性之流风远矣。《后山谈丛》云：‘欧阳永叔不能赋。’其谓不能者，不能进士律赋尔，抑不能《风》所谓赋邪？迂斋云：‘此赋模写工，转折妙，悲壮顿挫，无一字尘涴，自是文中翘楚者。’”① 清储欣《唐宋十大家全集录》之《六一居士全集录》卷一赋：“《秋声赋》，赋之变调，别有文情。赋至宋几亡矣，此文殊有深致。”② 清王之绩《评注才子古文》欧文评语：“《秋声赋》以文为赋，虽非正体，然赋之境界如天海空阔，何所不有？”③

第五节　《新五代史》史论发论必以“呜呼”的文体创新

作为《新五代史》史传整体的一部分，史论有它独特的文学价值和意义，也引起了历代批评家的广泛关注。较著名的有《伶官传序》《宦者传论》《一行传论》等，往往被总集编纂者单独摘录出来进行选集和评价。

《新五代史》史论的独特成就，首先在于文体上的与众不同，即发论必以“呜呼”开端，向为人所称道。如欧阳发云：“……褒贬善恶，为法精密。发论必以呜呼，曰：此乱世之书也。”④《东皋杂志》作者云：“神宗问荆公：‘曾看《五代史》否？’公对曰：‘臣不曾仔细看，但见每篇首必曰呜呼，则事事皆可叹也。’‘余为公真不曾仔细看，若仔细看，必以呜呼为是。’”从欧阳修之子到宋神宗和王安石，都注意到了“呜呼”在欧阳修史传及史论中的特殊形式和重要意义。

在文体形式上，纵观中国正史从《史记》到《清史稿》二十六史之史论，共有如下五种表达方式，包括太史公曰、赞曰、史臣曰、评曰、论曰等。其中，《史记》“太史公曰”和《三国志》“评曰”为二史所独有。《南史》《北史》《清史稿》称“论曰”，《汉书》《后汉书》《晋书》《新唐书》《金史》《明史》称“赞曰”，《宋书》《梁书》《陈书》《魏书》《周书》

① 洪本健：《欧阳修资料汇编》，中华书局1995年版，第465页。
② 洪本健：《欧阳修资料汇编》，中华书局1995年版，第725页。
③ 洪本健：《欧阳修资料汇编》，中华书局1995年版，第767页。
④ 欧阳修：《文忠集》附录卷5，文渊阁四库全书本。

《隋书》《旧五代史》《新元史》称“史臣曰”，《南齐书》《旧唐书》“史臣曰”与“赞曰”并用，《宋史》《辽史》“赞曰”与“论曰”并用，《北齐书》“论曰”“赞曰”“史臣曰”并用，《元史》则无史论。如此看来，欧阳修《新五代史》史论必以“呜呼”发端，便具有了文体革新的不寻常意义。

欧阳修史论独树一帜，必以“呜呼”发端，可以从如下两个角度来看。其一，《新五代史》为欧阳修私撰，而我们知道，在中国古代，统治者是不允许私人修史的，必须由官方诏书纂述，私撰史书会获罪的，甚至招来杀身之祸，班固私撰《汉书》便是例子。所以，欧阳修为区别正史体例而不用赞、评，以显示他对历史的看法和见解纯属个人观点，尽管千百年以来证明是客观公正的。这一点，也可从他曾与宋祁等奉旨修《新唐书》而于史论必以“赞曰”得到印证。其二，与宋代古文运动和古文家之创作习惯有关。翻检《欧阳文忠公文集》，经统计，欧阳修在他的古文中共用“呜呼”近150余次，多集中在祭文、墓志铭、行状等传记之文里，个别如《祭资政范公文》和《祭石曼卿文》等文中，所用“呜呼”多达三四次，从中反映出作者郁勃充沛的强烈情感，也增强了唐宋古文此类文章的抒情性和文学性。作为古文运动领袖，欧阳修影响所及，其后王安石、苏轼之古文也多以“呜呼”发抒情感，次数也多达100余次，堪与欧阳修相比美。如苏轼《罪言》一文中便五用“呜呼”，足见宋人古文大家创作以“呜呼”泄“不平之鸣”亦成一种风气，欧阳修功不可没。当然，“呜呼”是古人抒发感慨的普遍形式，史学和文学创作中都多有采用，但如此频繁、如此突出地集中于几个宋代古文家创作中，还是非常引人注目，值得学者深入研究。

这种独特的史论文体，虽发端只“呜呼”二字，但却蕴蓄万千情感，于时世盛衰之叹中，发抒作者关注现实、以史为鉴的政治情怀，完全摆脱了正统史学家在传尾作总结时必史臣曰、赞曰、评曰的端严面孔，让人有耳目一新之感。李耆卿《文章精义》云：“欧阳永叔《五代史》赞首必有‘呜呼’二字，固是事变可叹，亦是此老文字遇感慨处便精神。”[①] 郭预衡先生也指出：“自司马迁以后，史家之文，很少象欧公这样发抒感慨。欧公临文兴感，还不仅在于‘赞首必用呜呼二字’，他的情感几乎充溢于字里行间。

① 李耆卿：《文章精义》，文渊阁四库全书本。

这样的特点在后代的史传之文中是极为罕见的。”①

欧阳修以“呜呼”发端的独特史论体例，还曾引起史学编纂者的模仿。如宋马令《南唐书》之《四库提要》云：“每序赞之首，必以‘呜呼’发端，盖欲规仿《五代史记》，颇类效颦。于诗话、小说不能割爱，亦不免芜杂琐碎，自秽其书。”② 如此效颦规仿，只沿袭其形式，至于史识和情感则天壤之别，无怪乎为四库馆臣所讥。可见，这种独特的文体形式唯欧阳修能独创，也唯欧阳修这样的集史学家、文学家、政治家于一身的大家方能驾驭，在史学编纂中不能也不可能成为通例，故后世并无继作。

其次，“事事合体”，《新五代史》之作深合“史传”“史论”之文体规范。关于“史论”文体，贺复征《文章辨体汇选》之“史论九”云：“刘勰曰……辨史则与赞、评齐行。梁《昭明文选》所载论有二体：一曰史论，乃史臣于传末作议论，以断其人之善恶，若司马迁之论项籍、商鞅是也。”③ 作为中国文学批评史上的重要文论家，刘勰和萧统对史论的界定和选录，让我们知道南朝梁便看到了“史论”之于史学和文学的双重价值，而李涂所云“传体，前叙事，后议论”的文体形式④，也成为历代史学家所遵循不悖的创作规范。

《史记》为史传之文的楷模，但历代难有继之者。关于“史传”文体，刘勰《文心雕龙》“史传”云：“夫子闵王道之缺，伤斯文之坠……因鲁史以修春秋，举得失以表黜陟，徵存亡以标劝戒……传者，转也；转受经旨，以授于后……表征盛衰，殷鉴兴废……是以立义选言，宜依经以树则；劝戒与夺，必附圣以居宗……世历斯编，善恶偕总。腾褒裁贬，万古魂动。”⑤

前所引欧阳发所云《新五代史》“褒贬善恶，为法精密……昔孔子作《春秋》……”云云，正看出欧阳修之于“史传”之体遵循了刘勰“依经以树则”“腾褒裁贬”的文体规范，最能体现“史传”这一文体的真髓。罗大经《鹤林玉露》卷二“文章有体”云：

杨东山尝谓余曰：“文章各有体，欧阳公所以为一代文章冠冕者，

① 郭预衡：《中国散文简史》，北京师范大学出版社1994年版，第380页。
② 永瑢等：《四库全书总目》（上），中华书局1965年版，第587页。
③ 贺复征：《文章辨体汇选》卷390，文渊阁四库全书本。
④ 李耆卿：《文章精义》，文渊阁四库全书本。
⑤ 刘勰著、范文澜注：《文心雕龙注》，人民文学出版社1958年版，第283—288页。

固以其温纯雅正，蔼然为仁人之言，粹然为治世之音，然亦以其事事合体故也。如作诗，便几及李杜。作碑铭记序，便不减韩退之。作《五代史记》，便与司马子长并驾。作四六，便一洗昆体，圆活有理致。作《诗本义》，便能发明毛、郑之所未到。作奏议，便庶几陆宣公。虽游戏作小词，亦无愧唐人《花间集》。盖得文章之全者也。其次莫如东坡，然其诗如武库矛戟，已不无利钝。且未尝作史，藉令作史，其渊然之光，苍然之色，亦未必能及欧公也。……又云：欧公文，非特事事合体，且是和平深厚，得文章正气。"①

杨东山认为，欧阳修之所以"为一代文章冠冕"而"得文章之全者"，在于"文章各有体"而欧公"亦事事合体"的缘故。故而作《五代史记》，便以《史记》为楷模，叙事语言都合史传之文体规范。此外，欧阳修与苏轼等古文家的最大不同之处，便是他独特的修史经历并辅以史笔写古文，令其传记古文高出众人，焕然一新。

第三，欧阳修史论之所以能够取得如此高的文学成就，与他融历史观、政治观与文学观三位一体的宏通观念是分不开的。欧阳修史论必以"呜呼"发端，让人注目的不只是其文体形式，更重要的是其所抒发历史盛衰得失、兴亡治乱的深沉感叹，所谓"事变可叹，遇感慨处便精神"。这种盛衰兴亡之感在《新五代史》史论中可以说篇篇俱是。当然，五代乱世，故着眼的大多是国家之败亡及其原因，即不在天而在人。如《五代史伶官传序》云："呜呼！盛衰之理，虽曰天命，岂非人事哉！原庄宗之所以得天下，与其所以失之者，可以知之矣。方其系燕父子以组……其意气之盛，可谓壮哉！及仇雠已灭……泣下沾襟，何其衰也！岂得之难而失之易与？抑本其成败之迹而皆归于人与?"②《伶官传》之所以名闻后世，主要在于文中把这种盛衰成败之叹表现得最为淋漓尽致，而作者发掘其背后的原因也最为深刻警醒。这一点在《新唐书》史论之"赞曰"同样表现得极为充分，可以参看。

《新五代史》史论中这种深沉的盛衰兴亡之感是欧阳修史学思想的核心，这与他的政治观点和文学思想是密不可分的，也就是说，欧阳修修史的目的与他的庆历新政和古文运动紧密联系在一起。吴怀祺先生便称"欧阳

---

① 罗大经撰、王瑞来点校：《鹤林玉露》，中华书局1983年版，第264页。

② 欧阳修：《新五代史》卷37，文渊阁四库全书本。

修的政治活动、修史实践和提倡古文运动结合在一起”[①]。欧阳修“庆历新政”看到了尽管宋初百年无事，但在这种太平盛世的表象下，却是积贫积弱的社会政治现实。吴怀祺称欧阳修的史著：

> 是他政治观点的另一种反映的作品，通过总结历史，思考解决社会危机的方案；表达出对现实政治的看法。而他在政治上的主张，不少能在史论中找到出处。他有一段话，可以看作是他修史动机的说明。他说：“今宋之为宋，八十年矣。外平僭乱，无抗敌之国，内削方镇，无强叛之臣，天下为一，海内晏然，为国不为不久，天下不为不广也。……然而财不足用于上而下已弊，兵不足威于外而敢骄于内，制度不可为万世法而日益丛杂，一切苟且，不异五代之时。”[②]

其私撰五代史，敏锐地认识到了当时宋朝政治“不异于五代之时”，所以《新五代史》史论之盛衰兴亡之叹也正是有为而发，与他的政治革新相表里。

欧阳修这种关心时政的史学思想和政治思想也是他要求为文当“中于时病”“忧世虑时”“关心百事”的文学思想的反映。如《与黄校书论文书》云：“见其弊而识其所以革之者，才识兼通，然后其文博辨而深切，中于时病，而不为空言。盖见其弊，必见其所以弊之因，若贾生论秦之失，而推古养太子之礼，此可谓知其本矣。”[③] 作为政治家，要“见其弊而识其所以革”，作为文学家，为文要“中于时病，而不为空言”，作为史学家，要如贾谊《过秦论》总结历史兴亡得失，因而反对那种“弃百事不关于心”的专职文士（《答吴充秀才书》）[④]。这种“忧世”的政治情怀和关注“乱与亡”的史学精神也反映在他的文学思想中。如《读李翱文》云：

> 最后读《幽怀赋》，然后置书而叹，叹已复读不自休。恨翱不生于今，不得与之交；又恨予不得生翱时，与翱上下其论也。凡昔翱一时人有道而能文者，莫若韩愈。愈尝有赋矣，不过羡二鸟之光荣，叹一饱之

① 吴怀祺：《中国史学思想通史·宋辽金卷》，黄山书社2002年版，第47页。
② 吴怀祺：《中国史学思想通史·宋辽金卷》，黄山书社2002年版，第48页。
③ 陶秋英编选、虞行校订：《宋金元文论选》，人民文学出版社1984年版，第89页。
④ 陶秋英编选、虞行校订：《宋金元文论选》，人民文学出版社1984年版，第78页。

> 无时尔。此其心使光荣而饱，则不复云矣。若翱独不然！其赋曰：“众嚣嚣而杂处兮，咸叹老而嗟卑，视予心之不然兮，虑行道之犹非。”又怪神尧以一旅取天下，后世子孙不能以天下取河北，以为忧。呜呼！使当时君子皆易其叹老嗟卑之心为翱所忧之心，则唐之天下岂有乱与亡哉！然翱幸不生今时，见今之事，则其忧又甚矣。奈何今之人不忧也！余行天下，见人多矣，脱有一人能翱忧者，又皆贱远，与翱无异。其余光荣而饱者，一闻忧世之言，不以为狂人，则以为病痴子，不怒则笑之矣。呜呼！在位而不肯自忧，又禁他人使皆不得忧，可叹也夫！①

两个“呜呼”，一唱三叹！感慨韩愈、李翱为文之不同，一个是“叹老嗟卑”而伤怀，一个是“虑行道之犹非”而忧世。从“唐之天下”之“乱与亡”的历史角度出发，转入“不生今时，见今之事”和“在位而不肯自忧”的政治之弊，进而提出他为文当关注现实、“不为空言”的文学思想。该文最能体现他把历史精神、政治观点和文学思想融合一体的宏通观念。②

需要说明的是，欧阳修本人关于文体批评的言论文献虽然很多，但他的功绩在于文学创作上各体文学包括文赋诗词等的变体实践，所以我们更多是从后世历代学者对他各体文学作品的相关文体评价的大量文献中，来总结分析并进而窥见他的文体学思想。这样来研究和看待他的文体学思想是否科学可靠呢？罗宗强先生认为：“有的文学家可能没有或很少文学理论的表述，而他的创作所反映的文学思想却是异常重要的。”③ 这样来说，历代批评家对欧阳修创作的文体评论，无疑代表着欧阳修文学创作实际所反映出来的文体学思想。此外，罗宗强先生上述观点是针对张毅的《宋代文学思想史》而言的，并上升到文学思想研究上的一种普遍规律：“把在文学创作中反映出来的文学思想倾向，与文学批评、文学理论相印证，结合起来研究，我们才有可能写出一部完整的文学思想史。”④ 而欧阳修的文体学思想也是拙著《宋代文体学思想研究》的一部分，那么其意义也如罗先生所言是不言而喻的。

---

① 陶秋英编选、虞行校订：《宋金元文论选》，人民文学出版社1984年版，第77页。

② 张新科、任竞泽：《褒贬祖〈春秋〉，叙述祖〈史记〉——欧阳修〈新五代史〉传记风格探微》，《陕西师范大学学报》2012年第2期。

③ 罗宗强：《略论文学思想史的研究对象和研究方法》，《南开学报》1991年第3期。

④ 罗宗强：《略论文学思想史的研究对象和研究方法》，《南开学报》1991年第3期。

第四章　黄庭坚的文体学思想[①]

黄庭坚及其江西诗派代表了宋诗的最高成就，形成了与唐诗迥然不同的艺术风貌和文体特征，这种创作实践及其取得的巨大成就是其文学理论尤其是文体学思想的集中反映。黄庭坚的文体学思想丰富而系统，主要包括辨体和尊体、变体与破体及其兼备众体与鲜能备善等，而“山谷体”的形成则与本朝体即宋体、元祐体、东坡体、昆体、杜体、吴体、拗体、荆公体、江西体等都有千丝万缕的关系。可以说，文体学思想是黄庭坚及其江西诗派文学理论批评体系的重要组成部分，遗憾的是目前学界对其系统全面的研究尚付之阙如，相关研究主要集中在具体的某类文体形态个案研究诸如诗、词、文、赋及其题画诗、题跋文、咏梅诗、字说、记梦诗、读书诗、七律、组诗创作、茶诗、纪行诗、七绝变体、杂体词、茶词等以及山谷体和黄庭坚体上，且“山谷体”也有补充的余地，我们可以从纯粹的文体学角度进行研究。本章希望通过全面彻底地搜罗分析黄庭坚及其江西诗派的相关文体文献，系统地构建其文体学思想体系，从中可以看出其在黄庭坚文学思想及宋代文体学思想史上的重要地位和深远影响。

第一节　论文自有体，先体制而后文之工拙

辨体是宋代文体学思想的核心内容，辨体批评在宋代文学批评中蔚成风气，正如郭绍虞先生在注释《沧浪诗话》“诗体”章时称：“论诗辨体亦是

---

① 本章发表于《文化与诗学》2014 年第 2 期。

宋人风气。”[①] 而黄庭坚则是提出这一理论的第一人。他所谓“先体制而后文之工拙”之文体论或者说辨体观，是在总结王安石的辨体批评而提出的，并且具体运用于自己的文学批评实践上，同时江西派诗人如陈师道等亦有相似观点。

首先，我们看其“先体制而后文之工拙”之辨体理论内涵，以及在中国古代文体学史上的地位和意义。他在《书王元之〈竹楼记〉后》一文中云：“或传王荆公称《竹楼记》胜欧阳公《醉翁亭记》，或曰此非荆公之言也。某以谓荆公出此言未失也。荆公评文章，常先体制而后文之工拙。盖尝观苏子瞻《醉白堂记》，戏曰：‘文词虽极工，然不是《醉白堂记》，乃是《韩白优劣论》耳。’以此考之，优《竹楼记》而劣《醉翁亭记》，是荆公之言不疑也。”[②] 王安石讥苏东坡、欧阳修不如王禹偁《竹楼记》严守“记”体以描写、叙述为主的体制规范，而杂以议论，遂出现了名“记”实“论”的弊端。此文虽短，却结构谨严。关键在“荆公评文章，常先体制而后文之工拙”这一经典论断。作为辨体理论，它处于行文中间，是黄庭坚对前后两次王安石的文体批评实践的理论总结。更有意味的是，它还成为黄庭坚文献考辨的工具和标准，严羽《沧浪诗话》“考辩”部分多用辨体的方法进行考证，显然受其影响，同时这也拓展了“辨体”这一范畴的理论内涵，可谓意义非凡。

后来这一文献及观点也被宋元两位重要的文体学家严羽及祝尧加以引用。如严羽《沧浪诗话》之《诗法》云：“辨家数如辨苍白，方可言诗。”其下小字注曰：“荆公评文章，先体制而后文之工拙。”[③] 祝尧《古赋辨体》加以引用云：“王荆公评文章，尝先体制。观苏子瞻《醉白堂记》，曰：‘韩白优劣论尔！’后山云：‘退之作记，记其事尔。今之记，乃论也。’少游谓：‘《醉翁亭记》亦用赋体。范文正公《岳阳楼记》用对句说景。’尹师鲁曰：传奇体尔。’宋时名公于文章必辨体，此诚古今的论。然宋之古赋，往往以文为体，则未见其有辩其失者。”[④] 祝尧的贡献是他把“王荆公评文章，尝先体制”这一文体观念明确界定为“辨体”范畴，同时看到这已成

① 严羽著、郭绍虞校释：《沧浪诗话校释》，人民文学出版社 1961 年版，第 68 页。

② 黄庭坚著、郑永晓辑校：《黄庭坚全集辑校编年》，江西人民出版社 2011 年版，第 1526 页。

③ 严羽著、郭绍虞校释：《沧浪诗话校释》，人民文学出版社 1961 年版，第 695 页。

④ 祝尧：《古赋辨体》卷 8，文渊阁四库全书本。

为有宋一代的普遍批评风气。而其另外所举陈师道和秦观的例子，也可看出这已成为当时苏门及江西诗人的共识并形成一股思潮。

需要提出的是，“荆公评文章，常先体制而后文之工拙”这一著名命题，容易引起误会，就是它给人的感觉往往会想当然地认为这属于王安石的理论，这与后人引用时多会不提黄庭坚有关，前所举严羽和祝尧文献便是如此。实际上，很明显这是黄庭坚针对王安石的具体文学批评而提炼出的理论主张，可以说黄庭坚是宋代这一辨体批评思想的第一人，其重要地位不言而喻。南宋后期与之齐名的是倪思，倪思云：“文章以体制为先，精工次之。失其体制，虽浮声切响，抽黄对白，及其精工，不可谓之文矣。”其后，黄、倪之论不断为元明以来著名文体学者诸如祝尧、吴讷、徐师曾等所引用，影响所及，明代径以“辨体”为名的评论遂多起来。

这种辨体观点，最早源自隋唐。如刘善经《论体》云：“故词人之作也，先看文之大体。”[①] 刘善经之后，唐人诗格中“辨体为先”的文学思想便蔚成风气。如唐徐夤《雅道机要》云：“凡为诗者，先须识体格。”[②]“凡为诗须明断一篇终始之意。未形纸笔，先定体面。”[③] 桂林僧景淳《诗评》云：“凡为诗要识体势。”[④]

其次，关于这一观点，黄庭坚在它文亦屡屡提及，往往称“文章自有体”“论文自有体”“当得文章体制”“作文词务体要”等等。如《次韵秦觏过陈无已书院观鄙句之作》云：“试问求志君，文章自有体。”[⑤]《小山集序》云：“论文自有体，不肯一作新进士语，此又一痴也。”《答王观复》云：“公学问行己之意甚美，但文章语气务奇诡，不平淡。昔东坡尝云：‘熟读《檀弓》二篇，当得文章体制。’此确论也，愿以此求之。”[⑥]《朝奉郎通判泾州韩君墓志铭》云：“人以为君庄重寡言，作文词务体要，断狱深原其情。”[⑦]

---

① 颜之推著、王利器集解：《颜氏家训集解》（增补本），中华书局 1993 年版，第 4 页。

② 张伯伟：《全唐五代诗格汇考》，凤凰出版社 2002 年版，第 440 页。

③ 张伯伟：《全唐五代诗格汇考》，凤凰出版社 2002 年版，第 448 页。

④ 张伯伟：《全唐五代诗格汇考》，凤凰出版社 2002 年版，第 511 页。

⑤ 黄庭坚著、郑永晓辑校：《黄庭坚全集辑校编年》，江西人民出版社 2011 年版，第 459 页。

⑥ 黄庭坚著、郑永晓辑校：《黄庭坚全集辑校编年》，江西人民出版社 2011 年版，第 943 页。

⑦ 黄庭坚著、郑永晓辑校：《黄庭坚全集辑校编年》，江西人民出版社 2011 年版，第 798 页。

其影响所及，“江西诗派”重要成员诸如陈师道的“诗文各有体”和吕本中的学诗须“亦先见体式”等也如此论。如陈师道《后山诗话》：“黄鲁直云：杜之诗法出审言，句法出庾信，但过之尔。杜之诗法，韩之文法也。诗文各有体，韩以文为诗，杜以诗为文，故不工尔。”“退之以文为诗，子瞻以诗为词，如教坊雷大使之舞，虽极天下之工，要非本色。今代词手唯秦七、黄九尔，唐诸诗人不迨也。”① 吕本中《紫微诗话》“文字体式”条云：“学诗须熟看老杜、苏、黄，亦先见体式，然后遍考他诗，自然工夫度越他人。”②

第三，在对作家作品的具体文体批评上，黄庭坚也如王安石一样，处处体现了“先体制而后文之工拙”的理论主张，往往以“然制作之体似未尽善也”“自于体制不相当”“其体制便皆似之”“文章体制未能近古”“问子瞻文作何体”等言之。较有代表性的有如下四例：

如《与平仲少府书》云：“《喻谤》之篇，论势利二客由径而入，排斥义命二友，其意甚美，然制作之体似未尽善也。某尝论古人戏作之文，惟扬子云《解嘲》、韩退之《进学解》乃为尽善，如孟坚《宾戏》、崔駰《达旨》，已费辞而理不足，不审以为如何?”③ 先论工拙，认为《喻谤》虽“其意甚美”，如王安石所云“文词虽极工”，接下来笔锋一转，“然制作之体似未尽善也”，亦如王安石所云“然不是《醉白堂记》，乃是《韩白优劣论》耳”，只不过更明确地以“然制作之体似未尽善也”的文体论断来代替，二文结构都极为相似。接下来又进一步对《喻谤》之类戏作文体进行溯源比较，认为《解嘲》《进学解》乃为尽善得体，而《宾戏》《达旨》则已费辞而理不足，即失体。

再如《与人》云：“前承谕作《木山记》跋尾。以明允公之文章，如天地之有元气，万物资之而春者也，岂可复刻画藻绘哉！往年欧阳文忠公作《五代史》，或作序记其前，王荆公见之，曰：‘佛头上岂可著粪?’窃深叹息，以为明言。凡作序引及记，为无足信于世，待我而后取重尔。”④ 认为序、引及记类文体的功能是，作于书前，借人名望，“为无足信于世，待我

① 傅璇琮：《黄庭坚和江西诗派研究资料汇编》，中华书局 1978 年版，第 16 页。

② 傅璇琮：《黄庭坚和江西诗派研究资料汇编》，中华书局 1978 年版，第 44 页。

③ 黄庭坚著、郑永晓辑校：《黄庭坚全集辑校编年》，江西人民出版社 2011 年版，1203 页。

④ 黄庭坚著、郑永晓辑校：《黄庭坚全集辑校编年》，江西人民出版社 2011 年版，第 653 页。

而后取重尔”。并以王安石评《五代史》之卓著，故其序记不得体，不合时宜，是佛头着粪，亦能看出荆公先体制而后文工拙的辨体理念。

再如《与李献父知府书二》云：“《天庆观记》窃欲自作一铭，大书付吉州刻之，何如？遍观古碑刻，无有用草书者。自于体制不相当，如子瞻以《哨遍》填《归去来》，终不同律也。或此道士欲刻草书，即欲草一卷《黄庭》令刻之，何如？”① 通过辨体，认为古碑刻没有用草书书写的先例，因为这“自于体制不相当”，也就是未能尊体，若用草书，便属破体，就像苏轼用词牌《哨遍》来填陶潜《归去来兮辞》一样，不得体合体，属于失体破体了。破体与辨体是一组对立的文体范畴，“破体”一语最早便源于书法用语，如吴承学先生云：“破体，原是书法术语。书法上的‘破体’指不同正体的写法。《书断》谓‘王献之变右军行书，号曰破体。’指行书的变体。戴叔伦《怀素上人草书歌》云：‘始从破体变风姿’。可见破体的特点是‘变’，是对正体的突破，也是一种有创造性的字体。”② 作为书法家，黄庭坚其他书法辨体言论如《跋舅氏李公达所宝二帖》云：“苏子美似古人笔劲，蔡君谟似古人笔圆，虽得一体，皆自到也。”③

再如《书枯木道士赋后》云：“比来子由作《御风词》，以王事过列子祠下作，犹未见本。问子瞻文作何体，子瞻云：‘非诗非骚，直是属韵《庄周》一篇尔。’”④ 黄庭坚未见苏辙《御风词》文本，首先问苏轼“文作何体”，正是其“文章以体制为先的辨体理念的体现”。而苏轼经过辨体，认为其虽名为词，但又“非诗非骚”，就是一篇押韵散文，而内容风格则是描写庄子、列子的道家旨趣。黄庭坚把这段文体论写在《书枯木道士赋》之后，也正是因为此赋虽守赋的体制形式，但内容风格则与《御风词》一样，破体为文，具有庄列旨趣。元刘壎已然看到这点，如他在《隐居通议》卷四云：“山谷先生作《枯木道士赋》，深得庄、列旨趣，自书之，笔力奇健，刻石豫章。其篇末题云：‘子由比以王事过列子祠下，作《御风词》，子瞻问文作何体，曰：非诗非骚，直属韵庄周一篇。学者当熟读《庄周》、《韩非》、《左传》、《国语》，看其致意曲折处，久久乃能自铸伟词。’此山谷语

① 黄庭坚著、郑永晓辑校：《黄庭坚全集辑校编年》，江西人民出版社 2011 年版，第 705 页。

② 吴承学：《中国古代文体形态研究》。中山大学出版社 2002 年版，第 424 页。

③ 黄庭坚著、郑永晓辑校：《黄庭坚全集辑校编年》，江西人民出版社 2011 年版，第 1573 页。

④ 黄庭坚著、郑永晓辑校：《黄庭坚全集辑校编年》，江西人民出版社 2011 年版，第 658 页。

也。今得《御风词》读之，其旨趣正与《枯木道士赋》相似。”[①]

它处亦颇多，我们罗列出来简要分析，以见全貌。如《题牧护歌后》云：“乃悟‘牧护’盖‘木瓠’也，如石头和尚因魏伯阳《参同契》也，其体制便皆似之。”[②] 通过文体之间的比较辨析，认为“其体制便皆似之”。《叔父给事行状》：“已事对便殿，言近岁虽以经义取人，大学诸生文章体制未能近古，大率集类章句，联属对偶，风传四方，谓之新格，不禁其渐，文章反陋于作诗赋时。乞申敕教官，稍令务本，以深学者之原。”[③] 所谓“大学诸生文章体制未能近古”是辨体尊体，“谓之新格”则属变体。《与洪甥驹父书二首》：“大体作省题诗，尤当用老杜句法，若有鼻孔者，便知是好诗也。”[④] 指某一文体写作有他的文体规范。《答徐甥师川》：“谩寄乐府长短句数篇，亦诗之流也，观一节可知侏儒矣。”[⑤] 指的是词与诗之辨体。其他如《跋韩退之联句》：“退之会合联句，孟郊、张籍、张彻与焉。四君子皆佳士，意气相入，杂之成文。世之文章之士少联句，尝病笔力不能相追，或成四公子棋耳。”[⑥]《跋刘梦得竹枝歌》：“刘梦得《竹枝》九章，词意高妙，元和间诚可以独步。道风俗而不俚，追古昔而不愧，比之杜子美《夔州歌》，所谓同工而异曲也。昔东坡尝闻余咏第一篇，叹曰：‘此奔轶绝尘，不可追也。’”[⑦] 或辨四君子联句之文体同异，或辨刘梦得《竹枝》九章与杜子美《夔州歌》，认为是“同工而异曲也”。其他如江西诗人韩驹的辨体尊体主张，如脱脱等《宋史韩驹传》：“宣和五年，除秘书少监。六年，迁中书舍人兼修国史。入谢，上曰：‘近年为制诰者，所褒必溢美，所贬必溢恶，岂王言之体。且盘诰具在，宁若是乎?’驹对：‘若止作制诰，则粗知文墨者皆可为，先帝置两省，岂止使行文书而已。’上曰：‘给事实掌封驳。’驹奏：‘舍人亦许缴还词头。’上曰：‘自今朝廷事有可论者，一切缴来。’寻兼权直学士院。制词简重，为时所推。”所为制词简重，符合“王

---

① 傅璇琮：《黄庭坚和江西诗派研究资料汇编》，中华书局1978年版，第192页。
② 黄庭坚著、郑永晓辑校：《黄庭坚全集辑校编年》，江西人民出版社2011年版，第1264页。
③ 黄庭坚著、郑永晓辑校：《黄庭坚全集辑校编年》，江西人民出版社2011年版，第683页。
④ 黄庭坚著、郑永晓辑校：《黄庭坚全集辑校编年》，江西人民出版社2011年版，第779页。
⑤ 黄庭坚著、郑永晓辑校：《黄庭坚全集辑校编年》，江西人民出版社2011年版，第1038页。
⑥ 黄庭坚著、郑永晓辑校：《黄庭坚全集辑校编年》，江西人民出版社2011年版，第1494页。
⑦ 黄庭坚著、郑永晓辑校：《黄庭坚全集辑校编年》，江西人民出版社2011年版，第1523页。

言之体”的规范，改变了“近年为制诰者，所褒必溢美，所贬必溢恶”的不得体之弊端。[①]

其他如辨文体源流，《跋韩退之送穷文》：“《送穷文》盖出于扬子云《逐贫赋》，制度始终极相似。而《逐贫赋》文类俳，至退之亦谐戏，而语稍庄，文采过《逐贫》矣。大概拟前人文章，如子云《解嘲》拟宋玉《答客难》，退之《进学解》拟子云《解嘲》，柳子厚《晋问》拟枚乘《七发》，皆文章之美也。至于追逐前人，不能出其范围，虽班孟坚之《宾戏》，崔伯庭之《达旨》，蔡伯喈之《释诲》，仅可观焉，况下者乎！”[②] 辨文体风格，如《答王周彦书》：“况其集大成而为醇乎醇者邪！周彦之为文，欲温柔敦厚，孰先于《诗》乎？疏通知远，孰先于《书》乎？广博易良，孰先于《乐》乎？洁净精微，孰先于《易》乎？恭俭庄敬，孰先于《礼》乎？属辞比事，孰先于《春秋》乎？读其书，诵其文，味其辞，涵容乎渊源精华，则将沛然决江河而注之海，畴能御之？周彦之病，其在学古之行而事今之文也。”[③] 从文体风格上着眼，丰富了文体源出五经之说。

第二节　破弃声律，究及历代体制之变

辨体尊体与变体破体是文体学上一组对立概念范畴，就前者而言，黄庭坚既有理论总结又有批评实践，是其文体学思想的核心。对于后者，黄庭坚自身文中仅有寥寥数语，如黄庭坚《题颜鲁公麻姑坛记》所谓“余尝评颜鲁公书，体制百变，无不可人。真行草书隶皆得右军父子笔势。”[④] 如前文所引吴承学先生所言，变体即破体，且出于书法用语，这里所谓“体制百变”正与此同，此文献弥足珍贵。更多是其诗歌创作中体现出来的变体革新，并成为宋诗风貌的代表，如郑永晓所说的“毫不夸张地说，由于黄庭坚的诗歌集中体现了宋诗的各种典型特色，故就某种意义而言，黄庭坚是宋诗的集大成者”[⑤]。而黄诗的这一变体特征和文学史意义主要是通过历代批

① 傅璇琮：《黄庭坚和江西诗派研究资料汇编》，中华书局1978年版，第615页。
② 黄庭坚著、郑永晓辑校：《黄庭坚全集辑校编年》，江西人民出版社2011年版，第1597页。
③ 黄庭坚著、郑永晓辑校：《黄庭坚全集辑校编年》，江西人民出版社2011年版，第880页。
④ 黄庭坚著、郑永晓辑校：《黄庭坚全集辑校编年》，江西人民出版社2011年版，第1559页。
⑤ 黄庭坚著、郑永晓辑校：《黄庭坚全集辑校编年》，江西人民出版社2011年版，第1页。

评家诸如刘克庄等总结出来的。同时，江西派诗人尤其是另“二宗”陈师道和陈与义之诗亦有此鲜明的变体特征。

首先，会粹百家句律之长，究及历代体制之变。刘克庄《江西诗派序》论黄山谷云：“国初诗人如潘阆魏野，规规晚唐格调，寸步不敢走作。杨刘则又专为昆体，故优人有寻扯义山之诮。苏梅二子稍变以平淡豪俊，而和之者甚寡。至六一坡公，巍然为大家数，学者宗焉。然二公亦各极其天才笔力之所至而已，非必锻炼勤苦而成也。豫章稍后出，会粹百家句律之长，究及历代体制之变，搜猎奇书，穿穴异闻，作为古律，自成一家，虽只字半句不轻出，遂为本朝诗家之祖，在禅学中比得达摩，不易之论也。”[①] 刘克庄通过对宋诗的几次变迁，认为到了黄庭坚才“自成一家”，这正是“会粹百家句律之长，究及历代体制之变”而形成的最后一次决定性的“变体”。此后，刘克庄对黄庭坚之“变体”评价便成为经典断语，为历代批评家所频频引用，如元马端临《注黄山谷诗二十卷注后山诗六卷》引[②]清吕留良等《山谷诗钞》：“宋初诗承唐馀，至苏、梅、欧阳，变以大雅，然各极其天才笔力，非必锻炼勤苦而成也。庭坚出而会粹百家句律之长，究及历代体制之变，自成一家，虽只字半句不轻出，为宋诗家宗祖，江西诗派皆师承之。史称自黔州以后，句法尤高，实天下之奇作，自宋兴以来一人而已，非规模唐调者所能梦见也。”[③] 清陈讦《山谷诗选》：“陈后山云，其诗得法杜甫，学甫而不为者。又云，黄诗韩文。有意故有工，老杜则无工矣。然学者先黄后韩，不为黄韩而为老杜，则失之拙易矣。刘后村云，豫章会粹百家句律之长，究及历代体制之变，搜猎奇书，穿穴异闻，作为古律，自成一家，虽只字半句不轻出，遂为本朝诗家之祖。”[④] 清曾涤生《黄山谷诗揭要》：“先生诗，会萃百家句律之长，究极历代体制之变，只字半句，必经锻炼而后出。《四库目录》谓七言律诗易涉于俗，极不易作，山谷不得不别出一格以胜之。诚知言哉。后人以为江西诗派之祖。”[⑤] 等等。黄庭坚《跋韩偓手简十一帖》所谓“余观韩致尧出内庭后诗，忠义感激，诗语亦清壮，超一时体

① 陶秋英编选、虞行校订：《宋金元文论选》，人民文学出版社1984年版，第396页。

② 黄庭坚著、郑永晓辑校：《黄庭坚全集辑校编年》，江西人民出版社2011年版，第1873页。

③ 黄庭坚著、郑永晓辑校：《黄庭坚全集辑校编年》，江西人民出版社2011年版，第1803页。

④ 黄庭坚著、郑永晓辑校：《黄庭坚全集辑校编年》，江西人民出版社2011年版，第1804页。

⑤ 黄庭坚著、郑永晓辑校：《黄庭坚全集辑校编年》，江西人民出版社2011年版，第1806页。

律，未尝不叹赏也。"①

此后，宋元明清以来批评家多从文学发展的角度，着眼于宋诗之变，都认为黄庭坚诗及其"江西诗派"是这一变体历史中最重要的一环，最终形成宋诗这一有别于唐诗的独特变体风貌。如叶适《水心集》卷二十九云："建安中，徐、陈、应、刘争饰词藻，见称与时，识者谓两京余泽，由七子尚存。自后文体变落，虽工愈下，虽丽益靡，古道不复，庶几遂数百年。元祐初，黄、秦、晁、张各擅毫墨，待价而显。"②《习学记言》卷四十七："杜甫强作近体，以功力气势掩夺众作，然当时为律诗者不服，甚或绝口不道。至本朝初年，律诗大坏，王安石、黄庭坚欲兼用二体，擅其所长，然终不能庶几唐人。"③ 再如戴表元《洪潜甫诗序》："始时汴梁诸公，言诗绝无唐风，其博赡者谓之义山，豁达者谓之乐天而已矣。宣城梅圣俞出，一变而为冲淡，冲淡之至者可唐，而天下之诗于是非圣俞不为；然及其久也，人知为圣俞，而不知为唐。豫章黄鲁直出，又一变而为雄厚，雄厚之至者尤可唐，而天下之诗于是非鲁直不发；然及其久也，人又知为鲁直，而不知为唐。非圣俞、鲁直之不使人为唐也，安于圣俞、鲁直而不自暇为唐也。迩来百年间，圣俞、鲁直之学皆厌，永嘉叶正则倡四灵之目，一变而为清圆。"④ 再如全祖望《宋诗纪事序》："宋诗之始也，杨、刘诸公最著，所谓西昆体者也。说者多有贬辞，然一洗西昆之习者欧公，而欧公未尝不推服杨、刘，犹之草堂之推服王、骆，始知前辈之虚必也。庆历以后，欧、梅、苏、王数公出，而宋诗一变。坡公之雄放，荆公之工练，并起有声。而涪翁以崛奇之调，力追草堂，所谓江西派者，和之最盛，而宋诗又一变。建炎以后，东夫之瘦硬，诚斋之生涩，放翁之轻圆，石湖之精致，四壁并开，乃永嘉徐、赵诸公以清虚便利之调行之，见赏于水心，则四灵派也，而宋诗又一变。"⑤ 欧阳玄《罗舜美诗序》："江西诗在宋东都时宗黄太史，号江西诗派，然不皆江西人也。南渡后，杨廷秀好为新体诗，学者亦宗之。虽杨宗少于黄，然诗亦少变。宋末，须溪刘会孟出于庐陵，适科目废，士子专意学诗。会孟点

① 黄庭坚著、郑永晓辑校：《黄庭坚全集辑校编年》，江西人民出版社2011年版，第443页。
② 傅璇琮：《黄庭坚和江西诗派研究资料汇编》，中华书局1978年版，第134页。
③ 傅璇琮：《黄庭坚和江西诗派研究资料汇编》，中华书局1978年版，第134页。
④ 傅璇琮：《黄庭坚和江西诗派研究资料汇编》，中华书局1978年版，第208页。
⑤ 傅璇琮：《黄庭坚和江西诗派研究资料汇编》，中华书局1978年版，第280页。

校诸家甚精，而自作多奇崛，众翕然宗之，于是诗又一变矣。”[①] 明杨一清《书后山诗注后》：“宋文承五季之弊，其诗绮靡刻削，出晚唐下。至欧阳永叔始起而变之，逮苏子美、梅圣俞起，而诗又变，黄山谷、陈后山起，而又一变。黄、陈虽号江西派，而其风骨逼近老杜，宋诗盖至此极矣。”[②] 从中我们可以看出黄诗及江西诗派之“变体”的文学史价值和意义。

其次，自宋代吕本中开始，历代批评家在评价山谷诗时大多都注意到其“变体”性质，并通过诸如尽古今之变、极风雅之变、诗变前体、体制甚新、破弃声律、“前此未有人作此体，独鲁直变之”、山谷别为一体、其体制之变、山谷老人之诗尽极骚雅之变等相似的变体破体言论体现出来。如吕本中《紫微诗话》：“自古以来语文章之妙，广备众体，出奇无穷者，唯东坡一人；极风雅之变，尽比兴之体，包括众作，本以新意者，唯豫章一人。此二者当永以为法。”[③] 惠洪《冷斋夜话》卷三：“造语之工，至于荆公、东坡、山谷，尽古今之变。”[④] 王直方《王直方诗话》：“张文潜云：以声律作诗，其末流也，而唐至今谨守之。独鲁直一扫古今，直出胸臆，破弃声律，作五七言，如金石未作，钟声和鸣，浑然天成，有言外意。近来作诗者颇有此体。然自吾鲁直始也。”[⑤] “造语之工，至于舒王、东坡、山谷，尽古今之变。”[⑥] 蔡絛《西清诗话》：“鲁直自黔南归，诗变前体，且云要须唐律中作活计乃可言诗，如少陵渊蓄云萃，变态百出，虽数十百韵，格律益严，盖操制诗家法度如此。”[⑦] 范季随：“一日，因坐客论鲁直诗体致新巧，自作格辙，次客举鲁直题子瞻伯时画竹石牛图诗云：‘石吾甚爱之，勿使牛砺角；牛砺角尚可，牛斗残我竹。’如此体制甚新。”[⑧] 胡仔《苕溪渔隐丛话》前集卷47《禁脔》：“鲁直换字对句法，如……前此未有人作此体，独鲁直变之。”[⑨] 陈善《扪虱新话》下集卷三：“欧阳公诗，犹有国初唐人风气。公能

---

① 傅璇琮：《黄庭坚和江西诗派研究资料汇编》，中华书局1978年版，第455页。
② 傅璇琮：《黄庭坚和江西诗派研究资料汇编》，中华书局1978年版，第543页。
③ 傅璇琮：《黄庭坚和江西诗派研究资料汇编》，中华书局1978年版，第44页。
④ 傅璇琮：《黄庭坚和江西诗派研究资料汇编》，中华书局1978年版，第34页。
⑤ 傅璇琮：《黄庭坚和江西诗派研究资料汇编》，中华书局1978年版，第29页。
⑥ 傅璇琮：《黄庭坚和江西诗派研究资料汇编》，中华书局1978年版，第29页。
⑦ 傅璇琮：《黄庭坚和江西诗派研究资料汇编》，中华书局1978年版，第16页。
⑧ 傅璇琮：《黄庭坚和江西诗派研究资料汇编》，中华书局1978年版，第54页。
⑨ 傅璇琮：《黄庭坚和江西诗派研究资料汇编》，中华书局1978年版，第47页。

变国朝文格，而不能变诗格，及荆公、苏、黄辈出，然后诗格遂极于高古。"[①] 吴可《藏海诗话》："七言律诗极难做，盖易得俗，是以山谷别为一体。"[②] 可见，宋人的评论多在诗话中，或与东坡、荆公相互比较、相提并论，见其诗体变化；或论其某段时期、某一类诗体裁之变体，视角有所不同。

再如元刘壎《隐居通议》卷五："江文通作《别赋》……此习流传，至唐李太白诸赋，不能变其体。宋朝、国初亦然，直至李泰伯《长江赋》、黄山谷《江西道院赋》出，而后以高古之文，变艳丽之格，六朝赋体，风斯下矣。"[③] 着眼于其赋体之变格。再如清田雯《古欢堂集》序卷一："《芝亭集序》：余尝谓宋人之诗，黄山谷为冠，其体制之变，天才笔力之奇，西江诗派，世皆师承之。夫论诗至宋，政不必屑屑规摹唐人。当宋风气初辟，都官、沧浪，自成大雅，山谷出，耳目一新，摩垒堂堂，谁复与敌？虽其时居苏门六君子之列，而长公虚情推激，每谓效鲁直体，犹退之之于孟郊、樊宗师焉。"[④] 在唐宋诗之辨中见山谷诗"体制之变"以及六君子和江西诗派对"鲁直体"的效仿和继承。它如丁丙《山谷诗集注》："前有渊二序，一云山谷老人之诗尽极骚、雅之变，故其诗一句一字有历古人六七作者，盖其学通乎儒释老庄之奥，下至医卜百家之说，莫不尽摘其英华，以发之于诗。"[⑤] 等等皆是。

第三，方回对"一祖三宗"之诗篇的具体品评上，往往直标"变体"，这最能直观地体现山谷诗及其江西派诗人的"变体"特征。如方回《瀛奎律髓》卷二十六"变体类"中，评山谷《次韵盖郎中率郭郎中休官》"青春白日""紫燕黄鹂"诗句为"变体"。[⑥] 评陈师道，如《次韵李节推九日登山》："重九诗自老杜之外，便当以杜牧之《齐山》诗为亚，已入变体诗中，陈简斋一首亦然。陈后山二首诗律瘦劲，一字不轻易下，非深于诗者不

① 傅璇琮：《黄庭坚和江西诗派研究资料汇编》，中华书局 1978 年版，第 75 页。
② 傅璇琮：《黄庭坚和江西诗派研究资料汇编》，中华书局 1978 年版，第 79 页。
③ 傅璇琮：《黄庭坚和江西诗派研究资料汇编》，中华书局 1978 年版，第 193 页。
④ 傅璇琮：《黄庭坚和江西诗派研究资料汇编》，中华书局 1978 年版，第 266 页。
⑤ 傅璇琮：《黄庭坚和江西诗派研究资料汇编》，中华书局 1978 年版，第 376 页。
⑥ 傅璇琮：《黄庭坚和江西诗派研究资料汇编》，中华书局 1978 年版，第 201 页。

知，亦当以亚老杜可也。”① 《老柏》：“第一首是为变体。第二首是为变体。”② 《次韵春怀》：“后山诗瘦铁屈蟠，海底珊瑚枝，不足以喻其学劲。……中有无穷之味，是为变体。”③ 《早起》：“‘有家无食’、‘百巧千穷’，各自为对，变体也。……一篇之中，四句皆用变体。如……即此所评之变体。如……不以颜色对颜色，犹不以数目对数目，而各自为对，皆变体也。”④ 《雪后》：“此诗第一句至第六句皆出格破体，不拘常程，于虚字上极力安排。”其中变体、破体范畴交互使用。评陈与义，如《寓居刘仓廨中晚步过郑仓台上》：“此变体之极矣。”⑤ 《对酒》：“此诗中两联俱用变体，各以一句说情，一句说景，奇矣。……后联即与前诗‘世事纷纷’、‘春阴漠漠’一联用意亦同，是为变体。”⑥ 《清明》：“三四变体，又颇新异。呜呼！古今诗人当以老杜、山谷、后山、简斋四家为一祖三宗，余可预备向者有数焉。”⑦ 可见，多从句法、用字及联对等方面来看三宗对一祖杜体的继承和变体。更重要的是，“一祖三宗”这一著名术语的提出，正是着眼于其间“变体”“新异”的文体特征相似上的，这也为我们从文体学视域解读“一祖三宗”提供了新的观照角度，其文学史和文体史意义不容忽视。

此外，如张嵲《陈公资政墓志铭》评陈与义云：“公初规模其外家法，晚益变体，出新意，姿态横出。”⑧ 吕留良、吴之振、吴自牧《简斋诗集》：“天分既高，用心亦苦，意不拔俗，语不惊人，不轻出也。晚年益工，旗亭传舍，摘句题写殆启遍，号称新体。”⑨ 刘克庄《江西诗派——李商老》：“公择尚书家子弟也。东坡、山谷、文潜诸公皆与往还，颇博览强记，然诗体拘狭，少变化。”⑩ 翁方纲《石洲诗话》卷四评：“李商老彭之诗，后村谓其拘狭少变化，良然。”⑪

---

① 傅璇琮：《黄庭坚和江西诗派研究资料汇编》，中华书局1978年版，第530页。
② 傅璇琮：《黄庭坚和江西诗派研究资料汇编》，中华书局1978年版，第533页。
③ 傅璇琮：《黄庭坚和江西诗派研究资料汇编》，中华书局1978年版，第533页。
④ 傅璇琮：《黄庭坚和江西诗派研究资料汇编》，中华书局1978年版，第533页。
⑤ 傅璇琮：《黄庭坚和江西诗派研究资料汇编》，中华书局1978年版，第827页。
⑥ 傅璇琮：《黄庭坚和江西诗派研究资料汇编》，中华书局1978年版，第827页。
⑦ 傅璇琮：《黄庭坚和江西诗派研究资料汇编》，中华书局1978年版，第828页。
⑧ 傅璇琮：《黄庭坚和江西诗派研究资料汇编》，中华书局1978年版，第801页。
⑨ 傅璇琮：《黄庭坚和江西诗派研究资料汇编》，中华书局1978年版，第838页。
⑩ 傅璇琮：《黄庭坚和江西诗派研究资料汇编》，中华书局1978年版，第720页。
⑪ 傅璇琮：《黄庭坚和江西诗派研究资料汇编》，中华书局1978年版，第721页。

第三节　兼备众体，虽苏门不能兼全也

正如刘克庄所言，由于黄庭坚能够“会粹百家句律之长，究及历代体制之变”，故而在创作中能够兼备众体和各体俱全。当然，众体之中，也有优劣高下，以诗歌成就最高。这体现了曹丕文体学思想所谓“文非一体，鲜能备善”与“唯通才能备其体”的观点，并在历代批评家的评论中反映出来，而江西派其他诗人诸如陈师道等亦有此特点。

首先，兼备众体，各体俱全。黄庭坚《书韩文公岣嵝山诗后》所谓“韩退之作此诗与《华山女》《桃源图》，三篇同体，古诗未有此作。虽杜子美兼备众体，亦无此作，可谓能诗人中千人之英也”[①]。可见，山谷诗宗祖老杜，最重要的一点便是尊崇并深得元稹所谓“尽得古今之体势，而兼人人之所独专矣”之“兼备众体”的文体学精髓。陆九渊已看到这一点，他在《与程帅》中云：“至豫章而益大肆其力，包含欲无外，搜抉欲无秘，体制通古今，思致极幽眇，贯穿驰骋，工力精到，一时如陈、徐、韩、吕、三洪、二谢之流，翕然宗之，由是江西遂以诗社名天下，虽未极古之源委，而其植立不凡，斯亦宇宙之奇诡也。”[②] 所谓“体制通古今”不正是元稹赞誉杜甫“尽得古今之体势”的翻版吗？罗大经在《鹤林玉露》卷十四“江西诗文”条也加以引用：“朱文公谓江西文章如欧阳永叔、王介甫、曾子固，做得如此好，亦知其皜皜不可尚已。至于诗，则山谷倡之，自为一家，并不蹈古人町畦。象山云：‘豫章之诗，包含欲无外，搜抉欲无秘，体制通古今，思致极幽眇，贯穿驰骋，工夫精到，虽未极古之源委，而其植立不凡，斯亦宇宙之奇诡也，开辟以来能自表见于世若此者。’”[③] 需要说明的是，陆游更把黄庭坚称誉杜甫的“兼备众体”直接拿来用在他身上，如陆游《吕居仁集序》云：“故其（山谷）诗文汪洋闳肆，兼备众体，兼出新意，愈奇而愈浑厚，震耀耳目，而不失高古，一时学士宗焉。”[④]

历代评黄山谷及江西诗人多称诸体咸具、多体俱全、体备众妙、众体该

① 黄庭坚著、郑永晓辑校：《黄庭坚全集辑校编年》，江西人民出版社2011年版，第1587页。
② 傅璇琮：《黄庭坚和江西诗派研究资料汇编》，中华书局1978年版，第450页。
③ 傅璇琮：《黄庭坚和江西诗派研究资料汇编》，中华书局1978年版，第166页。
④ 傅璇琮：《黄庭坚和江西诗派研究资料汇编》，中华书局1978年版，第766页。

具、尽兼众体、体制通古今、兼备众体、诸体咸备、包括众作云云。如吕本中《紫微诗话》："自古以来语文章之妙，广备众体，出奇无穷者，唯东坡一人；极风雅之变，尽比兴之体，包括众作，本以新意者，唯豫章一人。此二者当永以为法。"① 程公许《沧洲尘缶编》卷三："黄君……苦志于诗……长篇短调，不主一体。"② 周必大《周益国文忠公集省斋文稿》卷十六："然可传者位置形势而已，若乃浓淡鲜妍，体备众妙，则副墨之子，亦如佩夫子象环耳。"③ 赵孟坚《彝斋文编》卷三《孙雪窗诗序》："窃怪夫今之言诗者，江西、晚唐之交相诋也。彼病此冗，此訾彼拘，胡不合杜、李、元、白、欧、王、苏、黄诸公而并观。诸公众体该具弗拘，一也。可古则古，可律则律，可乐府杂言则乐府杂言，初未闻举一而废一也。今之习江西、晚唐者，谓拘一耳，究江西、晚唐亦未始拘也。"④ 家铉翁《则堂集》卷五："黄家妙画兼数体，圜转之中有卓绝。"⑤

以上多为对其"兼备众体"的概括总结。具体来说，如洪炎《豫章黄先生退听堂录序》："今断自《退听》而后，杂以他文，得一千三百四十有三首，为赋十，楚词五，诗七百，铭、赞、颂二百四十，序、记、书八十，表状文、杂著四十九，墓志碑碣四十一，题跋一百一十八，合为三十帙，分别部类，各以伦类。呜呼，亦可谓富矣。"⑥ 除了洪炎编集所列文体部类外，粗略统计如下：三言、四言、六言、集句（诗、词）、长短句、联句、二十八宿歌、上梁文、竹枝歌、竹枝词、俚句咏叹、药名诗、茶词、长句、青词、字序等，兼善各类杂体诗。此外，他喜效仿名家变体杂体，而这也是他能够"尽兼众体"的原因之一，如子瞻诗句妙一世乃云效庭坚体盖退之戏效孟郊樊宗师之比以文滑稽耳恐后生不解故次韵道之、效徐庾慢体、效建除体、效福唐独木桥体作茶词、效鲍明远体（建除体）、戏效荆公作、效孔文举、效孟浩然、次韵王荆公、有怀半山老人、比兴体等等，就如杜甫强戏为吴体、戏为俳谐体等，转益多师，方能"尽得古今之体势，而兼人人之所

① 傅璇琮：《黄庭坚和江西诗派研究资料汇编》，中华书局 1978 年版，第 44 页。
② 傅璇琮：《黄庭坚和江西诗派研究资料汇编》，中华书局 1978 年版，第 152 页。
③ 傅璇琮：《黄庭坚和江西诗派研究资料汇编》，中华书局 1978 年版，第 115 页。
④ 傅璇琮：《黄庭坚和江西诗派研究资料汇编》，中华书局 1978 年版，第 168 页。
⑤ 傅璇琮：《黄庭坚和江西诗派研究资料汇编》，中华书局 1978 年版，第 171 页。
⑥ 黄庭坚著、郑永晓辑校：《黄庭坚全集辑校编年》，江西人民出版社 2011 年版，第 5 页。

独专矣”。这正如清周之鳞《山谷先生诗钞序》所云：“公于诗诸体咸具，而四言、乐府、楚辞不登者，卷帖重也。”① 清黄先铎《重刻黄律卮言后叙》：“盖其集各体俱全，不仅诗也，而诗为多。诗亦多体俱全，不仅律也，而律为精。”② 王若虚《滹南遗老集》卷三十九《诗话》：“山谷最不爱集句，目为百家衣，且曰正堪一笑。予谓词人滑稽，未足深诮也。山谷知恶此等，则药名之作，建除之体，八音列宿之类，独不可一笑耶？”③ 体现了对山谷兼擅各种杂体诗的肯定。

其次，文非一体，鲜能备善。兼备众体与偏长某体本是一组对立的文体范畴，也就是曹丕所谓“能之者偏也”与“唯通才能备其体”之间的矛盾，但这一点却神奇地集于黄庭坚一身，并在后人的不同评价中体现出来。宋人已多有争论，如宋张嵲《豫章集序》：“鲁直诗文，誉者或过其实，毁者或损其真，皆非真知鲁直者，或有所爱憎而然也。大抵鲁直文不如诗；诗，律不如古，古不如乐府。盖鲁直所学诗，源流甚远，自以为出于《诗》与《楚词》，过矣。盖规模汉、魏以下，而得其仿佛者也。故其佳处，往往与乐府、《玉台新咏》中诸人所作合。其古、律诗酷学少陵，雄健太过，遂流而入于险怪。要其病在太著意，欲道古今人所未道语尔。”④ 张嵲认为“誉者或过其实，毁者或损其真，皆非真知鲁直者”，其原因在于“或有所爱憎而然也”。胡仔则鲜明地反对吕居仁誉其“尽兼众体”之说，《苕溪渔隐丛话》前集卷四十八云：“（吕居仁）其《宗派图序》数百言，大略云：‘……惟豫章始大出而力振之，抑扬反覆，尽兼众体，而后学者同作并和，虽体制或异，要皆所传者一，予故录其名字，以遗来者。’余窃谓豫章自出机杼，别成一家，清新奇巧，是其所长，若言‘抑扬反覆，尽兼众体’，则非也。”⑤

吴曾则从偏能偏才和兼善兼全的角度来看待黄庭坚“长于诗辞”，完全继承了曹丕的文体理论。如《能改斋漫录》卷十一《纪诗》云：“黄鲁直、秦少游、晁无咎，则长公之客也；张文潜，则少公之客也。……然四客各有

① 黄庭坚著、郑永晓辑校：《黄庭坚全集辑校编年》，江西人民出版社2011年版，第180页。
② 黄庭坚著、郑永晓辑校：《黄庭坚全集辑校编年》，江西人民出版社2011年版，第1802页。
③ 傅璇琮：《黄庭坚和江西诗派研究资料汇编》，中华书局1978年版，第186页。
④ 黄庭坚著、郑永晓辑校：《黄庭坚全集辑校编年》，江西人民出版社2011年版，第1755页。
⑤ 傅璇琮：《黄庭坚和江西诗派研究资料汇编》，中华书局1978年版，第445页。

所长，鲁直长于诗辞，秦、晁长于议论。鲁直与秦少章书曰：‘庭坚心醉于楚辞，似若有得。至于议论文字，今日乃当付之少游及晁、张、无己，足下可从此四君子一一问之。’……乃知人才各有所长，虽苏门不能兼全也。”[①]元马端临继之，认为“其才力褊局”，故“文不如诗”等。《文献通考》卷二三六《豫章别集一卷》：后村刘氏曰：“山谷文不如诗；诗律不如古，古不如乐府，其文则专学西汉，惜其才力褊局，不能汪洋趑趄，如其纪事立言，颇时有类处。”[②] 元刘壎《隐居通议》卷十八亦云：“世言杜子美长于诗，其无韵者，辄不可读；曾子固长于文，其有韵者，辄不工；东坡词如诗，少游诗如词。此数公者，皆名儒之才，俱不免有偏处。予谓山谷亦然。山谷诗律精深，是其所长，故凡近于诗者无不工，如古赋与夫赞铭有韵者率入妙；他如记序散文，则殊不及也。”[③] 更把山谷与老杜相比，认为二者都是长于诗而不工散文，这与前面所论二者均兼备众体形成鲜明对照，可以说是一个值得深入探讨的学术话题。

所以，山谷“文不如诗”自宋代以来几成定论，再如罗大经《鹤林玉露》卷十四“文章有体”条：“山谷诗骚妙天下，而散文颇觉琐碎局促。”[④]普闻《诗论》：“老杜之诗，备于众体，是为诗史。近世所论，东坡长于古韵，豪逸大度；鲁直长于律诗，老健超迈；荆公长于绝句，闲暇清癯，其各一家也。”[⑤] 王楙《野客丛书》卷六：“苏明允不能诗，欧阳永叔不能赋，曾子固短于韵语，黄鲁直短于散语，苏子瞻词如诗，秦少游诗如词。”[⑥] 除了诗文之间的争论，还有诗中的古体、律体之优长，如刘壎《隐居通议》卷八：“山谷所长在古体，固不以律名，然时作律诗，亦自有一种句法。”[⑦] 此外，关于江西诗人这方面的言论也很多，如论陈师道，元王义山《陈国录庚辰以后诗集序》：“世但知后山工于诗，不知后山尤工于文……又言杜之诗法，韩之文法也，韩以文为诗，杜以诗为文。论后山者当以诗与文并论，

① 傅璇琮：《黄庭坚和江西诗派研究资料汇编》，中华书局1978年版，第414页。
② 黄庭坚著、郑永晓辑校：《黄庭坚全集辑校编年》，江西人民出版社2011年版，第1831页。
③ 傅璇琮：《黄庭坚和江西诗派研究资料汇编》，中华书局1978年版，第196页。
④ 傅璇琮：《黄庭坚和江西诗派研究资料汇编》，中华书局1978年版，第165页。
⑤ 傅璇琮：《黄庭坚和江西诗派研究资料汇编》，中华书局1978年版，第56页。
⑥ 傅璇琮：《黄庭坚和江西诗派研究资料汇编》，中华书局1978年版，第135页。
⑦ 傅璇琮：《黄庭坚和江西诗派研究资料汇编》，中华书局1978年版，第195页。

不可专谓之能诗也。”[①] 再如论李商老，纪昀等《日涉园集十卷》：“今检《永乐大典》所载彭（李商老）诗颇多，钞撮编次，共得七百二十余首，诸体咸备。……刘克庄《后村诗话》变称其博览强记，而独惜其诗体拘狭少变化。”[②] 关于这种偏长与兼善的文体批评，在宋代蔚成风气，尤其是宋人诗话中非常普遍，可参见拙文《宋人诗话之辨体批评及文体文献学价值》。[③]

以上俱为历代批评家对山谷创作的文体理论总结，实则山谷自己也有这方面的文体言论，作为他的文体理论，可与上面所论相互发明印证。如《跋刘梦得三阁辞》：“此四章可以配《黍离》之诗，有国存亡之鉴也。大概刘梦得乐府小章优于大篇，诗优于它文耳。”[④]

第三，历代评山谷词的矛盾及其文体学意义。自宋以来历代学者对山谷词的评价优劣不一，即或以为真当行，或以为非本色。褒扬者，与其同时的李清照和陈师道开其先，如李清照《论词》云：“乃知别是一家，知之者少。后晏叔原、贺方回、秦少游、黄鲁直出，始能知之。”[⑤] 陈师道《后山诗话》云：“退之以文为诗，子瞻以诗为词，如教坊雷大使之舞，虽极天下之工，要非本色，今代词手，惟秦七、黄九耳。”[⑥] 贬之者，同时的晁无咎开其端，如吴曾《能改斋漫录》上卷十六《乐府》：晁无咎评本朝乐章，不具诸集，今载于此云：“……黄鲁直间作小词，固高妙，然不是当行家语，是著腔子唱好诗。”[⑦] 金王若虚《滹南遗老集》卷三十九《诗话》对此总结对照云：

陈后山云：“子瞻以诗为词，虽工非本色，今代词手惟秦七、黄九耳。”予谓后山以子瞻词如诗，似矣；而以山谷为得体，复不可晓。晁无咎云：“东坡词多不谐律吕，盖横放杰出，曲子中缚不住者。”其评山谷则曰：“词固高妙，然不是当行家语，乃著腔子唱好诗耳。”此言

① 傅璇琮：《黄庭坚和江西诗派研究资料汇编》，中华书局1978年版，第519页。
② 傅璇琮：《黄庭坚和江西诗派研究资料汇编》，中华书局1978年版，第721页。
③ 任竞泽：《宋人诗话之辨体批评及文体文献学价值》，《学术论坛》2014年第3期。
④ 黄庭坚著、郑永晓辑校：《黄庭坚全集辑校编年》，江西人民出版社2011年版，第1524页。
⑤ 陶秋英编选、虞行校订：《宋金元文论选》，人民文学出版社1984年版，第250页。
⑥ 何文焕：《历代诗话》，中华书局1981年版，第369页。
⑦ 傅璇琮：《黄庭坚和江西诗派研究资料汇编》，中华书局1978年版，第105页。

得之。[①]

我们抛开孰对孰错暂且不论，重要的是这种优劣之争正是以山谷为代表的宋人“文章以体制为先”的辨体风气的体现，只不过他这种集矛盾于一身的现象令人惊叹，发人深省。这种辨体主要包括诗文之辨、诗词之辨和古律之辨。

这种关于山谷词本色当行或以诗为词的辨体破体之论，清代词学家也不乏评述，如周济《宋四家词选目录叙论》云：“周、柳、黄、晁皆喜为曲中俚语，山谷尤甚。此法时之软平句头，原非雅音，若托体近俳，而择言尤雅，是名本色俊语，又不可抹煞矣。”[②] 刘熙载《艺概》卷四：“黄山谷词用意深至，自非小才所能办，惟故以生字俚语侮弄世俗，若为金、元曲家滥觞。”[③] 李调元《雨村词话》卷一：“后山谓今词家惟秦七、黄九。此语大不可解。山谷惟工诗耳，词非所长。”[④] “黄山谷词多用俳语，杂以俗谚，多可笑之句。”[⑤] 三者的辨体着眼点都从之前的辨文体体制转向了辨语言雅俗上。

此外，还有关于山谷诗、词两文体高下优劣、偏长某体的评价，如方岳《跋陈平仲诗》：“山谷非无词，而诗掩词。”[⑥] 王世贞《词评》：“温、韦艳而促，黄九精而险，长公丽而壮，幼安辨而奇，又其次也，词之变体也。”[⑦] “鲁直书胜词，词胜诗，诗胜文；少游词胜书，书胜文，文胜诗。”[⑧] 魏庆之《诗人玉屑》卷二十一《风雅遗音》：“山谷隐括醉翁亭记，欧阳公知滁日，自号醉翁，因以名亭作记。山谷隐括其词，合以声律，作《瑞鹤仙》云……一记凡数百言，此词备之矣。山谷其善隐括如此！”[⑨]

黄庭坚的文体学思想继承了魏晋南北朝隋唐以来曹丕、陆机、刘勰、钟嵘、杜甫等人的文体观，在宋代独树一帜，开风气之先，并对元明清文体学

① 傅璇琮：《黄庭坚和江西诗派研究资料汇编》，中华书局 1978 年版，第 184 页。
② 傅璇琮：《黄庭坚和江西诗派研究资料汇编》，中华书局 1978 年版，第 330 页。
③ 傅璇琮：《黄庭坚和江西诗派研究资料汇编》，中华书局 1978 年版，第 369 页。
④ 傅璇琮：《黄庭坚和江西诗派研究资料汇编》，中华书局 1978 年版，第 304 页。
⑤ 傅璇琮：《黄庭坚和江西诗派研究资料汇编》，中华书局 1978 年版，第 305 页。
⑥ 傅璇琮：《黄庭坚和江西诗派研究资料汇编》，中华书局 1978 年版，第 168 页。
⑦ 傅璇琮：《黄庭坚和江西诗派研究资料汇编》，中华书局 1978 年版，第 429 页。
⑧ 傅璇琮：《黄庭坚和江西诗派研究资料汇编》，中华书局 1978 年版，第 430 页。
⑨ 傅璇琮：《黄庭坚和江西诗派研究资料汇编》，中华书局 1978 年版，第 427 页。

思想产生深远影响。他对曹丕、杜甫、刘善经和唐人诗格的继承以及对元明的影响，前文已有所论述，兹略。再补充几点。他对曹丕和陆机的文体论是熟悉的，如《题苏子由黄楼赋草》云："铭欲顿挫崛奇，赋欲宏丽。故子瞻作诸物铭，光怪百出。子由作赋，纡徐而尽变。"① 所谓"赋欲宏丽"继承了曹丕的"诗赋欲丽"。《与郭英发帖三》："所作乐府，词藻殊胜。但此物须兼缘情绮靡，体物浏亮，乃能感动人耳。"② 其中，"诗缘情而绮靡，赋体物而浏亮"是陆机《文赋》中著名的文体理论。他在《代书》一文中称"文章六经来"③，这明显受到刘勰"文源五经"即所有文体都源出五经的文体论。当然，最直接的要数杜甫文体学思想对山谷全面而深刻的濡染了，非本文所能胜述。④

第四节　"山谷体"面面观

"山谷体"或"黄庭坚体"代表了有别于唐诗的宋诗文体风貌的最高成就，学界相关研究也很多，但多从其语言声律修辞等具体的文体特征方面进行总结，大多未能全面系统地与吴体、拗体、杜体、元祐体、东坡体、江西体、简斋体等结合起来进行观照，而我们认为这些文体学史上不同的有关联的重要文体范畴当是理解"山谷体"的最佳角度和途径。

第一，"山谷体"研究综述。近 30 年来，相关"山谷体"的研究论文仅数篇，如陈俊山《"山谷体"漫论》认为："通过和苏轼对比，认为和多才多艺并取得多方面成就的苏轼相比，黄庭坚有其独特性，他一生致力于诸如句法音节等诗歌形式的探索，形成'山谷体'的特色。"⑤ 吴晨《试论黄庭坚体》一文论证了"黄庭坚体亦庄亦谐、布局平匀、硬拙新奇的基本特征，并探讨了其形成的生活环境和文化氛围"⑥。郭英德《自成一家山谷体》认为"黄庭坚对北宋末年至南宋初年文学风貌的影响，对形成宋诗独特审

---

① 黄庭坚著、郑永晓辑校：《黄庭坚全集辑校编年》，江西人民出版社 2011 年版，第 1596 页。
② 黄庭坚著、郑永晓辑校：《黄庭坚全集辑校编年》，江西人民出版社 2011 年版，第 854 页。
③ 黄庭坚著、郑永晓辑校：《黄庭坚全集辑校编年》，江西人民出版社 2011 年版，第 252 页。
④ 任竞泽：《黄庭坚的文体学思想》，《文化与诗学》2014 年第 2 期。
⑤ 陈俊山：《"山谷体"漫论》，《江西师范大学学报》1986 年第 2 期。
⑥ 吴晨：《试论黄庭坚体》，《南昌大学学报》1995 年第 2 期。

美风貌的贡献，却在王、苏之上。黄庭坚与北宋诗人都在诗歌艺术上极力追求‘生新’，亦即追求在唐诗之外另外开辟一个崭新的诗歌境界。而黄庭坚在诗境创新上则表现出更为强烈的自觉性”①。伍珺《略谈“山谷体”中的“变格破律”》一文“从声律、句法、对偶、炼字等语言形式解读‘山谷体’的‘变格破律’。认为诗歌格律方面的独创特色是‘山谷体’的艺术特征之一，主要表现为声律上的打破固有的声调格律造成平仄不谐，以求奇拗不平；句法上发展宋调以来‘以文为诗’的特点，既扩充诗歌词汇范围，也扩张诗歌内容容量；对仗上黄庭坚则于工巧之上更求工巧。或者干脆不求甚切，似对非对，以刻意求新；炼字上则要求‘有力度’，以合成奇拗响亮，古硬生新的审美效果，这些都从不同方面体现了格律上典型的山谷诗风。”② 等等，可以看出，研究路数相似，视角略显单一，这也为我们从文体学的角度进行全面探析留下了可开拓的学术空间。

第二，山谷体、黄庭坚体及鲁直体的提出及其历代发展演变。黄庭坚体、山谷体的提法最早由苏轼提出，黄庭坚回应并认可，这在前文已有论述，并为宋代以来批评家传为佳话。整体来说，宋人相关论述最多。如严羽《沧浪诗话》“诗体”之“以人而论”，在宋代则有东坡体、山谷体、后山体、王荆公体、邵康节体、陈简斋体、杨诚斋体。③ 陈善《扪虱新话》下集卷一：“洪尝诈学山谷作赠洪诗云：‘韵胜不减秦少游，气爽绝类徐师川。’师川见其体制绝似山谷，喜曰：‘此真舅氏诗也。’遂收置《豫章集》中。然予观此诗全篇，亦不似山谷体制，以此盖知其妄。”④ 刘克庄《后村诗话》前集卷二：“元祐后诗人迭起，一种则波澜富而句律疏，一种则锻炼精而情性远，要之不出苏、黄二体而已，及简斋出，始以老杜为师。”⑤ 王直方《王直方诗话》：“东坡效山谷体条云：东坡《送杨孟容》诗云……盖效山谷体作也。”⑥ 杨万里《诚斋诗话》：“‘风光错综天经纬，草木文章帝杼机’，

① 郭英德：《自成一家山谷体》，《古典文学知识》2004 年第 1 期。

② 伍珺：《略谈“山谷体”中的“变格破律”》，《电影评介》2006 年第 19 期。

③ 傅璇琮：《黄庭坚和江西诗派研究资料汇编》，中华书局 1978 年版，第 509 页。

④ 傅璇琮：《黄庭坚和江西诗派研究资料汇编》，中华书局 1978 年版，第 74 页。

⑤ 傅璇琮：《黄庭坚和江西诗派研究资料汇编》，中华书局 1978 年版，第 813 页。

⑥ 傅璇琮：《黄庭坚和江西诗派研究资料汇编》，中华书局 1978 年版，第 29 页。

又……又……，此山谷诗体也。”[①] 翁方纲《七言诗歌行钞》凡例：“苏文忠公凌踔千古，独心折山谷之诗，数效其体，前人之虚怀如此。”[②]

第三，山谷体与老杜体、吴体及拗体的关系。关于这一点，宋代自范温、胡仔、王偁、朱熹、吴沆等已多有论述，如胡仔《苕溪渔隐丛话》苕溪渔隐曰：“此体本出于老杜，如……似此体甚多，聊举此数联，非独鲁直变之也。余尝效此体作一联云：……今俗谓之拗句者是也。”[③] 苕溪渔隐曰：“古诗不拘声律，自唐至今诗人皆然，初不待破弃声律，老杜自有此体，如……皆不拘声律，浑然成章，新奇可爱，故鲁直效之作……此聊举其二三，览者当自知之。文潜不细考老杜诗，便谓此体‘自吾鲁直始’，非也。鲁直诗本得法于杜少陵，其用老杜此法何疑。老杜自我作古，其诗体不一，在人所喜取而用之，如东坡……此亦是老杜体。”[④] 王偁《匡山丛话》卷五：“鲁直换字对句法……前此未有此体，独出于老杜，而山谷变之耳。杜诗……似此体甚多。今俗谓之拗句。张文潜云：以声律作诗，其末流也，而唐至今诗人共守之；独鲁直破弃声律，为五七言诗，如金石未作，钟磬浑然，有吕外意。余则谓不然。古诗不拘声律，自唐至今诗人皆然，初不待破弃声律。诗破声律，老杜先有此体，如《绝句》、《漫兴》、《夔州歌》、《春水生》，皆不拘声律，浑然成章，览者自知，初不自鲁始也。”[⑤] 范温《潜溪诗眼》“杜诗体制”条：“庭坚因莘老之言，遂晓老杜诗高雅大体。”[⑥] 朱熹《朱子语类》卷 140：“作诗先用看李、杜，如士人治本经，本既立，次第方可看苏、黄，以次诸家诗。”[⑦] 吴沆《环溪诗话》卷中：“仲兄又问山谷拗体如何，环溪曰：在杜诗中，‘城尖径窄旌旗愁，独立缥缈之飞楼’，‘峡坼云埋龙虎睡，江晴日抱鼋鼍游’，是拗体；如……，是拗体；如……，大是拗体；又如……等句，皆拗体也。盖其诗以律而差拗，于拗之中又有律焉。此体惟山谷能之，故有……等语，皆有可观。然诗才拗则健而多奇，入律则弱

① 傅璇琮：《黄庭坚和江西诗派研究资料汇编》，中华书局 1978 年版，第 123 页。
② 傅璇琮：《黄庭坚和江西诗派研究资料汇编》，中华书局 1978 年版，第 302 页。
③ 傅璇琮：《黄庭坚和江西诗派研究资料汇编》，中华书局 1978 年版，第 57 页。
④ 傅璇琮：《黄庭坚和江西诗派研究资料汇编》，中华书局 1978 年版，第 57 页。
⑤ 傅璇琮：《黄庭坚和江西诗派研究资料汇编》，中华书局 1978 年版，第 440 页。
⑥ 傅璇琮：《黄庭坚和江西诗派研究资料汇编》，中华书局 1978 年版，第 38 页。
⑦ 傅璇琮：《黄庭坚和江西诗派研究资料汇编》，中华书局 1978 年版，第 126 页。

为难工。荆公之诗入律而能健，比山谷则为过之。然合荆公与山谷，不能当一杜甫。”[①]“环溪仲兄问：‘山谷诗亦有可法者乎？’环溪曰：‘山谷除拗体似杜而外，以物为人一体最可法，于诗为新巧，于理亦未为大害。’”[②] 吴可《沧海诗话》：“学诗当以杜为体，以苏、黄为用，拂拭之则自然波峻，读之铿锵。盖杜之妙处藏于内，苏、黄之妙发于外。”“鲁直《饮酒》九首‘公择醉面桃花红，焚香默坐日生东’一绝，其体效《饮中八仙歌》。”[③]

受范温、胡仔、吴沆等影响，宋末元初方回在《瀛奎律髓》中对山谷体与老杜拗体之关系进行了全面总结，如方回《瀛奎律髓》评曾几：“《张子公召饮灵感院》：茶山曾公学山谷诗，有‘案上黄诗屡绝编’之句。此直生逼山谷，然亦所谓老杜吴体也。此体不独用之八句律，用为绝句尤佳，山谷《荆江亭病起十绝》是也。”[④]“《南山除夜》：合入时序诗中，以其为拗字吴体，近追山谷，上拟老杜，故列诸此。”[⑤] 指明了曾几、黄庭坚和杜甫之间的吴体、拗体承传关系。再如方回《瀛奎律髓》评山谷之卷二十五拗字类：“《题落星寺》：此学老杜所谓拗字吴体格，而编山谷诗者置《外集》古诗中，非是。”[⑥]“《汴岸置酒赠黄十七》：此见山谷《外集》，亦吴体学老杜者。”[⑦]“《题黄逸老致虚庵》：五六七句也，亦近吴体。又山谷永州题淡山岩前诗亦全是此体。”[⑧]

明清以来，相关批评言论文献亦不在少数，如胡应麟《诗薮》外编卷五：“老杜吴体，但句格拗耳，其语如……实皆冠冕雄丽。鲁直……自以平生得意，遍读老杜拗体，未尝有此等语。”[⑨]“黄、陈律诗法杜可也，至绝句亦用杜体，七言小诗，遂成突梯谑浪之资，唐人风韵，毫不复观，又在近体下矣。”[⑩] 田雯《古欢堂集》杂著卷二《论五言古诗》：“苏门六君子，无不掉鞅词场，凌躐流辈，而坡公于山谷则数效其体，前哲虚怀，往往如是。山

① 傅璇琮：《黄庭坚和江西诗派研究资料汇编》，中华书局1978年版，第163页。
② 傅璇琮：《黄庭坚和江西诗派研究资料汇编》，中华书局1978年版，第163页。
③ 傅璇琮：《黄庭坚和江西诗派研究资料汇编》，中华书局1978年版，第79页。
④ 傅璇琮：《黄庭坚和江西诗派研究资料汇编》，中华书局1978年版，第874页。
⑤ 傅璇琮：《黄庭坚和江西诗派研究资料汇编》，中华书局1978年版，第874页。
⑥ 傅璇琮：《黄庭坚和江西诗派研究资料汇编》，中华书局1978年版，第201页。
⑦ 傅璇琮：《黄庭坚和江西诗派研究资料汇编》，中华书局1978年版，第201页。
⑧ 傅璇琮：《黄庭坚和江西诗派研究资料汇编》，中华书局1978年版，第201页。
⑨ 傅璇琮：《黄庭坚和江西诗派研究资料汇编》，中华书局1978年版，第242页。
⑩ 傅璇琮：《黄庭坚和江西诗派研究资料汇编》，中华书局1978年版，第242页。

谷诗从杜、韩脱化而出，创新辟奇，风标娟秀，陵前轹后，有一无两。宋人尊为西江诗派，与子美俎豆一堂，实非悠谬。”① 翁方纲《七言律诗钞》卷首：“自杜公已有俳偕、吴体之作，晚唐诸人仅于句中平仄微见互换，非此例也，至山谷而矫之过甚矣。”② 方东树《昭昧詹言》卷二十：“山谷之学杜，绝去形摹，全在作用，意匠经营，善学得体，古今一人而已。”③ 黄宗羲《姜山启彭山诗稿序》：“少陵体则黄双井专尚之，流而为豫章诗派，乃宋诗之渊薮，号为独盛。”④ 费经虞《雅伦》卷二《体用》：“江西宗派体，宋黄山谷、杨廷秀诸公之诗。江西宗派专学杜、韩，实则诸公自为体耳。”⑤

第四，山谷体与西昆体之间的关系。宋人对山谷体与西昆体的关系就开始关注了，这主要是涉及西昆体与李商隐的关系，其源头则在李商隐与杜甫的关系，所以说山谷体与西昆体的关系仍旧是山谷体与杜体关系中的一个侧面。如叶梦得《石林诗话》卷中：“杨大年、刘子仪皆喜唐彦谦诗，以其用事精巧，对偶亲切。黄鲁直诗体虽不类，然亦不以杨、刘为过。”⑥ 朱弁《风月堂诗话》卷下：“李义山拟老杜诗云：‘岁月行如此，江湖坐渺然。’真是老杜语也。其他句……之类，置杜集中亦无愧矣，然未似老杜沈涵汪洋笔力有余也。义山亦自觉，故别立门户成一家。后人挹其余波，号西昆体，句律太严，无自然态度。黄鲁直深悟此理，乃独用昆体工夫，而造老杜浑成之地，今之诗人少有及者。此禅家所谓更高一著也。”⑦ 赵汝回《云泉诗序》：“近世论诗，有《选》体，有唐体，唐之晚谓昆体，本朝有江西体，江西起于变昆。昆不足道也，而江西以力胜，少涵泳之旨，独《选》体近古，然无律诗，故唐诗最著。”⑧ 再如金王若虚《滹南遗老集》卷四十《诗话》：“朱少章论江西诗律，以为用昆体功夫，而造老杜浑全之地。予谓用昆体功夫必不能造老杜之浑全，而至老杜之地者亦无事乎昆体功夫，盖二者不能相兼耳。”⑨

---

① 傅璇琮：《黄庭坚和江西诗派研究资料汇编》，中华书局 1978 年版，第 265 页。
② 傅璇琮：《黄庭坚和江西诗派研究资料汇编》，中华书局 1978 年版，第 303 页。
③ 傅璇琮：《黄庭坚和江西诗派研究资料汇编》，中华书局 1978 年版，第 325 页。
④ 傅璇琮：《黄庭坚和江西诗派研究资料汇编》，中华书局 1978 年版，第 458 页。
⑤ 傅璇琮：《黄庭坚和江西诗派研究资料汇编》，中华书局 1978 年版，第 458 页。
⑥ 傅璇琮：《黄庭坚和江西诗派研究资料汇编》，中华书局 1978 年版，第 46 页。
⑦ 傅璇琮：《黄庭坚和江西诗派研究资料汇编》，中华书局 1978 年版，第 84 页。
⑧ 傅璇琮：《黄庭坚和江西诗派研究资料汇编》，中华书局 1978 年版，第 453 页。
⑨ 傅璇琮：《黄庭坚和江西诗派研究资料汇编》，中华书局 1978 年版，第 453 页。

明清以来所论也很多，如明王鏊《震泽长语》：“为文好用事，自邹阳始。诗好用事，自庾信始，其后流为西昆体，又为江西派，至宋末极矣。”[①]清代以冯班、冯舒为代表，如冯班《同人拟西昆体诗序》：“呜呼！自江西派盛，斯文之废久矣。至于今日，耳食之徒羞言昆体。然王荆公云：‘学杜者当从李义山入。’欧阳文忠公尝称杨、刘之工。世有二公，必能鉴斯也。”[②] 冯舒、冯班、何焯评阅《瀛奎律髓》卷四十四疾病类，如冯班评陈与义《眼疾》诗：“太堆砌，如此何得薄昆体耶！江西派承昆体之后，用事多假借扭合，往往不可通。昆体用三十六体，用事出没皆本古法；黄、陈多杜撰，所以不及。”[③] 王夫之《夕堂永日绪论》：“人讥西昆体为獭祭鱼，苏子瞻、黄鲁直亦獭耳，彼所祭者肥油江豚，此所祭者吹沙跳浪之鲿鲨也。除却书本子，则更无诗。”[④] 翁方纲《七言诗歌行钞》卷十渔洋云：“山谷用昆体工夫，而直造老杜浑成之境，禅家所谓更高一著也。”[⑤] 纪昀等《紫微诗话》之四库提要云：“其学出于黄庭坚，尝作《江西宗派图》，以庭坚为主，而以陈师道等二十四人序列于下；宋诗之分门别户，实自是始。……又极称李商隐《重过圣女祠》诗‘一春梦雨常飘瓦，尽日灵风不满旗’一联，及《嫦娥》诗‘嫦娥应悔偷灵药，碧海青天夜夜心’二句，亦不主于一格。盖诗体始变之时，虽自出新意，未尝不兼采众长；自方回等一祖三宗之说兴，而西昆、江西二派，乃判如冰炭，不可复合。”[⑥] 洪昌燕《答友人问汉唐古诗乐府暨宋元明诸诗家书》：“山谷少宗昆体，未免纤秾。”[⑦] 刘熙载《艺概》卷二：“西昆体贵富，实贵清，襞积非所尚也；西江体贵清，实贵富，寒寂非所尚也。”“西昆体所以未入杜陵之室者，由文减其质也。质文不可偏胜，西江之矫西昆，浸而愈甚，宜乎复诒口实与。”[⑧]

第五，山谷体与元祐体、江西体、简斋体之间的关系，以及山谷体效仿继承历代作家文体的源流承传关系。关于元祐体，如陆游《曾文清公墓志

① 傅璇琮：《黄庭坚和江西诗派研究资料汇编》，中华书局1978年版，第456页。
② 傅璇琮：《黄庭坚和江西诗派研究资料汇编》，中华书局1978年版，第458页。
③ 傅璇琮：《黄庭坚和江西诗派研究资料汇编》，中华书局1978年版，第959页。
④ 傅璇琮：《黄庭坚和江西诗派研究资料汇编》，中华书局1978年版，第257页。
⑤ 傅璇琮：《黄庭坚和江西诗派研究资料汇编》，中华书局1978年版，第302页。
⑥ 傅璇琮：《黄庭坚和江西诗派研究资料汇编》，中华书局1978年版，第787页。
⑦ 傅璇琮：《黄庭坚和江西诗派研究资料汇编》，中华书局1978年版，第441页。
⑧ 傅璇琮：《黄庭坚和江西诗派研究资料汇编》，中华书局1978年版，第468页。

铭》："时禁元祐学术甚厉，而以剽剥穨闒熟烂为文，博士北子更相授受，无敢异一，少自激昂，辄摈弗取，曰：'是元祐体也！'公独愤叹，思一洗之。一日得经义绝伦者，而他场已用元祐体见黜，公争之，不可。明日会堂上，出其文诵之，一坐耸听称善，争者亦夺气。及启封，则内舍生陈元有也。元有遂释褐，文体为少变，学者相贺。"① 陆游师事江西派诗人曾几（文清），出入江西派，故而其上述之论可以间接看出山谷体或者说江西体与元祐体之间的微妙复杂关系。赵秉文《跋山谷草圣》："文章不蹈袭前人，最是不传之妙。华阳真逸，承李、杜之后，至更句读有三句五句之作。涪翁此书，殆有意于华阳之体欤！"② 方回《道中寒食二首》："简斋诗即老杜诗也。予平生持所见，以老杜为祖，老杜同时诸人皆可伯仲。宋以后山谷一也，后山二也，简斋为三，吕居仁为四，曾茶山为五，其他与茶山伯仲亦有之，此诗之正派也，余皆傍支别流，得斯文之一体者也。"③ 清张泰来《江西诗社宗派图录序》："大抵宗派一说，其来已久，实不昉自吕公也。严沧浪论诗体，始于《风》《雅》，建安而后，体固不一，逮宋有元祐体、江西体，注云元祐体即江西派，乃黄山谷、苏东坡、陈后山、刘后村、戴石屏之诗，是诸家已开风气之先矣。"④

其他论山谷体与蒜酪体及其福唐独木桥体的关系，如刘体仁《七颂堂词绎》："柳七最尖颖，时有俳狎，故子瞻以是呵少游，若山谷亦不免，如'我不合太撋就'类，下此则蒜酪体也。惟易安居士'最难将息，怎一个愁字了得'，深妙稳雅，不落蒜酪，亦不落绝句，真此道本色当行第一人也。"⑤ "山谷全首用声字为韵，注云'效福唐独木桥体'，不知何体也。然犹上句不用韵，至元美道场山则句句皆用山字，谓之戏作可也。词中如效醉翁也字，效楚辞些字兮字，皆不可无一，不可有二。"⑥ 沈雄《古今词话词品》卷上："山谷《阮郎归》全用山字为韵，稼轩《柳梢青》全用难字为韵，注云福唐体，即独木桥体也。竹山如效醉翁也字、楚辞些字兮字，一云

① 傅璇琮：《黄庭坚和江西诗派研究资料汇编》，中华书局1978年版，第857页。
② 傅璇琮：《黄庭坚和江西诗派研究资料汇编》，中华书局1978年版，第182页。
③ 傅璇琮：《黄庭坚和江西诗派研究资料汇编》，中华书局1978年版，第454页。
④ 傅璇琮：《黄庭坚和江西诗派研究资料汇编》，中华书局1978年版，第460页。
⑤ 傅璇琮：《黄庭坚和江西诗派研究资料汇编》，中华书局1978年版，第257页。
⑥ 傅璇琮：《黄庭坚和江西诗派研究资料汇编》，中华书局1978年版，第257页。

骚体，即福唐体也。究同嚼蜡。”① 再如山谷之艳词体制，田同之《西圃词说》：“言情之作，易流于秽，此宋人选词多以雅为尚。法秀道人语涪翁曰：‘作艳词，当堕犁舌地狱。’正指涪翁一等体制而言耳。”②

山谷体之所以众体兼备，除了上述所论之外，诸如仿太白、效渊明体、效退之体、效连珠体及其山谷体与东坡体的关系等，都是其兼备众体而独具特色的重要原因。如姚壎《宋诗略》卷九：“《题竹石牧牛图》：体制似仿太白《独漉篇》。”③ 黄爵滋《读山谷诗集》正集五言古：“《次韵吴宣义三径怀友》：此诗即效渊明体，而得其神理。”“《和邢惇夫秋怀十首》：山谷此种诗体，篇数愈多，意象愈远，为唐人所不到。”“《冲雨向万载道中得逍遥观遂托宿戏题》：戏体聊备一格，然不当入正集。”“《谢黄从善司业寄惠山泉》：此种变律为古，自成一体，的是变格。”④“《送彦孚主簿》：此种效退之体，固亦山谷所长。”“《再和公择舅氏杂言》：此种体不可学，亦不必学。”“《定交时效鲍明远体呈晁无咎》至《荆江即事》《药名诗》八首，各诗俱备体而已。”⑤“《题安石榴双叶》：此种体裁断不必学，恐成野战。”“《药名诗奉送杨十三余问省清江》：此种俗体断不必作。”⑥ 曾国藩《求阙斋读书录》卷十《山谷诗集》：“《岩下放言》史注：《文选》陆士衡有《连珠》五十首，山谷效其体，而更其名曰放言。国藩按：冠鼇台池亭之末不用偶句，灵椿之首不用韵语，又不与连珠体相合。此体篇无定句，句无定字，盖杂言之类耳。”⑦ 周之鳞《山谷先生诗钞序》：“世之称苏黄旧矣，不徒词翰之谓，惟诗亦然。然苏之诗丽而该，黄之诗遒而则，其规模似不相埒。……然则一体而同视可乎？”⑧

---

① 傅璇琮：《黄庭坚和江西诗派研究资料汇编》，中华书局1978年版，第268页。
② 傅璇琮：《黄庭坚和江西诗派研究资料汇编》，中华书局1978年版，第276页。
③ 傅璇琮：《黄庭坚和江西诗派研究资料汇编》，中华书局1978年版，第283页。
④ 傅璇琮：《黄庭坚和江西诗派研究资料汇编》，中华书局1978年版，第338页。
⑤ 傅璇琮：《黄庭坚和江西诗派研究资料汇编》，中华书局1978年版，第342页。
⑥ 傅璇琮：《黄庭坚和江西诗派研究资料汇编》，中华书局1978年版，第344页。
⑦ 傅璇琮：《黄庭坚和江西诗派研究资料汇编》，中华书局1978年版，第362页。
⑧ 傅璇琮：《黄庭坚和江西诗派研究资料汇编》，中华书局1978年版，第180页。

第五章　“江西派”文体文学思想对周邦彦的影响[①]

北宋中后期，苏轼主盟文坛，如众星捧月，在其周围聚集了一大批受业于其又各具面目的著名作家。文学上，他们彼此师友相传，批评借鉴；政治上，则共荣枯，同成败。他们在诗文词以及书、画、文学理论批评等领域均取得了足以辉映千古的成就，从而形成了一股声势浩大的文艺思潮。其中，苏门四学士之首黄庭坚更是戛戛独造，以其卓越的创作和理论被推为江西派宗祖，又有陈师道辅翼之，共同为这股文艺思潮推波助澜，颇具席卷横扫之势。相比之下，与这一作家群同时而年纪相差不远，被王国维誉为“两宋之间，一人而已”[②] 的大词人周邦彦却游离于这一文学主潮之外，孤零零地独擎词坛大纛，颇显冷落寂寞。据现有文献著述，未发现周邦彦与苏轼为首的文艺圈人士或者当时稍有名气文人的任何交游痕迹，当然这主要与新旧党争有关。那么是不是就可以因此认为周邦彦的创作与这一文学思潮毫无关联呢？当然不是。笔者认为，周邦彦之所以取得“集词学之大成，前无古人，后无来者”[③] 的卓绝成就，以及独特文体学思想的形成，恰与这一文艺思潮尤其是江西派宗主黄庭坚的文体观及其文学思想密不可分。

---

① 本章前三节发表于《江西师范大学学报》2009 年第 1 期。

② 周邦彦著、孙虹校注、薛瑞生订补：《清真集校注·〈清真先生遗事〉》，中华书局 2002 年版，第 467 页。

③ 陈匪石著、钟振振校：《宋词举（外三种）》，江苏古籍出版社 2002 年版，第 83 页。

第一节 周邦彦与苏、黄及其门人之间的微妙关系

北宋中后期，自神宗熙宁二年（1089）起，由新旧党争所掀起的政治狂潮便风起云涌，震荡不绝。波浪所及，名流士子几乎无一幸免地卷入其中并随之起起落落、浮浮沉沉。毫无例外地，本节所论周邦彦和苏、黄等人就皆为浪尖人物。前者“颇颂新法”，后者则全列“元祐党人碑”。那么，作为政治上的死敌，我们要谈江西派诗论词论对周邦彦词创作的影响，首先就要拨开笼罩在他们身上扑朔迷离的政治迷雾，以便更真切地看清他们之间的关系以及这种关系在创作上的影响。

迄今为止，尽管我们还不能发现周邦彦与苏门弟子有任何交往的线索，但是却有足够的证据说明他们之间的近密，近密的往往是“你方唱罢我登场”般地擦肩而过。

首先，周邦彦与苏轼及其门人之间仕宦官职上的关系颇微妙，发人深省。元丰二年（1079），周邦彦入太学。元丰七年（1084），邦彦献《汴都赋》，得神宗赏识，自诸生一命为太学正。元丰八年（1085），神宗崩，高太后执政，用司马光为相，实行“元祐更化”。结果，旧党入朝，新党贬斥。随着苏轼于元丰八年入朝执掌大权，其门人亦于元祐元年（1086）由外任陆续来京任职。其中，晁补之为太学正，张耒为太学录，秦观为太学博士，黄庭坚任秘书省校书郎。与此同时，周邦彦则离开太学，出任庐州教授。元符元年 1098)，哲宗新政，周邦彦召对崇政殿，重进《汴都赋》，除秘书省正字。元符三年（1100）陈师道除秘书省正字。徽宗建中靖国元年（1101），清真迁秘书省校书郎。不难看出，亦不难想到，太学与秘书省如纽带，把周邦彦与黄、陈、秦、张、晁等紧密地联系起来，即便他们之间因为政治观点的不同没有直接交往，但毫无疑问，彼此在心中的地位一定不轻，脑海中当会时常浮现各自的身影……因为，他们没准儿同在太学的那把藤椅上闭目养神过，同在秘书省的那个书桌上伏案疾书过，说不定插在腰间的笏板就是同一个……

还有，周邦彦与苏轼的关系也极耐人寻味。周邦彦叔父周邠，与苏轼过

从甚密，“熙宁间，苏轼倅杭，多与酬唱，所谓周长官者是也。”① 时邦彦十八九岁，而“轼喜宏奖风流，对此‘通家子’，宜其乐于奖掖，乃两者集中，皆不一见姓名，岂邦彦少时，果如《宋史》所言‘疏隽少检，不为乡里所重耶’?”② 如果这时未见二人交往是因为上述原因的话，那么此后“作为故人子弟，与苏轼绝无通问。这不免是个迹象，表明他们之间存在着妨碍彼此走向一起的政治分野”③。可以说，抛开苏轼当时在文坛政界的声名显赫这层不说，即便单从周邠这一中介来看，周邦彦亦会对苏轼知之甚深并旁及其门人。

此外，周邦彦与苏门弟子之间年龄上的差别，亦有值得我们深思的东西。苏轼长周邦彦 20 岁，黄庭坚长其 11 岁，余者秦观、张耒、晁补之、陈师道等则长其 2 至 7 岁不等。也就是说，在周邦彦 20 岁左右进入创作时，苏轼、黄庭坚则恰已进入创作和理论的成熟期。那么，领导文艺潮流，代表宋诗最高成就和风格特色的“苏、黄”之创作、之理论，无疑会对“初出茅庐”的周邦彦产生巨大影响。

不过，有人也许会问：当时新党旧党势同水火、壁垒森严，致无人敢越雷池半步。稍有闪失，轻则贬谪流放，重则殃及亲友，甚至有掉脑袋的危险。何况，苏黄等的诗文集屡遭禁毁。这种形势下，周邦彦会或者说敢借鉴江西派诗论来指导自己创作吗？其实，政治上的对立并不一定昭示文艺上的绝别。而大词人周邦彦自有其高明来掩饰这种矛盾以保护自己于无形无迹。

元丰二年（1079），周邦彦入太学，就在这一年，大名鼎鼎的苏东坡因“乌台诗案”差点送命，最终被贬黄州。这桩事几乎震动朝野，妇孺皆知。显然，这对于初入仕途，抱着远大政治理想的周邦彦来说，不啻一个警示如当头棒喝。元丰七年（1084），进《汴都赋》，受到神宗赏识，自诸生一命为太学正。其后，“以一赋而得三朝眷顾”。赋中“颇颂新法”，而“神宗、哲宗、徽宗”皆为提倡变法之君主，从中可以想见周邦彦对三朝君主知遇之恩的如何感激涕零，以及如何坚定其一生步趋新党，绝交旧党。

另一方面，终北宋之世，不涉诗域而专力于词的除晏几道外，恐怕便唯

① 厉鹗：《宋诗纪事》卷 23，文渊阁四库全书本。
② 龙榆生：《龙榆生词学论文集》，上海古籍出版社 1997 年版，第 319 页。
③ 吴熊和：《吴熊和词学论集》，杭州大学出版社 1999 年版，第 253 页。

有周邦彦了。而其时正是苏黄以他们卓越的创作和理论把宋诗推到与唐诗比肩的高度，也即正是宋诗创作的高潮成熟阶段。那么周邦彦之不作诗或绝少作诗应该是“事出有因”了。笔者浅见，原因之一，便是大词人因党争而惧“文字之祸”，而“乌台诗案”则成了周邦彦与诗绝缘的“催化剂”。观念上，“诗以言志”，“志”通常指儒家用世之志，包括治国平天下的政治主张。故“言志”易触动禁忌。“词以抒情”，“情”通常主要指世俗男女之情，亦包括羁旅行役、伤春悲秋的个人情感。在宋代理学盛行的情势下，这类感情是难登大雅之堂的，因之也不会引来统治者或政敌的注意。于是，周邦彦便谨慎地选择“词”这种自由的文体来抒发一己之感慨。也因此，本为在诗中抒写的骚人雅意，一并积蓄于“小词”中，从而形成了“沉郁顿挫”的风格。

接下来的问题是，主观上周邦彦自由地选择了词“这种自由的文体来抒发他自由的感情”；但客观上，他却不能无视或拒绝那股狂劲的文艺思潮。自然地，经过对比和选择，周邦彦自身的创作理念和条件与江西派诗论词论相吻合。而江西派诗论较系统，词论则较散碎。那么，周邦彦用江西派理论来指导自己词的创作也就不太引人注目了。这实为明智之举，也可见其确实曾煞费苦心。

以上尽可能地梳理了周邦彦与苏轼文人圈及江西派人士之间的关系，无非是让人更清楚地知道苏轼文人圈及江西派人士确实或者应该会对周邦彦产生影响。下面就具体论述江西派诗论词论是如何影响周邦彦词创作的。

第二节　黄庭坚文论与历代评价周邦彦词论比较

尽管我们还不能发现周邦彦在文学理论批评方面的片言只语，但从后世大量的诸如词话一类的论词专著中，不难发现并总结出其创作中遵循和闪现的理论倾向和光焰。若把这些精到透辟的论述与江西派诗论词论两相比照，便可清晰地显示它们与江西派诗论词论是何其吻合相似，从而可以证实江西派诗论词论对清真词创作的影响。本节所指江西派诗论词论主要以江西派宗主黄庭坚的理论为基础。以下分而述之。

首先，山谷、清真都非常重视学问积累对创作的重要。黄庭坚“十分重视熟读古书，揣摩古人作品对于诗文创作的作用”[①]，屡屡提到学问积累的重要：

> 语言高妙，似非吃烟火食人语。然非胸中有万卷书，笔下无一点尘俗气，孰能至此。(《跋东坡乐府》)
>
> 词意高胜，要从学问中来尔。(《论作诗文》)
>
> 意者读书未破万卷，观古人文章未能尽得其规摹。(《跋书柳子厚诗》)
>
> 自作语最难，老杜作诗，退之作文，无一字无来处，盖后人读书少，故谓韩杜自作此语耳。(《答洪驹父书》)
>
> 诗政欲如此作。其未至者，探经术未深，读老杜、李白、韩退之诗不熟耳。(《与徐师川书》)[②]

清真词亦“纵横博大，千变万化”，其学问宏富，包罗万有，正如龙榆生所言：“知清真之学，虽专注于辞章，而博览群书，储材至富，一如杜甫所谓‘读书破万卷，下笔如有神’者，此清真词成就之始基也”[③]。他如：

> 先生《汴都赋》……壮采飞腾，奇文绮错。二刘博奥，乏此波澜：两苏汪洋，逊其典则。至今同时硕学，只诵偏旁；异地通儒，或穷音释，然在先生犹为少作也。
>
> 性落魄不羁，涉略书史。
>
> 少涉略书史。……元丰中，献《汴都赋》七千言，多古文奇字，

① 参见顾易生、蒋凡、刘明今《宋金元文学批评史》，上海古籍出版社1996年版，第192—211、576—581页。

② 参见顾易生、蒋凡、刘明今《宋金元文学批评史》，上海古籍出版社1996年版，第192—211、576—581页。

③ 龙榆生：《龙榆生词学论文集》，上海古籍出版社1997年版，第319页。

> 神宗嗟异，命左丞李清臣读于迩英阁，多以边旁言之，不尽悉也。[①]

可见，清真自少便涉略书史，胸怀万卷。虽然这并不能说明是受了黄庭坚的影响，因为博学多识可以说是每个古代士子进取的不可或缺的条件。但无疑，周邦彦早年的学问积累，为其日后运用山谷理论指导创作打下了坚实的基础，使其在进行词创作的初始便与黄庭坚的理论主张一拍即合。

其次，山谷清真在创作中都善于熔化成句，点铁成金。“点铁成金”与“夺胎换骨”是黄庭坚诗论中影响很大的一个内容。他在创作中也比较成功地运用了“点铁成金”的方法，从而在借鉴前人的基础上推陈出新，如《病起荆江亭即事十首》之八等。这一理论在当时发生较大影响。

> 古之能为文章者，真能陶冶万物，虽取古人之陈言入于翰墨，如灵丹一粒，点铁成金也。（《答洪驹父书》）

> 山谷曰：诗意无穷，而人之才有限：以有限之才追无穷之意，虽渊明、少陵不得工也。然不易其意而造其语，谓之换骨法：窥入其意而形容之，谓之夺胎法。（惠洪《冷斋夜话》）[②]

黄庭坚此说体现了他“以故为新，以俗为雅”的借鉴前人诗歌语言艺术的主张。而且“他常以其论诗的旨趣论词，如其称晏几道的词为‘寓以诗人句法’，未尝不是夫子自道”[③]。这也与苏轼“以诗为词”的创作方法相同。清真词集大成，但其对后人影响最大，为词论家所最称道的当是他的善于融化前人诗句入词，浑然天成，如从己出，并成为词人规摹的法则。词论家于此多有阐述：

> 本朝词人罕用此（红叶）事，惟周清真乐府两用之。……脱胎换骨之妙极矣。（庞元英《谈薮》）

① 参见周邦彦著、孙虹校注、薛瑞生订补《清真集校注》，中华书局2002年版，第411—427页。

② 参见顾易生、蒋凡、刘明今《宋金元文学批评史》，上海古籍出版社1996年版，第192—211、576—581页。

③ 参见周邦彦著、孙虹校注、薛瑞生订补《清真集校注》，中华书局2002年版，第411—427页。

> 美成词负一代词名，所作之词，浑厚和雅，善于融化词句。（张炎《词源》）

> 采唐诗融化如自己者，乃其所长。（张炎《词源》）

> 美成词，熔化成句，工炼无比，然不借此见长。（陈廷焯《白雨斋词话》）[①]

周邦彦善于融化前人诗句入词，自然贴切，博学工巧。但这仅是表面，更重要的是“词人隐括前人诗句之所以为高妙，不在于用得自然、化得无迹，而在于他化用陈句时，能借用古人彼时彼地感时怀古的诗句，重新铸造自己此时此地感叹国家兴亡、怀古伤今的诗歌灵魂”[②]，也正符合了苏轼提出、黄庭坚首肯的“以故为新”“以俗为雅”的主张。他不仅从字面上，而且从意境上点化前人诗句，从而创造出新的语言和新的意境。这种创作方法与黄庭坚“点铁成金”说简直如出一辙，足见其对周邦彦词创作具有极大影响。

第三，山谷、清真论诗作词都很看重法度。范温《潜溪诗眼》云：“山谷言文章必谨布置，每见后学，多告以《原道》命意曲折，概考古人法度。”黄庭坚对诗词创作中的法度、字眼、句法、浑化、结构等方面很讲究，其诗论词论中屡屡涉及：

> ……之作，篇籍俱在，法度灿然，可讲而学也。（《扬子建通神论序》）

> 语约而意深，文章之法度，盖当如此。（《答何静翁》）

> 乃独嬉弄于乐府之余，而寓以诗人句法，清壮顿挫。（《小山词序》）

> 其作诗渊源，得老杜句法，今之诗人，不能当也。（《答王子飞》）

① 参见周邦彦著、孙虹校注、薛瑞生订补《清真集校注》，中华书局2002年版，第411—427页。
② 沈家庄：《宋词文化与文学新视野》，人民文学出版社2001年版，第217页。

拾遗句中有眼，彭泽意在无弦。(《赠高子勉》)①

我们再看后人对周邦彦词关于这些方面的评论，亦即其词所反映出来重视法度的相关理论倾向。若与上面所引黄庭坚重视“法度”的观念做一比较，便会一目了然：

顿挫之妙，理法之精，千古词综，自属美成。(陈廷焯《白雨斋词话》)

词法莫密于清真，词理莫深于少游。(陈廷焯《白雨斋词话》)

自屯田出而词法立，清真出而词法密。(蔡嵩云《柯亭词论》)

美成深清律吕，其所作皆具有法度。(林大椿《跋清真集》)

至于起伏顿挫，开合照应，格局神气，无不酷肖而吻合。(杨铁夫《清真词选笺释序》)②

不难看出，黄庭坚论诗词皆极其重视法度（句法、字眼、结构等）的谨严，而周邦彦之“择言、造句、开合、格局”亦皆具有法度，词作也达到了“浑成、浑厚、浑化”的理想高度。黄庭坚所言的“法度”比较具体可行，易于为后学所接受、所宗尚，“江西诗派”的形成当与此有关。周邦彦词作亦“有法可依”，致有宋季方千里、杨泽民、陈允平三家和其全词，形成词学界一大景观。通过以上的比较和分析，不言自明，仅就“法度”这一范畴来说，黄庭坚之于周邦彦的影响也是显而易见的事。

第三节　杜甫的“介入”与黄庭坚、周邦彦的关系

有一个现象饶有意味，似乎更能说明黄、周之间的“关系”，那就是杜

① 参见顾易生、蒋凡、刘明今《宋金元文学批评史》，上海古籍出版社 1996 年版，第 192—211、576—581 页。

② 参见周邦彦著、孙虹校注、薛瑞生订补《清真集校注》，中华书局 2002 年版，第 411—427 页。

甫的“介入”。金元好问云：“近世唯山谷最知子美。”（《杜诗学引》）是为的论。在苏轼提出了“一饭未尝忘君”“集大成”的尊杜观点背景下，黄庭坚提出了以杜甫为诗家宗祖的文学主张。他“把晚期杜诗视为宋诗美学理想的参照典范，他的尊杜观点最能体现宋代诗学的时代精神”①。黄庭坚作品及理论中对杜甫之标举俯拾即是：

> 但熟观杜子美到夔洲后古律诗，便得句法简易，而大巧出焉，平淡而山高水深，似欲不可企及。（《与王观复书》）

> 子美妙处乃在无意于文，夫无意而意已至，非广之以《国风》《雅》《颂》，深之以《离骚》《九歌》，安能咀嚼其意味，闯然入其门耶？（《大雅堂记》）②

宋末元初方回倡“一祖三宗”之说，“一祖”为杜甫，“三宗”则首列黄庭坚，亦可见黄庭坚及江西派对杜甫的学习和推崇。至于周邦彦，大学者王国维先生如此评价：“词中老杜，则非先生不可。”（《清真先生遗事》）钦敬之情，溢于言表。后世词论家或从风格或从地位等方面将周邦彦喻为杜甫之言，亦比比皆是：

> 美成如杜，白石兼王、孟、韦、柳之长。（胡念贻等辑《词洁辑评》）

> 晋卿推其沉著拗怒，比之少陵。（周济《周济词辨自序》）

> 词之清真犹文家有马、扬，诗家之有杜甫，吐纳众流，范围百族，古今作者，莫之与竞矣。（汪东《唐宋词选》）

> 词至美成，乃有大宗。然其妙处，亦不外沉郁顿挫。（陈廷焯《白

---

① 袁行霈主编：《中国文学史》，高等教育出版社1999年版，第95页。

② 参见顾易生、蒋凡、刘明今《宋金元文学批评史》，上海古籍出版社1996年版，第192—211、576—581页。

雨斋词话》)

如杜陵之诗，包括万有，空诸依傍，纵横博大，千变万化之中，却极沉郁顿挫，忠厚和平。(陈廷焯《白雨斋词话》)

周邦彦集词学之大成，前无古人，后无来者。(陈匪石《声执》)①

其中，笼罩在杜甫身上最耀眼的光环即“沉郁顿挫”和“集大成”，也同样被戴在了周邦彦的头上。一方面，这说明了周邦彦之于词史的举足轻重几与杜甫之于诗史并驾齐驱；另一方面，则更深切地道出了周邦彦与杜甫文学思想之间的微妙关系。上面分别列举了关于黄庭坚的尊杜学杜，周邦彦的化杜似杜，亦即黄、周各自与杜甫的密切关系。当然，这不是巧合，因为“到了北宋中叶，尊杜成为整个诗坛的共识”②。其中，苏轼提出的“一饭未尝忘君”说、“集大成”说和黄庭坚以杜甫为诗家宗祖的主张，无疑是这股“尊杜”思潮的主流。所以，周邦彦词创作和风格的杜甫渊源，显然是受苏、黄“尊杜”文学思潮的熏染。这也从一个侧面证明了黄庭坚文学理论对周邦彦词创作的影响。③

第四节　周邦彦的文体学思想——兼与杜甫、黄庭坚进行比较

通过辑录检视自宋以来历代批评家关于周邦彦以词为主的文学创作评论文献，我们提炼出周邦彦的文体学思想，包括本色当行的辨体尊体论、破体变体论、以诗为词论、偏长某体与兼备众体论、文体源流论等。如上文所言，相关文体论亦与杜甫和黄庭坚有很大关联，可以说是宋代文体学思想的重要组成部分。

一，本色当行，辨体尊体。宋代“文章以体制为先”的辨体尊体论颇为兴盛，其中非常重要的另一种表述方式就是“本色当行”论，如严羽

① 参见周邦彦著、孙虹校注、薛瑞生订补《清真集校注》，中华书局2002年版，第411—427页。

② 袁行霈主编：《中国文学史》，高等教育出版社1999年版，第94页。

③ 任竞泽：《论“江西诗派”文学思想对周邦彦词创作的影响》，《江西师范大学学报》2010年第3期。

《沧浪诗话·诗法》：“须是本色，须是当行。”[①]《诗辨》：“惟悟乃为当行，乃为本色。”“韩退之《琴操》极高古，正是本色，非唐贤所及。”[②] 王水照先生对本色当行的尊体辨体特征解释是这样的：“尊体，要求遵守各类文体的审美特性、形制规范，维护其‘本色’、‘当行’。”“强调的‘本色’即是文体的质的规定性。”[③]

关于周邦彦的词，历代词评家多从尊体辨体的角度认为其本色当行，并与黄庭坚进行比较，如周济《宋四家词选目录序论·附录》评《法曲献仙音·蝉咽凉柯》：“结是本色俊语。”[④] 评《红罗袄》：“此亦本色佳制也。本色至此便足，再过一分，便入山谷恶道矣。”[⑤]《乔大壮手批周邦彦片玉集》评《南乡子》：“词客当行之笔。”[⑥] 这种本色当行之词也就是词之正体、正宗、正则、雅正，如陈廷焯《词则·闲情集》评《点绛唇·辽鹤归来》：“缠绵凄咽，措语亦极大雅，艳体正则也。”[⑦] 王世贞《艺苑卮言·词之正宗与变体》：“言其业，李氏、晏氏父子、耆卿、子野、美成、少游、易安至矣，词之正宗也。”[⑧] 邹祗谟《远志斋词衷·董文友词论》：“清真乐章，以短调行长调，故滔滔莽莽处，如唐初四杰，作七古嫌其不能尽变。”[⑨] 王士祯《花草蒙拾·温韦非变体》：“夫温、韦视晏、李、秦、周，譬赋有《高唐》、《神女》，而后有《长门》、《洛神》。”[⑩] 刘体仁《七颂堂词绎·周美成词体雅正》：“周美成不止不能作情语，其体雅正，无旁见侧出之妙。”[⑪] 沈曾植《菌阁琐谈》附录《手批词话三种·词筌》：“‘长调推秦、柳、周、康为协律。’先生批云：‘以宋世风尚言之，秦、柳为当行，周、康为协律，四家并提，宋人无此语也。’”[⑫] 再如田同之《西圃词说·王士祯论词》：

---

① 袁行霈主编：《中国文学史》，高等教育出版社 1999 年版，第 693 页。

② 何文焕：《历代诗话》，中华书局 1981 年版，第 698 页。

③ 王水照：《宋代文学通论》，河南大学出版社 1997 年版，第 77 页。

④ 周邦彦著、孙虹校注、薛瑞生订补：《清真集校注》，中华书局 2002 年版，第 118 页。

⑤ 周邦彦著、孙虹校注、薛瑞生订补：《清真集校注》，中华书局 2002 年版，第 179 页。

⑥ 周邦彦著、孙虹校注、薛瑞生订补：《清真集校注》，中华书局 2002 年版，第 316 页。

⑦ 周邦彦著、孙虹校注、薛瑞生订补：《清真集校注》，中华书局 2002 年版，第 343 页。

⑧ 周邦彦著、孙虹校注、薛瑞生订补：《清真集校注》，中华书局 2002 年版，第 414 页。

⑨ 周邦彦著、孙虹校注、薛瑞生订补：《清真集校注》，中华书局 2002 年版，第 415 页。

⑩ 周邦彦著、孙虹校注、薛瑞生订补：《清真集校注》，中华书局 2002 年版，第 415 页。

⑪ 周邦彦著、孙虹校注、薛瑞生订补：《清真集校注》，中华书局 2002 年版，第 414 页。

⑫ 周邦彦著、孙虹校注、薛瑞生订补：《清真集校注》，中华书局 2002 年版，第 419 页。

“有诗人之词，唐、蜀、五代诸人是也。文人之词，晏、欧、秦、李诸君子是也。有词人之词，柳永、周美成、康与之之属是也。有英雄之词，苏、陆、辛、刘是也。”① 所谓词人之词有别于诗人之词和文人之词等，正是着眼于周邦彦词的本色尊体正体来说的。再如《封背题识》：“近世所议其多俳体者，要皆出于乐府遗音，实倚声之当行本色，非专家不能为之。”②

宋代其他诗话中的本色论多涉苏、黄及其江西诗派，可以与上列周邦彦相关文献对照参看以见其关系，如《艇斋诗话》：“东坡之文妙天下，然皆非本色，与其他文人之文、诗人之诗不同。文非欧曾之文，诗非山谷之诗，四六非荆公之四六，然皆自极其妙。”③ 而《江西诗派小序》则认为黄庭坚诗“极天下之本色”：“后山地位去豫章不远，故能师之。若同时秦晁诸人，则不能为此言矣。此惟于诗者知之。文师南丰，诗师豫章，二师皆极天下之本色，故后山诗文高妙一世。”④ 明代胡应麟所云更有代表性：“文章自有体裁，凡为某体，务须寻其本色，庶几当行。”⑤ 往往为现当代文体学者所引用。

二，破体创调，变体革新。在文体的正变上，周邦彦以本色尊体之正为主，但在词体的破体创调上也很有成就，这一点与杜甫、黄庭坚都有相似之处。关于其词创作的变体革新及其在宋代词学史上的地位，如江顺诒辑、宗山参订《词学集成》卷五：陈曼生《衡梦词》序云：“夫流品别则文体衰，摘句图而诗学蔽。……是以耆卿骞翮于津门，邦彦厉响于照碧。至北宋而一变。”⑥ 江顺诒辑、宗山参订《词学集成》卷五：“宋之乐用于庆赏饮宴，于是周、秦以绮靡为宗，史、柳以华缛相尚，而体一变。”⑦ 张祥龄《词论·词变体格》：“片玉善言‘羁旅’，白云善言‘隐逸’，终身由之而不知其道者，天也。”⑧ 所谓“至北宋而一变”“而体一变”云云，都看到了周邦彦词在北宋词体革新的转关作用。具体来说，如小令创新上，陈廷焯《词则·大雅集》评菩萨蛮：“美成小令于温、韦、晏、欧外，别开境界，遂为

① 周邦彦著、孙虹校注、薛瑞生订补：《清真集校注》，中华书局 2002 年版，第 416 页。
② 周邦彦著、孙虹校注、薛瑞生订补：《清真集校注》，中华书局 2002 年版，第 514 页。
③ 丁福保：《历代诗话续编》，中华书局 1983 年版，第 323 页。
④ 丁福保：《历代诗话续编》，中华书局 1983 年版，第 479 页。
⑤ 胡应麟：《诗薮》，上海古籍出版社 1958 年版，第 11 页。
⑥ 周邦彦著、孙虹校注、薛瑞生订补：《清真集校注》，中华书局 2002 年版，第 417 页。
⑦ 周邦彦著、孙虹校注、薛瑞生订补：《清真集校注》，中华书局 2002 年版，第 418 页。
⑧ 周邦彦著、孙虹校注、薛瑞生订补：《清真集校注》，中华书局 2002 年版，第 423 页。

南宋诸名家所祖。”① 长调破体上，如王国维《人间词话删稿·周柳苏辛最工长调》评《浪淘沙慢》：“长调自以周、柳、苏、辛为最工。美成《浪淘沙慢》二词，精壮顿挫，已开北曲之先声。”② 关于这一点，王国维的“创调之才多”可谓最具权威和说服力了，如王国维《人间词话·美成创意少》：“美成深远之致不及欧、秦，唯言情体物，穷极工巧，故不失为第一流之作者。但恨创调之才多，创意之才少耳。”③

当然，也因为周邦彦词作语体的创新，致使偏离雅正而具有俗俳的倾向，如冯金伯《词苑萃编》卷二十二评《红窗迥》：“《客亭类稿》引周邦彦亦有《红窗迥》词云：‘（词略）此亦词中俳体，而尚饶情趣，迥异柳七、黄九诸阕。’”④ 陆辅之《词旨》下：“词用虚字贵得所，雅则得所耳。当时俳体颇俗，屯田最甚，清真不免时见。”⑤ 不免为后人所讥，但其是非功过亦难成定论。杜甫和黄庭坚文体学思想中的破体变体观念前文已有详尽论述，可以参看，兹不赘述。

三，以诗为词。宋代辨体理论的核心“文章以体制为先”的尊体辨体理念，是在具体的诸如诗文之辨、诗词之辨、古律之辨等文类辨析中总结出来的，也就是辨体与变体这一中国古代文体学上的对立范畴之争。吴承学先生《破体之通例》云：“传统的文学创作与批评十分重视‘辨体’……然而宋代以后，破体为文成为一种风气：以文为赋、以文为四六、以文为诗、以诗为词、以古为律等在在可见。”⑥ 其中，关于以诗为词的诗、词之辨，主要有两种截然不同的观点：其一是尊体，认为词与诗体裁不同，文体规范有别，风格也因之而各有特色。如陈师道《后山诗话》所云：“退之以文为诗，子瞻以诗为词，如教坊雷大使之舞，虽极天下之工，要非本色。今代词手，惟秦七黄九尔，唐诸人不逮也。”⑦ 认为秦观词之情感含蓄风格婉约最为本色当行，而苏轼以诗为词，以词言志，失去了词体须“要眇宜修”的

① 周邦彦著、孙虹校注、薛瑞生订补：《清真集校注》，中华书局2002年版，第143页。
② 周邦彦著、孙虹校注、薛瑞生订补：《清真集校注》，中华书局2002年版，第305页。
③ 周邦彦著、孙虹校注、薛瑞生订补：《清真集校注》，中华书局2002年版，第424页。
④ 周邦彦著、孙虹校注、薛瑞生订补：《清真集校注》，中华书局2002年版，第378页。
⑤ 周邦彦著、孙虹校注、薛瑞生订补：《清真集校注》，中华书局2002年版，第414页。
⑥ 吴承学：《中国古代文体形态研究》，中山大学出版社2002年版，第429页。
⑦ 何文焕：《历代诗话》，中华书局1981年版，第309页。

婉约本色。这是宋人及至明清学者推尊词体的共同主张。其二认为诗词没有分别，极力赞赏诸如苏轼“以诗为词”，对“以诗为词”这种破体现象态度宽容并包。如针对陈师道上述反对“以诗为词”的经典言论，金代王若虚中就提出了不同意见，其《滹南诗话》云：“陈后山谓子瞻以诗为词，大是妄论，而世皆信之，独茅荆产辨其不然，谓公词为古今第一。今翰林赵公亦云此，与人意暗同。盖诗词只是一理，不容异观。”①

周邦彦词最大的成就就是“以诗为词”，这从宋人陈振孙、张炎、沈义父等就看到并指出来，往往称之为“多用唐人诗句隐括入律，浑然天成”“采唐诗融化如自己者”“善于融化词句”“往往自唐、宋诸贤诗句中来，而不用经史中生硬字面，此所以为冠绝也”等等，可以看出，都是极为赞赏。如陈振孙《直斋书录解题》卷二十一：“周美成多用唐人诗句隐括入律，浑然天成。长调尤善铺叙，富艳精工，词人之甲乙也。”② 张炎《词源》卷下：“美成词只当看他浑成处，于软媚中有气魄。采唐诗融化如自己者，乃其所长。惜乎意趣却不高远。”③“美成负一代词名，所作之词，浑厚和雅，善于融化词句，而于音谱，且间有未谐，可见其难矣。作词者多效其体制，失之软媚，而无所取。此惟美成为然，不能学也。”④ 沈义父《乐府指迷·清真词所以冠绝》：“凡作词，当以清真为主，盖清真最为知音，且无一点市井气，下字运意，皆有法度，往往自唐、宋诸贤诗句中来，而不用经史中生硬字面，此所以为冠绝也。”⑤ 再如毛幵《樵隐笔录》云：“绍兴初，都下盛行周清真‘咏柳’《兰陵王慢》，西楼南瓦皆歌之，谓之《渭城三叠》。”⑥ 也是以诗比词。

清代词学繁荣，一些著名词学批评家诸如谭献、陈廷焯、王国维及其近现代学者如俞平伯等都对其“以诗为词”评价极高，如谭献《复堂词话·评周邦彦词》《六丑·蔷薇谢后作》：“但以七言古诗长篇法求之，自悟。”⑦ 谭献《谭评词辩》卷一评《满庭芳·夏日溧水无想山作》：“‘且莫’二句，

---

① 丁福保：《历代诗话续编》，中华书局1983年版，第517页。
② 周邦彦著、孙虹校注、薛瑞生订补：《清真集校注》，中华书局2002年版，第412页。
③ 周邦彦著、孙虹校注、薛瑞生订补：《清真集校注》，中华书局2002年版，第412页。
④ 周邦彦著、孙虹校注、薛瑞生订补：《清真集校注》，中华书局2002年版，第413页。
⑤ 周邦彦著、孙虹校注、薛瑞生订补：《清真集校注》，中华书局2002年版，第413页。
⑥ 周邦彦著、孙虹校注、薛瑞生订补：《清真集校注》，中华书局2002年版，第37页。
⑦ 周邦彦著、孙虹校注、薛瑞生订补：《清真集校注》，中华书局2002年版，第86页。

杜诗韩笔。”[①] 陈廷焯《词则·放歌集》评《西河金陵怀古》：“此词以‘山围故国’、‘朱雀桥边’二诗作蓝本，融化入律，气韵沉雄，音节悲壮。”[②] 陈洵《海绡翁说词稿》评《渡江云》：“‘暖回’二句……皆从前人诗句化出。”[③] 沈际飞《草堂诗余正集》评《红林檎近·咏雪》：“咏雪‘高’字有力，‘才’字有思，言雪时柳高而未软也，诗之兴体。”[④] 王国维《人间词话删稿·言气质神韵不如言境界》：“‘西风吹渭水，落叶满长安’，美成以之入词，白仁甫以之入曲，此借古人之境界为我之境界者也。”[⑤] 俞平伯《论诗词曲杂著》评《满庭芳·夏日溧水无想山作》：“通篇用事，多系唐大家诗，意境沉雄，音调圆润。”郑文焯撰、叶恭绰辑录《大鹤山人词话附录》：“沈伯时论词云：‘读唐诗多，故语多雅淡。’宋人有隐括唐诗之例。玉田谓：‘取字当从温、李诗中来。’今观美成、白石诸家，嘉藻纷缛，靡不取材于飞卿、玉溪，而于长爪郎奇隽语，尤多裁制。”[⑥]《片玉词》《四库全书总目提要》：“其词多用唐人诗句隐括入调，浑然天成，长篇尤富艳精工，善于铺叙。……又邦彦本通音律，下字用韵皆有法度。”[⑦] 阮元《宛委别藏》钞本详注周美成《片玉集》十卷四库提要：“元龙以美成词借字用意言言俱有来历，乃广为考证详加笺注焉。”[⑧] 郑文焯《清真词校后录要》：“美成词切情附物，风力奇高，玉田谓其取字‘皆从唐之温、李及长吉诗中来’一语，思过半矣。”[⑨] 陈廷焯《词坛丛话·美成词工炼无比》：“美成词，镕化成句，工炼无比，然不借此见长。此老自有真面目，不以掇拾为能也。”[⑩]《封背题识》：“清真风骨原于唐诗人之刘梦得、韩致光，与屯田所作异曲同工。”[⑪] 江顺诒辑、宗山参订《词学集成》卷五：“汪稚松云：‘茗柯词选，

---

① 周邦彦著、孙虹校注、薛瑞生订补：《清真集校注》，中华书局 2002 年版，第 103 页。
② 周邦彦著、孙虹校注、薛瑞生订补：《清真集校注》，中华书局 2002 年版，第 291 页。
③ 周邦彦著、孙虹校注、薛瑞生订补：《清真集校注》，中华书局 2002 年版，第 123 页。
④ 周邦彦著、孙虹校注、薛瑞生订补：《清真集校注》，中华书局 2002 年版，第 260 页。
⑤ 周邦彦著、孙虹校注、薛瑞生订补：《清真集校注》，中华书局 2002 年版，第 71 页。
⑥ 周邦彦著、孙虹校注、薛瑞生订补：《清真集校注》，中华书局 2002 年版，第 423 页。
⑦ 周邦彦著、孙虹校注、薛瑞生订补：《清真集校注》，中华书局 2002 年版，第 503 页。
⑧ 周邦彦著、孙虹校注、薛瑞生订补：《清真集校注》，中华书局 2002 年版，第 503 页。
⑨ 周邦彦著、孙虹校注、薛瑞生订补：《清真集校注》，中华书局 2002 年版，第 509 页。
⑩ 周邦彦著、孙虹校注、薛瑞生订补：《清真集校注》，中华书局 2002 年版，第 419 页。
⑪ 周邦彦著、孙虹校注、薛瑞生订补：《清真集校注》，中华书局 2002 年版，第 514 页。

张皋文先生意在尊美成……其词贵能有气，以气承接，通首如歌行然。'"①而乔大壮《手批周邦彦片玉集》评《还京乐》："陈匪石说：此篇乃用古文笔法。"② 还涉及以文为词这一词学破体现象。

关于周邦彦"以诗为词"及其与杜甫、黄庭坚的关系，我们知道杜甫的文体学思想最突出的特征就是宋人广泛评价的"以诗为文"和"以文为诗"，这与周邦彦的"以诗为词"极为相似，相关二者关系文献，如胡仔《苕溪渔隐丛话》卷一："周美成'水亭小。浮萍破处，檐花帘影颠倒'，按杜少陵诗'灯前细雨檐花落'，美成用此'檐花'二字，全与出处意不相合，乃知用字之难矣。"③ 陈世焜《云韶集》卷四："词中之圣也。"④ 手抄本郑校："清真此曲（《兰陵王慢·咏柳》）为名作，一首中四对句，皆作拗体，最为沉毅，和之难工，且多不依其格。"⑤ 陆鎣《问花楼词话·苏辛周柳》："词家言苏、辛、周、柳，犹诗歌称李、杜、骈体举庾、徐，以为标帜云尔。"⑥ 谢章铤《赌棋山庄词话》续编三："慢词北宋为初唐，秦、柳、苏、黄如沈、宋，体格虽具，风骨未遒。《片玉》则如拾遗，骎骎有盛唐之风矣。"⑦ 汪东《唐宋词选》："词至清真，犹文家有马、扬，诗家之有杜甫，吐纳众流，范围百族，古今作者，莫之与竞矣。"⑧ 陈廷焯《白雨斋词话》卷八："一则如杜陵之诗，包括万有，空诸倚傍，纵横博大，千变万化之中，却极沉郁顿挫，忠厚和平。"⑨ 至于与黄庭坚的关系，黄庭坚"以文为诗""以诗为词"的文体学思想前文已有详细介绍，兹不赘述，再如庞元英《谈薮》："《六丑》（咏落花）……脱胎换骨之妙极矣。"⑩ 以黄庭坚"脱胎换骨"来评周邦彦"以诗为词"尤为恰切。而朱孝臧所谓周邦彦词"言言皆有来历"之评，更是在黄庭坚评杜甫"无一字无来处"的基础上，把周、

---

① 周邦彦著、孙虹校注、薛瑞生订补：《清真集校注》，中华书局2002年版，第418页。
② 周邦彦著、孙虹校注、薛瑞生订补：《清真集校注》，中华书局2002年版，第187页。
③ 周邦彦著、孙虹校注、薛瑞生订补：《清真集校注》，中华书局2002年版，第49页。
④ 周邦彦著、孙虹校注、薛瑞生订补：《清真集校注》，中华书局2002年版，第86页。
⑤ 周邦彦著、孙虹校注、薛瑞生订补：《清真集校注》，中华书局2002年版，第38页。
⑥ 周邦彦著、孙虹校注、薛瑞生订补：《清真集校注》，中华书局2002年版，第417页。
⑦ 周邦彦著、孙虹校注、薛瑞生订补：《清真集校注》，中华书局2002年版，第418页。
⑧ 周邦彦著、孙虹校注、薛瑞生订补：《清真集校注》，中华书局2002年版，第427页。
⑨ 周邦彦著、孙虹校注、薛瑞生订补：《清真集校注》，中华书局2002年版，第421页。
⑩ 周邦彦著、孙虹校注、薛瑞生订补：《清真集校注》，中华书局2002年版，第411页。

杜、黄三者紧密地结合起来，也更加清楚地让我们看到三者文体学思想的承传影响关系，如朱孝臧校刻宋嘉定刻本陈元龙集注《片玉集》："周美成以旁搜远绍之才，寄情长短句，缜密典丽，流风可仰。其徵辞引类，推古夸今；或借字用意，言言皆有来历，真足冠冕词林。"①

此外，陈锐以院本和小说文体来比喻评价周邦彦词的文体特征和创作成就，亦颇有文体学意味，如陈锐《褒碧斋词话·以院本喻周柳》："屯田词在院本中如《琵琶记》，清真词如《会真记》。"②《褒碧斋词话·以小说喻周柳》："屯田词在小说中如《金瓶梅》，清真词如《红楼梦》。"③

四，文备众体，偏长某体。中国古代文体学理论中的偏长兼善之说源于曹丕《典论·论文》，到了宋代，宋人评价杜甫的文体学偏长和兼备之论一时兴起，辅以欧阳修、苏轼、黄庭坚等宋代文学大家创作实践的集文体之大成，这一文体学理论逐渐繁荣起来。而周邦彦的文体集成和兼备众体之论，就与杜甫和黄庭坚等有直接关系。

关于杜甫的集文体之大成，自元稹以来，代不乏说，如元稹"尽得古今之体势，而兼人人之所独专矣"④、欧阳修"至甫，浑涵汪茫，千汇万状，兼古今而有之"⑤、秦观"杜氏韩氏，亦集诗文之大成者欤"⑥、陈师道"苏子瞻云：子美之诗，退之之文，鲁公之书，皆集大成者也"⑦、严羽"少陵诗……则前辈所谓集大成者也"⑧、辛文房"观李杜二公……双振当时，兼众善于无今，集大成于往昔"⑨、李东阳"执此以论，杜真可谓集诗家之大成者矣"⑩ 等等。至于黄庭坚众体兼善，如陆九渊"至豫章而益大肆其力，包含欲无外，搜抉欲无秘，体制通古今"⑪、陆游"故其（山谷）诗文汪洋

① 周邦彦著、孙虹校注、薛瑞生订补：《清真集校注》，中华书局2002年版，第501页。
② 周邦彦著、孙虹校注、薛瑞生订补：《清真集校注》，中华书局2002年版，第422页。
③ 周邦彦著、孙虹校注、薛瑞生订补：《清真集校注》，中华书局2002年版，第422页。
④ 郭绍虞、王文生：《中国历代文论选》（2），上海古籍出版社2001年版，第66页。
⑤ 欧阳修、宋祁等：《新唐书》卷201，文渊阁四库全书本。
⑥ 秦观：《淮海集》卷22，文渊阁四库全书本。
⑦ 何文焕：《历代诗话》，中华书局1981年版，第304页。
⑧ 严羽著、郭绍虞校释：《沧浪诗话校释》，人民文学出版社1961年版，第171页。
⑨ 辛文房：《唐才子传》卷2，文渊阁四库全书本。
⑩ 丁福保：《历代诗话续编》，中华书局1983年版，第1398页。
⑪ 傅璇琮：《黄庭坚和江西诗派研究资料汇编》，中华书局1978年版，第450页。

闳肆，兼备众体，兼出新意，愈奇而愈浑厚”①、吕本中“极风雅之变，尽比兴之体，包括众作，本以新意者，唯豫章一人”②、周必大“若乃浓淡鲜妍，体备众妙，则副墨之子，亦如佩夫子象环耳”③，等等。

周邦彦的相关文体理论，一方面是就其词学而言的，或者称其词集大成，如周济《宋四家词选目录序论》：“清真集大成者也。”④ 刘熙载《艺概·词概》：“周美成词，或称其无美不备。”⑤ 陈匪石《声执》卷上：“周邦彦集词学之大成，前无古人，后无来者。凡两宋之千门万户，《清真》一集，几擅其全，世间早有定论矣。”⑥ 这与宋人评杜诗集大成一致，评者亦把杜、周对举，如先著、程洪撰，胡念贻辑《词洁辑评》卷五：“美成如杜，白石兼王、孟、韦、柳之长。”⑦ 周济《周济词辨自序》：“余不喜清真，而（董）晋卿推其沉著拗怒，比之少陵。”⑧ 这种文备众体之说包括兼具各种不同风格，所谓“体备刚柔”“此轻利，彼沉郁”云云，如陈洵《海绡翁说词稿》评《花犯·咏梅》：“此词体备刚柔，手段开阔，后来稼轩有此手段，无此气均；若白石则并不能开阔矣。”⑨ 周济《宋四家词选目录序论·附录》评《氐州第一》：“此与《瑞鹤仙》一阕皆绝新机杼，而结体各别，此轻利，彼沉郁。”⑩ 关于偏长某体，则很明确，即长于词、长短句，如陈振孙《直斋书录解题》卷十七：“邦彦博文多能，尤长于长短句、自度曲，其提举大晟府亦由此。既盛行于世，而他文未传。”⑪

另一方面，是就其各类文体的集大成而言的，且都注意到以词掩文的现象。关于周邦彦集各类文体之大成的文体学成就，这在宋代众多著名学者就已注意到并指出来，如《东都事略·文艺传》：“邦彦能文章，世特传其词

① 傅璇琮：《黄庭坚和江西诗派研究资料汇编》，中华书局 1978 年版，第 766 页。
② 傅璇琮：《黄庭坚和江西诗派研究资料汇编》，中华书局 1978 年版，第 44 页。
③ 傅璇琮：《黄庭坚和江西诗派研究资料汇编》，中华书局 1978 年版，第 115 页。
④ 周邦彦著、孙虹校注、薛瑞生订补：《清真集校注》，中华书局 2002 年版，第 416 页。
⑤ 周邦彦著、孙虹校注、薛瑞生订补：《清真集校注》，中华书局 2002 年版，第 419 页。
⑥ 周邦彦著、孙虹校注、薛瑞生订补：《清真集校注》，中华书局 2002 年版，第 427 页。
⑦ 周邦彦著、孙虹校注、薛瑞生订补：《清真集校注》，中华书局 2002 年版，第 415 页。
⑧ 周邦彦著、孙虹校注、薛瑞生订补：《清真集校注》，中华书局 2002 年版，第 416 页。
⑨ 周邦彦著、孙虹校注、薛瑞生订补：《清真集校注》，中华书局 2002 年版，第 107 页。
⑩ 周邦彦著、孙虹校注、薛瑞生订补：《清真集校注》，中华书局 2002 年版，第 268 页。
⑪ 周邦彦著、孙虹校注、薛瑞生订补：《清真集校注》，中华书局 2002 年版，第 412 页。

调云。”①《咸淳临安志·人物传》：“周邦彦字美成，少涉猎书史。游太学，有隽声。元丰中，献《汴都赋》七千言，多古文奇字，神宗嗟异，命左丞李清臣读于迩英阁，多以边旁言之，不尽悉也。……邦彦能文章，妙解音律，名其堂曰‘顾曲’，乐府盛行于世。……然其文，识者谓有工力深到处，磬镜乌几之铭，有郑圃、漆园之风，祷神之文仿《送穷》、《乞巧》之作，不但词调而已。”② 张端义《贵耳集》下：“邦彦以词行，当时皆称美成词，殊不知美成文笔大有可观，作《汴都赋》，如笺奏杂著，皆是杰作，可惜以词掩其他文也。”③ 楼钥《清真先生文集序》：“班孟坚之赋两都，张平子之赋二京，不独为五经鼓吹，直足以佐大汉之光明，诚千载之杰作也。……未及三十，作《汴都赋》凡七千言，富哉，壮哉！铺张扬厉之工，期月而成，无十稔之劳……以一赋而得三朝之眷，儒生之荣莫加焉。公之殁，距今八十余载，世之能诵公赋者盖寡，而乐府之词，盛行于世，莫知公为何等人也。”④“及详味其辞，经史百家之言，盘屈于笔下，若自己出，何用功之深而致力之精耶！故见所上献赋之书，然后知一赋之机杼，见《续秋兴赋后序》然后知平生之所安。磬镜乌几之铭，可与郑圃、漆园相周旋，而祷神之文，则《送穷》、《乞巧》之流亚也。……公之诗文，幸不泯没，钥之愿也。”⑤ 他如《宋史·文苑传》：“疏隽少检，不为州里推重，而博涉百家之书。”⑥ 庄绰《鸡肋编》中：“周邦彦待制，尝为刘昺之祖作埋铭，以白金数十斤为润笔，不受。”⑦《书录解题·集部·别集类》有《清真杂著》三卷：“邦彦尝为溧水令，故邑有词集，其后有好事者，取其在邑所作文、记、诗、歌并刻之。”也从侧面说明周邦彦埋铭、文、记、诗、歌等众体兼备的特征。

对于以上宋人关于周邦彦长于词之外众体兼善的文体学思想，王国维可以说是总结者，如《清真先生遗事·尚论三》：“先生《汴都赋》变《二京》、《三都》之形貌，而得其意，无十年一纪之研练而有其工。壮采飞腾，

① 周邦彦著、孙虹校注、薛瑞生订补：《清真集校注》，中华书局2002年版，第442页。
② 周邦彦著、孙虹校注、薛瑞生订补：《清真集校注》，中华书局2002年版，第443页。
③ 周邦彦著、孙虹校注、薛瑞生订补：《清真集校注》，中华书局2002年版，第449页。
④ 周邦彦著、孙虹校注、薛瑞生订补：《清真集校注》，中华书局2002年版，第453页。
⑤ 周邦彦著、孙虹校注、薛瑞生订补：《清真集校注》，中华书局2002年版，第454页。
⑥ 周邦彦著、孙虹校注、薛瑞生订补：《清真集校注》，中华书局2002年版，第444页。
⑦ 周邦彦著、孙虹校注、薛瑞生订补：《清真集校注》，中华书局2002年版，第448页。

奇文绮错。二刘博奥，乏此波澜；两苏汪洋，逊其典则。至令同时硕学，只诵偏旁；异世通儒，或穷音释，然在先生犹为少作已。"[1]"《重进汴都赋表》高华古质，语重味深，极似荆公制诰表启之文，末段仿退之《潮州谢上表》，在宋四六中颇为罕觏。《五礼新仪》答加利刀子，语尤简古，又与《重进汴都赋表》同一机杼，时先生虽已在外，疑亦出其手也。"[2]"先生诗之存者，一鳞片爪，俱有足观。至如《曝日》诗云……语极自然，而言外有北风雨雪之意，在东坡和陶诗中，犹为上乘，惜仅存四句也。"[3]"陈元靓《岁时广记》有先生内制《春帖子》三断句。案：宋制春帖子词均翰林学士为之，先生未任此官，殆为人代作耶。"[4]"先生诗文之外，兼擅书法。"[5]"先生于诗文无所不工，然尚未尽脱古人蹊径。平生著述，自以乐府为第一。词人甲乙，宋人早有定论……故以宋词比唐诗，则东坡似太白，欧、秦似摩诘，耆卿似乐天，方回、叔原则大历十子之流。南宋惟一稼轩可比昌黎，而词中老杜，则非先生不可。"[6]"两宋之间，一人而已。"[7]

五，文体源流与文体批评。关于周邦彦词体词作之文体源流上，自宋代以来多追溯于柳永，如王灼《碧鸡漫志》卷二："周《大酺》、《兰陵王》诸曲最奇崛。或谓深劲乏韵，此遭柳氏野狐涎吐不出者也。"郭麐《灵芬馆词话》卷一："词之为体，大略有四：……施朱傅粉，学步习容，如宫女题红，含情幽艳，秦、周、贺、晁诸人是也。柳七则靡曼近俗矣。"[8]周济《宋四家词选》评柳永《雨霖铃·寒蝉凄切》："清真词多从耆卿夺胎，思力沉挚处往往出蓝。"[9]蔡嵩云《柯亭词论·周词全自柳出》："周词渊源，全自柳出。其写情用赋笔，纯是屯田家法。"[10]俞平伯《论诗词曲杂著·清真词释》引夏孙桐《手评本清真集》："清真平写处与屯田无异，至矫变处自

---

① 周邦彦著、孙虹校注、薛瑞生订补：《清真集校注》，中华书局2002年版，第465页。
② 周邦彦著、孙虹校注、薛瑞生订补：《清真集校注》，中华书局2002年版，第464页。
③ 周邦彦著、孙虹校注、薛瑞生订补：《清真集校注》，中华书局2002年版，第465页。
④ 周邦彦著、孙虹校注、薛瑞生订补：《清真集校注》，中华书局2002年版，第465页。
⑤ 周邦彦著、孙虹校注、薛瑞生订补：《清真集校注》，中华书局2002年版，第466页。
⑥ 周邦彦著、孙虹校注、薛瑞生订补：《清真集校注》，中华书局2002年版，第466页。
⑦ 周邦彦著、孙虹校注、薛瑞生订补：《清真集校注》，中华书局2002年版，第467页。
⑧ 周邦彦著、孙虹校注、薛瑞生订补：《清真集校注》，中华书局2002年版，第416页。
⑨ 周邦彦著、孙虹校注、薛瑞生订补：《清真集校注》，中华书局2002年版，第417页。
⑩ 周邦彦著、孙虹校注、薛瑞生订补：《清真集校注》，中华书局2002年版，第425页。

开境界，其择言之雅，造句之妙，非屯田所及也。”[①] 此外，一些批评家评论清真词时也多以文体批评的角度着眼，也可从中窥见周邦彦的文体学思想，如《乔大壮手批周邦彦片玉集》评《归去难·期约》：“缠令可厌，语体之敝如此。”[②] 吴廷先《草堂诗余隽》评《解连环》引李攀龙语：“形容闺妇哀情，有无限怀古伤今处，至末尤见词语壮丽，体度艳冶。”[③] 等等。

最后，有一点需要说明：周邦彦本人并没有关于文学理论或者说词学思想的片言只语，我们只是从后世大量论词杂著里择选出对他创作的相关评价，然后与黄庭坚相关的诗论词论相比较，进而论证江西派文学理论对其词创作的影响。那么，这种方法是否科学可靠呢？罗宗强先生认为：“有的文学家可能没有或很少文学理论的表述，而他的创作所反映的文学思想却是异常重要的。”[④] 很显然，历代名家对周邦彦词作的评论，无疑代表着周邦彦创作实际所反映出来的文学思想。那么，本文中把后世对周词精到透辟的论述与黄庭坚诗论词论相比照，从而来证实江西派理论对清真词创作影响的方法，亦正与罗先生所言吻合：“把在文学创作中反映出来的文学思想倾向，与文学批评、文学理论相印证，结合起来研究，我们才有可能写出一部完整的文学思想史。”[⑤]

---

① 周邦彦著、孙虹校注、薛瑞生订补：《清真集校注》，中华书局 2002 年版，第 427 页。
② 周邦彦著、孙虹校注、薛瑞生订补：《清真集校注》，中华书局 2002 年版，第 386 页。
③ 周邦彦著、孙虹校注、薛瑞生订补：《清真集校注》，中华书局 2002 年版，第 190 页。
④ 罗宗强：《略论文学思想史的研究对象和研究方法》，《南开学报》1991 年第 3 期。
⑤ 罗宗强：《略论文学思想史的研究对象和研究方法》，《南开学报》1991 年第 3 期。

第六章　文体学视域下的吕本中“活法”论[1]

吕本中的“活法论”在宋代诗学理论和中国古代诗法理论上占有重要地位，也引起了现当代学者的广泛关注和多角度的深入研究，相关成果颇为丰硕，如顾易生、张少康、莫砺锋、祝尚书、束景南、曾明、吕肖奂等都有所论述，尤其是“活法”论的理论来源上更成为上述学者探讨的焦点，涉及方方面面，其可研究空间已被挖掘殆尽，但有一个很重要的学术点似乎被忽略和遗忘了，那就是“活法”论的文体学渊源。宋代辨体风气兴盛，辨体和破体这一文体学理论范畴中的矛盾体，是一种对立统一和冲突融洽的辩证关系，这与“活法”论中的定法与不定法、无法和有法、活法和死法之辩证关系有相通相连的理论血缘，可谓你中有我，我中有你，浑然不可分离。尤其是文体学上定体与变体之矛盾运动的文体发展观上，以及“变而不失其正”这一文体通变观，都可以说是“活法”论的姊妹或别称了。我们说活法论与文体学有极深的渊源，是有学理根据和文献基础为证的，一方面，宋人及其后代学者往往“法”与“体”相提并论，可见二者在学术上血脉相连；另一方面，吕本中的文体学思想直接受到黄庭坚文体学观念的启发和影响，这与其活法论源于黄庭坚是相通的，而黄庭坚的法度论和文体论在理论表述和体系构建上，亦常常是交织融合，不分彼此的。此外，吕本中作为道学家，其儒学思想继承谢良佐并影响朱熹，而其文体观和活法论也与二者密不可分。吕本中的辨体理论是宋代辨体理论批评发展中的重要一环，从“辨体论”的角度来观照“活法”论当会有很多学术创获，以下详而

① 本章发表于《学术界》2016 年第 10 期。

论之。

第一节　“活法”论理论渊源研究述评及其文体学阐释

关于吕本中活法论的理论来源研究上，学者大多围绕在苏轼、黄庭坚的诸如以故为新、以俗为雅、夺胎换骨、点铁成金上，以及禅宗的定法与不定法上等，很少有学者注意到活法论与宋代文体学及其辨体与破体之间的关系。我们先将其最具代表性的两则活法论文献录于下，以见大概。吕本中《夏均父集序》：“学诗当识活法。所谓活法者，规矩备而能出于规矩之外，变化不测而亦不背于规矩也。是道也，盖有定法而无定法，无定法而有定法。知是者，则可以与语活法矣。……近世惟豫章黄公，首变前作之弊，而后学者知所趣向，毕精尽知，左规右矩，庶几至于变化不测。”①《江西诗社宗派图序》：“诗有活法，若灵均自得，忽然有入，然后惟意所在，万变不穷。”②

首先，活法论源流研究现状述评。对于吕本中的活法论理论渊源，学界有如下几种情况：第一，由于吕本中活法论代表文献诸如《夏均父集序》《江西诗社宗派图序》《童蒙诗训》中明确提到黄庭坚和苏轼，故而现当代学者和批评史家大多都把其理论源头归于苏、黄，在此基础上，有学者追溯至王安石、梅尧臣、欧阳修、杜牧、韩愈等。关于苏、黄，如顾易生等云：“这一理论源于黄庭坚，而又融合了苏轼的理论。苏轼论文，贵在‘随物赋形’，所谓‘大略如行云流水，初无定质，但常行于所当行，常止于不可不止’。其义甚高，近于天才之不拘成法。黄庭坚矜言法度，强调准绳，又偏于有定法。吕本中后出，融合二说，以构成他的‘活法’理论的基点。”③“吕居仁的‘活法’和‘悟入’之说，是对黄庭坚诗论的继承和发展，他对山谷的创新意识和诗律句法，都是推崇备至的。”④ 张少康云：“所以吕本中的‘活法’，在某种意义上正是要把苏轼和黄庭坚在法度问题上的不同主和互相融合起来……既肯定黄的法度，又要求参考苏的不拘法度，这是吕本中

① 郭绍虞：《中国历代文论选》第2册，上海古籍出版社1979年版，第367页。

② 郭绍虞：《中国历代文论选》第2册，上海古籍出版社1979年版，第368页。

③ 顾易生、蒋凡、刘明今：《宋金元文学批评史》（上），上海古籍出版社1996年版，第239页。

④ 顾易生、蒋凡、刘明今：《宋金元文学批评史》（上），上海古籍出版社1996年版，第243页。

‘活法’论的主要特点。”① 再如祝尚书云：“序文可知，吕本中视黄庭坚是诗歌‘活法’的样板，而这里他又视苏轼为文章‘活法’的楷模。”②

或由苏轼、黄庭坚上溯至欧阳修、王安石、胡宿及至杜牧、韩愈等，如曾明云：“欧阳修曾经论述‘退之笔力，无施不可’、‘不可拘以常格’……作文之体，初欲奔驰，久当收节，使简重严正，或时放肆以自舒，勿为一体，则尽善也。”“所以，苏轼模仿韩愈，应该是模仿其不可拘以常格的风格，而这，正是诗学活法说的重要理念和追求。”③ 吕肖奂则认为“法度”论始于王安石，吕本中继之，然后再论述苏轼、黄庭坚在法度和活法这一矛盾体之间的调和与周旋，如吕肖奂《从“法度”到“活法”》云：“宋诗讲‘法度’，始于王安石。……吕本中《童蒙训》卷下也有相似的记录。”④ 杜牧也成为这一活法论链条上的一环，如曾明《胡宿诗学“活法”说探源》云：“杜牧《注孙子序》：‘后之人有读武书予解者，因而学之，犹盘中走丸，丸之走盘，横斜圆直，计于临时，不可尽知；必可知者，是知丸不能出于盘也。’”⑤

第二，在活法论的理论内涵和范畴命题渊源上，则大多追溯到梅尧臣、苏轼、黄庭坚的“以故为新、以俗为雅”以及黄庭坚“脱胎换骨，点铁成金”等观念上，或者与苏、黄书画法度论联系起来。如胡建次云：“北宋前期，梅尧臣最早倡导以故为新、以俗为雅，寓含活法的思想。陈师道《后山诗话》：……子诗诚工，但未能以故为新，以俗为雅尔。苏轼《东坡诗话》：诗须要有为而作，用事当以故为新，以俗为雅。好奇务新，乃诗之病。”⑥ 或者黄庭坚的“夺胎换骨、点铁成金”观点，如莫砺锋《再论“夺胎换骨”说的首创者》一文引用孙奕《履斋示儿编》卷十云：“晁、黄得夺胎换骨之活法于此乎。”以及杨万里《诚斋诗话》云：“此皆用古人句律，而不用其句意，以故为新，夺胎换骨。”⑦ 他还认为“黄庭坚的夺胎换骨、

① 张少康、刘三富：《中国文学理论批评发展史》（下），北京大学出版社 1995 年版，第 67 页。
② 祝尚书：《论南宋的文章“活法”》，《北京大学学报》2012 年第 2 期。
③ 曾明：《“师法”与“活法”——苏轼“活法”说初考》，《西南民族大学学报》2010 年第 6 期。
④ 吕肖奂：《从“法度”到“活法”》，《复旦学报》1995 年第 6 期。
⑤ 曾明：《胡宿诗学“活法”说探源》，《文学评论》2011 年第 2 期。
⑥ 胡建次：《中国古代文论中的“活法”论》，《云南大学学报》2008 年第 5 期。
⑦ 莫砺锋：《再论“夺胎换骨”说的首创者》，《文学遗产》2003 年第 6 期。

点铁成金有一点共同的精神，即：在学习前人创作经验时要有所发展变化。……‘以故’只是手段，‘为新’才是目的。”① 张少康亦云：“苏轼讲的‘无法之法’是崇尚自然天成，而没有任何前提条件的；吕本中所说的‘有定法而无定法，无定法而有定法’的‘活法’，则是在以‘夺胎换骨’、‘点铁成金’为中心的江西诗法基础上所说的‘活法’，是学习‘豫章黄公’，‘左规右矩’而至‘变化不测’。”②

有学者还注意到吕本中活法论与苏轼、黄庭坚书法理论中法度论的密切关系，如吕肖奂《从“法度”到“活法”》一文引用苏轼评王衍书云：“作行草尤妙，初非经意，而洒然痛快见于笔下。……其自得于规矩之外，盖真是风尘物表脱去流俗者，不可以常理规之也。”③ 束景南称黄庭坚首先在书法领域里提出了“无法之法”，如在《答王云子飞》中称“鄙书无法”，《书家弟幼安作草后》亦说：“求法于老夫。老夫之书本无法也，但观世间万缘……不择笔墨，遇纸则书，纸尽则已。”“在《论书》中，他批评学书拘于法度，而称赞右军的不为法缚，即‘皆不为法度病其风神’。”在《题颜鲁公帖》中说：“回视欧、虞、褚、薛、徐、沈辈，皆为法度所窘，岂如鲁公萧然出于绳墨之外而卒与之合哉！”④

第三，在哲学思想的本体论源头上，学者多认为吕本中活法论源于禅宗“心法”。如束景南认为黄庭坚就是“用佛家这种法空观念来总结苏东坡书法艺术上的活法境界的”，称“山谷的‘心法’来自禅宗。禅宗说的心心相传的‘心法’就是一种有法无法，有定法无定法，有功无功的活法。”⑤ 祝尚书《吕本中“活法”诗论针对性探微》云：“据研究，吕本中的‘活法’论源于禅宗，云门宗缘密禅师就讨论过‘死句’、‘活句’的问题，大意是意在言内为死句，意在言外方是活句。”⑥ 吕肖奂云：“苏轼《东坡志林》卷三《信道智法说》：‘法而不智，则天下之死法也。道不患不知，患不凝；

① 莫砺锋：《黄庭坚“夺胎换骨”辨》，《中国社会科学》1983 年第 5 期。

② 张少康、刘三富：《中国文学理论批评发展史》（下），北京大学出版社 1995 年版，第 66 页。

③ 吕肖奂：《从“法度”到“活法”》，《复旦学报》1995 年第 6 期。

④ 束景南：《黄庭坚的“心法”——江西诗派“活法”美学思想溯源》，《浙江大学学报》2003 年第 6 期。

⑤ 束景南：《黄庭坚的“心法”——江西诗派“活法”美学思想溯源》，《浙江大学学报》2003 年第 6 期。

⑥ 祝尚书：《吕本中“活法”诗论针对性探微》，《中山大学学报》2011 年第 4 期。

法不患不立，患不活。以信合道，则道凝；以智先法，则法活。道凝而法活，虽度世可也。'"①

第四，近年来，有学者从文体学的角度来探寻活法论的渊源及其关系，但大多看到某一个文体学侧面与活法的关系，未能从整个宋代文体学之辨体理论体系及其整个中国古代文体学的发展演变中来观照。如曾明从苏轼以文为诗、以文为赋等的破体现象中考察："在中国文学史上，苏轼'以文为诗'，'以诗为词'，'以文为赋'，'以赋为文'，从而使'旧体'别开生面，'新体'更加成熟……综合考论，苏轼实为'活法'说的完善者和集大成者。"② 周芸从"破体"的修辞角度出发来研究活法："破体为文所遵循的是一种用法而又超法、有法而又无定法的修辞原则，该原则与唐宋时代兴起的'活法'具有一种深层契合性。"③ 王晓骊则从宋词的"破体"现象中看待活法理论："宋词'以诗为词'和'以文为词'等'破体'现象的出现在一定程度上正是'活法'思想在词学领域渗透的结果。"④

其次，"活法论"的文体学阐释。中国古代诗法论与中国古代文体学有着密不可分的关系，而活法论与辨体论之间的关系尤为微妙，难分彼此。大体来说，活法论应是辨体论的重要组成部分，二者都属于文学理论批评中的文学辩证观和文体通变论。用辨体尊体和破体变体来解释活法论更容易让人理解，以及从中看出二者之间的关系。对比来看，辨体论的理论体系及其内涵范围要大于活法论，或者说在学诗作诗时辨体论要重于和先于活法论。如顾易生等称吕本中"其所称'活法'，重点是关于用字造句方面的问题"⑤。吴承学先生亦云："'先体制而后工拙'，即考察是否符合文体的规范，然后再考虑艺术语言、表现技巧等方面问题。这是中国传统文学批评中一种带普遍性的批评原则。"⑥

宋代辨体批评发达兴盛并蔚成风气，与活法论的提出和争鸣几乎是处于

---

① 吕肖奂：《从"法度"到"活法"》，《复旦学报》1995年第6期。

② 曾明：《苏轼与中国诗学"活法"说论考——从以文为诗、以文为赋等说起》，《社会科学研究》2010年第6期。

③ 周芸：《破体为文与"活法"》，《当代修辞学》2003年第5期。

④ 王晓骊：《"活法"视野下的宋词"破体"现象及其接受》，《文艺理论研究》2015年第6期。

⑤ 顾易生、蒋凡、刘明今：《宋金元文学批评史》（上），上海古籍出版社1996年版，第239页。

⑥ 吴承学：《文体学源流》，《中山大学学报》1993年第1期。

同一时期的同一批学人，其中黄庭坚、谢良佐和朱熹、吕本中之间的活法论与辨体观交错承传，互相影响，而吕本中、黄庭坚、谢良佐和朱熹等人相关文论文献中“文体”和“法度”的同时并提，更能让我们清晰地看到“活法论”与“辨体论”的密不可分。

辨体和破体，或者说尊体与变体，是中国古代辨体理论批评中一组对立的概念范畴，二者是遵守与打破、继承与创新、通与变的矛盾运动和辩证关系。正如吴承学《辨体与破体》云：“宋代以后直到近代，文学批评和创作中明显存在着两种对立倾向：辨体和破体。前者坚持文各有体的传统，主张辨明和严守各种文体体制，反对以文为诗，以诗为词等创作手法；后者则大胆地打破各种文体的界限，使各种文体互相融合。”① 这里的辨体尊体观，是指每一种文体在发展演变中都形成了恒定不变的体制规范，也叫作大体和定体；对应于吕本中活法论来说，就是学诗作诗的“规矩”和“定法”，这种体制规矩要求作者在创作时必须严格遵守。但文学是发展的，而文体的发展创新是文学发展的最重要的一个途径，“一代有一代之文体”，在某种意义上来说，一部文学发展史就是文体发展的历史进程。所以这就要打破文体的某种规矩和规范，进行文体的革新，但是这种变化和变体是有一定限度的，是继承中有创新，即吕本中《夏均父集序》中的“活法”论所谓“规矩备而能出于规矩之外，变化不测而亦不背于规矩也”，“规矩备”和“亦不背于规矩”是辨体尊体，“出于规矩之外”和“变化不测”是破体变体，结合起来就是一种辩证通达的文体通变观，大多古代文体学者的辨体观都是这样的，尤其是宋代与吕本中关系密切的学者如黄庭坚、谢良佐、朱熹等的法度论和辨体论都秉持这种文体辩证观。

第二节　吕本中的文体学思想及其与黄庭坚、谢良佐、朱熹的关系

宋代“体制为先”的辨体尊体论极为盛行，即祝尧所谓“宋时名公于文章必先辨体”②。辨体尊体是主流，但大多学者都是在辨体尊体的基础上，

① 吴承学：《辨体与破体》，《文学评论》1991 年第 4 期。
② 祝尧：《古赋辨体》卷 8，文渊阁四库全书本。

也同样重视破体变体，秉持“变而不失其正”的文体通变观，这其实就是一种“活法论”的诗学辩证观，从黄庭坚、谢良佐、吕本中、朱熹等都是如此，吕本中是其中承上启下的重要一员。最重要的是，上述诸家的“文体论”和“法度论”大多同时并提，足见文体和法度二者之间的密切关系。

首先，黄庭坚的文体学思想及其对吕本中文体观的直接影响。宋代第一个提出“先体制而后工拙”这一辨体论的是黄庭坚，其《书王元之竹楼记后》云：“或传王荆公称《竹楼记》胜欧阳公《醉翁亭记》，或曰：‘此非荆公之言也。’某以谓荆公出此言未失也。荆公评文章，常先体制而后文之工拙。盖尝观苏子瞻《醉白堂记》，戏曰：‘文词虽极工，然不是《醉白堂记》，乃是韩白优劣论耳。’以此考之，优《竹楼记》而劣《醉翁亭记》，是荆公之言不疑也。”① 在这一经典辨体文献中，“荆公评文章，常先体制而后文之工拙”是核心理论线索，这一辨体理论是黄庭坚在王安石文体批评实践中总结出来的。其中王安石在文学批评时重视文体之间的界限，即“记”体文和“论”体文体制规范不同，各自有不同的创作法度和规矩，要严格遵守这种法度和规矩。在当代学者论“活法论”的论文中就有注意到这一点的，如吕肖奂《从“法度”到“活法”》云：“宋诗讲‘法度’，始于王安石。李之仪《姑溪居士后集》卷十五《杂题跋》载：‘舒王解字云：“诗，从言从寺。寺者法度之所在也。”’吕本中《童蒙训》卷下也有相似的记录。……后人评说：‘荆公诗及四六，法度甚严。’（曾季貍《艇斋诗话》）‘荆公诗用法甚严。’（叶梦得《石林诗话》）”“吕本中反对王安石对“诗”字的解释，并说：说诗者不以文害辞，不以辞害志，惟诗不可拘以法度。”② 从中可以看出，王安石的辨体观实则就是他的法度论。值得注意的是，我们可以从这则极为重要的辨体文献中看出吕本中文体论和法度论与王安石、欧阳修、黄庭坚、苏轼等几位大家的交织关系。

吕本中的文体学思想与黄庭坚一脉相承，首要的就是“先其体制”的辨体论，如《童蒙诗训》云：“学文须熟看韩柳欧苏，先见文字体式，然后更考古人用意下句处。”“学诗须熟看老杜苏黄，亦先见体式，然后遍考他

① 黄庭坚著、郑永晓辑校：《黄庭坚全集辑校编年》，江西人民出版社2011年版，第1526页。
② 吕肖奂：《从“法度”到“活法”》，《复旦学报》1995年第6期。

诗，自然工夫度越过人。”[①] 所谓“先见文字体式”“亦先见体式”云云，与黄庭坚“先体制而后工拙”的经典辨体论断如出一辙。这种辨体尊体观通常在古代文体学上也往往称为常体、定体等，与活法论的定法之名相似。吕本中在它文中称为常体、定则，如吕本中《春秋集解》云：“吕氏曰：甲寅乙未，相距四十二日，明闰月之验。然不书闰者，闰承前月而受其余日，故书闰月之日，系前月之下，史策常体，又有定则……盖预专据左氏说经，不知闰月之日，系前月之下，史策常体也。”[②]

此外，吕本中“常体”与“变文”并提的说法，最能看出他活法论与辨体论不分彼此的关系，如吕本中《春秋集解》：“武夷胡氏传使举上客将称元帅，此春秋立文之常体也，其有变文，书介副者欲以起问者，见事情也。”[③] 而且其诗歌作品中所体现的中和美学风格，可以说是其诗法诗体理论上之活法论和辨体论的创作实践，对于这一点，陆游已经有所论述，如陆游《东莱诗集原序》云：“如故紫薇舍人东莱吕公者，又其杰出者也。……故其诗文汪洋闳肆，兼备众体，间出新意，愈奇而愈浑厚，震耀耳目而不失高古，一时学士宗焉。”[④] 所谓“兼备众体”是指学习继承诸家文体体制，是尊体；而“汪洋闳肆”“间出新意”则为变体破体。所谓“愈奇而愈浑厚，震耀耳目而不失高古”，愈奇和震耀耳目是变化变体，愈浑厚和不失高古则为遵守体制规范规矩，是尊体辨体，结合起来说则正是其“活法论”和辩证“辨体观”的真实写照。

黄庭坚在理论上开了“先体制而后工拙”这一宋人辨体论风气之先，但在创作中却不拘守这一辨体法度规矩，而是更多的破体变体为主，最为代表的就是他的“以文为诗”的变化生新，与苏轼及众多江西诗人代表了与唐诗迥然不同的宋诗文体风貌，为历代批评家所津津乐道。如刘克庄《江西诗派序》论黄山谷所谓“会粹百家句律之长，究及历代体制之变”的变体论断[⑤]，以及王直方所谓“独鲁直一扫古今，直出胸臆，破弃声律”的破

---

① 陈鹄：《耆旧续闻》卷2，文渊阁四库全书本。
② 吕本中：《春秋集解》卷22，文渊阁四库全书本。
③ 吕本中：《春秋集解》卷14，文渊阁四库全书本。
④ 吕本中：《东莱诗集》卷首，文渊阁四库全书本。
⑤ 陶秋英编选、虞行校订：《宋金元文论选》，人民文学出版社1984年版，第396页。

体之论等。[①]

值得注意的是，吕本中是第一个注意到山谷诗的“变体”特征的，并且是看到山谷诗融尊体与变体及其法度与变化于一身的，而变体和法度并论尤其证明了活法论与辨体论的不可分离与并行不悖。如吕本中《紫微诗话》：“读《庄子》令人意宽思大敢作。读《左传》便使人入法度，不敢容易。此二书不可偏废也。近世读东坡、鲁直诗，亦类此。……自古以来语文章之妙，广备众体，出奇无穷者，唯东坡一人；极风雅之变，尽比兴之体，包括众作，本以新意者，唯豫章一人。此二者当永以为法。”[②] “尽比兴之体，包括众作”体现了黄庭坚的辨体尊体观，而“极风雅之变”“本以新意者”则反映了他的破体变体观，二者辩证的集于一身，正是活法论辩证诗学观的体现，尤其“读《左传》便使人入法度”“此二者当永以为法”的文学之法度文体批评标准论，与《夏均父集》中的活法论亦以苏黄为楷模理论观念相通，是“体”与“法”融合的代表。

其次，与黄庭坚同时的北宋道学家谢良佐的辨体论和活法论也对作为与谢良佐渊源颇深的道学家吕本中影响很大。谢良佐“学诗先识取六义体面”的辨体论载于其《上蔡语录》：“问学诗之法，曰：诗须讽咏以得之，发乎情性止乎礼义，便是法。曾本云：问学诗以何为先？云：先识取六义体面。又问：莫须于小序中求否？云：小序亦不尽，更有诗中以下句证上句，不可泥训诂，须讽咏以得之。发乎情性，止乎礼义，便是法。”[③] 所谓学诗之“法”在于先识取六义“体面”，已然将“法度”和“辨体”结合起来谈论。在这里，谢良佐的辨体论和法度论是变通活用的：一方面，学诗当先识取六义体面，是说辨体尊体为基础，必须遵守体制规矩；另一方面，他认为又“不可泥训诂”，反对过于拘泥保守，秉持辩证的文体观。在法度方面，他也同样主张儒家中庸中和的“执中驭权”的辩证理论，即所谓“发乎情性，止乎礼义，便是法”，这种“适中”的法度论本身也是“活法”的一种形式。与此相似，谢良佐既肯定“先其体制”的辨体论为学诗基础，又持权变中庸思想，认为“中无定体”，这与吕本中“盖有定法而无定法，无定

① 傅璇琮：《黄庭坚和江西诗派研究资料汇编》，中华书局1978年版，第29页。
② 傅璇琮：《黄庭坚和江西诗派研究资料汇编》，中华书局1978年版，第44页。
③ 谢良佐：《上蔡语录》卷2，文渊阁四库全书本。

法而有定法”的活法论是相通的。如在儒家哲学本体之“气”“理”的体认上，谢良佐也同样如学诗一样秉持辨体辩证观，如《上蔡语录》载“气虽难言，即须教他识个体段始得”。“所谓有知识须是穷物理，只如黄金天下至宝，先须辨认得他体性始得，不然被人将鍮石来唤作黄金，辨认不过便生疑惑，便执不定。”“问此诗如何？曰：说得大体亦是，但不免有病，不合说一中分体用。”① 所谓“先须辨认得他体性始得”“即须教他识个体段始得”“说得大体亦是”云云，是说这种尊体辨体是基础，但以儒家中庸思想来说，又要辩证地看待，当“处为中庸”，而“君子而时中，无往而不中也”“执中无权”“中无定体”“须权轻重以取中”等论都对吕本中的“活法”论产生极大影响，如《上蔡语录》云：“问子思曰小人之中庸，小人何故有中庸？曰：‘小人之中庸者，小人自以为中庸，小人以他安常习，故处为中庸，故无忌惮也。君子而时中，无往而不中也。中无定体，须是权以取中，执中无权，犹执一也。今人以变诈为权，便不坏了权字？’”② 其中“中无定体”与吕本中“定法无定法”如出一辙。

关于吕本中和谢良佐的关系，吕本中求教过程氏门人除了谢良佐之外的“程门四高足”杨时、游酢和尹焞，是因为谢良佐去世早，无缘亲炙，“程颐的许多亲炙弟子都活至南渡以后，程门四高足谢良佐、杨时、游酢、尹焞，除谢良佐在 1103 年先程颐而死外，游酢死时已是 1123 年，离宋室南渡仅四年，而杨时与尹焞则死于南渡以后近十年”③。但作为在当时影响最大的程门四高足之首，如果说吕本中不曾熟读谢良佐的著作并深受其道学思想及其“辨体为先”观念和“法度论”的影响，那简直是不可思议的。

第三，朱熹的文体学思想直接源于谢良佐，并受到吕本中的影响，这既可以从吕本中和谢良佐的承传关系中看出，也能从他与吕祖谦的关系中看出。一方面，朱熹与黄庭坚、吕本中、吕祖谦的辨体关系。朱熹《答巩仲至第四书》云：“来喻所云‘漱六艺之芳润，以求真淡’，此诚极至之论，然恐亦须先识得古今体制雅俗乡背，仍更洗涤得尽肠胃间夙生荤血脂膏，然后此语方有所措。”④ 所谓“亦须先识得古今体制雅俗乡背”与黄庭坚“文

① 谢良佐：《上蔡语录》卷 1，文渊阁四库全书本。

② 谢良佐：《上蔡语录》卷 2，文渊阁四库全书本。

③ 何俊、范立舟：《南宋思想史》，上海古籍出版社 2008 年版，第 15 页。

④ 陶秋英编选、虞行校订：《宋金元文论选》，人民文学出版社 1984 年版，第 308 页。

章先体制而后工拙”及吕本中“学诗亦先见文字体式”如出一辙，其辨体观的承传关系一目了然。接下来，在此文中的结语中，朱熹在此“辨体为先”的理论指导下，其辨体批评云：“记文甚健，说尽事理，但恐亦当更考欧曾遗法，料简刮摩，使其清明峻洁之中，自有雍容俯仰之态，则其传当愈远而使人愈无遗憾矣。”在具体的“记”体文文体批评中，“但恐亦当更考欧曾遗法”一句之“遗法”意味颇深，很明显是将“法度论”与吕本中和吕祖谦的“辨体观”“先见文字体式”结合起来并谈。吕祖谦辨体观直接秉承其先祖吕本中，如《古文关键》卷首“总论看文字法”云：“学文须熟看韩、柳、欧、苏，先见文字体式，然后遍考古人用意下句处。”[①] 朱熹与吕祖谦的关系众所周知，毋庸赘言，那么，朱熹与吕本中的辨体承传关系也不言而喻了。

另一方面，如果说朱熹“先其体制”的辨体观与黄庭坚、吕本中及其吕祖谦的承传影响关系还是我们的推测和论证的话，那么朱熹“读诗须先要识得六义体面”之辨体思想直接源于谢良佐，那是毫无疑问，证据凿凿的，如何俊等云：“谢良佐，是程门最重要的弟子，所谓‘洛学之魁，皆推上蔡’。他对朱熹与陆九渊都富有影响，黄宗羲引朱熹语‘某少时妄志于学，颇藉先生（谢良佐）之言，以发其趣’证之，全祖望则引黄震语‘象山之学，原于上蔡’证之。”[②]

这一重要辨体论断在《朱子语类》之《诗经》一卷中反复出现四次，与上面他“亦须先识得古今体制”的辨体论可以对照解读。其中两次直接引用谢良佐之论，其一云：“问：若上蔡怕晓得诗，如云‘读诗，须先要识得六义体面’，这是他识得要领处。”[③] 其二云：“上蔡曰：‘学诗，须先识得六义体面，而讽味以得之。’此是读诗之要法。”[④] 另外两次未明确标明为谢良佐之言，所论“紧要是要识得六义头面分明”和“读诗须得他六义之体”与谢良佐之论在语言表述上也略有差异，但这也正能看出朱熹已经将谢良佐的辨体论化为己有，融入到自己的诗经诠释学理论体系中了，如盐入水，浑然无迹。原文如其一云：“问时举：‘看文字如何？’曰：‘诗传今日方看得

① 洪本健：《欧阳修资料汇编》，中华书局1995年版，第340页。
② 何俊、范立舟：《南宋思想史》，上海古籍出版社2008年版，第17页。
③ 朱熹著、黎德靖编：《朱子语类》，中华书局1986年版，第2070页。
④ 朱熹著、黎德靖编：《朱子语类》，中华书局1986年版，第2086页。

纲领。要之，紧要是要识得六义头面分明，则诗亦无难看者。’”① 其二云：“又曰：‘读诗须得他六义之体，如风雅颂则是诗人之格。’”② 以上四则辨体文献中，朱熹都把“先识取六义体面”作为“读诗、学诗、看诗、看文字”的“纲领、要领、要法、紧要处”，可以看出朱熹强烈的辨体意识及其对黄庭坚、谢良佐、吕本中的继承和吕祖谦之间的互相影响。

朱熹重视辨体尊体，但也肯定变体和变化，同时把“定法”与“体制”也就是“法度论”和“文体论”结合起来探讨，尤其能让我们看到活法论与辨体论的密切关系。其《客亦抱凌云才》云：

> 此病翁先生少时所作闻筝诗也，规模意态全是学文选乐府诸篇，不杂近世俗体，故其气韵高古而音节华畅，一时辈流少能及之。逮其晚岁，笔力老健，出入众作，自成一家，则已稍变此体矣。然余尝以为天下万事皆有一定之法，学之者须循序而渐进。如学诗，则且当以此等为法，庶几不失古人本分体制。向后若能成就变化，固未易量。然变亦大是难事，果然变而不失其正，则纵横妙用，何所不可？不幸一失其正，却似反不若守古本旧法，以终其身之为稳也。李杜韩柳初亦皆学选诗者，然杜韩变多，而柳李变少。变不可学，而不变可学。故自其变者而学之，不若自其不变者而学之，乃鲁男子学柳下惠之意也。③

前文反复论述朱熹高度强调遵守体制规矩，在这里，他则认为“然变亦大是难事，果然变而不失其正，则纵横妙用，何所不可?”所谓“变而不失其正”体现了他辩证通达的文体通变观。该文有如下关于“法度”与“辨体”关系的几层意思：其一，所谓“规模意态全是学文选乐府诸篇，不杂近世俗体”，是强调尊体；“笔力老健，出入众作，自成一家，则已稍变此体矣”，是肯定变体。其二，所谓“然余尝以为天下万事皆有一定之法，学之者须循序而渐进。如学诗，则且当以此等为法，庶几不失古人本分体制”，突出定法和尊体；“向后若能成就变化，固未易量”，认同变化和破体。其

① 朱熹著、黎德靖编：《朱子语类》，中华书局1986年版，第2088页。

② 朱熹著、黎德靖编：《朱子语类》，中华书局1986年版，第2094页。

③ 朱熹：《晦庵集》卷84，文渊阁四库全书本。

三，所谓“然变亦大是难事，果然变而不失其正，则纵横妙用，何所不可?”说明了他对于变体和正体也就是辨体和破体的关系，主张“变而不失其正”的辨体通变观，这与法度上的“活法论”异曲同工，可以说是朱熹辨体论和活法论的精髓与归结所在。其四，虽然“变而不失其正”的“适度”辨体通变观是他最高的辨体理想境界，但是他觉得“然变亦大是难事”，“变体”和变化的尺度分寸不好掌握，容易变体“过度”走向极端，即“不幸一失其正”；所以他认为最稳妥的办法就是，“却似反不若守古本旧法，以终其身之为稳也”，主张遵守法度规矩，“变不可学，而不变可学。故自其变者而学之，不若自其不变者而学之”，最终的结论是，在“变而不失其正”这一理想的辨体观难以实现的情况下，秉持保守的“反不若守古本旧法”的法度观念。

不过，朱熹的辨体论仍旧是以“变而不失其正”的“活法论”为核心，如在他处也主张文章“奇而稳”和“千变万化”中“有典有则”方才最“为好”。如《朱子语类》：“文字奇而稳方好，不奇而稳只是阘靸。”[①]“陈后山文如……有典有则，方是文章。”[②] 再如“刘叔通江文卿三人皆能诗：叔通放体不拘束底诗好，文卿有格律入规矩底诗好。”[③] 他认为变化打破体制的“放体不拘束底诗”和尊体遵守规矩的“有格律入规矩底诗”这两种辩证对立的诗都是“好”的，这与吕本中“所谓活法者，规矩备而能出于规矩之外，变化不测而亦不背于规矩也”的诗学通变观是极为契合的，反映了他儒家中和中庸的文体文学美学思想。

朱熹的关于“变而不失其正”的“权变”思想直接来源于吕本中，如吕本中《春秋集解》云：“曰：春秋者，轻重之权衡也，变而不失其正之谓权，常而不过于中之谓正。”[④] 卷九云：“故通其变以示不失正也，不言齐命为桓公讳也，不系于卫示无讥也。若云城卫楚丘，则彼我俱非也。凡变而不失其正者，皆以讳为善。天下之大伦，有常有变，舜之于父子，汤武之于君臣，周公之于兄弟，皆处其变也。贤者守其常，圣人尽其变，会首止逃，郑

① 朱熹著、黎德靖编：《朱子语类》，中华书局 1986 年版，第 4316 页。

② 朱熹著、黎德靖编：《朱子语类》，中华书局 1986 年版，第 3308 页。

③ 朱熹著、黎德靖编：《朱子语类》，中华书局 1986 年版，第 3331 页。

④ 吕本中：《春秋集解》卷 4，文渊阁四库全书本。

伯处父子君臣之变而不失其中也。”①

要之，“活法论”与“辨体论”中的“变而不失其正”如出一辙。在中国古代辨体理论体系中，“变而不失其正”是处理辨体与破体或者说尊体与变体这一对矛盾对立范畴的最佳选择，其实也就是正体与变体的辩证关系。这实则就是一种“活法”论上的辩证法，具体来说，对于吕本中《夏均父集序》的“活法”论，所谓“规矩备而能出于规矩之外，变化不测而亦不背于规矩也”，“能出于规矩之外”和“变化不测”对应的是“变”，“规矩备”和“亦不背于规矩也”对应的是“不失其正”。所谓“有定法而无定法，无定法而有定法”，“变”是“无定法”，“不失其正”是“有定法”。这种“变而不失其正”的辨体理论源于哲学上《周易》的“变通”朴素辩证法，到了南朝，刘勰将其纳入并融合在《文心雕龙》的辨体理论体系中，宋代辨体批评兴盛，而“宋儒中的以洛学为代表的北宋五子一系用来支撑哲学体系的，是《周易》的框架”②。也因此，“变而不失其正”自然成为黄庭坚、欧阳修尤其是朱熹等文学家和思想家在解决辨体和破体这一矛盾的工具圭臬，并对明清以来辨体理论尤其是许学夷《诗源辩体》的辨体批评。

第三节　“法”与“体”及其“定法而无定法”与“定体而无定体”

在中国古代文体学理论中，“定体和不定体”之对立范畴，与“辨体和破体”及其“尊体和变体”一样，也在文体论中频频为人所使用，这与吕本中“活法论”中的“盖有定法而无定法，无定法而有定法”的理论表述就更加相似了，而且很多学者常常把“体”和“法”尤其是“定体”和“定法”放在一起进行论述，其间关系不言而喻。

首先，“法度论”与“文体论”的浑然一体。前面我们已经在黄庭坚、谢良佐、朱熹等相关文体文献中，有针对性的指出其中“法度论”与“文体论”的相提并论，借以说明“法度论”是“文体论”的重要组成部分，以及“活法论”和“辨体破体论”的相似之处，进而体现本文在“文体

① 吕本中:《春秋集解》卷9，文渊阁四库全书本。

② 何俊、范立舟:《南宋思想史》，上海古籍出版社2008年版，第17页。

学”的视域下观照“活法论”的研究目的，同时也有感于当下学界对“活法论”全面研究中却唯独“文体学”角度的缺失或不足。如前文所述，在宋代谢良佐和朱熹所谓“学诗之法”和“读诗之法”的诗法说和法度论，都要具有“先识取六义体面”的辨体意识，可见“法度论”和“文体论”是不可分的二而一的问题，而吕本中所谓“读《左传》便使人入法度”“此二者当永以为法”之法度论与“广备众体，出奇无穷者”“极风雅之变，尽比兴之体”之文体论杂糅而论，则是谢、朱“法度论”“文体论”不分彼此的联系纽带，具有承上启下的重要地位。

如果说在宋代“法度”和“文体”并谈还不是很多和特别明显的话，那么到了明清，随着“辨体论”和“诗法论”的臻于成熟和兴盛，许多批评家越来越注意到“法度论”和“文体论”的密切关系，并在文学批评中将二者很好地融合起来进行论述。

在明代，王世贞《艺苑卮言》：“诗有常体，工自体中。文无定规，巧运规外。……故法合者，必穷力而自运；法离者，必凝神而并归。合而离，离而合，有悟存焉。”① 徐师曾《文体明辨》卷首：“文章之有体裁，尤宫室之有制度，器皿之有法式也。”② 屠隆《论诗文》：“文章止要有妙趣，不必责其何出；止要有古法，不必拘其何体。语新而妙，虽出己意自可，文袭而庸，即字句古人亦不佳。”③ 到了清代，阎尔梅《示二子作诗之法》：“西京以还，皆变体，非古体也……此虽作史之法乎，作诗之法，实不出于此。”④ 李渔《一家言释义》：“余所为诗文杂著，未经绳墨，不中体裁，上不取法于古，中不求肖于今，下不觊传于后，不过自为一家。”⑤ 田雯《鹿沙诗集序》：“学诗者宜分体取法乎前人。”⑥ 邵长蘅《与魏叔子论文书》：“至于文之法，有不变者，有至变者。文体有二，曰叙事、曰议论，是谓定体。”⑦

① 丁福保：《历代诗话续编》，中华书局1983年版，第964页。

② 吴讷著、于北山点校：《文章辨体序说》，徐师曾著、罗根泽点校：《文章辨体序说》，人民文学出版社1962年版，第77页。

③ 蔡景康：《明代文论选》，人民文学出版社1993年版，第269页。

④ 王镇远、邬国平：《清代文论选》，人民文学出版社1999年版，第37页。

⑤ 王镇远、邬国平：《清代文论选》，人民文学出版社1999年版，第99页。

⑥ 王镇远、邬国平：《清代文论选》，人民文学出版社1999年版，第370页。

⑦ 王镇远、邬国平：《清代文论选》，人民文学出版社1999年版，第380页。

钱大昕《与友人书》：“夫古文之体，奇正、浓淡、详略，本无定法。”① 姚鼐《答翁学士书》：“昨相见承教，勉以为文之法……是安得有定法哉？……此数十人，其体制固不同，所同者意与气足主乎辞而已。”② 刘开《与阮芸台宫保论文书》：“故文之义法，至史、汉而已备；文之体制，至八家而乃全，彼固予人以有定之程式也。学者必先从事于此，而后有成法之可循。”③ 以上不厌其烦地罗列了明清以来“体”“法”并谈的诸多文献，主要是为了更直观地看出法度论和文体论的水乳交融和难以分开。因为很容易理解，故而并未进一步对文献进行解读阐释。

其次，进一步来说，“盖有定法而无定法，无定法而有定法”是吕本中“活法论”的核心表述，其关于“定法与无定法”这一对矛盾对立的辩证诗法概念，与文体学上关于“定体与无定体”这一对经典辨体破体理论范畴简直就是一对孪生兄弟，在古代文化哲学思想和文学理论批评中，或单独表述，或相提并论，其辩证的思维方式和理论表达对深入认识和了解法度论与文体论的密切关系更为重要和易于理解。

第一，这种定体与无定体、有体与无体、常体与无常体的矛盾对立的辨体与破体观，最早源于南朝齐张融《门律自序》，《南史·张融传》云：

> 融玄义无师法，而神解过人，高谈鲜能抗拒。永明中遇疾，为门律，自序云：“吾文章之体，多为世人所惊，汝可师耳以心，不可使耳为心师也。夫文岂有常体，但以有体为常，政当有其体。丈夫当删诗、书，制礼乐，何至因循寄人篱下。”临卒，又戒其子曰：“手泽存焉，父书不读，况父音情，婉在其韵。吾意不然，别遗尔旨。吾文体英变，变而屡奇，岂吾天挺，盖不隤家声。汝可号哭而看之。”④

所谓“夫文岂有常体”是说文无常体定体，“但以有体为常，政当有其体”是说文有常体定体，在定体与无定体之间，张融更倾向于变体变化，故而称“吾文体英变，变而屡奇”。尤为重要的是，这种变体论正是张融的

① 王镇远、邬国平：《清代文论选》，人民文学出版社1999年版，第563页。
② 王镇远、邬国平：《清代文论选》，人民文学出版社1999年版，第571页。
③ 王镇远、邬国平：《清代文论选》，人民文学出版社1999年版，第723页。
④ 李延寿：《南史》卷32，文渊阁四库全书本。

“无师法”也即“无定法”的反映，这段最早的辨体破体、常体变体、定体无定体之辩证关系文体文献，就是将“文体论”与“法度论”结合起来而谈的，这在中国古代文体学和法度论及其相结合的发展史上具有重要的开拓意义。

其后，金代王若虚和明代苏伯衡都用设问体和对话体来探讨这个理论问题，这与张融“夫文岂有常体”的反问句式一脉相承。如金王若虚《文辨》云：“或问：文章有体乎？曰：无。又问：无体乎？曰：有。然则果何如？曰：定体则无，大体须有。”① 所谓有体、无体之问，当然是说有定体和无定体的，而“定体则无”指变体破体，“大体须有”指辨体尊体，二者是活法论的辩证关系。对此，吴承学先生解释道：“文体虽没有绝对的、一成不变的体制，但必须有相对的总体体制。如果没有‘大体’，也就取消了各种文体的个性，文体之间没有区别，实际上也就无文体可言了。这是一种辩证的观点，‘大体须有’，故应辨体；‘定体则无’，故可破体。”② 明代苏伯衡则明确地把“体”和“法”结合起来，如《空同子瞽说》：

> 尉迟楚好为文，谒空同子，曰：“敢问文有体乎？”曰：“何体之有？《易》有似《诗》者，《诗》有似《书》者，《书》有似《礼》者，何体之有？”“有法乎？”曰：“初何法？典谟训诰，《国风》、《雅》、《颂》，初何法？”……曰：“有本也。如键之于管，如枢之于户，如将之于三军，如腰领之于衣裳。”③

所谓“敢问文有体乎？”曰：“何体之有？”是说文体是变化不同的，文无定体；“有法乎？”曰：“初何法？”是说法度是变幻莫测的，初无定法。但是，这也不是绝对的，因为文是“有本也”，就是说文也同样是有体有法的，要辩证地看待文体论和法度论及其之间的关系。

第二，宋金元的“定法无定法”和“定体无定体”理论。宋人活法理论和辨体批评中，朱熹的“活法论”以及“定法与无定法”最与吕本中相

① 王若虚：《滹南集》卷37，文渊阁四库全书本。

② 吴承学：《辨体与破体》，《文学评论》1991年第4期。

③ 蔡景康：《明代文论选》，人民文学出版社1993年版，第46页。

契合，而相关“定格常格定体和新格变格变体”之文体论与此相映衬，成为他“辨体与破体”和“尊体与变体”这一辨体理论体系中的重要组成部分。

关于“活法”论，朱熹在评价赵蕃诗称“固是好，但终非活法尔”[1]。所以，在法度与无法之间，他与吕本中一样颇为辩证通达，主张“非无法度，乃从容于法度中”的观点，如《朱子语类》云：“李太白诗，非无法度，乃从容于法度中，盖圣于诗者也。”[2] 他提倡遵守法度，即“不如且理会法度文字”，但认为又不能“极法度”和“太法度了”，如《朱子语类》云：“《史记》不可学，学不成，却颠了，不如且理会法度文字。问：‘后山学《史记》’。曰：‘后山文字极法度，几于太法度了。’”[3] 要求在守法和破法之间要适度中和。同样，他对于“定法和无定法”的关系，也提倡辩证通达的理论，如他从儒家正统观念出发，认为“从上圣贤相承定法，不容变易”，但是又要变通，不能“过于循默自守”。[4] 在历法制度法度上，如称“今之造历者无定法”，而“意古之历书，亦必有一定之法”[5]，所以，这就要在造历时坚持“以我法之有定而律彼之无定”的“活法论”。

在“定体和无定体”论上，朱熹用定格常格和新格变格这样的对立范畴来进行定义，而对其间的关系，则秉持前面所说的“变不可学，而不变可学”的保守观点，如《朱子语类》云：“前辈做文字，只依定格依本份做，所以做得甚好。后来人却厌其常格，则变一般新格做。本是要好，然未好时先差异了。”[6] 所谓“依定格依本份做”，即尊体，称赏前辈遵守文章体制规范，“所以做得甚好”；所谓“后来人却厌其常格，则变一般新格做”，是变体，打破体制法则，“本是要好”，但是反而变差了，即“然未好时先差异了”。

宋代其他“体”“法”并谈者还很多，如范温《潜溪诗眼》：“黄庭坚云：文章必谨布置。每见后学，多告以《原道》命意曲折。后予以此概考

① 朱熹著、黎德靖编：《朱子语类》，中华书局1986年版，第2890页。
② 朱熹著、黎德靖编：《朱子语类》，中华书局1986年版，第3320页。
③ 朱熹著、黎德靖编：《朱子语类》，中华书局1986年版，第3321页。
④ 朱熹著、黎德靖编：《朱子语类》，中华书局1986年版，第28页。
⑤ 朱熹著、黎德靖编：《朱子语类》，中华书局1986年版，第25页。
⑥ 朱熹著、黎德靖编：《朱子语类》，中华书局1986年版，第3320页。

后人法度。……此诗前贤录为压卷，盖布置最得正体，如官府甲第，厅堂房室，各有定处，定不可乱也。韩文公《原道》与《书》之《尧典》盖如此，其他皆谓之变体可也。盖变体如行云流水，初无定质，出于精微，夺乎天造，不可以形器求矣。然要之以正体为本，自然法度行乎期间。譬如用兵，奇正相生，初若不知正而径出于奇，则纷然无复纲纪，终于败乱而已矣。"[①] 王柏《豳风辨》："如刘氏之说，豳实雅也，变而为风，曰风、曰雅、曰正、曰变，可降可升，得以意定，初无定体，不知圣人之法果如是乎？"[②] 真德秀《文章正宗纲目》"议论"："按议论之文，初无定体，都俞吁咈，发于君臣会聚之间，语言问答，见于师友切磋之际。与凡秉笔而书，缔思而作者皆是也。……则正告君之体，学者所当取法然。……书记往来，虽不关大体，而其文卓然为世脍炙者，亦缀其末。学者之议论，一以圣贤为准的；则反正之评，诡道之辩，不得而惑。其文辞之法度，又必本之此编，则华实相副，彬彬乎可观矣。"[③] 陈起《江湖小集》："亚愚嵩上人，穿户于诗家，入神于诗法，满心而发，肆口而成……盖诸家之体制，各随其所至而形于言。今观亚愚之集，千变万态，不梏于所见，如所谓老坡之词，一句一意，盖不可以定体求也。"[④] 以上所列举的诸如范温"以此概考后人法度、盖布置最得正体、各有定处，定不可乱也、然要之以正体为本，自然法度行乎期间"、王柏"初无定体，不知圣人之法果如是乎"、真德秀"初无定体、则正告君之体，学者所当取法然、文辞之法度"、陈起"入神于诗法、诸家之体制、千变万态、盖不可以定体求也"等等，皆体、法并论，其间关系一目了然，读者当自得之。再如魏天应《论学绳尺论诀诸先辈论行文法》："又云：论无定格而有定体，意欲圆，辞欲轻，冒头是说主张源流，要议论多于事实，行文又欲转换处多。"[⑤] 魏庆之撰《诗人玉屑》卷二："世固有定体，众共守之，然不若时用变体，如兵之出奇，变化无穷，以惊世骇目，如老杜诗云……此七言律诗之变体也。"[⑥]

---

① 郭绍虞：《宋诗话辑佚》（上），中华书局1980年版，第323—325页。

② 王柏：《鲁斋集》卷16，文渊阁四库全书本。

③ 陶秋英编选、虞行校订：《宋金元文论选》，人民文学出版社1984年版，第379页。

④ 陈起：《江湖小集》卷9，文渊阁四库全书本。

⑤ 魏天应编、林子长注：《论学绳尺》，文渊阁四库全书本。

⑥ 魏庆之撰：《诗人玉屑》卷2，文渊阁四库全书本。

宋代学者的相关文体文献还很多，我们列于下，以见定体、变体之文体讨论在有宋一代已成风气，同时对金元学者诸如元好问、郝经等产生深远影响。包括两种情况：其一，岂有定体、本无定体、初无定法的破体观。如李复《又答耀州诸进士书》：“某辱问：科举程文之体，今之印行为有司考之在高等者，其文乃程文之体也。虽然，此岂有定体？先须讲求义理的当，中心涣然，乃可作文。义理若非，虽洪笔丽藻，亦非矣。”① 邓肃《丹霞赏音文集》：“三藏四万八千卷之流布于六合内外者，譬犹烟云出岫，本无定体，而风行水上，偶尔成文。”② 宋陈思《两宋名贤小集》卷二百九“斐然成章”：“学须随器有成形，方可裁中设准绳，假借变易无定体，纵逢大匠亦何成。”③ 王正德《余师录》卷二：“文章态度如风云变灭，水波成文，直因势而然，必欲执一时之迹，以为定体，乃欲系风搏影也。苏公恐不如此。”④ 真德秀《西山读书记》卷十二：“因时制义，初无定法也。”⑤ 金元好问编《中州集》卷二《刘西嵓汲一十首》：“然则诗者，文之变也，岂有定体哉？故三百篇，什无定章，章无定句，句无定字，字无定音，大小长短，险易轻重，惟意所适。……黄鲁直天资峭拔，摆出翰墨畦径，以俗为雅，以故为新，不犯正位，如参禅着末后句为具眼，江西诸君子翕然推重，别为一派。”⑥ 元方回编《瀛奎律髓》卷十六：“大概文潜诗中四句多一串用景，似此一联景，一联情，尤洁净可观。周伯弜定四实四虚，前后虚实为法，要之本亦无定法也。”⑦ 元郝经《答友人论文法书》：“然则前人不足法欤！文有大法，无定法，观前人之法而自为之，而自立其法，彼为绮，我为锦，彼为榭，我为观，彼为舟，我为车，则其法不死，文自新而法无穷矣。……文固有法，不必志于法，法当立诸已，不当尼诸人。”⑧ 其二，各有定体的辨体观。范成大《书浯溪中兴碑后并序》：“窃谓四诗各有定体，颂者，美盛德

---

① 李复撰：《潏水集》卷4，文渊阁四库全书本。
② 邓肃撰：《栟榈集》卷15，文渊阁四库全书本。
③ 陈思编、陈世隆补：《两宋名贤小集》卷209，文渊阁四库全书本。
④ 王正德：《余师录》卷2，文渊阁四库全书本。
⑤ 真德秀：《西山读书记》卷12，文渊阁四库全书本。
⑥ 元好问编：《中州集》卷2，文渊阁四库全书本。
⑦ 方回编：《瀛奎律髓》卷16，文渊阁四库全书本。
⑧ 郝经：《陵川集》卷23，文渊阁四库全书本。

之形容，以其成功告于神明者也，商周鲁之遗篇可以概见。”① 元王恽《秋涧集》卷六十九《请黄先生德新主善疏》：“况汉庭发策，本之明经，而近代程文，自有定体，欲造科场之捷径，须求事业之专门。”② 元陈祐《三本书》：“凡今之所以未臻于至治者，良由法无定体，人无定分，政出多门，不相统一故也。……操威福之权，执文武之柄，俾法有定体，人有定分，上之使下，如身之运臂，臂之任指，下之事上，如使足之承身，身之尊首，各勤厥职，各尽乃心，夫如是天下何忧不理，国势何忧不振乎？”③

第三，明清以来定体无定体与定法无定法理论。明清以来，相关定法与无定法和定体与无定体的诗法辨体批评更加繁盛，且多把二者结合起来进行谈论。如明胡直《刻乔三石先生文集序》云：“彼文者，道法之所出，不得而袭焉故也。……故规矩者，方员之母也，而方员岂规矩哉？是故道法者，圣人之规矩也，道法备而文言之，以诏诸世，此圣人由规矩出方员之迹也。方员之迹无定体，故为典谟，为彖象，为训诰雅颂，不可穷极，执之则窒。子长之雄健，则亦方员之迹见乎一体而已，乃独逡逡焉。执子长以为规矩而袭用之，是焉知规矩？”④ 胡直《谈言下》云：“曰文有古今乎？曰有。曰：古亦有体乎？曰：有。然而无定体曰文，犹诸人也。夫人莫不横目而竖鼻也，文犹诸居也，夫居莫不横梁而竖栋也，而谓无定体，可乎？……曰：然则圣人好古，述而不作，何哉？曰：圣人好古，好道法也；述而不作，述道法也。”⑤ 前文反复申说道法、规矩、无定体等与吕本中活法论相关的概念范畴，后文则与前所述张融、王若虚、苏伯衡以问答体来说明“定体与无定体”这一对矛盾统一的对立范畴一样，并与“道法”这一法度论结合起来。清汪由敦《史裁蠡说》云：“史法必先体例，体例不明，笔削无据，考之前史，史记汉书南北史梁陈二书，则世学相传，后汉书三国志宋书北齐北魏诸书，则成于一手，或禀承前规，或包罗全局，文随法立，义例自符。”⑥ 所谓“史法必先体例”正如“文章先其体制”的辨体表述相似，而与“史

① 范成大：《石湖诗集》卷13，文渊阁四库全书本。
② 王恽：《秋涧集》卷69，文渊阁四库全书本。
③ 苏天爵编：《元文类》卷14，文渊阁四库全书本。
④ 胡直：《衡庐精舍藏稿》卷8，文渊阁四库全书本。
⑤ 胡直：《衡庐精舍藏稿》卷30，文渊阁四库全书本。
⑥ 汪由敦：《松泉集》卷20，文渊阁四库全书本。

法”之“法度”放在一起其意味则更为深长。《御选唐宋诗醇》卷十三：“甫集特多拗律，然其声调，自有一定之法，如此诗及……诸篇以古调入律，所谓苍莽历落中自成音节者，然此及西岳篇收入律调，为正法，如后一篇八句全拗，又拗体之变格，不易学也。若并不识七古声调，而以语拗体难矣。他如……诸联乃单拗双拗正。宋人胡仔谓平仄固有定体，众共守之，然不若时用变体，如兵之出奇，变化无穷，以惊世骇目。王世懋则疑为变风变雅，皆恍惚之语耳。”①

清代徐枋可以说是“体”与“法”及其“定体无定体”与“定法无定法”并谈而且结合的最恰如其分的代表了，其《答退翁老和尚书》云：“至文章一道，不朽盛事，亦未易言，而大要可指。有无定之法，有不易之体，惟其无定，故千变万化而不穷；惟其不易，故触绪纵心而必归控驭。如钜冶然，金铁既熔，惟意所命，倏忽倾写，钟鼎斯成，而鼎不讹钟，钟不滥鼎，无定之法、不易之体具在是矣。而近世不察，多失其宗。言法者病之于泥，不言法者病之于疏，而文章之道几为不开之茅径矣。承示古无定体，非无定体也，风气有殊也，譬如古者茅茨土阶，而今者金门玉堂，奢俭美恶亦已悬绝矣，而上栋下宇，其体岂变哉？……便是雅、颂，亦何法之可循？……真能训辞深厚，咏歌盛德，必合典、谟、雅、颂。何也？是实有不易之体，古人已立其极，而吾不能出其范围也。杜少陵句有云：‘未及前贤’，‘递相祖述’。不有其体，复何祖述哉？然是求之学与道，而非求之文章之法与体也。深造于学，自得其道，则有无体之体，无法之法，不假绳墨，自中规矩，不循陈筬，自合古人，游刃运斤，无所不可矣。”② 所谓“有无定之法，有不易之体”“无定之法、不易之体具在是矣”“而非求之文章之法与体也”“则有无体之体，无法之法，不假绳墨，自中规矩”云云，把“体”“法”虽为两个范畴实则一个整体的理论特点表现得淋漓尽致，而活法论和辨体观的辩证特点也尽显其中。

章学诚堪称清代辨体论和活法论的集成总结者，其《古文十弊》云：“一曰：凡为古文辞者，必先识古人之大体，而文辞工拙又其次焉。不知大体，则胸中是非不可以凭，其所论次，未必俱当事理……九曰：古人文成法

① 《御选唐宋诗醇》卷13，文渊阁四库全书本。

② 王镇远、邬国平：《清代文论选》，人民文学出版社1999年版，第209页。

立，未尝有定格也。传人适如其人，述事适如其事，无定之中有一定焉。……谓之时文，必有法度，以合程式。而法度难以空言，则往往取譬以示蒙学。”[①]《古文十弊》的首条所谓“凡为古文辞者，必先识古人之大体，而文辞工拙又其次焉”云云，可以说是自刘勰、刘善经、黄庭坚、吕本中、朱熹、倪思、祝尧、许学夷等以来中国古代“文章以体制为先”辨体论的最后一环，是这一文体论的集成者；而第九则所谓“古人文成法立，未尝有定格也”“无定之中有一定焉”“必有法度，以合程式，而法度难以空言”云云，则又无疑是自宋代黄庭坚、吕本中以来中国古代诗法论、文法论、法度论及其活法论的总结者，二者在该文中前后呼应，从中可以看出辨体论与活法论的密切关系以及在中国古代文论中的重要地位。

最后，我们把明清相关定体无定体和定法无定法的辨体活法理论文献进行分类罗列，一方面加深我们对关于“辨体论”和“活法论”这两大中国古代文论命题范畴水乳交融关系的进一步理解，另一方面借此表明本文的文体文献学价值，希望对当下的文体学研究尽一点微薄之力。

其一，明代。王祎《上苏大参书》：“文有体，其为体常不同，故无定体而有大体，必其大体纯正而明备而后足以成乎?”[②] 陆深《李世卿文集序》：“大抵深于学，昌其气，然后法古而定体，吾尝持是以考焉，而有爱于李世卿之文也。”卷十八：“中立而不倚最难，非义精仁熟者不能。凡事有所依凭则不倚，无所倚凭则易至于倚，盖时措之妙也。……中是无过不及，倚是过不及也。日用之间，酬酢万变，初无定体，皆欲合中，非得时措之宜者，非过则不及矣。”[③] 杨锵《国是》：“国是有定体，无定局。何谓有定体，概言之，有以缜密为是者……此千古不易者。何谓无定局，概言之，有古为是而今为非者……此当随变通者。”[④] 崔铣《答论中庸凡书》：“文有定体，孔子谓天下所同，又奚事于为哉?”[⑤] 王家屏《条麓堂集序》：“公尝语屏，文有定体，无专材，譬之宫室，体则其堂寝门庑也，材则其为栋楹榱桷者也。本欲备，材欲充，未有不赡于材而赅于体者，要在丰储广蓄，纤巨

① 王镇远、邬国平：《清代文论选》，人民文学出版社 1999 年版，第 620 页。

② 王祎：《王忠文集》卷 16，文渊阁四库全书本。

③ 陆深：《俨山集》卷 43，文渊阁四库全书本。

④ 黄宗羲：《明文海》卷 100，文渊阁四库全书本。

⑤ 黄宗羲：《明文海》卷 198，文渊阁四库全书本。

毕收，心画手裁，措注有道，斯亦足以操绳墨而列匠氏之林矣。奚必尺摹寸拟，乃称作者哉？屏拜受教，退而考览古人之制作，体代变也，材亦稍殊焉。”① 何景明《大复集》卷三十八：“明兴百六十余年，而文章迄无定体。自先生崛起汝南，始与关中李献吉发愤词林，超览古始，乃排斥群疑，归之大雅，何其雄也。”② 韩邦奇《慎重边疆以保安地方事》：“事无定体，惟变是趋，治有先机，因时而动。”③ 罗洪先《荅陈明水》：“来教云：心无定体，感无停机，凡可以致思着力者，感也，而所以出思发知者，不可得而指也。……则谓心有定体，寂然不动是也。感无定机，时动时静是也。”④ 吴讷《文章辨体序题》“律诗”：“大抵律诗，拘于定体，固弗若古体之高远，然对偶音律，亦文辞之不可废者，故学之者当以子美为宗，其命辞用事联对声律，须取温厚和平不失六义之正者为矜式。若换句拗体粗豪险怪者，斯皆律体之变，非学者所先也。”⑤ 唐顺之《董中峰侍郎文集序》：“汉以前之文，未尝无法，而未尝有法，法寓于无法之中，故其为法也，密而不可窥。唐与近代之文，不能无法，而能毫厘不失乎法，以有法为法，故其为法也严而不可犯。密则疑于无所谓法，严则疑于有法而可窥，然而文之必有法，出乎自然而不可易者，则不容异也。且夫不能有法，而何以议于无法？有人焉见夫汉以前之文，疑于无法，而以为果无法也，于是率然而出之，决裂以为体，饾饤以为词，尽去自古以来开阖首尾经纬错综之法，而别为一种臃肿佶涩浮荡之文。……其守绳墨，谨而不肆，时出新意于绳墨之余，盖其所自得而未尝离乎法。其记与序，文章家所谓法之甚严者，先生尤长。”⑥ 唐顺之《文编原序》：“欧阳子述扬子云之言曰：‘断木为棋，梡革为鞠，莫不有法，而况于书乎？’然则，又况于文乎？……文而至于不可胜穷，其亦有不得已而然者乎？然则不能无文，而文不能无法。是编者，文之工匠而法之至也。圣人以神明而达之于文，文士研精于文以窥神明之奥。其窥之也，有偏有全，有小有大，有驳有醇，而皆有得也，而神明未尝不在焉。所谓法者，神明之

① 黄宗羲：《明文海》卷237，文渊阁四库全书本。
② 何景明：《大复集》卷38，文渊阁四库全书本。
③ 韩邦奇：《苑洛集》卷16，文渊阁四库全书本。
④ 罗洪先：《念菴文集》卷3，文渊阁四库全书本。
⑤ 程敏政：《明文衡》卷56，文渊阁四库全书本。
⑥ 蔡景康编选：《明代文论选》，人民文学出版社1993年版，第160页。

变化也。”[①] 艾南英《答陈人中论文书》：“足下又曰：宋文好新而法亡，好易而失雅。夫文之法最严，孰过于欧、曾、苏、王者？荆川有言曰：‘汉以前之文，未尝无法，而未尝有法。法寓于无法之中。故其为法也，密而不可窥。唐与宋之文不能无法，而能毫厘不失乎法，以有法为法，故其为法也，严而不可犯。’予尝三复，以为至言。”[②] 潘之琮《书法离钩》卷二：“东坡云：把笔无定法，要使虚而宽。”[③] 徐应秋《玉芝堂谈荟》卷九：“医卜无定法，固知医卜一理，原无定法，要在人之灵悟耳。”[④] 章潢《图书编》卷二十四：“古今惟历家，未尝有定法也，非无定法也，法虽定于一时，定于一人，而未久即差，谓其有定法也，可乎？……故谓古今历家无定法也。”[⑤] 高攀龙《颜渊喟然叹章》：“盖喟然之叹，直叹夫子，不是叹道体。道体，是古今圣凡所同，夫子是古来圣人首出，故仰之弥高，无阶可升，钻之弥坚，无门可入，在前在后，无定体可据。当时只有颜子能知之，亦惟颜子能学之，盖颜子与夫子止差得一间，故一直要学夫子……这便是夫子的阶梯，夫子的门户，夫子的定体。”[⑥] 赵汸《春秋属辞序例》：“故其一曰存策书之大体，圣人拨乱以经世，而国书有定体，非假笔削无以寄文故。”[⑦]

其二，清代。金人瑞《贯华堂选批唐才子诗序》：“其篇有几章，而章无定句，句无定字，又全不同者。……又有几章全同，而一章独异者……又有章句全异，而末句必同者。”[⑧] 顾炎武《日知录》“程文”：“文章无定格，立一格而后为文，其文不足言矣。……明之取士以经义，而经义之不成文又有甚于前代者。皆以程文格式为之，故日趋而下。晁、董、公孙之对，所以独出千古者，以其无程文格式也。欲振今日之文，在毋拘之以格式，而俊异之才出矣。”[⑨] 王夫之《毕命》：“《毕命》之言辞也，曰‘体要’。于是而或为之说曰：‘辞有定体焉，有扼要焉，挈其扼要而循其定体，人可为辞，而

---

① 蔡景康编选：《明代文论选》，人民文学出版社1993年版，第168页。

② 蔡景康编选：《明代文论选》，人民文学出版社1993年版，第387页。

③ 潘之琮：《书法离钩》卷2，文渊阁四库全书本。

④ 徐应秋：《玉芝堂谈荟》卷9，文渊阁四库全书本。

⑤ 章潢：《图书编》卷24，文渊阁四库全书本。

⑥ 高攀龙：《高子遗书》卷4，文渊阁四库全书本。

⑦ 程敏政：《新安文献志》卷36，文渊阁四库全书本。

⑧ 王镇远、邬国平编选：《清代文论选》，人民文学出版社1999年版，第67页。

⑨ 王镇远、邬国平编选：《清代文论选》，人民文学出版社1999年版，第124页。

奚以文为？体要者质也，质立而文为赘余矣。’徇是言也，质文之实交丧于天下，而辞之不足以立诚久矣。……故统文为质，乃以立体；建质生文，乃以居要。体无定也，要不可扼也。有定体者非体，可扼者非要，文离而质不足以立也。……则质以文为别，而体非有定审矣。……政无可荒遗而后有恒，故辞无可简僿而必于能达。奚定体之必拘，而扼要可片言尽哉？”[①] 郎廷槐《师友诗传录》：“张萧亭答：五言长篇宜富而赡，短篇宜清婉而意有余，五句乐府间有，似无定体，兴会所至无不可也。”[②] 赵执信《谈龙录》：“余曰：神龙者，屈信变化，固无定体，恍忽望见者，第指其一鳞一爪，而龙之首尾完好，故宛然在也，若拘于所见，以为龙在是，雕绘者反有辞矣。”[③] 王琦《李太白集注》卷三十四：“古诗窘于格调，近体束于声律，唯歌行大小短长，错综阖辟，素无定体，故极能发人才思。”[④] 徐釚《词苑丛谈》卷一“体制”：“又曰：词有一体而数名者，亦有数体而一名者……沈天羽谓花间无定体……前人着令，后人为律，必谓花间无定体，草堂始有定体，则作小令者何不短长任意耶？”[⑤] 陈玉璂《魏伯子文集序》：“善伯文大约以法胜者也。文不可以无法，然徒规摹于古人，尺寸不失，第可为古人之法，而我无与；惟不见所以用法之故，若绝不类古人，而古人之法具在。特不可执一古人以名。……然后知善用法者能用法于无法之先，非按谱者可几其万一也。善伯才最大，虽诗、赋、词、曲、六朝骈俪之作，无不臻妙，而其文尤能用法于无法之先。”[⑥] 魏礼《于南文稿序》：“文章无一定之格，作者之意是也；意当如是，出而笔之焉，此之谓格。无一定之体，作者之事是也；事当如是，发而辞赴焉，此之谓体。然则格与体者，皆作者当时之意之事所固有，乃其悠然跃然以出之时，作者亦莫自知而待求于己也。意与事互异，则体与格互变，不可以穷极其意事之万有……虽然，求古人之体格易，自有其体格者甚难。……且夫求古人之体格者，舟车也，无舟四之用，吾何以致远？……予读庭表黄先生文集，曰：是能自有其体格者乎！观其意与事

① 王镇远、邬国平编选：《清代文论选》，人民文学出版社1999年版，第174页。
② 郎廷槐：《师友诗传录》，文渊阁四库全书本。
③ 赵执信：《谈龙录》，文渊阁四库全书本。
④ 王琦：《李太白集注》卷34，文渊阁四库全书本。
⑤ 徐釚：《词苑丛谈》卷1，文渊阁四库全书本。
⑥ 王镇远、邬国平编选：《清代文论选》，人民文学出版社1999年版，第305页。

日见于前，而随物以赋形，格由于意，而事符于体；……而先生亦不失其体格如此。”① 杭世骏《马思山南垞诗稿序》：“诗无定格，以清贵为宗。”② 袁枚《赵雪松瓯北集序》：“或惜云松诗虽工，不合唐格，余尤谓不然。夫诗宁有定格哉？《国风》之格，不同乎雅、颂，皋、禹之歌，不同乎三百篇，汉、魏、六朝之诗，不同乎三唐，谈格者将奚从善乎？”③ 章学诚《与邵二云》：“文贵谨严雄健，夫谨严存乎法度，雄健存乎气势。气势必由书卷充积，不可貌袭而强为也；法度资乎讲习，疏于文者则谓不过方圆规矩，人皆可与知能，不知法度犹律令耳。文境变化，非显然之法度所能该，亦犹狱情变化，非一定之律令所能尽。故深于文法者，必有无形与声，而又复至当不易之法，所谓文心是也。”④ 秦瀛《诗测序》：“余尝谓：诗无定体，言诗亦无定解。”⑤ 吴德旋《七家文钞后序》：“而知为文之不可不讲于法也，如士之有规矩焉，如射之有彀率焉。……子之论文主于法，是矣；然此学者之始事也，其终也几且不知有法而未始戾乎法。……夫古人之文，岂尝有定法哉？……则文成而法自存乎其中矣。……若乃神明而变化之，则固非法之所能拘，而法亦非所以尽意。然岂可骤而语之承学之士乎哉？而世犹有欲舍法以言文者，则非吾之所敢知矣。”⑥ 刘开《复陈编修书》：“兵无常形，文无定法。”⑦

关于活法论，蒋寅《至法无法：中国诗学的技巧观》一文引述李锳《诗法易简录自序》“诗不可以无法，而又不可以滞于法。行乎其所不得不行，止乎其所不得不止。无用法之迹，而法自行乎其中，乃为真法”。叶燮《原诗》“然法有死法，有活法。……死法则执涂之人能言之，若曰活法，法既活而不可执矣，又焉得泥于法？”⑧ 等文，可参看。

这种“定法而无定法”与“定体而无定体”的“变而不失其正”的文体正变观，直接继承了刘勰《文心雕龙》中辨体理论的通变观。《通变》

① 王镇远、邬国平编选：《清代文论选》，人民文学出版社 1999 年版，第 318 页。
② 王镇远、邬国平编选：《清代文论选》，人民文学出版社 1999 年版，第 494 页。
③ 王镇远、邬国平编选：《清代文论选》，人民文学出版社 1999 年版，第 522 页。
④ 王镇远、邬国平编选：《清代文论选》，人民文学出版社 1999 年版，第 633 页。
⑤ 王镇远、邬国平编选：《清代文论选》，人民文学出版社 1999 年版，第 647 页。
⑥ 王镇远、邬国平编选：《清代文论选》，人民文学出版社 1999 年版，第 707 页。
⑦ 王镇远、邬国平编选：《清代文论选》，人民文学出版社 1999 年版，第 719 页。
⑧ 蒋寅：《至法无法：中国诗学的技巧观》，《文艺研究》2000 年第 6 期。

云：“夫设文之体有常，变文之数无方，何以明其然耶？凡诗赋书记，名理相因，此有常之体也；文辞气力，通变则久，此无方之数也。”① 所谓“有常之体”指尊体辨体，或者说正体定体常体，也即规矩备和有定法；而“无方之数”则指破体变文，或者说变体无定体，也即出于规矩之外。《定势》云：“此循体而成势，随变而立功者也。”② “循体”意为辨体，“随变”当指破体。最重要的是，刘勰提出了“执正以驭奇”这一处理“辨体和破体”之间矛盾关系的最佳手段和方法，这与后世学者的“变而不失其正”异曲同工。如《定势》云：“故文反‘正’为‘乏’，辞反正为奇。……旧练之才，则执正以驭奇；新学之锐，则逐奇而失正；势流不反，则文体遂弊。”③ 在这里，“正”为辨体正体，“奇”为破体变体。而“反正”“失正”云云也能看出“执正以驭奇”与“变而不失其正”的关系。④

第四节　源于五经的定体变体论

相关定体、无定体及其定体、变体之辨体理论，其活水源头在儒家思想“五经”之中，这也正是这一辨体理论内蕴丰厚、源远流长的内在机理。以下我们分别列述，以见大概。

其一，《周易》之定体变体。在唐代，论者寥寥，如唐李鼎祚《周易集解》卷十三“故神无方而易无体”：“干宝曰：否泰盈虚者，神也，变而周流者，易也。言神之鼓万物无常方，易之应变化无定体也。”⑤ 唐郭京《周易举正》卷上：“疏云：天是定体之名，干是体用之称。……地是定体之名，坤是用形之称。体即形也，秪合用坤顺之，体用不合，用定体之地名。”⑥ 宋代易学发达，其中谢良佐、朱熹之辨体论和活法论都与此有关，如何俊、范立舟云：“上蔡学生中以朱震最著名，只是使他成名的《易》学研究并非由谢良佐所授受，而是他自己研究的结果。……宋儒中的以洛学为

① 刘勰著、周振甫译注：《文心雕龙今译》，中华书局1986年版，第271页。
② 刘勰著、周振甫译注：《文心雕龙今译》，中华书局1986年版，第280页。
③ 刘勰著、周振甫译注：《文心雕龙今译》，中华书局1986年版，第282页。
④ 任竞泽：《文体学视域下的吕本中“活法”论》，《学术界》2016年第9期。
⑤ 李鼎祚：《周易集解》卷13，文渊阁四库全书本。
⑥ 郭京：《周易举正》卷上，文渊阁四库全书本。

代表的北宋五子一系用来支撑哲学体系的，是《周易》的框架，而对洛学在儒家精神确认上有分歧者，也无法跳过《易》学，因此《易》学研究是两宋儒家学者一贯的重点。按照后来儒学家从朱学的眼光看，两宋易学，前有邵雍、程颐，分别主张以象数、义理说《易》，后有朱熹的综合集大成。"[①] 宋赵汝楳《周易辑闻筮宗》："史皆曰：闭而不通，则仅取不变之义……卦辞则有变爻者不用变爻，而冒入于得八与六爻不变之例，岂筮史亦无定法邪?"[②] 宋胡瑗《周易口义》系辞上"故神无方而易无体"："义曰：神者，阴阳不测，幽微不可以测度，……易者，即周易也，无体者，唯变所适，往来不穷，是无体也。……夫大易之道，总括天地，包含万象，惟变所适，道无常用，既不可以象类索，又不可以形器求，是亦不可以定体而论之也。""卦之德方以知"条云："义曰：言蓍策之数，未占之时，虽其用如神，其吉凶悔吝，周流通变，运而不穷，……物既有常，犹方之有止，数无常体，犹圆之不穷，故蓍之变通，则无穷神之象也。卦解爻分有定体，知之象也。"[③] 胡瑗《周易口义》系辞下"刚柔者立本者也"："故六十四卦之所本，君臣父子之所法，皆由此刚柔之象为之根本者也。至如刚定体为乾，柔定体为坤，阳卦两阴而一阳，阴卦两阳而一阴，是立其卦本而不遗也。"[④] 宋张根《吴园周易解》卷七："象有定体故言拟。""卦有定体故曰方，预言祸福故曰知。"[⑤] 宋张浚《紫岩易传》卷八系辞下："太极中道，于是乎行，中无定体，随所在为中，变动不居，周流六虚，道之所行，爻之所存也。"[⑥] 卷十："周流六虚，何也？惟变所适，而本无定体者也。"[⑦] 宋吴沆《易璇玑序》："易之道莫大于乾坤，而圣人以天为法，乃作法天，六子之用，初无定体，变而通之，存乎其人……易之为道，变动不居，卦无定象，爻无定辞，不可以有执也。"[⑧] 宋李衡《周易义海撮要》卷七系辞上："故神无方而易无体，神则寂然虚无，阴阳深远不可求测，是无一方可明也。易则随物改

---

① 何俊、范立舟：《南宋思想史》，上海古籍出版社2008年版，第17页。

② 赵汝楳：《周易辑闻筮宗》，文渊阁四库全书本。

③ 胡瑗：《周易口义》系辞上，文渊阁四库全书本。

④ 胡瑗：《周易口义》系辞下，文渊阁四库全书本。

⑤ 张根：《吴园周易解》卷7，文渊阁四库全书本。

⑥ 张浚：《紫岩易传》卷8，文渊阁四库全书本。

⑦ 张浚：:《紫岩易传》卷10，文渊阁四库全书本。

⑧ 吴沆：《易璇玑》，文渊阁四库全书本。

变，应变而往，无一体可定也。……神以易为方，易以神为体，以易为方者，无方之方也，故无乎不在，以神为体者，无体之体也，故无乎不为。”“圆者，运而不穷，方者，正而有分……唯变所适，无所不周……卦者，象也，象则示之以定体，与天之垂象同也。爻者，变也，变则其义不可为。”①元黄泽《易学滥觞》：“若如此，则是占者无定法，既已得卦，却临时兼用七八为占，是占无定据矣。”②

其二，《尚书》定体变体。宋林之奇《尚书全解》卷二十四：“洪范，圣人之经，虽同归于道，然其制作之体则各有门户而不可概论也。易之与洪范，皆是圣人所以阐明道学之秘论……要其指归未尝有异，而其体则实有不同者，观其立名之意，则已可见矣。……易者，言其变而不可为常也……先后始终，各有定体，故名曰洪范。洪范者，言其大法之不可易也。易之体圆，圆故不可常，譬之物，圆者动，方者静，圆流方止，各随其理之自然而不可以相移者也。洪范之体方，方故不可易。是则此二书，虽其理本于一揆，学者之求之也自有门户于其间，学易者不可以不论其变，学易而不论其变，则易之法泥矣。”“彝伦之叙，始终先后，各有定体而不可易，逆之则凶，顺之则吉，故其谓序不可乱，言不可杂，此乃学洪范之纲领也。”③宋时澜《增修东莱书说》卷三《大禹谟第三》：“乃本然之心，微妙而难见也。此乃心之定体，一则不杂，精则不差，此又下工夫处，既有它定体，又知所用功，然后允能执其中也。”④卷十七“凡七卜五占用二衍忒”：“皆有定体，至于定体之外有差忒者，卜筮人当推衍之。”⑤宋陈经《尚书详解》卷二十四《洪范周书》：“此其不变者，以其有定体也。忒者，变也，无定体，必在卜筮之官推衍其差忒者而观之。”⑥元王充耘《书义矜式》卷四：“五行有定体，而变化则无方，苟指一物而求一味，则不足以达其造化之妙用矣。”⑦

---

① 李衡：《周易义海撮要》卷7，文渊阁四库全书本。
② 黄泽：《易学滥觞》，文渊阁四库全书本。
③ 林之奇：《尚书全解》卷24，文渊阁四库全书本。
④ 时澜：《增修东莱书说》卷3，文渊阁四库全书本。
⑤ 时澜：《增修东莱书说》卷17，文渊阁四库全书本。
⑥ 陈经：《尚书详解》卷24，文渊阁四库全书本。
⑦ 王充耘：《书义矜式》卷4，文渊阁四库全书本。

其三，《诗经》定体变体。欧阳修《诗本义》卷十二："其述乐先小者而间称汤孙，至于再三者，盖诗无定体，作者之意或然也。"① 宋王质《诗总闻》卷二："三章皆用引韵，独此不用旧说，以为疑，诗无定体，以叶为先，苟叶虽少，参差无害。"② 宋吕祖谦《吕氏家塾读诗记》卷三十二："欧阳氏曰：其述乐而问称汤孙至于再三者，盖诗无定体，作者之意或然也。"③ 清朱鹤龄《诗经通义》卷三："陈启源曰：旧说以为国风雅颂分属天子诸侯，窃谓风雅颂者，声音之节，固有定体，诸侯得以用雅颂而不得作雅颂。"④ 严虞惇《读诗质疑》卷一："不知诗人立言，本无定体。"⑤ 卷二："不知诗人立言，本无定体，声相应，故生变，变成方，谓之音，岂若后世之诗，句栉字比乎？"⑥

其四，《礼记》定体变体。宋卫湜《礼记集说》卷二："广安游氏曰：先王之时，皇极明于上，治法立于下。当此之时，天下之治有定体，而血气之所存有常数……盖当时之政有定体，故可以凡人血气之常数而参焉。后世皇极不明于上，治法不立于下，天下之治无定体，无定体则无所主，治之剧易视其人智力之所及而为之，而天下始从事于奇功矣。古之人老如吕望，然后可以属之鹰扬之举，少如颜回，然后可以属之四代之礼乐，苟人而不能皆吕望颜回也，则当为有常之法，以待天下可常之人。……后之王者苟能明皇极而立定体，因定体而循常数，则治道不患乎无序，人才不患乎无成，虽然去古已远，孰能复其故哉！"⑦ 卷三十："此据定体为言也，迭毁者言乎其动也，言乎其动则云三昭三穆而孙代王父之意寓于其中矣。定体者言乎其常也，言乎其常则云考与王考。"⑧ 卷有一百三十三："此于五礼，初无定体，是谓无体之礼也。"⑨ 卷一百三十七："义有短长小大者，义无定体，唯其所宜而已。宜长则长，宜短则短，宜大则大，宜小则小，如孔子可以仕则仕，

---

① 欧阳修：《诗本义》卷 12，文渊阁四库全书本。
② 王质：《诗总闻》卷 2，文渊阁四库全书本。
③ 吕祖谦：《吕氏家塾读诗记》卷 32，文渊阁四库全书本。
④ 朱鹤龄：《诗经通义》卷 3，文渊阁四库全书本。
⑤ 严虞惇：《读诗质疑》卷 1，文渊阁四库全书本。
⑥ 严虞惇：《读诗质疑》卷 2，文渊阁四库全书本。
⑦ 卫湜：《礼记集说》卷 2，文渊阁四库全书本。
⑧ 卫湜：《礼记集说》卷 30，文渊阁四库全书本。
⑨ 卫湜：《礼记集说》133，文渊阁四库全书本。

可以止则止，可以久则久，可以速则速。”①

其五，《四书》《论语》《孟子》《后汉书》《明儒学案》等。唐韩愈李翱《论语笔解》卷上：“李曰：圣人之言无定体，临事制宜。”② 宋章如愚《群书考索》卷五十三：“将以致人思，则安得以相生之正体而必其同欤！音律之用，自是而变益不穷，掌者于是求为法，以通之京房之六十律……然律吕之用，或相配而成，或相反而生，其清浊岂得独有定体耶！……若所谓积黍为律之制，此又古人定律之法，后世学者纷纷于短长广狭之辨而不一也。”③ 别集卷三：“六十有四之数，盖四数之变，极于六十有四……以七为数，是未成卦时所用，未有定体，故其德圆而神所以知来卦。以八为数，是用蓍之变而成，已有定体，故其德方以知，所以藏往卦。惟三易有之，皆筮法也。”④ 别集卷四：“观书不可以定体拘。”⑤ 宋林駉《古今源流至论》前集卷一“中”：“中之理有二，有大本之中，有时中之中，大本之中，不偏不倚，浑然于未发之前，故中庸谓中者，天下之大本是也，时中之中，时有万变，中无定体，无定体者，以太极无适而不为中也。故中庸谓君子而时中是也，盖未发之中，犹地中之中，随时之中，犹日中之中。”⑥ 宋张栻《孟子说》卷七：“执中之名，虽为近之，然徒守执中之名，而不能用权以取中，则与执一者何异乎？……夫时有万变，事有万殊，物有万类，而中无定体也，无定体者，以夫极无适而不为中也。……又曰：君子而时中，此言其散殊之万也。然则即其本之一者，而言之谓之中有定体可也。而即其无适而不为中者，言之谓之中无定体可也。是则非知权者，其能执之而勿失乎？今夫权之得名以夫权量轻重而未尝不得其平也。执中之权，亦犹是耳。”⑦ 宋褚伯秀《南华真经义海纂》卷二：“乃今儒墨之是非不离乎智识而未尝以明，故不足为是非之正。若释知回光，以明观之，则物所谓彼是者，果无定体，无定体则无非彼无非是矣。”⑧ 卷五十一：“吕注：道非小大，岂有定

① 卫湜：《礼记集说》137，文渊阁四库全书本。
② 韩愈、李翱：《论语笔解》卷上，文渊阁四库全书本。
③ 章如愚：《群书考索》卷53，文渊阁四库全书本。
④ 章如愚：《群书考索》别集卷3，文渊阁四库全书本。
⑤ 章如愚：《群书考索》别集卷4，文渊阁四库全书本。
⑥ 林駉：《古今源流至论》前集卷1，文渊阁四库全书本。
⑦ 张栻：《孟子说》卷7，文渊阁四库全书本。
⑧ 褚伯秀：《南华真经义海纂》卷2，文渊阁四库全书本。

体？今夫天地吾以为至大，极吾知之所知而莫得其尽，则吾所谓大者岂真大，所谓小者岂真小？”① 元史伯璇《四书管窥》卷五：“明道有定体，谓中道而立，教有成法，谓绳墨彀率，卑不可抗，高不可贬，申言道之有定体也……道有定体，故卑不可抗，高不可贬，是之谓中道。而立教有成法，故语不能显默不能藏，而在乎学人之能者从之。”② 元郝经《续后汉书》卷六十六下上：“其谓文章以气为主，孔融气体高妙，徐干时有齐气，文章有大体无定体，气盛则格高，格高则语妙，以气为主，则至论也。”③ 黄宗羲《明儒学案》卷十七：“子莫执中，盖欲择为我兼爱之中而执之，故不合于权耳。不知中无定体，惟权是体，权无定用，惟道是用。”④ 卷三十一：“悟得此，真如走盘之珠，到处圆成，无有定体，亦无定方，而本常在我，此其所以为经世之窍。”⑤ 明赵宧光《寒山帚谈》卷下：“古人学问无穷，故作字无有定体。右军署名无一同者，非有意改作也。因其学进不觉其自变耳。”⑥ 明潘之淙《书法离钩》卷三：“行书与草不同，各有定体，纵复晋代诸贤亦苦不相远。”⑦ 明汪砢玉《珊网》卷二十三下《法书题跋》“行书”：“尝考魏晋行书，自有一体，与草不同，大率变真以便于挥运而已。草出于章，行出于真，虽曰行书，各有定体，纵复晋代诸贤亦各不相远。”⑧ 明方以智《通雅》卷三“连珠始于韩子”：“蔡邕傅毅刘珍皆著连珠，汉时已盛，人止见文选演连珠而定体耳，或作联珠。”⑨ 明叶子奇《草木子》卷二：“高不可贬，卑不可抗，道有定体也，语不能显，默不能藏，道无定形也。”⑩ 明胡应麟《少室山房笔丛》卷五：“史之体制，迁实创之，而其义例纤悉，班始备也。……孟坚概自篇端总其姓字，后但著名，遂为定体，百世咸遵此类。”⑪ 明唐顺之《稗编》卷六十三：“万人之用也，体无定用，惟变是用，

① 褚伯秀：《南华真经义海纂》卷51，文渊阁四库全书本。
② 史伯璇：《四书管窥》卷5，文渊阁四库全书本。
③ 郝经：《续后汉书》卷66下上，文渊阁四库全书本。
④ 黄宗羲：《明儒学案》卷17，文渊阁四库全书本。
⑤ 黄宗羲：《明儒学案》卷31，文渊阁四库全书本。
⑥ 赵宧光：《寒山帚谈》卷下，文渊阁四库全书本。
⑦ 潘之淙：《书法离钩》卷3，文渊阁四库全书本。
⑧ 汪砢玉：《珊网》卷23下，文渊阁四库全书本。
⑨ 方以智：《通雅》卷3，文渊阁四库全书本。
⑩ 叶子奇：《草木子》卷2，文渊阁四库全书本。
⑪ 胡应麟：《少室山房笔丛》卷5，文渊阁四库全书本。

用无定体，惟化是体，体用交而人物之道于是乎备矣。”[①] 卷七十三：“律诗始于唐，而其盛亦莫过于唐。考之唐初作者盖鲜，中唐以后，若李太白韦应物犹尚古多律少，至杜子美王摩诘则古律相半。迨元和而降，则近体盛而古作微矣。大抵律诗，拘于定体，固弗若古体之高远，然对偶音律，亦文辞之不可废者，故学之者当以子美为宗，其命辞用事，联对声律，须取温厚和平不失六义之正者为矜式，若换句拗体，粗豪险怪者，是皆律体之变，非学者所先也。”[②] 明章潢《图书编》卷十四“絜矩”：“物有体，必有用也，泥定体者，其用有限，体虽存而无形，故随感而用不穷也。夫人孰不曰天下之用，万有不齐，我之所以待其感而应之者，以有定体故也，体不先定，何以待其不测之用哉！然随其所感而体不易谓之定焉，何也？执我之定体，以应天下事物，则胶滞而不通者多矣。盍观大匠之运矩乎？矩所以为方之器，无方之形也，无方之形而天下之方皆从此出，凡欲为方者，运此矩以度之，或斫或削，是寻是尺，而后能成其器之方焉。否则天下之器，小大厚薄不可胜计，方亦如之，欲先执一定之方，以强其同也，得乎哉？”“邓公也，其于诗也，则曰风雅颂，各有定体。孔子删诗，因其体而分之，故云雅颂各得其所，疏诗者或本委婉，每认比兴为赋，或本假托每以寓言为真，或以亵陋之词释深邃之意，或阐忠义之指为淫邪之歌，又有尊雅卑风者，又有谓雅可降为风者，诗之晦塞可胜慨哉！皆体之不辨也，遂著学诗原体凡五卷。”[③] 明叶盛《水东日记》卷二十八：“欲知王言之体，当以书之诰誓命为祖，而参之以此编，则所谓正宗者庶乎其可识矣。议论，按议论之文，初无定体，都俞吁咈，发于君臣会聚之间，语言问答，见于师友切磋之际，与凡秉笔而书，缔思而作者皆是也，大抵以六经语孟为祖。”[④] 清程川《朱子五经语类》卷三十四：“又如阴阳两爻，自此之彼，自彼之此，若不截断，则岂有定体？”[⑤] 朱彝尊《经义考》卷二十四：“以为易之道莫大于乾坤，而圣人以天为法，乃作法天六子之用，初无定体，变而通之，存乎其人，作通六子，乾

---

① 唐顺之：《稗编》卷63，文渊阁四库全书本。
② 唐顺之：《稗编》卷73，文渊阁四库全书本。
③ 章潢：《图书编》卷14，文渊阁四库全书本。
④ 叶盛：《水东日记》卷28，文渊阁四库全书本。
⑤ 程川：《朱子五经语类》卷34，文渊阁四库全书本。

坤六子，皆以中道为贵，作贵中中也者。”[①] 何焯《义门读书记》卷二十七：“评然专对有余，文藻壮美，可谓一时之才士矣，承祚此书大趣简质，而独推秦子敕之文藻，异于诸传，斯则文无定体之谓耶！”[②] 卷四十五：“‘虽离方而遁员，期穷形而尽’二句，盖亦张融所‘文无定体，以有体为常’也。”[③] 冯班《钝吟杂录》卷三：“伶工所奏乐也，诗人所造诗也，诗乃乐之词耳，本无定体，唐人律诗，亦是乐府也。……古诗之视律体，非直声律相诡，筋骨气格文字作用，迥然不同矣，然亦人人自有法，无定体也。……但以古人之作题曰古诗耳，非以此定古诗之体式。”梁萧统《昭明太子集》卷六“解”：“真俗二谛，定体立名，寻真谛之理，既妙绝言虑未审，云何有定体之旨？令旨答曰：谈其无相，无真不真，寄名相说，以真定体，又谘若真谛无体，今寄言辨体未审，真谛无相，何不寄言辨相。”[④]

① 朱彝尊：《经义考》卷24，文渊阁四库全书本。
② 何焯：《义门读书记》卷27，文渊阁四库全书本。
③ 何焯：《义门读书记》卷45，文渊阁四库全书本。
④ 萧统：《昭明太子集》卷6，文渊阁四库全书本。

第七章　辨体与变体：朱熹的文体学思想及其渊源影响[①]

作为继孔子之后在中国文化史上影响最为深远的思想家、文学家、教育家，古今对朱熹研究的专著论文不啻万千，如相关各种思想研究诸如哲学思想、教育思想、理学思想、史学思想、政治思想、宗教思想、音乐思想及其编辑、礼乐、旅游、德育、知行、民本、卜筮、道家、货币、伦理、诠释、法律、司法、治国、官德、教化、农业、经济、军事、领导、改革、美学、庄子、心理学、土地改革、音乐美学、社会治理、生态伦理、科技伦理、家庭伦理思想等等，可以说面面俱到。在朱熹的文学思想研究上，重要著作便有吴长庚的《朱熹文学思想论》、李士金的《朱熹文学思想研究》以及莫砺锋的《朱熹文学研究》等，而相关诸如朱子的文学观、文艺观、文学批评、文学理论、文道关系、诗教思想、美学思想、诗学思想、散文思想、词学思想等也非常深入和全面，但对他的文体学思想研究则堪称凤毛麟角，极为冷落，仅李士金《朱熹文学思想研究》中第六章朱熹文学理论专题研究中的第二节《朱熹的文体学说研究》有所论略，更多的文体研究则集中在文体形态、文体题材研究上，诸如山村诗、山水诗、咏梅诗词、哲理诗、咏物诗、俭朴诗、淫诗、观书有感诗、散文创作、题画诗、田园农事诗、咏理诗、理趣诗、组诗研究、庐山诗、读书诗等等，对其文体学思想和辨体理论批评上的系统研究仍付之阙如，这与当前文体学研究成为学界热点的态势很

① 本章前四节发表于《厦门大学学报》2016 年第 6 期，《高等学校文科学术文摘》2017 年第 1 期摘编；第七节发表于《杭州师范大学学报》2017 年第 6 期。

不相称。本章通过全面检索朱熹典籍中的文体文献，发现其文体学思想极具体系，是宋人辨体批评的重要组成部分，并对严羽及元明以来的文体学思想产生重要影响。通过对朱熹文体学思想的深入研究，不但可以换一个视角观照他的哲学思想和文学思想，而且从中能够看到他在中国古代文体学及其辨体理论批评发展史上的关键链条作用和重要历史地位。

第一节　亦须先识得古今体制

宋人辨体批评蔚成风气，正如元祝尧《古赋辨体》称“宋时名公于文章必辨体，此诚古今的论”①；郭绍虞先生亦称“论诗辨体亦是宋人风气”②。这种辨体观自“宋时名公”诸如王安石、黄庭坚、谢良佐、陈师道、吕本中、张戒、朱熹、吕祖谦、严羽、真德秀、王应麟、洪迈、倪思等，形成了一个清晰的承传发展脉络，其中，北宋黄庭坚和南宋朱熹的辨体理论最为系统，各成体系。朱熹明确提出“亦须先识得古今体制雅俗向背”的“先其体制”的经典论断，并以此辨体批评方法来辨识古书真伪等，既有系统的辨体理论又有具体的辨体批评实践。

首先，朱熹《答巩仲至第四书》云：“来喻所云‘漱六艺之芳润，以求真淡’，此诚极至之论，然恐亦须先识得古今体制雅俗乡背，仍更洗涤得尽肠胃间夙生荤血脂膏，然后此语方有所措。如其未然，窃恐秽浊为主，芳润入不得也。近世诗人，正缘不曾透得此关，而规规于近局，故其所就皆不满人意，无足深论。然就其中而论之，则又互有短长，不可一概，抑此伸彼，况权度未审其所去取，又或未能尽合天下之公也。此说甚长，非书可究，他时或得面论，庶几可尽，但恐彼时且要结绝修辞公案，无暇可及此耳。记文甚健，说尽事理，但恐亦当更考欧曾遗法，料简刮摩，使其清明峻洁之中，自有雍容俯仰之态，则其传当愈远而使人愈无遗憾矣。”③

《答巩仲至第四书》最能全面反映朱熹的文学思想，向来为研究其文学理论者所看重，而上所引文献也同时是他文体学思想的核心。这段引文体现

---

① 祝尧：《古赋辨体》卷 8，文渊阁四库全书本。

② 严羽著、郭绍虞校释：《沧浪诗话校释》，人民文学出版社 1961 年版，第 68 页。

③ 朱熹：《晦庵集》卷 64，文渊阁四库全书本。

了他如下几层文体观：一是学诗及六艺是有先后步骤和程式的，先是辨体为先，即“然恐亦须先识得古今体制雅俗向背”，其次是培养自己的儒家道德修养，即“仍更洗涤得尽肠胃间夙生荤血脂膏，然后此语方有所措”，“漱六艺之芳润，以求真淡”。他不满近世诗人“规规于近局”，正是因为他们“不曾透得此关”，即未能“先识得古今体制雅俗向背”。二是他认为文体学或者说辨体理论批评是一门系统而复杂的学问，非一封书信所能说得清的，即“此说甚长，非书可究，他时或得面论，庶几可尽”。三是通过具体的文体评论，认为尽管巩仲至“记文甚健，说尽事理”，但也未能辨体为先，即先须得古今体制雅俗向背。与此相似的辨体为先观点便是他在《朱子语类》中反复提及的“读诗须先识六义体面”了，因为很重要，也很独特，我们接下来用一节专门论述。

他处相关论述也很多，如：“今观微子之命蔡仲之命左传中数处诰命，大抵文意相类。及以閟宫殷武末章观之，诚恐古人作文，亦须有个格样递相祖述”[①]。所谓“诚恐古人作文，亦须有个格样递相祖述”，“格样”即文体体制，是说“命”体文如微子之命，蔡仲之命及《左传》中的数处诰命，之所以“文意相类”，是因为古人作文重视文体体制，辨体为先，像“命”类之体制有一定的文体规范，其“格样”可以历代相沿学习即“递相祖述”的。《朝奉大夫直秘阁主管建宁府武夷山冲佑观傅公行状》云：“公少从外舅李公学为文……李公每读而叹曰吾文有传。故丞相魏国张忠献公及尚书左丞叶公梦得、翰林汪公藻、中书舍人张公嵲、尚书郎新安朱公得其文，皆爱重之。汪公尤叹赏，每谓公曰：‘今世缀文之士虽多，而往往昧于体制，独吾子为得之。不懈，则古人可及也’。”[②] 汪藻所谓“昧于体制”，亦从是否“先识体制”着眼，认为傅公“得之”，即其识得体制，故而可及古人也。再如《答林择之》：“所寄李先之记文，体面甚佳，趣向甚正，但紧切处殊不端的。”[③] 亦从文体着眼见其好坏。

其次，以此“辨体为先”的文体理论为基础，便是具体的文体辨析实践，涉及的学术领域颇为广泛，大体来说包括如下几个方面：其一是辨文体

---

① 朱熹著、黎德靖编：《朱子语类》，中华书局1986年版，第500页。

② 朱熹：《晦庵集》卷98，文渊阁四库全书本。

③ 朱熹：《晦庵集》卷43，文渊阁四库全书本。

同异。关于辨文体不同上，如《答吕伯恭论渊源录》：“又谓邵录多出公济，恐亦未然。盖其父子文体自不同也。”[①] 所谓“父子文体自不同也”，是辨作家文体风格的不同。再如《答或人第四书》：“鄙说或恐未安，不惜痛加辨析也。大学等书近复刊订，体制比旧亦已不同，恨未有人可录寄耳。”[②] 所谓“大学等书体制比旧已不同”云云，通过辨析认为著作书体的整体风格已经有所变化，而文中“不惜痛加辨析也”之言又能看出朱子有意识的辨体思想。关于辨文体相似上，如《答巩仲至第六书》：“焦山《瘗鹤铭》下有《冬日泛舟》诗一篇，句法既高，字体亦胜，与铭文意象大略相似，必是一手。作者自题王姓而名逸，近世好事者亦少称之。独赵德夫《金石录》题识颇详，而以作者为王瓒，必是当时所传本其名尚完也。今选诗中有此名字，而此诗体制只似唐人，恐又或非一人，不知亦曾见之否？”[③] 通过辨析诗体之句法、字体及意象等文体特征与铭文文体的相似，判断作者“必是一手”，进而通过辨析时代风格即“而此诗体制只似唐人”断定作者与选诗中名字“恐又或非一人”，把辨体作为批评方法来进行考证，下文再做详细介绍。

其二是，从文体体制上的语言文字入手，辨《尚书》之“易晓”和“难晓”两种文体，这种观点在《朱子语类》中曾反复提及，多达五处，为其辨体理论具体实践的重要实例之一。朱熹从官方文字和方言俗语两方面着眼，一方面，认为《尚书》之易晓者、极分晓者，是官方朝廷中经过文人修饰润色的文字，即“当时做的”创作的，这种文言官话传统的相沿继承性很强，故而几千年来变化不是太大，便容易懂。如“至于旅獒毕命微子之命君陈君牙冏命之属，则是当时修其词命，所以当时百姓都晓得者。”[④]“书有易晓者，恐是当时做底文字，或是曾经修饰润色来。”[⑤]“尚书诸命皆分晓，盖如今制诰，是朝廷做底文字。”“谟之书，恐是曾经史官润色来。”[⑥]“如蔡仲之命君牙等篇，乃当时与士大夫语，似今翰林所作制诰之文，故甚

① 朱熹：《晦庵集》卷35，文渊阁四库全书本。
② 朱熹：《晦庵集》卷37，文渊阁四库全书本。
③ 朱熹：《晦庵集》卷37，文渊阁四库全书本。
④ 朱熹著、黎德靖编：《朱子语类》，中华书局1986年版，第1980页。
⑤ 朱熹著、黎德靖编：《朱子语类》，中华书局1986年版，第1980页。
⑥ 朱熹著、黎德靖编：《朱子语类》，中华书局1986年版，第1980页。

易晓。"①

另一方面，认为《尚书》之难晓者、极难晓者，是当时说话的方言俚语和古语方言，在当时都人所共知，但方言具有极强的地域性并随着时代的变迁而变化极大，故而后人难以懂得。如"某恐如盘庚周诰多方多士之类，是当时召之来而面命之，而教告之，自是当时一类说话"。"其难晓者，恐只是当时说话。盖当时人说话自是如此，当时人自晓得，后人乃以为难晓尔。""诸诰皆难晓，盖是时与民下说话，后来追录而成之。""如周诰等篇，恐只似如今榜文晓谕俗人者，方言俚语，随地随时各自不同。"② "问：'周诰辞语艰涩，如何看？'曰：'此等是不可晓。''林丈说，艾轩以为方言。'曰：'只是古语如此。窃意当时风俗恁地说话，人便都晓得。如这物事唤做这物事，今风俗不唤做这物事，便晓他不得。'"③

其三是，辨韩柳文体之同异和正变。如辨"韩柳二家，文体孰正"，《朱子语类》云："（陈仲蔚）又问：'韩柳二家，文体孰正？'曰：'柳文亦自高古，但不甚醇正。'又问：'子厚论封建是否？'曰：'子厚说"封建非圣人意也，势也"，亦是。但说到后面有偏处，后人辨之者亦失之太过。'"④通过辨析文体风格的"高古"和思想内容上是否为"圣人意也"，以理学家的身份，站在儒家正统的立场上，辨文体之正变，认为柳文与韩文相比"不甚醇正"。同时，所谓"后人辨之者亦失之太过"，亦能看出他强烈的辨体意识。再如"柳学人处便绝似。平淮西雅之类甚似诗，诗学陶者便似陶。韩亦不必如此，自有好处，如平淮西碑好"⑤。"柳子厚文有所模仿者极精，如自解诸书，是仿司马迁《与任安书》。"⑥ 朱熹赞赏"柳学人处便绝似""文有所模仿者极精"，正是以其"亦须先识得古今体制"的辨体方法为理论基础和批评标准，认为柳宗元识得不同时代、不同作家和不同文体的风格体制，故而"诗学陶者便似陶"，文学司马迁则似司马迁。

此外，朱熹所著《韩文考异》中，也多从辨韩、柳文体之同异进行考

① 朱熹著、黎德靖编：《朱子语类》，中华书局 1986 年版，第 2057 页。
② 朱熹著、黎德靖编：《朱子语类》，中华书局 1986 年版，第 1980 页。
③ 朱熹著、黎德靖编：《朱子语类》，中华书局 1986 年版，第 2057 页。
④ 朱熹著、黎德靖编：《朱子语类》，中华书局 1986 年版，第 3303 页。
⑤ 朱熹著、黎德靖编：《朱子语类》，中华书局 1986 年版，第 3303 页。
⑥ 朱熹著、黎德靖编：《朱子语类》，中华书局 1986 年版，第 3306 页。

辨，从中可以集中体现他鲜明的辨体思想。如“先生方修韩文考异，而学者至。因曰：‘韩退之议论正，规模阔大，然不如柳子厚较精密，如辨鹖冠子及说列子在庄子前及非国语之类，辨得皆是。’黄达才言：‘柳文较古。’曰：‘柳文是较古，但却易学，学便似他，不似韩文规模阔。学柳文也得，但会衰了人文字。’夔孙录云：‘韩文大纲好，柳文论事却较精覈，如辨鹖冠子之类。非国语中尽有好处。但韩难学，柳易学。’”① 其中，“辨得皆是”尤能直观地反映他的辨体意识。对此，正如吴长庚所云：“他把文体论运用于《韩文考异》中，在准确把握韩文体格的普遍性与特殊性的基础上，分析韩文的义理、文势、风格，区分体格、韵例、语助位置，为异文材料的判定提供依据。”②

其他如辨析文体体裁间的界限同异和源流发展等，如：“古乐府只是诗。中间却添了许多泛声，后来怕失了那泛声，逐一添个实字，遂成长短句，今曲子便是。”辨析古乐府、诗、长短句、曲子四种文体的源流演变，“《宾戏》《解嘲》《剧秦》《贞符》诸文字，皆祖宋玉之文，《进学解》亦此类。阳春白雪云云者，不记其名，皆非佳文。”③ 辨析韩愈《进学解》问答体、设问体的文体源流演变，颇为详尽准确，现当代文学史皆以此为据。再如《和刘叔通怀游子蒙之韵》自注云：“余素不能作长律，和韵尤非所长。年来追逐，殊觉牵强。”这体现了文体学中作家是否擅长某种文体之理论，直接导源于曹丕的“文非一体，鲜能备善”“各以所长，相轻所短”文体理论。

第二节　此人好作伪书，而尚不识其体制

古书辨伪之辨体主要辨析由文字和风貌所体现的时代文体和文体风格。如《书张氏所刻潜虚图后》云：“此人好作伪书，而尚不识其体制，固为可笑，然亦幸其如此，不然，则几何而不遂至于逼真也耶！”④ 认为作伪书者先要识得对方体制，否则容易被人辨认出来，而如果识得对方体制，则伪书便逼真，不容易辨体和辨伪。他把辨体作为方法来辨伪的代表是孔安国《伪古文尚

① 朱熹著、黎德靖编：《朱子语类》，中华书局 1986 年版，第 3302 页。

② 吴长庚：《近百年朱熹文学研究的回顾与反思》，《文学评论》2008 年第 3 期。

③ 朱熹著、黎德靖编：《朱子语类》，中华书局 1986 年版，第 3300 页。

④ 朱熹：《晦庵集》卷 81，文渊阁四库全书本。

书》和《麻衣易说》，其中最能见朱子的文献考证功底，亦为历代学者所敬服。

其一，先看辨孔安国伪古文尚书。《答孙季和》："古今书文，杂见先秦古记，各有证验，岂容废绌，不能无可疑处，只当玩其所可知，而阙其所不可知耳。小序决非孔门之旧，安国序亦决非西汉文章。向来语人，人多不解，惟陈同父闻之不疑，要是渠识得文字体制意度耳。读书玩理外，考证又是一种工夫。所得无几而费力不少。向来偶自好之，固是一病，然亦不可谓无助也。"① 朱子认为"读书玩理外，考证又是一种工夫"，而"考证"之真正"工夫"基础则为"识得文字体制意度"，他所提出的"小序决非孔门之旧，安国序亦决非西汉文章"之论断，"向来语人，人多不解"，是因为"人"不懂"辨识文字体制"，而唯有陈亮相信，正是因为"要是渠识得文字体制意度耳"，这与朱子自己的"然恐亦须先识得古今体制雅俗乡背"辨体工夫是相同的。其结论便是："孔氏书序与孔丛子文中子大略相似，所书孔臧不为宰相而礼赐如三公等事，皆无其实，而通鉴亦误信之，则考之不精甚矣。"对此，莫砺锋云："可见他的这种辨析工夫不是一般人所能理解的，而陈亮之所以理解，是由于他'识得文字体制意度'，也即是懂得文章的体制、风格，这正是朱熹的夫子自道。"②

朱熹《答孙季和》之"要是渠识得文字体制意度耳"可以说是其辨古书真伪的辨体总纲。其后在《朱子语类》中也反复提及孔安国《伪古文尚书》之大序、小序辨伪，多从时代文字文体风格的不同上来进行辨体判断，更为具体且一以贯之。如《朱子语类》云：

> 书序恐不是孔安国做。汉文粗枝大叶，今书序细腻，只似六朝时文字。小序断不是孔子做！

> 汉人文字也不唤做好，却是粗枝大叶。书序细弱，只是魏晋人文字。陈同父亦如此说。

> 尚书注并序，某疑非孔安国所作。盖文字善困，不类西汉人文章，

① 朱熹：《晦庵集》卷54，文渊阁四库全书本。

② 莫砺锋：《论朱熹对历代散文的批评》，《漳州师范学院学报》1999年第1期。

亦非后汉之文。或言："赵岐《孟子》序却自好。"曰："文字絮，气闷人。东汉文章皆然。"

《尚书》决非孔安国所注，盖文字困善，不是西汉人文章。安国，汉武帝时，文章岂如此！但有太粗处，决不如此困善也。如书序做得善弱，亦非西汉人文章也。

尚书孔安国传，此恐是魏晋间人所作，托安国为名，与毛公诗传大段不同。今观序文亦不类汉文章。汉时文字粗，魏晋间文字细。如孔丛子亦然，皆是那一时人所为。①

孔安国尚书序，只是唐人文字。前汉文字甚次第。司马迁亦不曾从安国受尚书，不应有一文字软郎当地。后汉人作孔丛子者，好作伪书。然此序亦非后汉时文字，后汉文字亦好。

孔氏书序不类汉文，似李陵答苏武书。因问："董仲舒三策文气亦弱，与晁贾诸人文章殊不同，何也？"曰："仲舒为人宽缓，其文亦如其人。大抵汉自武帝后，文字要入细，皆与汉初不同。""传之子孙，以贻后代。"汉时无这般文章。

某尝疑孔安国书是假书。比毛公诗如此高简，大段争事。汉儒训释文字，多是如此……况先汉文章，重厚有力量。今大序格致极轻，疑是晋宋间文章。况孔书至东晋方出，前此诸儒皆不曾见，可疑之甚！②

尚书小序不知何人作。大序亦不是孔安国作，怕只是撰孔丛子底人作。文字软善，西汉文字则粗大。③

---

① 朱熹著、黎德靖编：《朱子语类》，中华书局 1986 年版，第 1984 页。
② 朱熹著、黎德靖编：《朱子语类》，中华书局 1986 年版，第 1985 页。
③ 朱熹著、黎德靖编：《朱子语类》，中华书局 1986 年版，第 1985 页。

书序不可信，伏生时无之。其文甚弱，亦不是前汉人文字，只似后汉末人。①

大抵古今文字皆可考验。古文自是庄重，至如孔安国书序并注中语，多非安国所作。盖西汉文章，虽粗亦劲。今书序只是六朝软慢文体。因举史记所载汤诰并武王伐纣言词不典，不知是甚底齐东野人之语也。②

至如书大序亦疑不是孔安国文字。大抵西汉文章浑厚近古，虽董仲舒刘向之徒，言语自别。读书大序，便觉软慢无气，未必不是后人所作也。③

以上不厌其烦，大量罗列《朱子语类》中关于朱子辨孔安国古文尚书之伪的文体文献，其核心辨体观点就是：孔安国是汉人，传为孔安国作的书大序却不像汉人文字文体的“粗劲”，即列举文献所谓汉文字文章粗枝大叶、太粗处、粗、甚次第、重厚有力量、粗大、庄重、虽粗亦劲、浑厚近古，而是像魏晋六朝人所作文字文章的“细弱”，即列举文献所谓细腻、细弱、善困、困善、善弱、文字絮，气闷人、细、软郎当地、亦弱、入细、格致极轻、软善、甚弱、软慢文体、言词不典、齐东野人之语、软慢无气等，让我们可以从中看出，朱子辨《古文尚书》亦不厌其烦，反复申说，正是为了表明他的辨体观点。关于朱熹对孔安国的《尚书》辨伪，今人学者多有论述，如莫砺锋《论朱熹对历代散文的批评》云：“就怀疑的彻底和影响的深远而言，朱熹都堪称是勘破伪《古文尚书》案的第一人。朱熹主要从文章体制的角度推断托名孔安国的序和传都是‘晋宋间文章’，这与后代学术界关于伪孔传出现的时代的论断几乎是不谋而合，可见他对于历代文章之异同的把握是多么准确!”④

其二，《麻衣易说》等辨体辨伪。《答李寿翁》：“麻衣易说熹旧见之，常疑其文字言语不类五代国初时体制，而其义理尤多浅俗，意恐只是近三五十年以来人收拾佛老术数绪余所造。尝题数语于其后，以俟知者。及去年至

① 朱熹著、黎德靖编：《朱子语类》，中华书局1986年版，第1985页。
② 朱熹著、黎德靖编：《朱子语类》，中华书局1986年版，第3269页。
③ 朱熹著、黎德靖编：《朱子语类》，中华书局1986年版，第2075页。
④ 莫砺锋：《论朱熹对历代散文的批评》，《漳州师范学院学报》1999年第1期。

此，见一戴主簿者，名师愈，即今印本卷后题跋之人。初亦忘记其有此书，但每见其说易，专以麻衣为宗，而问其传授来历，则又秘而不言。后乃得其所着他书观之，则其文体意象，多与所谓麻衣易说者相似，而间亦多有附会假托之谈。以是心始疑其出于此人，因复遍问邦人，则虽无能言其赝作之实者，然亦无能知其传授之所从也。用此决知其为此人所造不疑。然是时其人已老病昏塞，难可深扣。又寻即物，故遂不复可致诘。但今考其书，则自麻衣本文及陈李戴汪题四家之文如出一手，此亦其同出戴氏之一验，而其义理则于鄙意尤所不能无疑。"① 上述文献有如下几层意思：首先，朱子怀疑其为伪书，是因为常疑其文字言语不类五代国初时体制，再进一步通过义理多浅俗断定是"近三五十年以来人收视佛老术数绪余所造"。其次，见此书著者戴主薄，后乃得其所著他书观之，则其文体意象，多与所谓麻衣易说者相似，亦通过先识体制，始疑其出于此人，然后决知其为此人所造不疑。最后，进一步通过识别体制，即"但今考其书，则自麻衣本文及陈李戴汪题四家之文如出一手"，进而得出其让人怀疑的伪书结论："此亦其同出戴氏之一验，而其义理则于鄙意尤所不能无疑。"

其后，在《再跋麻衣易说后》一文中有进一步的辨体辨伪，并基本明确了伪书之作者，如《再跋麻衣易说后》云："予了其妄，因不复问，而见其几间有所着杂书一编，取而读之，则其词语气象宛然麻衣易也。其间杂论细事，亦多有不得其说。而公为附托以欺人者，予以是始疑前时所料三五十年以来人者，即是此老。既归，亟取观之，则最后跋语固其所为，而一书四人之文，体制规模乃出一手，然后始益深信所疑之不妄。"② 主要从"文体体制"上的"词语气象"来看，四人之文如出一手，亦是因为"而一书四人之文，体制规模乃出一手"，最后结论"然后始益深信所疑之不妄"则正是针对上文《答李寿翁》所言。接下来，《朱子语类》通过辨体得出麻衣易伪书作者为"南康戴绍韩所作"，正因"见其著述大率多类麻衣文体"，如《朱子语类》云："麻衣易正是南康戴绍韩所作。昨在南康，观其言论，皆本于此。及一访之，见其著述大率多类麻衣文体。其言险侧轻佻，不合

① 朱熹：《晦庵集》卷37，文渊阁四库全书本。

② 朱熹：《晦庵集》卷81，文渊阁四库全书本。

道理。"[①]

在北宋或者说整个宋代，黄庭坚是最早提出"文章以体制为先"这一辨体理论的，他也是第一个以此为辨体方法标准进行辨伪的。如《书王元之〈竹楼记〉后》云："或传王荆公称《竹楼记》胜欧阳公《醉翁亭记》，或曰此非荆公之言也。某以谓荆公出此言未失也。荆公评文章，常先体制而后文之工拙。盖尝观苏子瞻《醉白堂记》，戏曰：'文词虽极工，然不是《醉白堂记》，乃是《韩白优劣论》耳。'以此考之，优《竹楼记》而劣《醉翁亭记》，是荆公之言不疑也。"[②] 所谓"或曰此非荆公之言也。某以谓荆公出此言未失也"，"以此考之，优《竹楼记》而劣《醉翁亭记》，是荆公之言不疑也"，正是朱熹辨体考证工夫的直接来源，可以看出对朱熹辨体辨伪的深刻影响。

而朱熹的辨体辨伪理念则启发影响严羽《沧浪诗话》的"考证"，其"考证"也多以"辨体"即"辨尽诸家体制"而进行诗歌的真伪之辨。"考证"中，严羽或依据辨识诸家体制的整体风貌及某方面突出特点的差异，来考辨是非和识分真伪。如："《西清诗话》载：晁文元家所藏陶诗，有问来使一篇云：'尔从山中来，早晚发天目？我屋南山下，今生几丛菊？蔷薇叶已抽，秋兰气当馥。归去来山中，山中酒应熟。'余谓此篇诚佳，然其体制气象与渊明不类，得非太白逸诗，后人漫取以入陶集耳。""《文苑英华》有太白《代寄翁参枢先辈》七言律一首，乃晚唐之下者。又有五言律三首，集本皆无之，其家数在大历贞元间，亦非太白之作。"或以"古律、雅俗"等体制贵贱优劣来"辨白是非"，如："《木兰歌》最古，然'朔气传金柝，寒光照铁衣'之类，已似太白，必非汉魏人诗也。""太白集中《少年行》，只有数句类太白，其他皆浅近浮俗，决非太白所作，必误也。"[③] 其中《木兰诗》辨伪与朱熹尤为接近，如《朱子语类》云："木兰诗只似唐人作。其间'可汗''可汗'，前此未有。"[④] 亦皆从语言格律等文体风格进行辨体辨伪。

① 朱熹著、黎德靖编：《朱子语类》，中华书局 1986 年版，第 3269 页。
② 欧阳修著、洪本健校笺：《欧阳修诗文集校笺》，上海古籍出版社 2009 年版，第 1526 页。
③ 何文焕：《历代诗话》，中华书局 1981 年版，第 701—706 页。
④ 朱熹著、黎德靖编：《朱子语类》，中华书局 1986 年版，第 3328 页。

第三节　读诗须先识六义体面

朱熹的《诗经集传》在历代诗经注本中占有重要地位，而他对诗之“六义”之赋比兴的诠释则成了古今学者批评家所必引用的典范。与此相关，他对诗的解读方法和纲领要领，在《朱子语类》中有全面的表述，即“读诗须先要识得六义体面”之辨体为先思想，这一重要辨体论断在《诗经》一卷中反复出现四次，足见他对此解读诗经的诠释学方法即辨体方法的高度重视和熟练运用，可以说是上面他“亦须先识得古今体制”的进一步引申和强调，二者相得益彰，这对于全面深入地了解他的诠释学理论方法有很大帮助。

首先，四次文献解读。关于“读诗须先要识得六义体面”的辨体观在《朱子语类》中出现四次，其中两次直接引用谢良佐之论，其一云：“问：‘诗传说六义，以“托物兴辞”为兴，与旧说不同。’曰：‘觉旧说费力，失本指。如兴体不一，或借眼前物事说将起，或别自将一物说起，大抵只是将三四句引起，如唐时尚有此等诗体。如“青青河畔草”，“青青水中蒲”，皆是别借此物，兴起其辞，非必有感而见于此物也。有将物之无，兴起自家之所有；将物之有，兴起自家之所无。前辈都理会这个不分明，如何说得诗本指！只伊川也自未见得。看所说有甚广大处，子细看，本指却不如此。若上蔡怕晓得诗，如云“读诗，须先要识得六义体面”，这是他识得要领处。’”① 此段文献有如下递进的三层意思，我们从最后倒推上去理解，会更为清晰简明。第三层：朱熹认为，上蔡先生谢良佐之所以“晓得诗”，是因为“他识得要领处”，这个懂晓“诗”的要领就是其所云“读诗，须先要识得六义体面”这一辨体方法。第二层：关于“如何说得诗本指”，一些“前辈都理会这个不分明”，朱熹认为即便大理学家伊川先生程颐“也自未见得”，因为“看所说有甚广大处，子细看，本指却不如此”，这是因为程颐也未能掌握谢良佐所云“读诗，须先要识得六义体面”这一懂晓“诗”本旨的辨体要领。第一层：那么，“读诗，须先要识得六义体面”之“六义体面”指的是“风雅颂赋比兴”之“六义”文体体面，其中“兴体”尤为重要，本文中，

① 朱熹著、黎德靖编：《朱子语类》，中华书局1986年版，第2070页。

朱熹对“兴”的解释“与旧说不同”，他以“托物兴辞”为兴，包括赋比之解释，这也成为后世及现当代“诗经学”最为经典权威的解释，所谓“觉旧说费力，失本指”，指的是汉儒解经，其中对“兴”体即“六义体面”的不同理解可以说是以朱熹为代表的宋学与传统汉学的最大不同之一。

其二云：“读诗之法，只是熟读涵味，自然和气从胸中流出，其妙处不可得而言。不待安排措置，务自立说，只恁平读著，意思自足。须是打叠得这心光荡荡地，不立一个字，只管虚心读他，少间推来推去，自然推出那个道理。所以说‘以此洗心’，便是以这道理尽洗出那心里物事，浑然都是道理。上蔡曰：‘学诗，须先识得六义体面，而讽味以得之。’此是读诗之要法。看来书只是要读，读得熟时，道理自见，切忌先自布置立说！”[①] 朱熹所引谢良佐这两条文献有所不同，前者为“读诗”，后者为“学诗”，具体来说，《上蔡语录》云：“问学诗之法，曾本云：‘问学诗以何为先?’云：‘先识取六义体面。’”[②] 本来面目是“学诗”，朱熹在这里加了一句“而讽味以得之”，这样“学诗”和“读诗”就都要“先识取六义体面”，而归结点是“熟读涵味”，即“读诗之法，只是熟读涵味，自然和气从胸中流出，其妙处不可得而言”，“看来书只是要读，读得熟时，道理自见，切忌先自布置立说”，也就是“讽味”才能“得之”，“得之”即指识体、辨体也就是“识得六义体面”。

另外两次则化谢良佐之言为己所用，如其一云：“问时举：‘看文字如何?’曰：‘诗传今日方看得纲领。要之，紧要是要识得六义头面分明，则诗亦无难看者。’曰：‘读诗全在讽咏得熟，则六义将自分明。’”[③] 这里，朱熹认为“看文字”和“看诗”的“纲领”“紧要”之处在于“要识得六义头面分明”，化“体面”为“头面”，其辨体为先的观念一样，这一次把上一则文献中的“讽味以得之”解释的更加明确，即“读诗全在讽咏得熟，则六义将自分明”，可以理解为“得之”即“则六义将自分明”，也就是则六义“体面”将自分明。其二云：“又曰：‘读诗须得他六义之体，如风雅颂则是诗人之格。后人说诗以为杂雅颂者，缘释《七月》之诗者以为备风

---

① 朱熹著、黎德靖编：《朱子语类》，中华书局 1986 年版，第 2086 页。

② 谢良佐：《上蔡语录》卷 2，文渊阁四库全书本。

③ 朱熹著、黎德靖编：《朱子语类》，中华书局 1986 年版，第 2088 页。

雅颂三体，所以启后人之说如此。’又曰：‘兴之为言，起也，言兴物而起其意。如“青青陵上柏”“青青河畔草”，皆是兴物诗也。如“稿砧今何在？”“何当大刀头”皆是比诗体也。’”① 这里，朱熹在强调“读诗须得他六义之体”的辨体为先理念之后，进一步对“六义之体”进行了阐释，即“风雅颂”是诗人之格，兴体是“兴之为言，起也，言兴物而起其意”，并以具体诗句来区分何为“兴物诗”和“比诗体”。

可以看出，朱熹这四则辨体文献都突出了“先识取六义体面”是“读诗、学诗、看诗、看文字”的“纲领、要领、要法、紧要处”，让我们更加了解和明了朱熹强烈的辨体意识及其在他的经学阐释学上的重要地位。此外，上蔡先生谢良佐这条辨体文献一直以来并未被人注意和重视，到了朱熹则把它发扬光大，在中国古代辨体理论批评史上功勋卓著，其意义非同寻常。

其次，具体的六义辨体。《朱子语类》中有很多具体的六义辨体，这对深入理解上文朱熹“先识取六义体面”的辨体论有一定帮助，同时也可看作是这一理论的实践层面。如云：“诗中头项多，一项是音韵，一项是训诂名件，一项是文体。若逐一根究，然后讨得些道理，则殊不济事，须是通悟者方看得。”② 把“文体”与“音韵”“训诂”这两个中国古代传统最为重要的《诗经》诠释学方法相提并论，足见其文体学思想或者说辨体批评思想在他的学术思想、哲学思想和文学思想中的重要地位。

朱熹所谓“先识取六义体面”的辨体论，主要是识辨“六义体面”之异、之别，风雅颂与赋比兴不同，风雅颂各异，赋比兴有别，并与汉儒解经如《诗大序》《诗小序》多有不同，体现了汉宋之学的根本区别。

其一，风雅颂辨体。在风雅颂之体的诠释、识别和辨体上，朱熹就与《诗大序》以地域划分不同，而从古代诗乐一体的实际出发，认为不管风还是大雅小雅都是“按其腔调而作尔”，且“大雅小雅亦古作乐之体格，按大雅体格作大雅，按小雅体格作小雅”，如“曰：‘若大雅小雅，则亦如今之商调、宫调，作歌曲者，亦按其腔调而作尔。大雅小雅亦古作乐之体格，按大雅体格作大雅，按小雅体格作小雅；非是做成诗后，旋相度其辞目为大雅

---

① 朱熹著、黎德靖编：《朱子语类》，中华书局 1986 年版，第 2094 页。

② 朱熹著、黎德靖编：《朱子语类》，中华书局 1986 年版，第 2082 页。

小雅也’。”[①] 再如分辨风体、雅体的不同，认为“但古人作诗，体自不同，雅自是雅之体，风自是风之体。如今人做诗曲，亦自有体制不同者，自不可乱，不必说雅之降为风”。关于《大雅文王之什》之《下武》真伪，朱子于其章末解释道：“且其文体，亦与上下篇血脉贯通，非有误也。”亦结合上下篇的“文体”风格是否“血脉贯通”进行勘误，可谓辨体理论的实践运用。

其二，赋、比、兴辨体。针对《诗经》的解读，朱熹强调在辨赋比兴之体的基础上，当讽味熟读，才能了解诗人之意，即所谓“赋、比、兴固不可以不辨”，“然读诗者须当讽味，看他诗人之意是在甚处”，“读诗须合如此看。所谓‘诗可以兴，可以观，可以群，可以怨’，是诗中一个大义，不可不理会得也！”[②]

在“六义”的辨体上，朱熹有轻重主次之分，他认为对诗旨的理解释读上，赋比兴更重要。周礼说“以六诗教国子”，“其实只是这赋、比、兴三个物事。风雅颂，诗之标名。理会得那兴、比、赋时，里面全不大段费解”。[③]

在辨赋比兴三体上又有轻重难易之分，其中比体、兴体之间关系微妙复杂，最为难辨。因为“兴、比相近，却不同”，故而在辨体、在“先识六义体面”时常常容易出错致误，从而影响了对诗意的正确理解，也因此更让我们认识到“先识六义体面”之辨体的重要性。如《诗序辨说》评价《小雅无将大车》：“此《序》之误，由不识兴体而误以为比也。”[④]《诗序大雅行苇》也同样因“不知比兴之体”[⑤] 而致误。

关于“兴比相近，却不同”之类的比体、兴体之辨还很多，如“问：‘诗中说兴处，多近比。’曰：‘然。如《关雎》《麟趾》相似，皆是兴而兼比。然虽近比，其体却只是兴。’”[⑥] “诗之兴，全无巴鼻，后人诗犹有此体。”在诗意的委婉蕴藉上，即“看来诗人此意，也回互委曲”[⑦]，朱熹也从文体学的角度认为“自是作诗之体当如此”，“自是体当如此”。[⑧] 再如“盖

---

① 朱熹著、黎德靖编：《朱子语类》，中华书局 1986 年版，第 2066 页。
② 朱熹著、黎德靖编：《朱子语类》，中华书局 1986 年版，第 2102 页。
③ 朱熹著、黎德靖编：《朱子语类》，中华书局 1986 年版，第 2069 页。
④ 朱熹：《诗序辨说》，《续修四库全书》第 56 册，上海古籍出版社 2002 年版，第 279 页。
⑤ 朱熹：《诗序辨说》，《续修四库全书》第 56 册，上海古籍出版社 2002 年版，第 282 页。
⑥ 朱熹著、黎德靖编：《朱子语类》，中华书局 1986 年版，第 2069 页。
⑦ 朱熹著、黎德靖编：《朱子语类》，中华书局 1986 年版，第 2070 页。
⑧ 朱熹著、黎德靖编：《朱子语类》，中华书局 1986 年版，第 2116 页。

武公作此诗，使人日夕讽诵以警己耳，所以有‘小子’‘告尔’之类，皆是箴戒作文之体自指耳”①。“或有两三说，则俱要存之。如一句或为兴，或为比，或为赋，则曰诗兼备此体。某谓既取兴体，则更不应又取比体；既取比体，则不更应又取赋体。说狡童，便引石虎事证，且要有字不曳白。南轩不解诗，道诗不用解，诸先生说好了。南轩却易晓，说与他便转。”② 所谓“皆是箴戒作文之体自指耳”“如一句或为兴，或为比，或为赋，则曰诗兼备此体。某谓既取兴体，则更不应又取比体；既取比体，则不更应又取赋体”云云，全从文体学之辨体的视域来品评诠释《诗经》。

第三，论读诗熟读和讽味涵咏对“识六义体面”的必要性，尤其是辨识“兴”体的重要性。朱熹认为诗之“兴”最为重要，是解诗的“诗眼”，最紧要，最关键，即“诗之兴，最不紧要。然兴起人意处，正在兴”，若不能“会得诗人之兴”，“如此便诗眼不活”。如“读诗便长人一格。如今人读诗，何缘会长一格？诗之兴，最不紧要。然兴起人意处，正在兴。会得诗人之兴，便有一格长。‘丰水有芑，武王岂不仕！’盖曰，丰水且有芑，武王岂不有事乎！此亦兴之一体，不必更注解。如龟山说《关雎》处意亦好，然终是说死了，如此便诗眼不活”。③

如前文所言，朱熹认为要想“识得六义体面”，尤其是识得“兴体”，最首要的方法便是讽味涵咏，只有反复熟读，才能“兴”起人意，才知道“兴体”的韵味和意蕴，即“诗所以能兴起人处，全在兴”，“再三熟看，亦须辨得出来”，可见辨体是如何重要。如《朱子语类》“问：‘向见吕丈，问读诗之法。’”吕丈举横渠“置心平易”之说见教。某遵用其说去诵味来，固有个涵泳情性底道理，然终不能有所启发。程子谓：“‘兴于诗’，便知有着力处。”今读之，止见其善可为法，恶可为戒而已，不知其他如何着力？曰：‘善可为法，恶可为戒，不特诗也，他书皆然。古人独以为“兴于诗”者，诗便有感发人底意思。今读之无所感发者，正是被诸儒解杀了，死著诗义，兴起人善意不得。……诗所以能兴起人处，全在兴。如“山有枢，隰有榆”，别无意义，只是兴起下面“子有车马”，“子有衣裳”耳。……周礼

① 朱熹著、黎德靖编：《朱子语类》，中华书局 1986 年版，第 2135 页。
② 朱熹著、黎德靖编：《朱子语类》，中华书局 1986 年版，第 2135 页。
③ 朱熹著、黎德靖编：《朱子语类》，中华书局 1986 年版，第 2084 页。

以六诗教国子，当时未有注解，不过教之曰，此兴也，此比也，此赋也。兴者，人便自作兴看；比者，人便自作比看。兴只是兴起，谓下句直说不起，故将上句带起来说，如何去上讨义理？今欲观诗，不若且置小序及旧说，只将元诗虚心熟读，徐徐玩味。候仿佛见个诗人本意，却从此推寻将去，方有感发。如人拾得一个无题目诗，再三熟看，亦须辨得出来。若被旧说一局局定，便看不出。'"[①]

此论他处尚多，如"学者当'兴于诗'。须先去了小序，只将本文熟读玩味，仍不可先看诸家注解。看得久之，自然认得此诗是说个甚事"[②]。"古人说'诗可以兴'，须是读了有兴起处，方是读诗。若不能兴起，便不是读诗。"[③]"问：'"汎彼柏舟，亦汎其流"，注作比义。看来与"关关雎鸠，在河之洲"，亦无异，彼何以为兴？'曰：'他下面便说淑女，见得是因彼兴此。此诗才说柏舟，下面更无贴意，见得其义是比。'"[④]"问：'"莫高匪山，莫浚匪泉；君子无易由言，耳属于垣！"集传作赋体，是以上两句与下两句耶？'曰：'此只是赋。盖以为莫高如山，莫浚如泉；而君子亦不可易其言，亦恐有人闻之也。'又曰：'看小雅虽未毕，且并看大雅。小雅后数篇大概相似，只消兼看。'"[⑤]"《生民》诗是叙事诗，只得恁地。盖是叙，那首尾要尽，下武文王有声等诗，却有反覆歌咏底意思。"[⑥]

上所罗列的相关赋比兴文献早为古今学者所注意、所引用，但是我们从纯粹的文体学角度，从朱子解读《诗经》之"先识六义体面"的辨体诠释方法角度重新观照，当会有面目一新的感觉。

最后，诗骚辨体。诗骚对比研究是自汉代以来学者争论不休的话题，毫无疑问，朱熹的《楚辞集注》是经典之一，而他以"先识六义体面"的辨体眼光来对比释读二者，这种"辨体"诠释学方法尤为引人瞩目。如《离骚经第一》："楚人之词，亦以是而求之，其寓情草木，托意男女，以极游观之适者，变风之流也。其叙事陈情，感今怀古，以不忘乎君臣之义者，变

① 朱熹著、黎德靖编：《朱子语类》，中华书局1986年版，第2084页。
② 朱熹著、黎德靖编：《朱子语类》，中华书局1986年版，第2085页。
③ 朱熹著、黎德靖编：《朱子语类》，中华书局1986年版，第2086页。
④ 朱熹著、黎德靖编：《朱子语类》，中华书局1986年版，第2012页。
⑤ 朱熹著、黎德靖编：《朱子语类》，中华书局1986年版，第2123页。
⑥ 朱熹著、黎德靖编：《朱子语类》，中华书局1986年版，第2129页。

雅之类也。至于语冥婚而越礼，摅怨愤而失中，则又风雅之再变矣。其语祀神歌舞之盛，则几乎颂而其变也。又有甚焉，其为赋则如骚经首章之云也，比则香草恶物之类也，兴则托物兴词，初不取义……然《诗》之兴多而比赋少，骚则兴少而比赋多，要必辨此，而后词义可寻，读者不可以不察也。”① 在风雅颂辨体方面，他认为《离骚》有变风之流、变雅之类、风雅之再变、颂而其变等几种情况。在赋比兴辨体方面，他认为二者相较，“然《诗》之兴多而比赋少，骚则兴少而比赋多，要必辨此，而后词义可寻，读者不可以不察也”。其中，“要必辨此，而后词义可寻”一语尤为重要，可以说就是“读诗，先识六义体面”的翻版，这与宋人“文章以体制为先”以及祝尧所云“宋时名公于文章必先辨体”之论都极为契合，如出一辙。

第四节　变而不失其正

辨体、尊体和破体、变体是中国古代辨体理论体系中一对既互相对立又互相依存的概念范畴，二者也是正体和变体即正变关系。在处理二者的态度和方法上，朱熹持辩证通达的观点，即以“亦须先识得古今体制雅俗乡背”和“读诗须先识六义体面”的辨体尊体为基础，又不拘泥固守正体，主张有所变化有所创新，进行某种破体和变体，但这个变化革新又有一定的限制，其核心主张就是“变而不失其正”，这显然继承了刘勰以来的“通变”文体观和辨体观，作为理学家，这与正统儒家思想中“发乎情，止乎礼义”的“中庸”理念是相通的。与其“变而不失其正”正体变体观相似的，他还提出了诸如“定体”“法度”等相关理论范畴，以下分而论之。

首先，变而不失其正。朱熹的变体破体观集中体现在《客亦抱凌云才》一文中，在辨体理论的正变观中，他的核心主张是“变而不失其正”。《客亦抱凌云才》云：“此病翁先生少时所作闻筝诗也，规模意态全是学文选乐府诸篇，不杂近世俗体，故其气韵高古而音节华畅，一时辈流少能及之。逮其晚岁，笔力老健，出入众作，自成一家，则已稍变此体矣。然余尝以为天下万事皆有一定之法，学之者须循序而渐进。如学诗，则且当以此等为法，庶几不失古人本分体制。向后若能成就变化，固未易量。然变亦大是难事，

① 朱熹：《楚辞集注》，《文渊阁四库全书》第 1061 册，上海古籍出版社 1987 年版，第 303 页。

果然变而不失其正，则纵横妙用，何所不可？不幸一失其正，却似反不若守古本旧法，以终其身之为稳也。李杜韩柳初亦皆学选诗者，然杜韩变多，而柳李变少。变不可学，而不变可学。故自其变者而学之，不若自其不变者而学之，乃鲁男子学柳下惠之意也。呜呼！学者其毋惑于不烦绳削之说，而轻为放肆以自欺也哉！"①

上述文中有如下几层意思。一，病翁少时所作闻筝诗，其体制中的规模意态全是学文选乐府诸篇，因不杂近世俗体，是正体，故其气韵高古而音节华畅，大加赞赏，显示出朱熹辨体尊体的主张。二，但逮其晚岁，笔力老健，出入众作，自成一家，则已稍变此体矣，同时看出他对病翁变体也是认可的，但这个对变体认可是有限度和标准的，即"稍"变，言外之意不可大变。三，接下来，他认为"天下万事皆有一定之法，学之者须循序而渐进"，如学诗，诗也有他的"一定之法"，即必须要遵守历代形成的文体规范，这样"庶几不失古人本分体制"，表明了他尊体辨体的基本主张。但是他又不否定变化和变体破体，认为"向后若能成就变化，固未易量"，这其实是对病翁少年晚年诗态度的重申。四，接下来，他称"然变亦大是难事"，那么如何处理诗体正变，即尊体和变体，辨体和破体这一对矛盾范畴呢？他提出了他的解决办法和理论要点，即"变而不失其正"这一辨体通变观，这样便"纵横妙用，何所不可"。五，他认为变是大难事，很难把握，如果不能做到"变而不失其正"这种辩证通达正变观的话，"不幸一失其正"，却反似不若守古本旧法，以终其身之为稳也。也就是说最稳妥的办法则是不变，以保证不失其正。所以，其最终的结论，认为通过韩柳之变多变少为例，认为变不可学，而不变可学。故自其变者而学之，不若自其不变者而学之。最后，针对宋以黄庭坚的学杜诗而宋诗之变，轻为放肆，所以说是有感而发，有的放矢。

综合以上分析，尤其是"变不可学"的观点，朱熹认为"杜甫夔州以前诗佳；夔州以后自出规模，不可学"②。这是因为杜甫夔州以后"自出规模"，较夔州以前有很大变化，故而"不可学"。所以本文中他批评黄庭坚

① 朱熹：《晦庵集》卷84，文渊阁四库全书本。

② 朱熹著、黎德靖编：《朱子语类》，中华书局1986年版，第3324页。

赞赏杜甫到夔州后诗“不烦绳削而自合”（《与王观复书》）[①]，认为“学者其毋惑于不烦绳削之说，而轻为放肆以自欺也哉!”这与其“鲁直一时固自有所见。今人只见鲁直说好，便却说好，如矮人看戏耳”的说法相似，如“人多说杜子美夔州诗好，此不可晓。夔州诗却说得郑重烦絮，不如他中前有一节诗好。鲁直一时固自有所见。今人只见鲁直说好，便却说好，如矮人看戏耳！问：‘韩退之潮州诗，东坡海外诗如何?’曰：‘却好。东坡晚年诗固好。只文字也多是信笔胡说，全不看道理。’”[②]“李太白终始学选诗，所以好。杜子美诗好者亦多是效选诗，渐放手，夔州诸诗则不然也。”[③]这与刘勰“执正以驭奇”的文体通辨观很相似，可以对照参看。

朱熹“而不变可学”的观点正是他的“尊体”理念的体现，他认为“古人作文作诗，多是模仿前人而作之。盖学之既久，自然纯熟”，这种“模仿前人”主要是文体体制，是他所极力提倡的，如“古人作文作诗，多是模仿前人而作之。盖学之既久，自然纯熟。如相如封禅书，模仿极多。柳子厚见其如此，却作贞符以反之，然其文体亦不免乎蹈袭也”。[④]柳宗元有鉴于司马相如封禅书模仿极多，欲“作《贞符》以反之”，但最终落得个“然其文体亦不免乎蹈袭也”。这里，显然朱熹并非讥嘲柳宗元之“文体亦不免乎蹈袭也”，而是强调任何人即便司马相如和柳宗元这样的大家也难免模仿蹈袭前人文体，这是一种必要的文学文体继承，而“盖学之既久，自然纯熟”的说法，显然也是持肯定态度的。关于朱熹的“变而不失其正”这一点，胡明这样解释：“诗能变而不失其正固是好事，也是难事。变而失其正则不如‘守古本旧法’。这个变即前文‘益巧益密’的诗歌格律化趋向，在‘因’与‘革’的矛盾对立上明显偏向‘因’的一面，即复古保守的一面。朱熹充分肯定‘病翁先生’的选体诗，而对他的‘稍变此体’不无异词，从而得出‘自其变者而学之，不若自其不变者而学之’的结论。”[⑤]

与此相似的文体辩证观点，朱熹认为“文字奇而稳方好”，既要“千变万化”，又要“有典有则，方是文章”。如《朱子语类》：“文字奇而稳方

① 陶秋英编选，虞行校订：《宋金元文论选》，人民文学出版社1984年版，第183页。

② 朱熹著、黎德靖编：《朱子语类》，中华书局1986年版，第3326页。

③ 朱熹著、黎德靖编：《朱子语类》，中华书局1986年版，第3326页。

④ 朱熹著、黎德靖编：《朱子语类》，中华书局1986年版，第3299页。

⑤ 胡明：《关于朱熹的诗歌理论与诗歌创作》，《文学遗产》1989年第4期。

好，不奇而稳只是阘靸。"①"韩千变万化，无心变；欧有心变。杜祈公墓志说一件未了，又说一件。韩董晋行状尚稍长。权德舆作宰相神道碑，只一板许，欧苏便长了。苏体只是一类。柳伐原议极局促，不好，东莱不知如何喜之。"②"陈后山文如仁宗飞白书记大段好，曲折亦好，墓志亦好。有典有则，方是文章。其他文亦有大局促不好者，如题太白像、高轩过古诗，是晚年做到平易处，高轩过恐是绝笔。"③ 也因此，他认为"放体不拘束底诗"和"有格律入规矩底诗"这两种截然相反的诗风都是"好"的，如"刘叔通江文卿三人皆能诗：叔通放体不拘束底诗好，文卿有格律入规矩底诗好"，反映了他儒家中和中庸的文学美学思想。同样，如前文所述，在辨析判断文体正变如"韩柳二家，文体孰正"④ 的问题上，他也主张辨体要适中的通变观，不可太过，反对"后人辨之者亦失之太过"⑤ 的做法。

再如《朱子语类》云："东坡虽是宏阔澜翻，成大片滚将去，他里面自有法。"所谓既要"宏阔澜翻"又应"里自有法"，都与"变而不失其正"相通。在此辨体理念指导下，他反对变而失正，变而入怪，好怪失常，如"韩退之墓志有怪者了。先生喜韩文宴喜亭记及韩弘碑"⑥。朱熹评价韩愈："大抵今人于公之文，知其力去陈言之为工，而不知其文从字顺之为贵。故其好怪失常，类多如此。"⑦

朱熹在评论《诗经》和历代诗人时，也常常着眼于变体和文体的发展变化，如称"变雅""亦是变用他腔调尔"；称鲍照诗"乃选之变体"，如"问二雅所以分。曰：'小雅是所系者小，大雅是所系者大。"呦呦鹿鸣"，其义小；"文王在上，于昭于天"，其义大。'问变雅。曰：'亦是变用他腔调尔。大抵今人说诗，多去辨他序文，要求着落。至其正文"关关雎鸠"之义，却不与理会。'"⑧"选中刘琨诗高。东晋诗已不逮前人，齐梁益浮薄。

---

① 朱熹著、黎德靖编：《朱子语类》，中华书局 1986 年版，第 4316 页。
② 朱熹著、黎德靖编：《朱子语类》，中华书局 1986 年版，第 3306 页。
③ 朱熹著、黎德靖编：《朱子语类》，中华书局 1986 年版，第 3308 页。
④ 朱熹著、黎德靖编：《朱子语类》，中华书局 1986 年版，第 3331 页。
⑤ 朱熹著、黎德靖编：《朱子语类》，中华书局 1986 年版，第 3303 页。
⑥ 朱熹著、黎德靖编：《朱子语类》，中华书局 1986 年版，第 3305 页。
⑦ 朱熹：《昌黎先生集考异》，上海古籍出版社 1985 年版，第 15 页。
⑧ 朱熹著、黎德靖编：《朱子语类》，中华书局 1986 年版，第 2068 页。

鲍明远才健，其诗乃选之变体，李太白专学之。”① 再如“江西之诗，自山谷一变至杨廷秀，又再变，遂至于此”②。

其次，在辨体尊体和破体变体这一辨体理论之下，朱熹又提出了两组相似的概念范畴，包括“定格常格定体和新格变格变体”与“定法无定法和法度与无法”，进一步深化和拓展了他的辨体理论体系。

关于定格常格定体和新格变格变体，如《朱子语类》云：“前辈做文字，只依定格依本份做，所以做得甚好。后来人却厌其常格，则变一般新格做。本是要好，然未好时先差异了。又云：‘前辈用言语，古人有说底固是用，如世俗常说底亦用。后来人都要别撰一般新奇言语，下梢与文章都差异了，却将差异底说话换了那寻常底说话。’”③ 这与前所云“变不可学，而不变可学”的观点一致，所谓“前辈做文字，只依定格依本份做，所以做得甚好”，“依定格依本份”，就是肯定尊体，遵守和继承前人文章体制规范，虽然他也承认“变”体，主张“变而不失其正”，但总的来说反对变格新格，认为“变不可学”，所以“后来人却厌其常格，则变一般新格做”，最终不但“未好”，反而变差了。

所以，《朱子语类》云：“文字自有一个天生成腔子。古人文字自贴这天生成腔子。”④ 他认为“文字自有一个天生成腔子”，这个“腔子”就是文体的定格常格定体，需要遵守其体制规范，“古人文字”之所以好，就是因为古人尊体，即“文字自贴这天生成腔子”。对此，张立文解释道，“入个腔子做”，显然指有一个现存的框架、规模。如何才能做到“入个腔子做”，朱熹提出“识”“仿”“守”的主张。“识”是指认清古今诗文体制，雅俗向背，以便取舍。朱熹并不反对变，但变需在一定的限度之内，这就是“不失正”；若不失正，若依照他那个“天生成腔子”，便能纵横驰骋，妙用无穷。在这个有机统一体中，各种对立要素的地位、作用、功能、发展都符合一定的节度，即没有“过”，也无“不及”。⑤

也因此，他反对文章“驰骋好异”“异端新奇”和“易新好生面辞语”

---

① 朱熹著、黎德靖编：《朱子语类》，中华书局 1986 年版，第 3324 页。
② 朱熹著、黎德靖编：《朱子语类》，中华书局 1986 年版，第 3334 页。
③ 朱熹著、黎德靖编：《朱子语类》，中华书局 1986 年版，第 3320 页。
④ 朱熹著、黎德靖编：《朱子语类》，中华书局 1986 年版，第 3320 页。
⑤ 张立文：《朱熹美学思想探析》，《哲学研究》1988 年第 4 期。

这类变化变体，如“诸公文章驰骋好异，止缘好异，所以见异端新奇之说从而好之。这也只是见不见不分晓，所以如此”。“今人作文皆不足为文，大抵专务节字，更易新好生面辞语。至说义理处，又不肯分晓。”①

关于定法无定法和法度与无法，与定格常格定体和新格变格变体不太一样。如上所述，在常格和新格的正变之间，朱熹倾向于保守，倾向于辨体尊体，反对变体破体。而在法度和无法这一正变之间，他则更为辩证通达，主张“活法”论，即“非无法度，乃从容于法度中”。如《朱子语类》云：“李太白诗，非无法度，乃从容于法度中，盖圣于诗者也。”② 认为李白诗“非无法度，乃从容于法度中”，而这是诗的最高境界，即“盖圣于诗者也”，这与他的“变而不失其正”的主张极为吻合。而这正是他继承吕本中以来的“活法”论，如朱熹评价赵蕃诗“固是好，但终非活法尔”。③ 所以，他肯定要遵守法度，即“不如且理会法度文字”，但又不可“极法度”和“太法度了”，如：“《史记》不可学，学不成，却颠了，不如且理会法度文字。问：‘后山学《史记》’。曰：‘后山文字极法度，几于太法度了。然做许多碎句子，是学《史记》。’”④

与“从容于法度中”的“活法”论相似，他还提出了“驰骋有法度”的辨体通变观，“驰骋”指破体和突破法度，如：“王龟龄奏议气象大，曾司直会做文字，驰骋有法度。裘父大不及他，裘父文字涩，说不去。……陈君举《西掖制词》殊未得体。”⑤

同样，关于五经之文，他提出了“圣人有法度之言”但“恁地拘不得”的中和之论。一方面，他认为“圣人有法度之言”须遵守，如春秋书礼；另一方面，对圣人法度之言不可拘泥拘守，如《诗经》之变风变雅，“只看他大意，恁地拘不得”。⑥ 与此相似，他提出“从上圣贤相承定法，不容变易”，但不能“过于循默自守”。⑦

---

① 朱熹著、黎德靖编：《朱子语类》，中华书局1986年版，第3320页。
② 朱熹著、黎德靖编：《朱子语类》，中华书局1986年版，第3320页。
③ 朱熹著、黎德靖编：《朱子语类》，中华书局1986年版，第2890页。
④ 朱熹著、黎德靖编：《朱子语类》，中华书局1986年版，第3321页。
⑤ 朱熹著、黎德靖编：《朱子语类》，中华书局1986年版，第3315页。
⑥ 朱熹著、黎德靖编：《朱子语类》，中华书局1986年版，第2082页。
⑦ 朱熹著、黎德靖编：《朱子语类》，中华书局1986年版，第28页。

此外，在造历历法上，他也提出一系列定法和无定法的辨体通变理论，如所谓“今之造历者无定法”“古之锺律纽算，寸分毫厘丝忽皆有定法，如合符契，皆自然而然，莫知所起”“意古之历书，亦必有一定之法”“天运无定，乃其行度如此，其行之差处亦是常度”云云①，都反映了他辩证通达的辨体理念。

第三，与朱熹“变而不失其正”文体论相似的表述，就是他在《晦庵集》《四书或问》和《朱子语类》所反复提到的伦理纲常上的正变观中庸思想，作为一个著名理学家，这应该是其文体正变论的政治哲学思想基础。这种说法共三组，分布在不同文集中，每组两次提到过。其一，最相合的是他关于“泰伯夷齐事”的政治伦理思想，他在《晦庵集》中也两次提到“故虽变而不失其正也”“但变而不失其正耳”，如《答吕伯恭》云：“泰伯夷齐事，鄙意正如此。盖逃父非正，但事须如此，必用权然后得中，故虽变而不失其正也。”②《答黄直翁》云：“卫君事伯，谟书中已略论之。徐思不奉父命而逃去，固为未善，故程子亦以为不可。但居势如此，不逃，却不得如泰伯王季之事，亦非常理，但变而不失其正耳!”③ 其二，关于儒家伦理纲常的“中庸”思想，他在《四书或问》中也两次提到“盖处君臣父子之变而不失乎中庸”和“惟舜极其变而不失其常”的相似说法，如《四书或问》云：“盖处君臣父子之变而不失乎中庸，此所以为至德也。”④“或问：‘古之圣人多矣，必言舜为法于天下，何也?’曰：‘法者，人伦而已。他圣人者因其常而处之不失，未足以见人道之尽也。惟舜极其变而不失其常，是以人道之尽于此尤可以见焉。’”⑤ 其三，朱熹在关于“君仁臣忠，父慈子孝”伦理纲常上的“经权”之道问题上，综合程颐、俞文豹等人诸如“经是常行之理，权是适变处”之说，借鉴因袭庄子之论，融合儒道，在《朱子语类》中也两次提出“小变而不失其大常”的辩证观，如《朱子语类》卷三十七云：“因论‘经’、‘权’二字。……权固不离于经看，可与立，未可与权。……文蔚曰：经是常行之理，权是适变处。……伊川又云：权是经所不

① 朱熹著、黎德靖编：《朱子语类》，中华书局1986年版，第25页。

② 朱熹：《晦庵集》卷35，文渊阁四库全书本。

③ 朱熹：《晦庵集》卷44，文渊阁四库全书本。

④ 朱熹：《四书或问》卷13，文渊阁四库全书本。

⑤ 朱熹：《四书或问》卷33，文渊阁四库全书本。

及者，此说方尽，经只是一个大纲，权是那精微曲折处，且如君仁臣忠，父慈子孝，此是经常之道，如何动得？其间有该不尽处，须是用权，权即细密，非见理，大段精审不能识，此可与立，便是可与经，却未可与权，此见经权毫厘之间分别处。庄子曰：小变而不失其大常。或曰庄子意思又别。曰：他大概亦是如此，但未知他将甚做大常。"① 再如："旁行而不流，曰：此小变而不失其大常。"② 再如"至变得来合理，断然著如此做，依旧是常"的常变观也是他文体正变思想的体现。诸如此类，朱熹在论《易》时相关的经权、常变、通变、变通等体认道体的朴素辩证观随手可掇，都是他"变而不失其正"辨体通变观的哲学思想基础。③

第五节　"作时文略用体式而隐括以至理"的时文古文辨体论

辨时文古文之高下、优劣、利弊、是非等是朱熹文体学思想的要义之一，其中包含丰富的辨体批评思想，可以从中看出他对科举的态度和无奈，在宋人时文古文辨体这一重要文艺思潮中很独特，并影响了元明清以来士子对科举时文和八股文的批评和热议。

朱熹的"时文"文体学思想，也秉持其一贯的"先其体制"辨体观，如《朱子语类》云："谭兄问作时文。曰：'略用体式，而隐括以至理。'"对于创作时文，首先的问题就是"略用体式"，一个"略"字已自看出他对科举时文的轻视和漫不经心，与他上文所极为看重的为文学诗"先须识其体制雅俗向背"和"先识六义体面"辨体观不可同日而语，其中主要的原因是：其所谓为文学诗"先须识其体制雅俗向背"和"先识六义体面"中的"体制""体面"是综合了文体体制形式、艺术风格和思想内容于一体的；而"时文"作为科举应试文体，其文体体裁形制非常严格，而内容多虚与委蛇空泛无实，为朱熹为代表的文学家和理学家所厌弃，对待科举时文的态度颇为矛盾和无奈，所以一方面要遵守时文文体体制规范，但内容上"而隐括以至理"以矫其空疏之弊。再如："或问科举之学。曰：'做举业不

① 朱熹著、黎德靖编：《朱子语类》，中华书局 1986 年版，第 992 页。
② 朱熹著、黎德靖编：《朱子语类》，中华书局 1986 年版，第 1893 页。
③ 任竞泽：《辨体与变体：朱熹的文体学思想论析》，《厦门大学学报》2016 年第 6 期。

妨，只是把他格式，隐括自家道理，都无那追逐时好、回避、忌讳底意思，便好。'”一个“只是”与上所云“略”字相似，都表达了他的无奈和轻视，而“格式”虽然我们可以理解为文体、体制、体面，以见他“体制为先”的辨体意图，但“格式”显然与上所举“体式”一样，只代表时文文体的规范形式这一单纯的含义，少了“文体、体制、体面”融形式内容于一体的丰富意蕴，故而与上文一样提出“隐括自家道理”以实之。

辨体之外，朱熹也谈到了古文时文的变体发展观，如《朱子语类》云：“（林艾轩）又云：'汉末以后，只做属对文字，直至后来，只管弱。如苏颋着力要变，变不得。直至韩文公出来，尽扫去了，方做成古文。然亦止做得未属对合偶以前体格，然当时亦无人信他。故其文亦变不尽，才有一二大儒略相效，以下并只依旧。到得陆宣公奏议，只是双关做去。又如子厚亦自有双关之文，向来道是他初年文字。后将年谱看，乃是晚年文字，盖是他效世间模样做则剧耳。文气衰弱，直至五代，竟无能变。到尹师鲁欧公几人出来，一向变了。其间亦有欲变而不能者，然大概都要变。所以做古文自是古文，四六自是四六，却不滚杂。'”① 这段文字简明地道出了朱熹的时文古文文体发展变化的几个阶段，以及他对时文古文的态度：第一阶段，古文自汉末六朝以来，逐渐为“只做属对文字”的骈文所代替，“只管弱”看出朱熹反对骈文的态度。第二阶段，唐代变革时文的古文运动，苏颋变革时文为古文未能成功，即“苏颋着力要变，变不得”，韩愈古文运动取得一定成绩，“尽扫去了，方做成古文”，但也不彻底，未能完全扭转时文风气，“故其文亦变不尽，才有一二大儒略相效，以下并只依旧”。第三阶段，自中唐陆贽、柳宗元直至五代，“文气衰弱”的时文文体又卷土重来，风靡一时。第四阶段，宋代尹洙和欧阳修等的古文运动，对时文四六进行变革，收到很好的效果，“一向变了”，虽然“其间亦有欲变而不能者”，但大趋势是“然大概都要变”，这时的古文时文创作态势是“做古文自是古文，四六自是四六，却不滚杂”。可以看出，其中的变体发展论述非常鲜明，而“然亦止做得未属对合偶以前体格”云云也能透露出朱熹鲜明的文体学意识。再如“问：'吕舍人言，古文衰自谷永。'曰：'何止谷永？邹阳狱中书已自皆作

① 朱熹著、黎德靖编：《朱子语类》，中华书局1986年版，第3298页。

对子了。’”① 把骈文兴起的源头上溯到先秦战国邹阳，也能体现他的文体发展观。

在读书作文讽咏诵读这一关乎“识体制”“识体面”的辨体重要问题上，朱熹往往以“恰似举子做时文去”“如做时文相似”“如今人做时文相似”等为喻来加以说明，从中可以窥见他的时文文体观念和态度，如“问：‘如蟋蟀之序，全然凿说，固不待言。然诗作于晋，而风系于唐，却须有说。’曰：‘本是唐，及居晋水，方改号晋。’琮曰：‘莫是周之班籍只有唐而无晋否？’曰：‘文侯之命，书序固称晋矣。’曰：‘书序想是纪事之词。若如春秋书晋之法，乃在曲沃既命之后，岂亦系诗之意乎？’曰：‘恁地说忒紧，恰似举子做时文去。’”② 再如：“读诗正在于吟咏讽诵，观其委曲折旋之意，如吾自作此诗，自然足以感发善心。今公读诗，只是将己意去包笼他，如做时文相似。中间委曲周旋之意，尽不曾理会得，济得甚事？若如此看，只一日便可看尽，何用逐日只捱得数章，而又不曾透彻耶？且如人入城郭，须是逐街坊里巷，屋庐台榭，车马人物，一一看过，方是。”③ 再如：“问：‘仲虺之诰似未见其释汤惭德处。’曰：‘正是解他。云：“若苗之有莠，若粟之有秕”，他缘何道这几句？盖谓汤若不除桀，则桀必杀汤。如说“推亡固存处”，自是说伐桀。至“德日新”以下，乃是勉汤。又如“天乃锡王勇智”，他特地说“勇智”两字，便可见。尚书多不可晓，固难理会。然这般处，古人如何说得恁地好！如今人做时文相似。’”④

朱熹在古文时文辨体中贬斥时文肯定古文，这与他从读书的角度出发极力反对科举时文之弊端的观点密不可分，相关言论很多，列于下以见大概：

> 近日真个读书人少，也缘科举时文之弊也，才把书来读，便先立个意思，要讨新奇，都不理会他本意着实。才讨得新奇，便准拟作时文使，下梢弄得熟，只是这个将来使。虽是朝廷甚么大典礼，也胡乱信手捻合出来使，不知一撞百碎。前辈也是读书。某曾见大东莱之兄，他于六经三传皆通，亲手点注，并用小圈点。注所不足者，并将疏楷书，用

① 朱熹著、黎德靖编：《朱子语类》，中华书局1986年版，第3300页。
② 朱熹著、黎德靖编：《朱子语类》，中华书局1986年版，第2111页。
③ 朱熹著、黎德靖编：《朱子语类》，中华书局1986年版，第2086页。
④ 朱熹著、黎德靖编：《朱子语类》，中华书局1986年版，第2029页。

朱点。无点画草。某只见他礼记如此，他经皆如此。诸吕从来富贵，虽有官，多是不赴铨，亦得安乐读书。①

学须做自家底看，便见切己。今人读书，只要科举用；已及第，则为杂文用；其高者，则为古文用，皆做外面看。②

义理人心之所同然，人去讲求，却易为力。举业乃分外事，倒是难做。可惜举业坏了多少人！③

士人先要分别科举与读书两件，孰轻孰重。若读书上有七分志，科举上有三分，犹自可；若科举七分，读书三分，将来必被他胜却，况此志全是科举！所以到老全使不着，盖不关为己也。圣人教人，只是为己。④

或以不安科举之业请教。曰："道二：仁与不仁而已。二者不能两立。知其所不安，则反其所不安，以就吾安尔。圣贤千言万语，只是教人做人而已。前日科举之习，盖未尝不谈孝弟忠信，但用之非尔。若举而反之于身，见于日用，则安矣。"又问："初学当读何书？"曰："六经语孟皆圣贤遗书，皆当读，但初学且须知缓急。大学语孟最是圣贤为人切要处。然语孟却是随事答问，难见要领。唯大学是曾子述孔子说古人为学之大方，门人又传述以明其旨，体统都具。玩味此书，知得古人为学所乡，读语孟便易入。后面工夫虽多，而大体已立矣。"⑤

科举累人不浅，人多为此所夺。但有父母在，仰事俯育，不得不资于此，故不可不勉尔。其实甚夺人志。⑥

---

① 朱熹著、黎德靖编：《朱子语类》，中华书局1986年版，第175页。
② 朱熹著、黎德靖编：《朱子语类》，中华书局1986年版，第182页。
③ 朱熹著、黎德靖编：《朱子语类》，中华书局1986年版，第243页。
④ 朱熹著、黎德靖编：《朱子语类》，中华书局1986年版，第243页。
⑤ 朱熹著、黎德靖编：《朱子语类》，中华书局1986年版，第243页。
⑥ 朱熹著、黎德靖编：《朱子语类》，中华书局1986年版，第246页。

当然，科举是当时的政治大事，大势所趋，通过科举考试步入仕途也自然是当时所有读书人的梦想，鉴于此，朱熹并不完全反对科举应试这一行为，认为如果应试前后的读书过程中能够践履涵养、思索义理，得失利害置之度外，那么，举业亦不害为学。相关言论列于下：

举业亦不害为学。前辈何尝不应举。只缘今人把心不定，所以有害。才以得失为心，理会文字，意思都别了。①

尝论科举云："非是科举累人，自是人累科举。若高见远识之士，读圣贤之书，据吾所见而为文以应之，得失利害置之度外，虽日日应举，亦不累也。居今之世，使孔子复生，也不免应举，然岂能累孔子邪！自有天资不累于物，不须多用力以治之者。某于科举，自小便见得轻，初亦非有所见而轻之也。正如人天资有不好啖酒者，见酒自恶，非知酒之为害如何也。又人有天资不好色者，亦非是有见如何，自是他天资上看见那物事无紧要。若此者，省得工夫去治此一项。今或未能如此，须用力胜治方可。"②

宜之云："许叔重太贪作科举文字。"曰："既是家贫亲老，未免应举，亦当好与他做举业。举业做不妨，只是先以得失横置胸中，却害道。"③

父母责望，不可不应举。如遇试则入去，据己见写了出来。④

南安黄谦，父命之入郡学习举业，而径来见先生。先生曰："既是父要公习举业，何不入郡学。日则习举业，夜则看此书，自不相妨，如此则两全。硬要咈父之命，如此则两败，父子相夷矣，何以学为！读书是读甚底？举业亦有何相妨？一旬便做五日修举业，亦有五日得暇及此。若说践履涵养，举业尽无相妨。只是精神昏了。不得讲究思索义

① 朱熹著、黎德靖编：《朱子语类》，中华书局1986年版，第246页。
② 朱熹著、黎德靖编：《朱子语类》，中华书局1986年版，第246页。
③ 朱熹著、黎德靖编：《朱子语类》，中华书局1986年版，第247页。
④ 朱熹著、黎德靖编：《朱子语类》，中华书局1986年版，第247页。

理，然也怎奈之何！”①

也因此，朱熹反对专做时文的人“掇拾言语，缀缉时文”，所为皆“空言”，是因为不关圣贤道德和个人修身，故而他强调“世俗之学”即科举时文，“所以与圣贤不同者”，在于“圣贤直是真个去做，说正心，直要心正；说诚意，直要意诚；修身齐家，皆非空言”。当依本分，要躬行，如：

> 今来专去理会时文，少间身已全做不是，这是一项人。又有一项人，不理会时文，去理会道理，少间所做底事，却与所学不相关。又有依本分，就所见定是要躬行，也不须去讲学。这个少间只是做得会差，亦不至大狼狈。只是如今如这般人，已是大段好了。②

> 世俗之学，所以与圣贤不同者，亦不难见。圣贤直是真个去做，说正心，直要心正；说诚意，直要意诚；修身齐家，皆非空言。今之学者说正心，但将正心吟咏一晌；说诚意，又将诚意吟咏一晌；说修身，又将圣贤许多说修身处讽诵而已。或掇拾言语，缀缉时文。如此为学，却于自家身上有何交涉？这里须要着意理会。今之朋友，固有乐闻圣贤之学，而终不能去世俗之陋者，无他，只是志不立尔。学者大要立志，才学，便要做圣人是也。③

> 专做时文底人，他说底都是圣贤说话。且如说廉，他且会说得好；说义，他也会说得好。待他身做处，只自不廉，只自不义，缘他将许多话只是就纸上说。廉，是题目上合说廉；义，是题目上合说义，都不关自家身已些子事。④

所以，朱熹认为四六时文要有古文风格，即意思足、有气魄，有温润之气，须平正典重，这是南宋以来以古文为四六时文的文体观念的反映。如：

① 朱熹著、黎德靖编：《朱子语类》，中华书局1986年版，第247页。
② 朱熹著、黎德靖编：《朱子语类》，中华书局1986年版，第243页。
③ 朱熹著、黎德靖编：《朱子语类》，中华书局1986年版，第133页。
④ 朱熹著、黎德靖编：《朱子语类》，中华书局1986年版，第244页。

> 向来做时文，只粗疏恁地直说去，意思自周足，且是有气魄。近日时文屈曲纤巧，少刻堕在里面，只见意气都衰塌了。也是教化衰，风俗坏到这里，是怎生！①

> 人老气衰，文亦衰。欧阳公作古文，力变旧习。老来照管不到，为某诗序，又四六对偶，依旧是五代文习。②

> “后来如汪圣锡制诰，有温润之气。”曾问某人，前辈四六语孰佳？答云：“莫如范淳夫。”因举作某王加恩制云：“‘周尊公旦，地居四辅之先；汉重王苍，位列三公之上。若昔仁祖，尊事荆王；顾予冲人，敢后兹典！’自然平正典重，彼工于四六者却不能及。”③

总体来说，朱熹关于时文古文之辨秉持他一贯的辩证通达的文体通变观。

第六节　类分与类从

关于《朱子语类》在成书过程中体现出来的“类分”与“类从”的文体分类思想，虽然大多是编选者根据朱子与其弟子的言论所总结出来的，但同样可以看作是朱熹自身的文体分类实践。黄士毅《朱子语类后序》：

> 右语类总成七十家，除李侯贯之已刊外，增多三十八家。或病诸家所记互有重复，乃类分而考之。盖有一时之所同闻，退各抄录，见有等差，则领其意者斯有详略。或能尽得于言，而首尾该贯；或不能尽得于言，而语脉间断；或就其中粗得一二言而止。今惟存一家之最详者，而它皆附于下。至于一条之内无一字之不同者，必抄录之际，尝相参校，不则非其闻而得于传录，则亦惟存一家，而注与某人同尔。

① 朱熹著、黎德靖编：《朱子语类》，中华书局1986年版，第247页。
② 朱熹著、黎德靖编：《朱子语类》，中华书局1986年版，第3311页。
③ 朱熹著、黎德靖编：《朱子语类》，中华书局1986年版，第3313页。

既以类分，遂可缮写，而略为义例，以为后先之次第。有太极然后有天地，有天地然后有人物，有人物然后有性命之名，而仁义礼智之理则人物所以为性命者也。所谓学者，求得夫此理而已。故以太极天地为始，乃及于人物性命之原，与夫古学之定序。次之以群经，所以明此理者也。次之以孔孟周程朱子，所以传此理者也。乃继之以斥异端，异端所以蔽此理，而斥之者，任道统之责也。然后自我朝及历代君臣、法度、人物、议论，亦略具焉。此即理之行于天地设位之后，而着于治乱兴衰者也。凡不可以类分者，则杂次之，而以作文终焉。盖文以载道，理明意达，则辞自成文。后世理学不明，第以文辞为学，固有竭终身之力，精思巧制，以务名家者。然其学既非，其理不明，则其文虽工，其意多悖，故特次之于后，深明夫文为末，而理为本也。

然始焉妄易分类之意，惟欲考其重复。及今而观之，则夫理一而名殊，问同而答异者，浅深详略，一目在前，互相发明，思已过半。至于群经，则又足以起或问之所未及，校本义之所未定，补书说之所未成，而大学章句所谓高入虚空、卑流功利者，皆灼然知其所指而不为近似所陷溺矣，诚非小补者。故尝谓孔孟之道至周程而复明，至朱子而大明。自今以后，虽斯道未能盛行于世，而诵遗书，私淑艾者，必不乏人，不至于千五百年之久绝而不续。反复斯编，抑自信云。①

关于黄士毅所谓“乃类分而考之”“既以类分，遂可缮写，而略为义例，以为后先之次第”“凡不可以类分者，则杂次之，而以作文终焉”“然始焉妄易分类之意，惟欲考其重复”云云，反复提及的“类分”文体分类观念，在中国古代文体分类学思想中有两大基本类型，即“类分”和“类从”，关于“以类相从”的“类从”观念，古代学者在刊行《朱子语类》时都反复提及这一理论问题，如：

文公朱先生语类一百三十八卷，壶山黄子洪取门人所录语以类相从也。先是，池本饶本，人各为录，间见错出，读者病焉。子洪既以类流传，便于玩索，而微言精语，犹有所遗。佖每加访求，得所未见。自是

① 朱熹著、黎德靖编：《朱子语类》，中华书局1986年版，第6页。

朋友知旧知其有心于纂辑，亦颇互出所有以见示，凡三十有余家。既裒以为婺录，而继之者尚未艾也。佖幽居无事，盖尝潜心而观之，审订其复重，参绎其端绪，用子洪已定门目，粹为续类，凡四十卷。或谓前类不为少矣，又以续类附益之，不已多乎？窃谓学固戒于徒博，然亦不可以不博而径约也。又况文公先生之道，高明广大，致极无遗，学者正当尽博约之方，而后精微中庸之趣始可渐而求。佖每观诸家所录，以其问有浅深，故于教告亦有不同，其视文公先生之精蕴，不能得其全者尚多有之。必也，笃信好学，反复寻绎，能知所尽心焉，虽以前续之繁，固将无所厌斁。不然，则虽先生平日已着为定论之书，尚有所惮而不肯观，而况于此乎哉！然则先生片言半语，苟有所传，固不容有所忽而不究其所归也。[①]（王佖《徽州刊朱子语续类后序》）

朱子遗语之行于世也，盛矣！盖本其旧者有三，而从以类者二，靖德尝受读而病其难也。昔朱子尝次程子之书矣，着记录者主名，而稍第其所闻岁月，且以“精择审取”戒后之学者。李公道传之刊池录也，盖用此法。黄公榦既序之矣，后乃不满意，盖亦惧夫读者之不得其方也。二公之心，其亦韩子所谓“尧舜之利民也大，而禹之虑民也深”者乎！是以黄公不自出其所录。其后李公性传刊续录于饶，以备池录之所未，蔡公杭刊后录，又益富矣。然饶录最后三家，李公尝附致其疑，而其四十二卷元题“文说”者，以靖德考之，疑包公扬所录。盖公之子尚书恢，尝刻公所辑文说一编，视此卷虽略，而饶后录所刊包公录中，往往有此卷中语，是知此为公所录亡疑。独所载胡子知言一章，谓书为溺心志之大阱者，最为疑忌后学，使不知者谓为先生语，是当削去亡疑，而李公不能察也。语录之难读如此，黄公之虑岂为过哉？[②]

语之从类，黄子洪士毅始为之，史廉叔公说刻之蜀，近岁徽州又刻之；王公佖为续类，徽州又刻之。昔张宣公类洙泗言仁，祖程子意也，而朱子以滋学者入耳出口之弊疑之。魏公了翁援是为学者虑，当矣。蔡

① 朱熹著、黎德靖编：《朱子语类》，中华书局 1986 年版，第 11 页。
② 朱熹著、黎德靖编：《朱子语类》，中华书局 1986 年版，第 24 页。

公乃曰，论语诸篇，记亦以类，则议者亦莫能破也。然三录、二类，凡五书者，并行而错出，不相统壹。盖蜀类增多池录三十余家，饶录增多蜀类八九家，而蜀类续类又有池饶三录所无者。王公谓蜀类作于池饶各为录之后者，盖失之。而今池录中语尚多蜀类所未收，则不可晓已。岂池录尝再增定邪？抑子洪犹有遗邪？①

论语一书，乃圣门高第所集，以记夫子之嘉言善行，垂训后世。朱子语类之编，其亦效是意而为之者也。或曰："语必以类相从，岂论语意欤？"曰："学而一篇所记多务本之意，里仁七章所记皆为仁之方；若八佾之论礼乐，乡党之记言行，公冶长辨人物之贤否。微子载圣贤之出处，亦何尝不以类哉！天下之理，'同归而殊涂，一致而百虑'，非有以会而通之，则祇见其异耳。大传曰：'触类而长之，天下之能事毕矣。'而伊川之诲学者亦必曰：'将圣贤言仁处类聚观之。'然则语类之集，其有功于学者多矣！"②（蔡杭《徽州刊朱子语类后序》）

所引文献所谓"文公朱先生语类一百三十八卷，壶山黄子洪取门人所录语以类相从也""朱子遗语之行于世也，盛矣！盖本其旧者有三，而从以类者二，靖德尝受读而病其难也""语之从类，黄子洪士毅始为之""语必以类相从，岂论语意欤"云云，其中的从类、类从之文类思想源于孔子圣门高第所集《论语》，即"论语一书，乃圣门高第所集，以记夫子之嘉言善行，垂训后世。朱子语类之编，其亦效是意而为之者也"。关于这种类分、类从的文体分类学理论内涵及特征，郭英德《历代文选类总集的分体归类》一文之"类分与类从"一节云："毫无疑问，历代总集编纂时，以文体的分体归类都是兼顾功能与形态两方面的。但是有一种现象却值得注意：在中国古代，当人们更多地着眼于从行为方式与文体功能的角度对文体进行分体归类时，往往倾向于文体的'类分'；而当人们更多地着眼于从形态特征的角度对文体进行分体归类时，则往往倾向于文体的'类从'。"③"缩结而言，

① 朱熹著、黎德靖编：《朱子语类》，中华书局1986年版，第25页。
② 朱熹著、黎德靖编：《朱子语类》，中华书局1986年版，第10页。
③ 郭英德：《中国古代文体学论稿》，北京大学出版社2005年版，第151页。

‘类分’的方法更为突显文体的社会性特征，而‘类从’的方法则更能昭示文体学性特征。因此，从文体分类学理论建设的角度来看，‘类从’无疑更具有学术价值，为我们今天对中国古代文体进行科学的分类提供有益的启示。”① 这对我们理解朱熹的分类思想当有帮助。

第七节　朱熹辨体论渊源及其对严羽的影响

朱熹丰富全面而极具理论体系的文体学思想渊源有自，除了继承前人并以自身的哲学理学学术思想为根基之外，主要受黄庭坚、谢良佐以来宋时名公的“先其体制”辨体论的直接影响，而其“变而不失其正”的破体变体观则受刘勰“执正以驭奇”的影响，并对明清许学夷等产生影响。

首先，朱子的哲学思想基础、为学与读书以及曹丕《典论论文》文体学的影响。其一，先体而后用，理先气后。关于先体而后用，如《语类》卷94：“今解云，必体立而用得以行，如何？曰：‘体自先有。’”“然则所谓一源者，是岂漫无精粗先后之可言哉？况既曰体立而后用行，则亦嫌于先有此而后有彼矣。”（《附辩》，《周濂溪先生全集》卷一）“以体用言之，有体而后有用。”（《朱子语类》卷五十三）对此，张立文云：“‘体用’范畴，在朱熹的哲学范畴系统中是一个不可缺少的‘纽结’。……从其对立而言，‘体先用后’，‘体立而后用行’，‘先体而后用’。……在朱熹看来，尽管‘体用一源’，互相统一，但亦不能不无对立，而有先后之异。”②

关于体用内涵，熊十力云：“宇宙实体，简称体。实体变动，遂成宇宙万象，是为实体之功用，简称用。”③ 关于体与用的辨体关系，姚爱斌云：“古典文体学中各种辨体思想，从不同侧面反映了文体生成中‘体和用奇’和‘体一用殊’规律。不同视角辨体思想的互补与交融，构成了相对完整的古典文体学的面貌。”关于刘勰的通变篇，姚指出：这里的“通”与“变”的关系，相当于“体”与“用”的关系；这里所说的“设文之体有

① 郭英德：《中国古代文体学论稿》，北京大学出版社2005年版，第154页。

② 张立文：《论朱熹的“体”与“用”范畴》，《学术月刊》1984年第7期。

③ 熊十力：《体用论》，中国人民大学出版社2006年版，第108页。

常，变文之数无方”，也与姚鼐所说的“协和以为体，奇出以为用”道理相通。[①] 与此相似的还有诸如“先道后事”，“理先气后”的命题。

关于“先动而后静，先用而后体，先感而后寂”，如《朱子语类》卷一理气上云：“问：‘太极解何以先动而后静，先用而后体，先感而后寂?’曰：‘在阴阳言，则用在阳而体在阴，然动静无端，阴阳无始，不可分先后。今只就起处言之，毕竟动前又是静，用前又是体，感前又是寂，阳前又是阴，而寂前又是感，静前又是动，将何者为先后？不可只道今日动便为始，而昨日静更不说也。如鼻息，言呼吸则辞顺，不可道吸呼。毕竟呼前又是吸，吸前又是呼。’”[②]

关于“理先气后”的哲学问题，《朱子语类》卷一理气上：“又问：‘有是理而后有是气。未有人时，此理何在?’”再如：“问：‘先有理，抑先有气?’曰：‘理未尝离乎气。然理形而上者，气形而下者。自形而上下言，岂无先后！理无形，气便粗，有渣滓。’”再如：“或问：‘必有是理，然后有是气，如何?’曰：‘此本无先后之可言。然必欲推其所从来，则须说先有是理。然理又非别为一物，即存乎是气之中；无是气，则是理亦无挂搭处。气则为金木水火，理则为仁义礼智。’”再如：“或问‘理在先，气在后’。曰：‘理与气本无先后之可言。但推上去时，却如理在先，气在后相似。’”再如：“或问先有理后有气之说。曰：‘不消如此说。而今知得他合下是先有理，后有气邪；后有理，先有气邪？皆不可得而推究。’”再如：“问：‘有是理便有是气，似不可分先后?’曰：‘要之，也先有理。只不可说是今日有是理，明日却有是气；也须有先后。且如万一山河大地都陷了，毕竟理却只在这里。’”[③] 再如：“仁义，其体亦有先后。”[④] “仁对义为体、用。仁自有仁之体、用，义又有义之体、用。”[⑤] 皆是，不可赘举。

其二，为学与读书先后问题。“为学须先立得个大腔当了，却旋去里面修治壁落教绵密。今人多是未曾知得个大规模，先去修治得一间半房，所以

---

① 姚爱斌：《协和以为体，奇出以为用——中国古典文体学方法论初探》，《文艺理论研究》2005年第6期。

② 朱熹著、黎德靖编：《朱子语类》，中华书局1986年版，第3页。

③ 朱熹著、黎德靖编：《朱子语类》，中华书局1986年版，第3页。

④ 朱熹著、黎德靖编：《朱子语类》，中华书局1986年版，第120页。

⑤ 朱熹著、黎德靖编：《朱子语类》，中华书局1986年版，第121页。

不济事。"[①]"学须先理会那大底。理会得大底了，将来那里面小底自然通透。今人却是理会那大底不得，只去搜寻里面小小节目。"[②]"为学须是先立大本。"[③]

其三，曹丕的"文本同而末异""本末"文体论及"气之清浊有体""清浊"文气论的影响。"蔡伯靖曰：'山本同而末异，水本异而末同。'"[④]"或问气禀有清浊不同。曰：'气禀之殊，其类不一，非但"清浊"二字而已。今人有聪明，事事晓者，其气清矣，而所为未必皆中于理，则是其气不醇也。有谨厚忠信者，其气醇矣，而所知未必皆达于理，则是其气不清也。推此求之可见。'"[⑤]

其次，宋人辨体风气及师友家学渊源对其"先须识体制""先识六义体面"辨体观的影响。宋代文体学理论尤其是"先体制"或"以体制为先"的辨体观在中国古代辨体理论批评发展史上具有承上启下的重要地位。对此，古今学者多有论述。如元祝尧《古赋辨体》称"宋时名公于文章必辨体，此诚古今的论"[⑥]。这种辨体观自"宋时名公"诸如黄庭坚、谢良佐、陈师道、吕本中、张戒、朱熹、吕祖谦、严羽、真德秀、王应麟、洪迈、倪思等，承传之轨迹颇为清晰，在这一发展脉络中朱熹是最重要的链条之一，我们以下简要勾勒其渊源影响。

北宋道学家谢良佐对朱熹的辨体论影响最为直接，其中"学诗先识取六义体面"在《朱子语类》中直接引用两次，化用两次，可见一斑。前已论述，兹略。他处文体理论还很多，如"先须辨认得他体性始得""即须教他识个体段始得""说得大体亦是"等对朱熹都有一定影响，如《上蔡语录》卷一："气虽难言，即须教他识个体段始得。""所谓有知识须是穷物理，只如黄金天下至宝，先须辨认得他体性始得，不然被人将鍮石来唤作黄金，辨认不过便生疑惑，便执不定。""问此诗如何？曰：说得大体亦是，但不免有病，不合说一中分体用。"

---

① 朱熹著、黎德靖编：《朱子语类》，中华书局 1986 年版，第 130 页。
② 朱熹著、黎德靖编：《朱子语类》，中华书局 1986 年版，第 130 页。
③ 朱熹著、黎德靖编：《朱子语类》，中华书局 1986 年版，第 188 页。
④ 朱熹著、黎德靖编：《朱子语类》，中华书局 1986 年版，第 29 页。
⑤ 朱熹著、黎德靖编：《朱子语类》，中华书局 1986 年版，第 74 页。
⑥ 祝尧：《古赋辨体》，文渊阁四库全书本，卷 8。

此外，谢良佐所谓“处为中庸”“君子而时中，无往而不中也”“执中无权”“中无定体”“须权轻重以取中”“变诈为权”等论都对朱熹的“变而不失其正”产生极大影响，如《上蔡语录》云：“问子思曰小人之中庸，小人何故有中庸？曰：‘小人之中庸者，小人自以为中庸，小人以他安常习，故处为中庸，故无忌惮也。君子而时中，无往而不中也。中无定体，须是权以取中，执中无权，犹执一也。今人以变诈为权，便不坏了权字？’曾本云：‘问君子中庸小人反中庸，又曰君子之中庸小人之中庸，不知小人何故有中庸？或曰小人自以中庸是否？曰：不须着反字。小人之中庸者，小人自以为中庸。小人以能安常习，故处为中庸，故无忌惮也。君子而时中，无往而非中也。中无定体。因指所执扇曰：以长短言之，则彼为中；以轻重言之，则此为中。须权轻重以取中。’吴本云：‘因指所执扇曰：以扇头为中，则扇柄非中也。须是以轻重之中为中。如此又却是权执中无权犹执一也。今人以变诈为权，便不坏了权字。’”

谢良佐（1050—1103），字显道，学者称上蔡先生，与游酢、杨时、吕大临并称程门四大弟子。谢良佐的思想对后世影响颇深，朱熹自称：“熹自少时妄意为学，即赖先生之言以发其趣。”朱熹著《论语集注》时采用谢良佐所著《论语说》四十余条，曾刊定《上蔡语录》，并两次为《上蔡语录》题跋。南宋大儒胡宪《谢显道语录跋》云：“读朱元晦所定著《上蔡先生语录》三卷，得以详观其是非精神，去取不苟，可传信于久远。”

黄庭坚与谢良佐同时，他在《书王元之〈竹楼记〉后》所提出的“荆公评文章，常先体制而后文之工拙”辨体理论影响深远。在黄庭坚的影响下，“江西诗派”成员吕本中提出了“学诗须先见体式”之辨体论，吕本中为吕祖谦伯祖，吕祖谦“先见文字体式”辨体观直接秉承吕本中。如吕本中《童蒙诗训》云：“学诗须熟看老杜、苏、黄，亦先见体式，然后遍考他诗，自然工夫度越他人。”吕祖谦《古文关键》卷首“总论看文字法”云：“学文须熟看韩、柳、欧、苏，先见文字体式，然后遍考古人用意下句处。”而朱熹与吕祖谦为挚友，如刘玉民云：“朱、吕两人有三山之会、婺州之会、寒泉之会、鹅湖之会、三衢之会，两人长达十九年的学术交流，终使朱熹成为程朱理学的集大成者。朱、吕学术交流实为我国古代学术交流之典范。”[①] 所以二者辨体论互相借鉴启发当不言而喻。朱熹与吕祖谦的学术虽然也有许多分歧[②]，但“先识体制”和“先识六义体面”与“先见文字体式”之辨体论这一点则极为相似，可以说毫无二致。而朱子与吕祖谦合作编著的《近思录》相关“识体”和“体用”文体观点，尤能窥见二者文体学的血脉关联，如卷二“为学”云：“学者识得仁体，实有诸己，只要义理栽培。……论学便要明理，论治便须识体。”卷一“道体”云：“心一也，有指体而言者，有指用而言者，惟观其所见何如耳，欲令如是观仁，可以得仁之体。”

第三，朱熹的文体学思想对其后与其学术渊源颇深的著名学者如真德秀、王应麟、倪思、严羽等都产生了深远影响。如王应麟《辞学指南》“表条”云：“西山先生曰：表章工夫最宜用力，先要识体制，贺谢进物，体各不同。”《辞学指南》中引述倪思的辨体言论[③]，如卷二云：“倪正父曰：文章以体制为先，精工次之，失其体制，虽浮声切响，抽黄对白，极其精工，不可谓之文矣。”王氏接着评道：“凡文皆然，而王言尤不可以不知体制。”[④] 众所周知，真德秀是朱熹的私淑弟子，王应麟为学宗祖朱熹和吕祖谦，而真德秀与倪思皆中博学鸿词科，关系密切，其首知泉州时，曾写信向前任知州倪思请教治泉之方。

作为“朱熹的二传弟子”，严羽“先体制”的辨体观直接继承了朱熹的理论并有独创。首先，是“先体制而后文之工拙”的辨体论。如《沧浪诗话·诗法》云：“辨家数如辨苍白，方可言诗。”[⑤] 其后小字注云：“荆公评文章，先体制而后文之工拙。”严羽还形成了独具特色的“辨体”内涵“辨尽诸家体制”。如《诗法》云：“辨家数如辨苍白，方可言诗。”《答吴景仙书》云：“作诗正须辨尽诸家体制，然后不为旁门所惑。今人作诗差入门户者，正以体制莫辨也。”[⑥] 关于朱熹和严羽的师承关系，方彦寿云：“从师承来说，严羽曾就学于包恢，而包恢之父包扬，淳熙十年（1183）为朱熹武

---

① 刘玉民：《吕祖谦与朱熹交游述论》，《河南师范大学学报》2013 年第 2 期。

② 郭庆财：《朱熹吕祖谦学术之歧的再检视》，《河南师范大学学报》2010 年第 3 期。

③ 王应麟：《玉海》附《辞学指南》，（台湾）商务印书馆影印文渊阁四库全书本，第 948—310 页。

④ 王应麟：《玉海》附《辞学指南》，（台湾）商务印书馆影印文渊阁四库全书本，第 948—281 页。

⑤ 何文焕：《历代诗话》（下册），中华书局 1981 年版，第 695 页。

⑥ 何文焕：《历代诗话》（下册），中华书局 1981 年版，第 707 页。

夷精舍门人。……从包氏父子均从学于朱熹的情况来看，严羽实乃朱熹的二传弟子。”① 莫砺锋亦云：“朱熹强调应以李白、杜甫为典范，他说：‘作诗先用看李杜，如士人之本经。本既立，次第方可看苏黄以下诸家诗。’在朱熹去世约三十年后，严羽始提倡‘即以李杜二集，枕籍观之，如今人之治经’，竟与朱熹之言如出一辙。今考严羽的家乡邵武与朱熹晚年讲学之地建阳为邻县，严又师从朱熹的弟子包扬，则严羽很可能对朱熹的论诗之语是有所闻的。”② 曹东《论严羽美学思想的文化背景和哲学基础》对朱熹和严羽的文体学思想关系也有论述：“严羽的美学思想在很多方面同朱熹的理学与美学思想有密切的关系。一是读书。二是严羽主张学诗要识尽体制，‘作诗正须辨尽诸家体制，然后不为旁门所惑。’这个思想源自朱熹。朱熹强调：‘先须识得古今体制，雅俗向背，仍更洗涤得尽肠胃间夙生荤血脂膏。’三是自然平淡。四是严羽认为作诗‘先须熟读《楚辞》，朝夕讽咏以为之本’，读诗如治经，‘以李杜二集枕藉观之，如今人之治经’，将古今之诗分等，一等一等取熟而参之，这都是本自朱熹之说。朱熹不喜唐代近体，但是却十分推崇李杜，认为‘作诗先用看李杜’，潘德舆的《养一斋李杜诗话》也明确指出：‘谓李杜二集须枕藉观之，如今人之治经，则吻合朱子之论，不可攻也。’”③

在对待“俗体”上，黄庭坚、朱熹和严羽也是一致的，朱志荣对其间的关系论述得很明了，如《论江西诗派对严羽沧浪诗话的影响》云：“在对待‘俗’的问题上，不仅严羽和黄庭坚是一致的，几乎有宋一代的文人士大夫都有一种‘崇雅黜俗’的倾向，范仲淹、苏轼、黄庭坚、张戒和朱熹等人都有高论。严羽诗法：‘诗去五俗：一俗体，二俗意，三俗句，四俗字，五俗韵。’朱熹称‘不杂俗体’。”④

此外，朱熹的“学诗先识六义体面”当还有家学渊源，如朱松《上赵漕书》：“盖尝以为学诗者，必探赜六经以浚其源，历观古今以益其波，玩物化之无极以穷其变，窥古今之步趋以律其度。”⑤

① 方彦寿：《朱熹的“援佛入儒”与严羽的“以禅喻诗”》，《文艺理论研究》2009 年第 3 期。

② 莫砺锋：《论朱熹对历代诗歌的批评》，《南京大学学报》2000 年第 1 期。

③ 曹东：《论严羽美学思想的文化背景和哲学基础》，《苏州大学学报》1992 年第 1 期。

④ 朱志荣：《论江西诗派对严羽沧浪诗话的影响》，《文艺理论研究》2007 年第 5 期。

⑤ 朱松：《韦斋集》卷 9，四部丛刊续编本。

最后，朱熹“变而不失其正”变体破体论的哲学思想源流及其影响。其渊源来自于老庄“小变而不失其大常”的辩证思想，朱熹在《朱子语类》卷37、74中两次引用（见前文），以道家辩证思想来说明他的儒家伦理纲常。其原文是《庄子田子方》：“孔子曰：‘请问游是。’老聃曰：‘夫得是至美至乐也。得至美而游乎至乐，谓之至人。’孔子曰：‘愿闻其方。’曰：‘草食之兽不疾易薮，水生之虫不疾易水，行小变而不失其大常也，喜怒哀乐不入于胸次。’”其后，汉晋以来注解《庄子》者都有所引述，如汉高诱注《淮南鸿烈解》卷16和晋郭象注《庄子注》卷7等。到了宋代，秦观最早引用庄子之言来说明他的用兵之法和李陵之败，如《进论李陵论》：“臣闻草食之兽不疾而易薮，水生之虫不疾而易水，行小变不失其大常也。知此者可以用兵矣。何则？夫用兵之法，有所谓常，有所谓变。什则围之，伍则攻之，不敌则逃之，兵之所谓常也；以寡覆众，兵之所谓变也。古之善用兵者，虽能以寡覆众，而什围伍攻之道，未易忽焉。所谓行小变而不失其大常也！呜呼！李陵之所以败者，其不达于此乎！”①

朱熹的关于“变而不失其正”的君臣伦理纲常“权变”思想源于吕本中和胡寅，而文体学思想中的辨体论则直接受计敏夫启发，如吕本中《春秋集解》卷四云：“或曰：‘孔父贤而书名，则曰礼之大节也。今此则名其君于下，而字其臣于上，何以异乎？’曰：春秋者，轻重之权衡也，变而不失其正之谓权，常而不过于中之谓正。’”② 卷九云：“故通其变以示不失正也。不言齐命，为桓公讳也；不系于卫，示无讥也。若云城卫楚丘则彼我俱非也，凡变而不失其正者，皆以讳为善。天下之大伦，有常有变，舜之于父子，汤武之于君臣，周公之于兄弟，皆处其变也。贤者守其常，圣人尽其变。会首止逃，郑伯处父子君臣之变而不失其中也。噫！此春秋之所以为春秋而非圣人莫能修之者也。”③ 胡寅《寄秦丞相书》云：“相公之赐，可谓深矣远矣，不可以有加矣。夫非常之议，反经合权，非有司之任也。故愿相公以道揆之，乃能变而不失其正也。”④ 计敏夫云：“唐诗自咸通而下，不足观矣。乱世之音怨以怒，亡国之音哀以思，气丧而语偷，声烦而调急，甚者忿

---

① 秦观：《淮海集》卷20，文渊阁四库全书本。

② 吕本中：《春秋集解》卷4，文渊阁四库全书本。

③ 吕本中：《春秋集解》卷9，文渊阁四库全书本。

④ 胡寅：《斐然集》卷17，文渊阁四库全书本。

目徧吻，如戟手交骂。大抵王化习俗，上下俱丧，而心声随之，不独士子之罪也，其来有源矣。司空图辈伤时思古，退已避祸，清音泠然，如世外道人，所谓变而不失正者也。余故尽取晚唐之作，庶知律诗末伎，初若虚文，可以知治之盛衰。”①

南宋初年沈该的《易传》卦体之“正体变体”说及其“变而不失其正”的辩证观点，是朱熹引用《庄子》“变而不失其正”辩证观的反映，并对朱熹卦体卦变之说和李心传的《易传》产生影响。如沈该《易小传自序》云：“圣人因六爻之变系辞焉，以命之，以辨吉凶，所以通不可不易之至变，故上下无常。刚柔相易，变动不居，惟变所适，其道屡迁，不可为典要，爻也者，言乎其变也，此之谓也。是故爻辞之所命，虽不离乎大常，而变卦之微寓焉。自王辅嗣而下皆未尝以变卦释爻辞，道其大常也。若夫变动不居之妙，则在学者精思默识而已。辄以臆说妄窥渊奥，既以正体发明爻象之指，又以变体拟议变动之意，亦庶几万有一得焉耳。夫观变玩占，易道之小者也。虽小道亦有可观者焉，名之曰易小传，以别于大传云尔。若夫一卦之内，义有可明，爻变之外，言有未尽者，每卦别为论，亦庶几变而不失其正，小而不遗其大者也。”② 朱熹的卦体卦变之说当受其影响，如：“伊川不取卦变之说。至‘柔来而文刚’，‘刚自外来而为主于内’，诸处皆牵强说了。王辅嗣卦变，又变得不自然。”③ “问：‘近略考卦变，以彖辞考之，说卦变者凡十九卦，盖言成卦之由。凡彖辞不取成卦之由，则不言所变之爻。程子专以乾坤言变卦，然只是上下两体皆变者可通。若只一体变者，则不通。两体变者凡七卦：随、蛊、贲、咸、恒、渐、涣是也。一体变者两卦，讼无妄是也。七卦中取刚来下柔，刚上柔下之类者可通。至一体变者，则以来为自外来，故说得有碍。大凡卦变须看两体上下为变，方知其所由以成之卦。’……今所谓‘卦变’者，亦是有卦之后，圣人见得有此象，故发于彖辞。安得谓之乾坤重而为是卦？则更不可变而为他卦耶？”④ 李心传《丙子学易编》：“需上六与随初九同，皆变而不失正者。”⑤

① 计敏夫：《唐诗纪事》卷66，文渊阁四库全书本。
② 沈该：《易小传》卷首，文渊阁四库全书本。
③ 朱熹著、黎德靖编：《朱子语类》，中华书局1986年版，第1666页。
④ 朱熹著、黎德靖编：《朱子语类》，中华书局1986年版，第1667页。
⑤ 李心传：《丙子学易编》，文渊阁四库全书本。

张栻的“变而不失其道”的儒家中庸思想在当时应与朱熹产生共鸣，如张栻《张子全书》卷一：“以此修身，则为颐养；以此及人，则为锡类；以此处常而尽其道，则为底豫为归全；以此处变而不失其道，则为待烹为顺令，爱恶逆顺处之，若一生顺死安，两无所憾。事亲而至于是，则可以为孝子；事天而至于是，岂不可以为仁人乎？”

朱熹的“变而不失其正”的正变观对真德秀的影响最大，真德秀提出了“遭大变而不失其常也”“处变而不失其正”“盖处君臣父子之变而不失乎中庸”“变而不失其正是亦常而已矣”等相似的观点，如真德秀《西山读书记》卷三十二：“公遭流言之变，而其安肆自得乃如此，盖其道隆德盛，而安土乐天，有不足言者，所以遭大变而不失其常也。”[①] 卷三十四上：“又别为一义，虽非平时待小人之正法，然处变而不失其正，亦学者所当知其详。”[②] 卷三十四下：“是以泰伯去之而不以为狷，王季受之而不以为贪，父死不赴，伤毁发肤而不为不孝，盖处君臣父子之变而不失乎中庸，此所以为至德也。”[③] 真德秀《问文王至德》：“文王武王，均为圣人，但所处之时既异，故所行之道不同。文王所处，乃君臣之常，武王所处，乃君臣之变。常固正也，变而不失其正，是亦常而已矣。然常道人皆可为变，则非圣人不可为。”[④]

此外，南宋中晚期李明复、朱鉴、李杞、俞琰、黄伦、卫湜等也都在五经疏解中谈到过此类问题，由于朱熹在当时的重大影响，他们的观点或许也会受到朱熹的启发。如李明复《春秋集义》卷九：“曰春秋者，轻重之权衡也，变而不失其正之谓权，常而不过于中之谓正。”[⑤] 朱鉴《文公易说》卷十：“问：旁行而不流。曰：如云行，小变而不失大常。”[⑥] 李杞《用易详解》卷七：“雷风，天地之变也。惟其变，所以能常也。君子观易之象而立不易，方立不易，方其遭变而不失其常者欤！……然六十四卦未尝指名其人，而于明夷独以文王箕子言之，何哉？盖明夷者，圣贤遭天下之变而不失

① 真德秀：《西山读书记》卷32，文渊阁四库全书本。
② 真德秀：《西山读书记》卷34上，文渊阁四库全书本。
③ 真德秀：《西山读书记》卷34下，文渊阁四库全书本。
④ 真德秀：《西山文集》卷31，文渊阁四库全书本。
⑤ 李明复：《春秋集义》卷9，文渊阁四库全书本。
⑥ 朱鉴：《文公易说》卷10，文渊阁四库全书本。

其正之卦也。”[①] 俞琰《周易集说》卷三：“官虽贵乎有守，然处随之时，不可守常而不知变也。变者何？趋时从权，不以主自居也。故曰官有渝，渝，变也。变而不失其正，则吉。”[②] 黄伦《尚书精义》卷十八：“昼夜之代谢，寒暑之往来，风雨之作止，未尝一日不变也，变而不失其常，晦而不失其明，杀而不失其生，岂非所谓一者常存而不变故耶！”[③] 卫湜《礼记集说》卷九十六：“长短者，度之所起也，故谓之度。阴阳一消一长，昼夜一短一长，虽小变而不失其大常。”[④]

其后，明清以来的学者在注解朱熹著作的时候都不可避免地会谈论此问题，如李光地《朱子礼纂》卷四：“下使宗子得以田禄，荐享祖宗，宜亦歆之，处礼之变而不失其中。”[⑤] 程川《朱子五经语类》卷三十：“旁行而不流，曰：此小变而不失其大常。”[⑥] 如此很多，兹不赘举。

朱熹的文体学思想是其文学思想和学术思想的重要组成部分，文学思想方面的研究论著和论文已然很多，但文体学研究却寥寥无几。朱熹研究大家莫砺锋云：“如果我们对朱熹的文学业绩及文学思想知之不深，我们对他的全部学术活动和整个思想体系的理解也将是不全面的。更何况在宋代文学史和宋代文学思想史上，朱熹确实占有极其重要的地位，我们怎能因为震于其理学家身份的赫赫有名而忽视这种地位呢？所以我认为学术界应该充分重视对朱熹文学的研究，从而完整地认识朱熹在中国文化史上的巨大意义。”[⑦] 而文体学思想是朱熹文学思想的重要组成部分，故而其研究意义不言自明。

综上可以看出，朱熹文体学思想的核心是辨体理论，而辨体理论内蕴因为“体”的内涵的复杂而显得极为丰富，可以说涉及辨体的方方面面，如在“体”的称名上包括体制、文体、体式、体格、体面、格样、体裁、定体、正体、变体、定格、常格、得体、失体、腔子、腔调等等，指称上也复杂多变，随着辨体的对象和内容的不同而具有不确定性，如包括体裁文类或

---

① 李杞：《用易详解》卷11，文渊阁四库全书本。
② 俞琰：《周易集说》卷3，文渊阁四库全书本。
③ 黄伦：《尚书精义》卷18，文渊阁四库全书本。
④ 卫湜：《礼记集说》卷96，文渊阁四库全书本。
⑤ 李光地：《朱子礼纂》卷4，文渊阁四库全书本。
⑥ 程川：《朱子五经语类》卷30，文渊阁四库全书本。
⑦ 莫砺锋：《论朱熹文学家身份的历史性消解》，《江汉论坛》2000年第10期。

文体形态、某一作家作品的体貌或风格、某一时代某一时期之文体风貌、语言文字表达方式及其著书体例著作意象等，不过辨体的理论核心仍是“体制为先”这一总纲。在中国古代辨体理论批评史上，“文章以体制为先”这一总纲中的“文章”主要指“文”这一体裁形制或者宽泛的文章、文学观念，这是主流，朱熹的“亦须先识得古今体制雅俗向背”属于此类；诗学辨体上“体制为先”观念则不多见，唐代诗学辨体开其端，如“凡为诗者先须识体格”“凡为诗先定体面”“凡为诗要识体势”云云；其后宋代严羽《沧浪诗话》和明代许学夷《诗源辩体》为代表，而朱熹“学诗先识六义体面”则是其中的重要链条；尤为重要的是，朱熹能把二者结合起来，足见其辨体理论的全面和系统。朱熹的文体学思想尤其辨体理论颇具体系，既有理论建构又有批评实践，但却向来不为人所重视，如现当代学者论述辨体时，宋代黄庭坚、张戒、倪思的“体制为先”言论往往是首先被引用的，朱熹则鲜有学者提起。这当与朱熹的理学家身份有关，而且朱熹的辨体理论也的确是为他关于儒家五经注疏的理学思想服务的。如前文所引，“亦须先识得古今体制雅俗向背”的提出是针对“六艺”的，以此辨体批评方法辨伪古书是针对《尚书》和《易经》的，“学诗先识六义体面”是针对《诗经》的，“变而不失其正”的辨体通变观也是他政治伦理纲常上中庸经权思想的体现。虽然因此而被文论界所忽视，不过也正因为朱熹从理学哲学思想的视域丰富拓展了中国古代文体学中的辨体理论内涵范围，从而凸显出其价值意义的重大，也理应引起哲学思想界和文学理论界的高度重视，并在学术上进行更加广泛深入的探讨和研究。

第八章　周密的文体论与文学观[①]

周密（1232—1298），字公谨，号草窗，又号弁阳老人、四水潜夫，是宋末元初著名的诗人、学者，擅书画，喜收藏。一生“著作等身”（李光庭《澄怀录跋》），存世作品便有十三部之多。主要以词名世，与张炎、王沂孙齐名；而“宋代野史，称巨擘焉”。[②] 宋亡前有诗集《草窗韵语》，词集《苹洲渔笛谱》；宋亡不仕，以保存故国文献为己任，著有《武林旧事》《齐东野语》《癸辛杂识》《浩然斋雅谈》《绝妙好词》《澄怀录》《云烟过眼录》《志雅堂杂钞》《浩然斋视听抄》与《浩然斋意抄》等书。一生以宋亡为界，大致可分前后两期。前期，青少年侍父宦游闽、浙间，三十以后，历仕临安府幕僚、两浙运司掾、监和济药局、充奉礼节、监丰储仓、义乌令。1276年，杭州破，宋亡。次年，“弁阳家破，始离湖州，终身寓杭”[③]，“晚年与谢翱、邓牧游，皆抗节遁迹者”[④]。周密思想以儒家为主，兼顾庄禅并受理学思潮的影响很深。早年颇有用世之志，但生不逢时，奸相当道，一生沉郁下僚。于是转而啸傲湖山，在庄禅思想中寄托心灵。其“对南宋理学给予了很高的评价和肯定。同时，出于捍卫理学思想的立场，周密又对宋未的伪道学流弊深恶痛绝”[⑤]。这在周密的野史笔记中多有记述。一般说来，

---

① 本章第二节至第六节发表于《文学评论丛刊》2008年第2期；第七节发表于《贵州师范大学学报》2010年第2期。

② 夏承焘：《周草窗年谱》，上海古籍出版社1979年版，第320页。

③ 夏承焘：《周草窗年谱》，上海古籍出版社1979年版，第348页。

④ 夏承焘：《周草窗年谱》，上海古籍出版社1979年版，第321页。

⑤ 金启华、萧鹏：《周密及其词研究》，齐鲁书社1993年版，第30页。

儒家注重文艺的外部规律，而道释则更多研究文艺的内部规律。同样，周密文学思想中关于文学本质的看法主要反映了他的儒家思想和对理学的推尊，而庄禅思想则在他的文学创作构思及审美范畴上打下了深深的烙印。

创作上，周密诗词兼擅，野史笔记堪称巨擘。钱钟书先生曾云："词家常常不会作诗，陆游曾经诧异过为什么'能此不能彼'，姜夔是极少数的例外之一。"① 继而赞誉周密："南宋能诗的词家，除了姜夔，就数到他（周密）。"② 一个具有丰富创作经验的作家，因为深谙个中甘苦和规律，那么在品评艺文时也必然会更深刻而切中要害。尽管周密没有系统的理论专著，但他的批评才能，《四库全书总目》纂修者便注意到了。《四库全书总目》之《浩然斋雅谈》提要云："……惟此书散见永乐大典中，其书体类说部，所载实皆诗文评。今搜辑排纂，以考证经史，评论文章者为上卷，以诗话为中卷，以词话为下卷。各以类从，尚裒然成帙。……密本词人，考证乃其旁涉，不足为讥。若其品陟诗词，则固有深识，非如阮阅诸人漫然汇辑，不择精粗者也。宋人诗话传者如林，大抵陈陈相因，辗转援因。是书颇具鉴裁而沉晦有年。佚而复出，足以新艺苑耳目。是固宜亟广其传者矣！"③ 不但称其《浩然斋雅谈》为传者如林的宋人诗话翘楚，而且高度评价了周密的批评才能，即"品陟诗词，则固有深识"。作为周密文学思想的理论"专著"，尽管《浩然斋雅谈》之"资闲谈的部分逐渐淡化，而评诗句论法则的内容逐渐增多，理论色彩越来越浓厚了"④，然其"品陟诗词"仍然多为丛残小语，未成体系。

关于周密的文体论及文学观，除了在《浩然斋雅谈》中有较为集中的论述以外，《绝妙好词》和《澄怀录》两个选本也反映了他的部分词学观点和散文主张。而更多的则散见于他在其他各种著作中的片断论述之中，且涉猎广泛，包蕴丰富。若把这些散见于其著作中有关文学的看法钩辑出来，再加以归类分析、总结提炼，庶几便可洞见他整体的文体文学思想。有几点需要说明：一是，周密著作中载录的他人观点，经甄别，我们通常也认为代表他自己。二是，根据文艺相通的原理，其品鉴艺术的美学范畴也同样可以施

① 钱钟书：《宋诗选注》，人民文学出版社 1958 年版，第 216 页。

② 钱钟书：《宋诗选注》，人民文学出版社 1958 年版，第 276 页。

③ 周密：《浩然斋雅谈》，文渊阁四库全书，上海古籍出版社 1987 年版，第 1481 册，第 814 页。

④ 张少康：《中国文学理论批评发展史》，北京大学出版社 1995 年版，第 85 页。

之于文学。三是，我们所谓周密的文学思想，是包括他的文体论、诗论、文论、词论在内的一种宽泛的概念。不同文体之间有相通的地方，也有各自独具特点的东西。本章中，“于共同之处，合而论之；于区别之处，分而论之；于既有联系又有区别之处，则于论述过程中分别加以指明，以见大概”①。下面我们便从如下几个方面来提炼和建构周密的文学思想体系并给予适当的评价。②

第一节 周密的文体学思想

在宋代，周密的文体学思想虽不如欧阳修、黄庭坚、朱熹、真德秀等系统全面，但在宋末元初遗民文人群体中也较为突出，尤其是关于“文如其人”这一中国古代文论经典命题的文体学特征极为明显。其文体论主要包括如下几个方面：

其一，辨体尊体观。关于“文章以体制为先”这一宋代核心辨体理论，周密提出了“文移书牒之类必有程式”的观点，如《齐东野语》“一府三守”条：“放翁笔记言：庆历初，夏竦判永兴军，陈执中、范雍，并为知军。一府三守，不知职守如何分？既非长贰，文移书牒之类必有程式。官属胥吏，何所禀承？”③ 指出职守不同，故而官属胥吏所执掌的文移书牒之类也会因之有别，必须遵守和掌握各自的文体规范。这与谢表、贺表等应用文体都有严格的文体程式，尤其是开头、结尾等用语固定规范，在撰写中不可有丝毫移易改动，如《齐东野语》“中谢中贺”条：“今臣僚上表，所称诚惶诚恐，及诚欢诚喜，顿首稽首者，谓之中谢中贺。自唐以来，其体如此。盖臣某以下，亦略叙数语，便入此句，然后敷陈其详。如柳子厚《平淮西贺表》：‘臣负罪积衅，违尚书笺表，十有四年’云云，‘怀印曳绂，有社有人’，语意未竟也，其下既云‘诚惶诚恐’，盖以此一句，结上数语云尔。今人不察，或于首联之后，凑用两短句，言震惕之义，而复接以中谢之语，则遂成重复矣。前辈表章如东坡、荆公，多不失此体。”④ 关于这一点，从

① 张金海：《杜牧的文学思想》，《文学遗产》1983 年第 3 期。

② 任竞泽：《周密的文学思想》，《文学评论丛刊》2008 年第 2 期。

③ 周密著、张茂鹏点校：《齐东野语》，中华书局 1983 年版，第 145 页。

④ 周密著、张茂鹏点校：《齐东野语》，中华书局 1983 年版，第 236 页。

蔡邕《独断》到王应麟《辞学指南》都有全面记载。[①] 唐宋相关谨守程式的尊体辨体言论大多针对科举考试场屋文体而言的，如唐赵璘《因话录》卷三："韩文公与孟东野友善，韩公文至高，孟长于五言，时号'孟诗韩笔'。元和中，后进师匠韩公，文体大变……又元和以来，词翰兼奇者有柳柳州宗元、刘尚书禹锡及杨公。刘、杨二人，词翰之外，别精篇什。又张司业籍善歌行，李贺能为新乐府，当时言歌篇者宗此二人。李相国、程王仆射起，白少傅居易兄弟、张舍人仲素，为场中词赋之最言程序者。"[②] 欧阳修《与荆南乐秀才书》云："仆少从进士举于有司，学为诗赋以备程式，凡三举而得第。"[③]

其二，变体破体论。《癸辛杂识》"太学文变"条云："南渡以来，太学文体之变，乾、淳之文，师淳厚，时人谓之'乾淳体'，人材淳古，亦如其文。至端平江万里习《易》，自成一家，文体几于中复。淳祐甲辰，徐霖以书学魁南省，全尚性理，时竞趋之，即可以钓致科第功名。自此非《四书》、《东西铭》、《太极图》、《通书》、语录不复道矣。至咸淳之末，江东李谨思、熊瑞诸人倡为变体，奇诡浮艳，精神焕发，多用庄、列之语，时人谓之换字文章，对策中有'光景不露'、'大雅不浇'等语，以至于亡，可谓文妖矣。"[④] 所谓"太学文体之变""倡为变体"云云，可以看出周密对一定时期文学变化中的文体之变也即破体变体的全面认识。"押韵语录"条："刘后村尝为吴恕斋作文集序云：'近世贵理学而贱诗赋，间有篇咏，率是语录、讲义之押韵者耳。'"[⑤] 对于理学家之诗赋不符合文体规范的变体特征极尽嘲贬之能事，虽为引用刘克庄之言，但明显看出他的赞同欣赏。对此，毛晋《癸辛杂识后集跋》总结的最为准确和切中要害："宋末文体之变，三学之横，被此老痛言之，真堪医俗。"[⑥] 此外，《齐东野语》"作文自出机杼难"条："曾子固熙宁间守济州，作北渚亭，盖取杜陵《宴历下亭》

---

① 参见跃进《〈独断〉与秦汉文体研究》，《文学遗产》2002 年第 5 期；任竞泽《王应麟的文体学思想》，《济南大学学报》2011 年第 1 期。

② 赵璘：《因话录》卷 3，文渊阁四库全书本。

③ 欧阳修：《文忠集》卷 47，文渊阁四库全书本。

④ 周密著、吴企明点校：《癸辛杂识》，中华书局 1988 年版，第 65 页。

⑤ 周密著、吴企明点校：《癸辛杂识》，中华书局 1988 年版，第 207 页。

⑥ 周密著、吴企明点校：《癸辛杂识》，中华书局 1988 年版，第 319 页。

诗：‘东藩驻皂盖，北渚陵清河’之句。至元佑间，晁无咎补之继来为守，则亭已颓毁久矣。补之因重作亭，且为之记。记成，疑其步骤开阖类子固《拟岘台记》，于是易而为赋，且自序云：‘或请为记，答曰：“赋，可也。”’盖寓述作之初意云。然所序晋、齐攻战，三周华不注之事，虽极雄赡，而或者乃谓与坡翁赤壁所赋孟德、周郎之事略同，补之岂蹈袭者哉！大抵作文欲自出机杼者极难，而古赋为尤难。惟陈言之务去，戛戛乎其难哉！虽昌黎亦以为然也。”① 在文学的继承与创新问题上，看出文体模拟因袭和文体创新破体之间的关系，尤其是破体变体之难。

其三，“文如其人”的文体学特征。周密对于文学风格之“文如其人”这一命题的看法，在著作中共三次提及，其中文献都涉及相关“文体”，可以从中简明看出这一命题的文体学意义。《癸辛杂识》“太学之变”条云：“南渡以来，太学文体之变，乾淳之文，师淳厚，时人谓之‘乾淳体’，人才淳古，亦如其文。”②《齐东野语》“降仙”条云：“余外家诸舅，喜为此戏，往往所降多名士，诗亦粗可读，至于书体文势，亦各近似其人。”③《癸辛杂识》“荔枝梅花赋”条云：“唐舒元舆《牡丹赋序》云：吾子独不见张荆州之为人乎？斯人信丈夫。然吾观其文集之首有《荔枝赋》焉。荔枝信美矣，然而不出一果，所与牡丹何异？但问其所赋之旨何哉。皮日休《桃花赋》序云：余尝慕采广平之为相，贞姿劲质，刚态毅状，疑其铁肠与石心，不解吐婉媚之辞。然睹其文而有《梅花赋》，清便富艳，得南朝徐庾体，殊不类其为人。二序意同。”④ 所谓“太学文体之变、乾淳体、亦如其文”“至于书体文势，亦各近似其人”“得南朝徐庾体，殊不类其为人”云云，都是把“文体”与“文如其人”紧密结合起来相提并论。关于“文如其人”的文体学理论特征，可以参看吴承学先生的《体与性》和《人品与文品》两文。⑤

细玩以上三则文意，觉周密于“文如其人”“人如其文”及“文不类其

① 周密著、张茂鹏点校：《齐东野语》，中华书局 1983 年版，第 76 页。

② 周密著、吴企明点校：《癸辛杂识》，中华书局 1988 年版，第 65 页。

③ 周密著、张茂鹏点校：《齐东野语》，中华书局 1983 年版，第 299 页。

④ 周密著、吴企明点校：《癸辛杂识》，中华书局 1988 年版，第 72 页。

⑤ 参见吴承学《中国古代文体学研究》，人民出版社 2011 年版。关于《体与性》一文，见第 162—176 页。《人品与文品》一文，见 177—197 页。

为人”诸方面均持赞同态度。这似乎矛盾，实则见周密的辩证通达。这与钱钟书《谈艺录》中观点也不谋而合。钱钟书指出：

> “心声心画”，本为成事之说，实先见之明。然所言之物，可以饰伪：巨奸为忧国语，热中人作冰雪文，是也。其言之格调，则往往流露本相；狷急人之作风，不能尽变为澄淡，豪迈人之笔性，不能尽变为谨严。文如其人，在此不在彼也。[①]

二者都看到了“生活中既有言行一致，文如其人的现象，也有言不符行，文不符人的情况”[②]。对于“文如其人”与“文不如其为人”这两命题的源流嬗变及方方面面，蒋寅先生在其《文如其人？——诗歌作者和文本的相关性问题》一文中论述详赅[③]，可以参看。

论及风格的不同与多样化，周密往往称“菖蒲土炭嗜不同”[④]，“土炭各有嗜”[⑤]。而《齐东野语》中“性所不喜”条所论尤为精彩。上云：“人各有好恶，于书亦然。前辈如杜子美不喜陶诗，欧阳公不喜杜诗，苏明允不喜扬子，坡翁不喜史记。王充作刺孟，冯休著删孟，司马公作疑孟，李泰伯作非孟，晁以道作诋孟，黄次伋作评孟，若酸咸嗜好，亦各有所喜。非若今人之胸中无真识，随时好恶，逐人步趋而然者。且以孟、扬、马迁、陶、杜异世，遇诸名公，尚有所不合。今乃欲以区区之文，以求识赏于当世不具面目之人，难矣哉！后世子云之论，真名言也。”[⑥] 这篇文字有两层意思。其一，由于作家的创作个性及其他影响风格形成的因素的不同，每个人都有自己独特的风格特点并因此喜爱或厌弃某类风格的作品或作家，即“酸咸嗜好，亦各有所喜。”其二，风格多样，嗜好不同，即便名公大家也在所难免。关键是鉴赏批评作品要有“真识”，要“具耳目”，方能准确公正而避免落入“人云亦云”“逐人步趋”的弊端。

---

① 钱钟书：《谈艺录》，中华书局1984年版，第163页。
② 童庆炳：《文学理论教程》，高等教育出版社1992年版，第247页。
③ 蒋寅：《古典诗学的现代诠释》，中华书局2003年版，第181页。
④ 周密：《草窗韵语》，傅璇琮等主编《全宋诗》第67册，北京大学出版社1998年版，第530页。
⑤ 周密：《草窗韵语》，傅璇琮等主编《全宋诗》第67册，北京大学出版社1998年版，第556页。
⑥ 周密著、张茂鹏点校：《齐东野语》，中华书局1983年版，第303页。

上述“酸咸嗜好”主要是说风格相同，故有所嗜，或风格不同，故有所恶。以下观点则正相反，是风格不同，故有所嗜。《浩然斋雅谈》云：“水心翁以扶云汉分天章之才，未尝轻可一世。乃于‘四灵’若自以为不及者，何耶？此即昌黎之于东野，六一之于宛陵也。惟其富赡雄伟，欲为清空而不可得，一旦见之，若厌膏粱而甘藜藿，故不觉有契于心耳。昔吴中有老糜丈，多学博记，每见吴仲孚小诗辄惊羡云：老夫才落笔，即为尧舜周孔汉高祖唐太宗追逐不置，君何为能脱洒如此哉？即水心取四灵之意也。”① 这段文字亦有两层意思。其一，每一个人“材能有偏，鲜能备善”（曹丕《典论·论文》）②，因此，一个作家往往只擅长某种风格，而对与此相对立的风格难以驾驭，即“惟其富赡雄伟，欲为清空而不得”。其二，风格对立，也因此互补。故而两个写作风格迥然相异的作家会互相欣赏而“有契于心”，也即“若厌膏粱而甘藜藿”是也。

与此相关的就是文体论中的兼善偏长、文备众体、长于某体理论。如《癸辛杂识》“笔墨”条：“先君子善书，体兼虞、柳。”③《齐东野语》“潘庭坚王实之”条：“庭坚才高气劲，读书五行俱下，终身不忘。作文未尝视草，尤长于古乐府。”④“诗用事”条：“时吴中孚客吴，能诗，善绝句，糜极称之，以为不可及。”⑤“贾岛佛”条：“五代孙晟初名凤，又名忌，好学，尤长于诗。”⑥“子固类元章”条：“修雅博识，善笔札，工诗文，酷嗜法书。”⑦《浩然斋雅谈》：“翁元龙字时可，号处静，与吴君特为亲伯仲，作词各有所长。……真《花间》语也。”⑧

其四，论文体源流。如《癸辛杂识》“简椠”条：“简椠古无有也，陆务观谓始于王荆公，其后盛行。淳熙末，始用竹纸，高数寸，阔尺余者，简版几废。自丞相史弥远当国，台谏皆其私人，每有所劾荐，必先呈副，封以越簿纸书，用简版缴达。合则缄还，否则别以纸言某人有雅故，朝廷正赖其

---

① 周密：《浩然斋雅谈》，文渊阁四库全书，上海古籍出版社 1987 年版，第 1481 册，第 821 页。
② 郭绍虞、王文生：《中国历代文论选》第 1 册，上海古籍出版社 2001 年版，第 158 页。
③ 周密著、吴企明点校：《癸辛杂识》，中华书局 1988 年版，第 45 页。
④ 周密著、张茂鹏点校：《齐东野语》，中华书局 1983 年版，第 70 页。
⑤ 周密著、张茂鹏点校：《齐东野语》，中华书局 1983 年版，第 105 页。
⑥ 周密著、张茂鹏点校：《齐东野语》，中华书局 1983 年版，第 293 页。
⑦ 周密著、张茂鹏点校：《齐东野语》，中华书局 1983 年版，第 357 页。
⑧ 施蛰存、陈如江辑录：《宋元词话》，上海书店出版社 1999 年版，第 581 页。

用，于是旋易之以应课，习以为常。端平之初，犹循故态。陈和仲因对首言之，有云：‘稿会稽之竹，囊括苍之简。’正谓此也。又其后括苍为轩样纸，小而多，其层数至十余叠者。凡所言要切则用之，贵其卷还，以泯其迹。然既入贵人达官家，则竟留不遣，或别以他椠答之。往者御批至政府从官皆用蠲纸，自理宗朝亦用黄封简版，或以象牙为之，而近臣密奏亦或用之，谓之御椠，盖亦古所无也。”① 认为简椠之文体源于王安石，对其形制功用及其发展演变描述颇为详尽。再如“碑盖”条：“赵松雪云：北方多唐以前古冢。所谓墓志者，皆在墓中，正方而上有盖，盖丰下杀上，上书某朝某官某人墓志，此所谓书盖者。盖底两间，用铁局局之。后人立碑于墓道，其上篆额止谓之额，后讹为盖，非也。今世岁月志，乃其家子孙为之，非所谓墓碑也，古者初无岁月志之石。”② 对墓志形制规范及其与墓碑的不同都进行了具体辨析。再如《齐东野语》“表答用先世语”条：“范文正公《岳阳楼记》有云：‘先天下之忧而忧，后天下之乐而乐。’其后东坡行忠宣公辞免批答，径用此语云：‘吾闻之乃烈考曰：“君子先天下之忧而忧，后天下之乐而乐。”虽圣人复起，不易斯言。卿将书之绅，铭之盘盂，以为一言而可以终身行之者欤！则今兹爰立之命，乃所以委重投艰而已，又何辞乎？’其后忠宣上遗表，亦用之云：‘盖尝先天下之忧，期不负圣人之学。此先臣所以教子，而微臣所以事君。’此又述批答之意，亦前所未见也。”③ 对表答文体的语词沿承加以说明。“诗用史论”条：“此类甚多，不暇枚举。岂所谓脱胎者耶！”④ 对诗与史的文体间的互文交融关系用丰富的事例进行说明。“隐语”条：“古之所谓廋词，即今之隐语，而俗所谓谜。《玉篇》谜字释云，隐也。人皆知其始于黄绢幼妇，而不知自汉伍举、曼倩时已有之矣。至鲍照集，则有井字谜。自此杂说所载，间有可喜。今择其佳者著数篇于此，以资酒边雅谈云。用字谜云：‘一月复一月，两月共半边。上有可耕之田，下有长流之川。六口共一室，两口不团圆。’又云：‘重山复重山，重山向下悬。明月复明月，明月两相连。’”⑤ 文章虽短，但对隐语这一文体的名称

① 周密著、吴企明点校：《癸辛杂识》，中华书局 1988 年版，第 36 页。
② 周密著、吴企明点校：《癸辛杂识》，中华书局 1988 年版，第 160 页。
③ 周密著、张茂鹏点校：《齐东野语》，中华书局 1983 年版，第 6 页。
④ 周密著、张茂鹏点校：《齐东野语》，中华书局 1983 年版，第 8 页。
⑤ 周密著、张茂鹏点校：《齐东野语》，中华书局 1983 年版，第 378 页。

含义、源流演变及其经典名作进行了全面介绍，而且很明显看出是运用了刘勰“原始以表末，释名以彰义，选文以定篇，敷理以举统”的文体论研究方法。

第二节　文学本体论

一，文辞乃枝叶，界限在义利：文道观。周密对文学本质的认识，突出反映在他的《藏书示儿》一诗中，择其要者抄录于下，并结合它书中的相关论述进行阐释：

“少年诵诗书，颇有稽古志。”“步趋古圣贤，千载俨如对。”

“维持识纲常，讨访极根柢。”“精微究七略，猎涉到百类。”

“近求事物间，远探天人际。”“源委本六经，上下猎众智。”

“初非事进取，盖亦志平治。庶几致吾君，不负学古意。”

“孰云道甚远，不息行可至。学问之所尊，尊在道与义。

苟为不能然，虽多亦奚谓。道之充诸身，如人有元气。

气以实而刚，气以弱而踬。浩然在存养，不可以力致。

文辞乃枝叶，界限在义利。油然悟真筌，于此得良贵。

立言吾岂敢，识字亦未易。我家有书种，谨守毋或坠。”①

① 周密：《草窗韵语》，以上引自傅璇琮等主编《全宋诗》第67册，北京大学出版社1998年版，第42556页。

在这首诗中，主要包含了以下几层内容：（1）文与道的关系；（2）原道、征圣、宗经说；（3）文气说；（4）传统的诗言志观念。下面依次分析。

周密对文与道的看法，既与传统儒家思想有很深的渊源，又受宋代理学尤其是朱熹哲学思想的极大影响。“学问之所尊，尊在道与义。苟为不能然，虽多亦奚谓。”显然，周密认为，道是内容，而文（即学问）只是用来体现道的工具，是形式。如果文不能用来体现道，那么知识再渊博，文章写得再华美也是没有用的。可以看出，这首诗中，周密所谓“道”的意义主要是指孔孟之道，也即儒家提倡的伦理道德修养。

当然，周密重“道”，并不意味着他轻“文”。他认为“文辞乃枝叶，界限在义利”。这种观点是与黄庭坚、朱熹的文学思想一脉相承的。黄庭坚在《次韵杨明叔序》中说：“文章者，道之器也；言者，行之枝叶也。”[①] 朱熹也云：“道者，文之根本；文者，道之枝叶。惟其根本乎道，所以发之为文，皆道也。三代圣贤文章，皆从此心写出。文便是道。”[②] 在他们看来，文便是道，道便是文，二者是不可分的。既要枝繁叶茂（文，形式），又要干挺根深（道，内容），也就是“词理俱足”，方为其本意。这正如周密在《浩然斋雅谈》中所载：

> 张建自号兰泉，其论诗云：作诗不论长篇短韵，须要词理俱足，不欠不余，如荷上洒水，散为露珠，大者如豆，小者如粟，细者如尘，一一看之，无不圆成，始为尽善！[③]

我们是为了说明周密之“文道并重”而引述上文的。其实，张建所云“词理俱足”中的“理”的含义已不单指儒家伦理道德了，更多的含有写作规律的意思。

本着文道并重，文质彬彬的原则，周密同刘克庄一样，深深不满于宋代一些理学家主理抑情，重道轻文的文学观。如《癸辛杂识》载：“刘后村尝为吴恕斋作文集序云：近世贵理学而贱诗赋，间有篇咏，率是语录、讲义之

---

① 黄庭坚：《山谷集》卷6，文渊阁四库全书本。

② 朱熹著、黎德靖编：《朱子语类》卷139，中华书局1986年版，第3319页。

③ 周密：《浩然斋雅谈》，文渊阁四库全书，上海古籍出版社1987年版，第1481册，第825页。

押韵耳。”[①]《浩然斋雅谈》云：“宋文治虽盛，然诸老率崇性理，卑艺文。朱氏主程而抑苏，吕氏文鉴去取多朱意，故文字多遗落者，极可惜。水心叶氏云：洛学兴而文字坏，至哉言乎！”[②]

关于“道”的具体内容，周密没有局限于《藏书示儿》一诗中儒家伦理道德范围之内的，它还包蕴着丰富的政治现实生活内涵，认为“学问须观其效”，要“施之政事”才行，注意到了文学的社会作用。我们知道，韩愈倡“文以载道”，其中道还多指儒家伦理道德修养，柳宗元的“文以明道”已经把“道”与政治革新密切联系起来，到欧阳修提出“道胜者文不难自至”及刘克庄等，则“道”的现实生活内蕴愈见丰厚。南宋中晚期以来，奸臣当道，士大夫、道学家之流空谈性理之学，不顾政治形势紧迫，国家危在旦夕。而周密自幼博览群书，“于古今得失治乱之故，必审其是”[③]。加之身丁亡国破家之痛，故而对宋季道学家空谈误国有着十分清醒而深刻的认识，并屡屡在其野史笔记中有所表露和讥刺。如《癸辛杂识》载：“刘克庄云：‘自义理之学兴，士大夫研深寻微之功不愧先儒，然施之政事，其合者寡矣。夫理精事粗，能其精者，顾不能粗者，何与？是殆以雅流自居，而不屑俗事耳。’此语大中今世士大夫之病。”[④] 又如：“周平原云：学问须观其效。……不知诸公乃就实行中做也。又言圣如孔子，必以言与行相配言之，故虽孔门高弟，尚有听言观行之说。今诸公却言自有真知，具此知者，所行自然无失。恐无此理。今之学者，但是议论中理会太深切，不加意于实行，只如人学安定先生，有何差错？若学伊川，喻子才，仲弥性之徒，岂不误事？张南轩亦为人误耳。”[⑤]

可见，周密称“学问之所尊，尊在道与义”，又主张“学问须观其效”，说明其对“道”的理解，已非儒家伦理道德修养之义所能牢笼，更有现实社会内容来充实深化。说到周密关注现实的精神，不能不先提到他的“诗言志”与“诗可以怨”的文学思想。他在《藏书示儿》一诗中称其读书“初非事进取，盖亦志平治”及“庶几致吾君，不负学古意”的远大志向，

① 周密著、吴企明点校：《癸辛杂识》，中华书局1988年版，第207页。
② 周密：《浩然斋雅谈》，文渊阁四库全书，上海古籍出版社1987年版，第1481册，第825页。
③ 朱存理：《珊瑚木难》，适园丛书本，第14页。
④ 周密著、吴企明点校：《癸辛杂识》，中华书局1988年版，第95页。
⑤ 周密著、吴企明点校：《癸辛杂识》，中华书局1988年版，第282页。

反映了他继承“诗言志”（此志指政教抱负）的儒家传统，并以杜甫“致君尧舜上，再使风俗淳”的政治理想为楷模。周密读书“于古今得失治乱之故，必审其是”，因此他认为音乐与治乱关系重大。在《癸辛杂识》“答乐谐和”条云：“以此推之，则乐之关乎治乱为不诬矣。”① 也因此，他深谙孔子“诗可以怨”的理论主张。如《齐东野语》“薰风联句”条云：“唐文宗诗曰：……或者惜其不能因诗以讽，虽坡翁亦以为有美而无箴。……余谓柳句正所以讽也。盖薰风之来……此与‘宋玉对楚王曰：此谓大王之风耳，庶人安得共之者’同意。”② 周密认为诗歌要怨刺现实的文学思想是其文学创作在理论上的反映。他诗作中描写人民疾苦、流亡动乱的很多。如：“水后人家少，时荒客路艰。”（《三衢道中》）③ “田家终岁苦，一饱无所许。细诵七月诗，仁意森莫御。年登而民贫，未谂何以故。”（《怀新》）④ 如此等等。而词体中描写故国之思的篇章更是比比皆是。如“叹俊游零落，满襟依黯。露草霜花，愁正在、废宫芜苑。”（《三姝媚·送圣与还越》）“一片古今愁，但废绿、平烟空远。无语消魂，对斜阳、衰草泪满。又西泠残笛，低送数声春怨。”（《献仙音·吊雪香亭梅》）而《一萼红·登蓬莱阁有感》在对故国凭吊中，满腹凄然。总之，无论创作还是理论，正如《四库全书》中邓牧《伯牙琴》提要所云：“密放浪山水，著《癸辛杂识》诸书，每述宋亡之由，多追咎韩贾，有‘黍离诗人，彼何人哉’之感。”⑤ 深刻揭示了周密“明道经世”与“诗可以怨”的文学思想。

“道”之于周密，除了上述儒家伦理道德修养和社会政治现实两方面含义之外，还有社会自然事物发展变化规律的意蕴。这与其思想中的老庄哲学思想有关。在具体论述中则用“人情、物理、文理、义理、道”等概念来表示。兹举两例，以略见一斑。《癸辛杂识》云：

> ……道士（杨大均）善医，能默诵素问、本草、千金方，其间药名分量皆不遗一字。因问此有何义理而可记乎？大均曰：苟通其义，其

① 周密著、吴企明点校：《癸辛杂识》，中华书局1988年版，第132页。
② 周密著、张茂鹏点校：《齐东野语》，中华书局1983年版，第328页。
③ 周密：《草窗韵语》，傅璇琮等主编《全宋诗》第67册，北京大学出版社1998年版，第514页。
④ 周密：《草窗韵语》，傅璇琮等主编《全宋诗》第67册，北京大学出版社1998年版，第537页。
⑤ 邓牧：《伯牙琴》，文渊阁四库全书，上海古籍版社1987年版，第1189册，第501页。

> 文理有甚于章句偶俪，一见何可忘也。余向登紫霞翁门，翁妙于音律，时有画鱼周大夫者善歌，每令写谱参订，虽一字之误，翁必随证其非。余尝扣之，云：五凡工尺，有何义理？而能暗通默记如此，既未按管色，又安知其误耶？翁叹曰："君特未深究此事耳！其间义理之妙，又有甚于文章，不然安能强记之乎？"其说正与前合。盖天下之事，虽承蜩履稀之微，亦各有道也。①

《浩然斋雅谈》载："白傅诗云：曾家机上闻投杼，尹氏园中见掇蜂。但以恩情生罅隙，何人不解作江充？小坡《思子台赋》云：彼杨公之爱修兮，岂减吾之苍舒？皆深中人情。"②

其他如谈"物理之妙""盗亦有道"等所在皆是，兹不赘举。都是说明社会自然事物有规律可寻。而"其文理有甚于章句偶俪"和"其间义理之妙，又有甚于文章"云云，则其潜在的含义便是文章的写作亦有规律可寻。这在上文已经引述的《浩然斋雅谈》中说得更形象清晰，即"作诗不论长篇短韵，须要词理俱足，不欠不余，如荷上洒水，散为露珠，大者如豆，小者如粟，细者如尘，一一看之，无不圆成，始为尽善！"正说明了"圆成尽善"的诗文，必然是真切自然，形象传神地体现了所描写事物的特征和规律的。联系草窗《癸辛杂识》"石庭苔梅"条所云"盖天地之气亦随时而赋形，尤可异也"，可见其受苏轼《文说》之"随物赋形"观点的影响。尽管这主要是一种形象塑造的创作原则，但把它看作是"文体现道"的一种情形也未尝不可。

如果说上面所述周密对文与道的关系可用刘勰"原道"篇来概括的话，那么，周密也相应地继承了刘勰的"征圣""宗经"思想。如上所言，"既然文是体现道的，而圣人之文又是阐明道的最集中最典型的代表，'六经'又是圣人之文的经典，因此，人文的写作自然必须效法圣人，以六经为模式"③。这样一来，在如何使文道合一、文质彬彬的问题上，周密不但强调"征圣"——"步趋古圣贤"，"宗经"——"源委本六经"，而且学习的范围更广博，即"猎涉到百类。近求事物间，远探天人际。上下猎众智"。而

---

① 周密著、吴企明点校：《癸辛杂识》，中华书局1988年版，第89页。

② 周密：《浩然斋雅谈》，文渊阁四库全书，上海古籍出版社1987年版，第1481册，第828页。

③ 张少康：《中国文学理论批评发展史》，北京大学出版社1995年版，第228页。

周密对学问渊博的重视，也从侧面反映了他对文道关系中文的重视，因为他认为学问是为文的基础。

从如何培养一个人的道德修养，使其“道”浩然丰沛出发，周密提出了他的“文气”理论。在《藏书示儿》诗中，他这样描述“道”与“气”的关系：“学问之所尊，尊在道与义。道之充诸身，如人有元气。气以实而刚，气以弱而蹶。浩然在存养，不可以力致。”如果把他的“文气”理论与孟子的“知言养气”说作一比较，其渊源所自，便可一目了然。孟子《公孙丑》上篇云：

“敢问夫子恶乎长？”曰：“我知言，我善养吾浩然之气。”“敢问何谓浩然之气？”曰：“难言也。其为气也，至大至刚，以直养而无害，则塞于天地之间。其为气也，配义与道；无是，馁也。是集义所生者，非义袭而取之也。行有不慊于心，则馁矣。”①

不难看出，二者之论养气，论道与义，论气之刚柔，简直如出一辙。这也表现在他对苏轼“昌气”观点的赞同上。《浩然斋雅谈》载：“坡翁尝举此问王定国云：当昌其身耶？昌其诗也？王来诗不契所问，乃作诗答之曰：昌身如饱腹，饱尽还复饥；昌诗如膏面，为人作容姿。不如昌其气，郁郁老不衰；虽云老不衰，动坏安所之！不如昌其志，志一气自随；养之塞天地，孟轲不吾欺！”②

无论是孟子、苏轼，还是周密，他们都认为这种正义凛然的“浩然之气”是可以后天通过修养而达到的。这样，我们就有必要对周密“浩然在存养，不可以力致”这两句看似矛盾的诗进行分析。“浩然在存养”是承自孟子，认为这种气可以后天修养获得。而“不可以力致”却典出曹丕的“文气论”。曹丕在其《典论论文》中云：“文以气为主，气之清浊有体，不可力强而致。”③ 曹丕所说的“气”是先天的，故“不可力强而致”，也即不能通过后天存养的功夫来达到。那么，是不是周密想融合孟子与曹丕的

① 孟子著、焦循疏：《孟子正义》，《诸子集成》第1册，上海书店1986年版，第117页。
② 周密：《浩然斋雅谈》，文渊阁四库全书，上海古籍出版社1987年版，第1481册，第830页。
③ 郭绍虞、王文生：《中国历代文论选》，上海古籍出版社2001年版，第158页。

“文气”论而出现了这种似乎矛盾且令人费解的情况呢？笔者不以为然。原因有二，其一，曹丕论气，是与文章的风格相提并论的。而周密论气一直与道相关，故与孟子同。其二，周密在同一首诗中还说到“孰云道甚远，不息行可至”，这与其“浩然在存养”是一个道理，都强调了“道”与“气”之获得的渐变过程。因此，我们说周密只是借用了曹丕“不可力强而致”的表面字意，是说这种“道”与“气”不是靠一时勇力而瞬间得到的，是为了说明“存养”的重要。周密的各体创作中并没有理论中那种至大至刚的气魄，但宋亡后昂扬不仕，则真正是大气磅礴，“足以增亡国之光”。

二，著书销忧：发愤著书说。周密对文学本质的认识，如同他思想的复杂性一样，也呈现出某种多元化的丰富性。这是说，除了上节所论的“言志”“明道”思想外，他对文学的抒情特点，也体悟深透。本来，“言志”和“抒情”并无太大的分别，“志”中便含有情的因素。只不过传统“言志”主要是表达政治抱负，是外倾的；而“抒情”则主要是抒泄内心情思，是内省的。而我们上节提到周密的“诗言志”思想时，其故国之思便“情志”交融，难分彼此了。草窗论诗，每每言“寓意”“寄托”，主张“兴寄沧浪”，抒写性灵。如：

> 写怀固有作，寄似鲍参军。——《秋日书怀寄仪父》①
>
> 七诗九言酒，宁抱冻饿死。是岂真醉邪？寓意聊尔耳！……请诵小阮诗，庶识醉翁意。——《题族伯自醉翁吟稿》②
>
> 兴寄沧浪外，机忘欸乃边。——《有以渔舟唱晚作图命题》③

正是深深领会了屈原、阮籍、鲍照等愁思愤懑难以排遣后而发的情至之论。不但诗文，论词更独标“寄怀”“赋情”以示意。草窗作词，往往是放浪山水、游览临赏之际，为外物触发，慨然怀思，既而欣然命笔，“以寄余怀”。

① 周密：《草窗韵语》，傅璇琮等主编《全宋诗》第67册，北京大学出版社1998年版，第562页。
② 周密：《草窗韵语》，傅璇琮等主编《全宋诗》第67册，北京大学出版社1998年版，第506页。
③ 周密：《草窗韵语》，傅璇琮等主编《全宋诗》第67册，北京大学出版社1998年版，第508页。

这种情形在他的许多词小序中都有记载。摘录几首如下：

> 翁往矣，赏音寂然，始述其概，以寄余怀云。——《木兰花慢·小序》①

> 长安独客，观西风，素月丹枫，凄然其为秋也，因调夹钟羽一解。——《玉京秋·小序》②

> 乙丑岁晚，同盟载酒，为水月游。商令初肃，霜风戒寒，抚人事之飘零，感岁华之摇落，不能不以之兴怀也。酒阑日暮，怃然成章。——《秋霁·小序》③

> 后十年过之，则径草池萍，怃然葵麦之感，一时交从，水逝云飞，无人识令威矣！徘徊水竹间，怅然久之，因谱白石自制调，以寄前度刘郎之怀云。——《长亭怨慢·小序》④

如此不胜枚举。其优美凄清，真堪与姜白石比肩。尽管“词以抒情”乃不争的事实，但用大量小序把写作的感物发兴、抒情写意过程记录下来，无疑具有了某种理论的味道。周密这种“情动于中而形于言”的文艺见解，更集中地体现在对韩愈的言论记载中。《志雅堂杂钞》载：“韩退之送《高闲上人序》云：张旭善草书，不治他伎，喜怒窘穷忧悲愉佚怨恨思慕酣醉无聊不平，有动于心，必以草书发之。”⑤ 周密认同韩愈“无聊不平、有动于心”的文学思想，反映了他对传统“缘情”观的继承。若将上述例子与下面撮录历代相关的理论作一对照，周密“抒情”观的渊源所自便可一目了然：

① 周密著、邓乔彬校点：《蘋洲渔笛谱》，上海古籍出版社 1985 年版，第 1 页。
② 周密著、邓乔彬校点：《蘋洲渔笛谱》，上海古籍出版社 1985 年版，第 68 页。
③ 周密著、邓乔彬校点：《蘋洲渔笛谱》，上海古籍出版社 1985 年版，第 26 页。
④ 周密著、邓乔彬校点：《蘋洲渔笛谱》，上海古籍出版社 1985 年版，第 36 页。
⑤ 周密：《志雅堂杂钞》，《笔记小说大观》第 8 册，江苏广陵古籍刻印社 1984 年版，第 234 页。

乐者，乐也。人情之所必不免也。——荀子《乐论》[①]

诗者，志之所之也。在心为志，发言为诗，情动于中而形于言。——《毛诗大序》[②]

诗缘情而绮靡。——陆机《文赋》[③]

气之动物，物之感人，故摇荡性情，形诸舞咏。——钟嵘《诗品序》[④]

言在耳目之内，情寄八荒之表。——钟嵘《诗品》[⑤]

观齐梁间诗，彩丽竞繁，而兴寄都绝。——陈子昂《修竹篇序》[⑥]

宋亡以后，周密“乃与文士弄笔墨于枯槎断崖之间，骚客苦吟于衰草斜阳之外”[⑦]，诗作成《弁阳集》和《蜡屐集》，惜佚而不传。但从马廷鸾，邓牧为其所作诗集序跋中，可以想见周密如何用自己的创作来实践他“诗发乎性情”及寓意兴寄的主张。马廷鸾《题周公谨蜡屐集后》云：

以余观公谨，非能为诗，不能不为诗也！悠然而长，黯然而幽。有圆转流丽之新声，无惨淡经营之苦思，谓之寓者，非耶？虽然，公谨一出门，则遥集纷纷矣！独无感乎？感则悲，悲则吟，岂独有取于蜡屐之区区乎？故曰：公谨非能为诗，而不能不为诗者也！[⑧]

---

① 荀子著、王先谦集解：《荀子集解》，《诸子集成》第2册，上海书店出版社1986年版，第252页。
② 郑玄笺、孔颖达正义：《毛诗正义》，《十三经注疏》，上海古籍出版社1997年版，第261页。
③ 郭绍虞、王文生：《中国历代文论选》第1册，上海古籍出版社2001年版，第171页。
④ 钟嵘：《诗品》，何文焕编《历代诗话》，中华书局1981年版，第2页。
⑤ 钟嵘：《诗品》，何文焕编《历代诗话》，中华书局1981年版，第5页。
⑥ 郭绍虞、王文生：《中国历代文论选》第2册，上海古籍出版社2001年版，第55页。
⑦ 马廷鸾：《碧梧玩芳集》，文渊阁四库全书，上海古籍出版社1987年版，第1187册，第107页。
⑧ 马廷鸾：《碧梧玩芳集》，文渊阁四库全书，上海古籍出版社1987年版，第1187册，第106页。

邓牧《蜡屐集序》云：

> 诗发乎情性，与蜡屐不类。周公谨以名其集，岂以阮孚所以忘足者，而忘心于诗？物无美恶，溺于所爱皆不得为情性之正，安得与诗同日语？①

马廷鸾和邓牧皆为周密挚交，二人之“非能为诗，而不能不为诗者也”与“诗发乎情性”云云，真可谓知公谨者——知其人，故知其诗！二人所论为周密的创作，故完全可以说，“非能为诗，而不能不为诗”与“诗发乎性情”是周密创作中反映出来的理论，若与前面的理论相印证，恰好吻合。也可以说周密之理论来于创作，反过来又指导其创作。当然，无论创作还是理论，都离不开那个动荡的年代及前人的滋养，且并没有超越前人的地方。

如果说周密的“抒情”观仅仅是重复前人理论，并无新意的话，那么，结合当时的社会思潮、文艺思潮，其“抒情”观于宋季道学家“主理抑情”以及宋诗“以文字为诗，以才学为诗，以议论为诗”的救弊纠偏作用，便不能不让人刮目相看了。这一点，周密直接瓣刘克庄和严羽香泽。《浩然斋雅谈》载：

> 张直夫尝为词叙云：靡丽不失为国风之正，闲雅不失为骚雅之赋，摹拟玉台不失为齐梁之工，则情为性用，未闻为道之累。楼茂叔亦云：裙裾之乐，何待晚悟，笔墨劝淫，咎将谁执？或者假正大之说而掩其不能，其罪我必焉！②

不难发现，所谓“情为性用，未闻为道之累”，与上文所引刘克庄之“近世贵理学而贱诗赋，间有篇咏，率是语录，讲义之押韵耳”及“宋文治虽盛，然诸老率崇性理、卑艺文”有异曲同工之妙，都是洞悉理学家等谈诗作文重义理与抽象思维，而忽略文学以情感和形象思维为极致的宋诗弊端，有感而发。亦如与周密同时而稍早的文学批评家严羽所言：“诗有别材，非关书

① 邓牧：《伯牙琴》，文渊阁四库全书，上海古籍出版社 1987 年版，第 1187 册，第 517 页。
② 周密：《浩然斋雅谈》，文渊阁四库全书，上海古籍出版社 1987 年版，第 1481 册，第 846 页。

也；诗有别趣，非关理也。然非多读书，多穷理，则不能极其致。所谓不涉理路，不落言筌者，上也。诗者，吟咏情性也。"① 二人所见略同，正是对宋代一些诗人、理学家"好谈理而为理缚"及其"宋诗主于议论，故于三百篇远"的呼应反拨，绝非无的放矢。

现在，我们把目光投向周密的"发愤著书"说。其实，"发愤著书"只是"抒情"说的一个侧面。之所以把它拿出来单独阐发，一则周密本人著述及他人为其著作序跋，对此均有精辟的论断，且有其"著作等身"的铁证作理论支撑；二则"发愤著书"说作为文学史或批评史的重要命题，形成了一个特殊的承传脉络，具有清晰的纵向历史轨迹。而周密或围绕周密的"发愤著书"理论是这一传统的接力者，也成为这一传统链条中不可或缺的一环。周密在《志雅堂杂钞》中云："陈本斋、马碧梧、高耻棠、陈圣观自世变后，极意经史，著述甚富。而手抄之书，日以万字，有类日课，盖闲中无以销忧故也。"② 陈本斋、马碧梧等遗民畸士与周密一样，宋亡后抗节不仕、隐遁山林。面对山河陵谷，唯终日怀念故国，以著书销忧。这是草窗看别人，而草窗自己又何尝不是？闵元衡《癸辛杂识跋》云："先生才既高，而不甚显用，发愤著书，世所脍炙……意皆可观，使得一时传布，讵非艺林快事。"③

众所周知，屈原九章《惜诵》中首提"发愤以抒情"。到了西汉，司马迁身遭祸变，在评论屈原及其作品的基础上，结合自身的遭遇，进一步提出了"发愤著书"说。司马迁在《报任少卿书》中说："盖西伯拘而演《周易》；仲尼厄而作《春秋》；屈原放逐，乃赋《离骚》；左丘失明，厥有《国语》；孙子膑脚，《兵法》修列；不韦迁蜀，世传《吕览》；韩非囚秦，《说难》《孤愤》。《诗》三百篇，大抵圣贤发愤之所作也。此人皆意有所郁结，不得通其道，故述往事，思来者。"④ "此人皆意有所郁结，不得通其道"，当主要指一个人郁郁不得志而忧心难遣，悲情鼓荡于胸，遂"发愤著书"以求排解。纵观周密一生，少负奇崛大志，然坎坷不遇，沉郁下僚；"时异

① 严羽：《沧浪诗话》，何文焕编《历代诗话》：中华书局 1981 年版，第 688 页。

② 周密：《志雅堂杂钞》，《笔记小说大观》第 8 册，江苏广陵古籍刻印社 1984 年版，第 233 页。

③ 周密著、吴企明点校：《癸辛杂识》，中华书局 1988 年版，第 318 页。

④ 班固著、颜师古注：《汉书》，中华书局 1962 年版，第 2735 页。

数奇，素抱弗展”①。宋运既殂，觉“伊复之道，其微如芒”②。无奈，“或隐几著书，或狂歌醉墨”③。这不正是“先生才既高，而不甚显用，发愤著书，世所脍炙”的绝好注脚吗？

“继司马迁后，持‘发愤’说者代不乏人，如东汉桓谭所说‘贾谊不左迁失志，则文采不发’；梁刘勰所说‘志思蓄愤，而吟咏情性。’”④ 到了韩愈，在《送孟东野序》中提出了“不平则鸣”。他说：“大凡物不得其平则鸣。有不得已者而后言，其歌也有思，其哭也有怀。乐也者，郁于中而泄于外者也。”⑤ 并在《荆潭唱和诗序》中云：“夫和平之音淡薄，而愁思之声要眇。欢愉之辞难之，而穷苦之言易好也。是故文章之作恒发于羁旅草野，至若王公贵人，气满自得，非性能而好之，则不暇以为。”⑥ 欧阳修则继承并发展了韩愈“不平则鸣”的思想，提出了“穷者而后工”的重要见解，是韩愈“穷苦之言易好”的发挥。他在《梅圣俞诗集序》中说：“予闻世谓诗人少达而多穷，夫岂然哉？盖世所传诗者，多出于古穷人之辞也。凡士之蕴其所有而不得施于世者，多喜自放于山巅水涯。外见虫鱼草木风云鸟兽之状类，往往探其奇怪，内有忧思感情之郁积，其兴于怨刺，以道羁臣寡妇之所叹，而写人情之难言，盖愈穷则愈工。然则非诗之能穷人，殆穷者而后工也。”⑦

韩欧所言“穷”，主要指政治穷达之“穷”，也即“凡士之蕴其所有而不得施于世者”。戴表元《齐东野语》序云：“周子曰：古人有言‘人穷则反本’。若我者，今非穷乎？苟反其本，则当为齐。”⑧ 可见，周密所谓“穷”，也即其“抱崛奇而老忧患”之意⑨。饶有意味的是，韩欧之论“不平则鸣”“穷苦之言易好”“穷者而后工”等观点均在为好友诗集所作的序中，而草窗至交马廷鸾、戴表元为其两部诗集所作的序言中，则基本涵盖了

① 朱存理：《珊瑚木难》卷5，适园丛书本。
② 朱存理：《珊瑚木难》卷5，适园丛书本。
③ 牟𪩘：《陵阳集》卷7，吴兴丛书本。
④ 袁行霈、孟二冬、丁放：《中国诗学通论》，安徽教育出版社1994年版，第78页。
⑤ 郭绍虞、王文生：《中国历代文论选》第2册，上海古籍出版社2001年版，第125页。
⑥ 郭绍虞、王文生：《中国历代文论选》第2册，上海古籍出版社2001年版，第129页。
⑦ 陶秋英编选、虞行校订：《宋金元文论选》，人民文学出版社1984年版，第92页。
⑧ 周密著、张茂鹏点校：《齐东野语》，中华书局1983年版，第1页。
⑨ 牟𪩘：《陵阳集》卷16，吴兴丛书本。

韩欧的相关理论。以下如数录出，以便比较。戴表元《周公谨弁阳诗序》云：

> 人尝言：作诗惟宜老与穷。老也，穷也，事之尝其心多矣，故其诗工。……公谨晚年展转荆棘霜露之间，感慨激发，抑郁悲壮。每一篇出，令人百忧生焉，又乌乌然称其为累臣羁客也。所居弁阳，在吴兴，山水清峭。遇好风佳时，载酒肴，浮扁舟，穷旦夕，赋咏期间……而人方美其诗工，不知于公谨何如哉！虽然，公谨非此愈无以适其心①。

马廷鸾《题周公谨弁阳集后》云：

> 公谨雅思渊才，旧矣。然其韬晖沉馨，又何至也！……公谨为诗，则又不然。读《南郊庆成》诸篇，则欢愉之辞难工者尤工；读《蓬莱怀旧》等作，则穷苦之辞易好者尤好。是又无论正变，皆奇作也②。

又马廷鸾《题周公谨蜡屐集后》云：

> ……以余观公谨，非能为诗，不能不为诗也。悠然而长，黯然而幽，感则悲，悲则吟。故曰：公谨非能为诗，而不能不为诗者也！③

现在我们把戴表元和马廷鸾题周密诗集的序言与上面抄录的韩愈、欧阳修的序言详加对照，细细品味，便会发现他们之间的观点是何其相似！但是，戴、马的观点能算作周密的观点吗？当然可以，一则戴、马正是从周密的创作中提炼总结出颇具理论性的观点，而创作中反映出来的文学思想尤为珍贵；一则戴、马与周密为至交，均身历亡国剧痛。宋亡后抗节不仕，终日群集，谈文论诗，观点尽管有出入，但既然为周密诗集作序，就应该反映周密的文学思想，所以说二人的观点也应当是周密所赞同的。此外，我们不惮其

① 戴表元：《剡源戴先生文集》卷 8，四部丛刊本。
② 马廷鸾：《碧梧玩芳集》，文渊阁四库全书，上海古籍出版社 1987 年版，第 1187 册，第 107 页。
③ 马廷鸾：《碧梧玩芳集》，文渊阁四库全书，上海古籍出版社 1987 年版，第 1187 册，第 106 页。

烦地大段罗列韩欧戴马之序言，主要是为了让我们清晰地比较，然后我们就可以清晰地看出周密对“发愤著书”这一重要的批评史命题的线性继承脉络，即：远绍屈原“发愤抒情”和司马迁“发愤著书”，近源韩愈“不平则鸣”和欧阳修“穷而后工”。这样，我们可以完全肯定周密在这一链条中作为一环的不可或缺了，从而可以理直气壮地为周密在文学史和文学批评史的这一命题中争得一席之地。

与“发愤著书”相关，最后我们再谈谈周密的“立言”论。儒家以“立德立功立言”为“三不朽”。司马迁欲“成一家之言”而“发愤著书”。曹丕在其《典论·论文》中更云：“夫文章经国之大业，不朽之盛事……年寿有时而尽，荣乐止乎其身，二者必至之常期，未若文章之无穷。是以古之作者，寄身于翰墨，见意于篇籍……而声名自传于后。”①

不但“立言”，更为了“立名”。周密在《藏书示儿》一诗中云：“立言吾岂敢，识字亦未易。”其实正是为了“立言”。其《齐东野语》卷二十云：“呜呼！尧章一布衣耳，乃得盛名于天壤间若此，则轩冕钟鼎，真可敝屣矣。”② 则立言与立名并谈，与其诗“自得吟千首，他时定可传。”（《湖边逢陈高父》）③ 殊无二致。知道这些，有助于全面体味周密之“发愤著书”说。

第三节　文学创作构思论

一，遇物发兴，无兴不作：物感灵感说。物感亦称感物，是指文学创作中的心物关系，也就是主客体关系。多与“兴”连带而言，如“感物触兴”“遇物发兴”者皆是。“感物，是指艺术家（主体）对客观现实（客体）的感受，以心感物。感物是艺术创造的门户，它直接影响到艺术家创造性灵感（感兴）的勃发，想象（神思）的展开，构思（虚静）的深化，情感（情理）的渗透，形象（意象情景）的孕育等。”④ 历代于“物感”多有论述。

---

① 郭绍虞、王文生：《中国历代文论选》第1册，上海古籍出版社2001年版，第159页。
② 周密著、张茂鹏点校：《齐东野语》，中华书局1983年版，第212页。
③ 周密：《草窗韵语》，傅璇琮等主编《全宋诗》第67册，北京大学出版社1998年版，第552页。
④ 胡经之：《中国古典文艺学丛编》第1册，北京大学出版社2001年版，第3页。

如："乐者，音之所由生也，其本在人心之感于物也。"①（《礼记·乐记》）"感于哀乐，缘事而发"（班固《汉书·艺文志》）②；"遵四时以叹逝，瞻万物而思纷。"③（陆机《文赋》）"物色之动，心亦摇焉。情以物迁，辞以情发。"（刘勰《文心雕龙·物色》）④ 等等。

周密《秋霁》词小序云："乙丑秋晚，同盟载酒，为水月游。商令初肃，霜风戒寒，抚人事之飘零，感岁华之摇落，不能不以之兴怀也。酒阑日暮，怃然成章。"⑤ 显然，周密"物感"中的"物"，既有自然景物，也指社会人事。其实，更多的时候，二者水乳交融，互相生发，情以物兴，物以情观。周密一生放浪山水，交游广泛，"闲遇胜日好怀，幽人韵士，谈谐吟啸。觞咏流行，酒酣摇膝，浩歌摆落羁绊"⑥。这类感物兴怀，进而填词以寄怀寄意的过程，更多地体现在他的词小序中。再举两例：

> 癸亥春，沿檄荆溪，朱墨日宾送，忽忽不知芳事落鹃声草色间。郡僚间载酒相慰，荐长歌清酹，正尔供愁。——《拜星月慢·序》⑦

> 越一日，寄闲次余前韵，旦未能忘情于落花飞絮间，因寓去燕杨姓事以寄意。——《一枝春·序》⑧

有谁遇到诸如"鹃声草色、落花飞絮、径草池萍"这类容易感发人心的物事而不感慨万端呢？感怀之余，自然作诗赋词以写幽怀了。这便是物感说之触物兴怀的内蕴。从创作的意义上来说，"兴"有两层含义，其一便是上文所说的"兴怀"之"兴"，是感发、触动、引起的意思；另一个含义则是创作中"诗兴横发"的灵感状态。周密作品中对"兴"的灵感特征的描述也颇为精到。《浩然斋雅谈》云：

---

① 郑玄注、孔颖达等正义：《礼记正义》，《十三经注疏》，上海古籍出版社 1997 年版，第 1527 页。
② 班固著、颜师古注：《汉书》，中华书局 1962 年版，第 439 页。
③ 郭绍虞、王文生：《中国历代文论选》第 1 册，上海古籍出版社 2001 年版，第 170 页。
④ 刘勰著、范文澜注：《文心雕龙注》，人民文学出版社 1958 年版，第 693 页。
⑤ 周密著、邓乔彬校点：《萍洲渔笛谱》，上海古籍出版社 1985 年版，第 26 页。
⑥ 朱存理：《珊瑚木难》卷 5，适园丛书本。
⑦ 周密著、邓乔彬校点：《萍洲渔笛谱》，上海古籍出版社 1985 年版，第 34 页。
⑧ 周密著、邓乔彬校点：《萍洲渔笛谱》，上海古籍出版社 1985 年版，第 29 页。

庆元丙辰冬，姜尧章与俞商卿、銛朴翁、张平甫自封禺同载诣梁溪，道吴淞。既归，各得诗词若干解，钞为一卷，命之曰“载雪录”。其自叙云：予自武康与商卿、朴翁同载至南溪，道出苕霅、吴淞，天寒野迥，仰见雁鹜飞下玉鉴中，诗兴横发，嘲咏吟讽，造次出语便工。而朴翁尤敏不可敌，未浃日得七十余解。①

文中透露出这样的信息：灵感的触发获得以及灵感大发时的写作状态。诗人们感于“天寒野迥，仰见雁鹜飞下玉鉴中”的萧瑟生动，不免“诗兴横发”。灵感来临后，其创作无论从质量还是数量上，都进入了最佳状态，即所谓“嘲咏吟讽，造次出语便工”，“未浃日得七十余解”。这在《齐东野语》中亦有载述：“刑部侍郎张公讳维……平居好诗，以吟咏自娱。浮游闾里，上下于溪湖山谷之间，遇物发兴，率然成章，不事雕琢之巧，采绘之华，而雅意自得。”② 都说明了灵感来临时，不用苦思冥想，出语便自然天成，宛若神助。对此，历代论者颇多。如：“情往似赠，兴来如答。”（刘勰《文心雕龙·物色》）③ “兴来如宿构，未始用雕镌。”（邵雍《伊川击壤集》）④ “有时意境神王，佳句纵横，若不可遏，宛如神助。”（皎然《诗式·取镜》）⑤

“诗兴横发”时，固能“嘲吟讽咏，造次出语便工”。那么，“兴”若不来呢？周密对此提出了“无兴不作”的主张。《齐东野语》云：“永和兰亭禊饮集者四十二人，人各赋诗……诗不成而罚觥者十有六人，然其间如王献之辈，皆一世知名之士，岂终日不能措一辞者。黄彻谓古人持重自惜，不轻率尔，恐贻久远之讥，故不如不赋之为愈耳。余则以为不然。盖古人意趣真率，是日适无兴不作，非若后世喋喋然，强聒于杯酒间以为能也。”⑥ “无兴不作”指灵感不来或者说没有灵感时，不可强作。言外之意，强作则有“为文造情”之嫌，便无意趣，不真率，作品也便会有雕琢的痕迹，从而丧

① 周密：《浩然斋雅谈》，文渊阁四库全书，上海古籍出版社1987年版，第1481册，第834页。
② 周密著、张茂鹏点校：《齐东野语》，中华书局1983年版，第279页。
③ 刘勰著、范文澜注：《文心雕龙注》，人民文学出版社1958年版，第693页。
④ 邵雍：《伊川击壤集》卷3，四部丛刊本。
⑤ 皎然：《诗式》，何文焕编《历代诗话》，中华书局1981年版，第31页。
⑥ 周密著、张茂鹏点校：《齐东野语》，中华书局1983年版，第351页。

失自然天成的美感特质。这种观点，前人也多有论述：

每有制作，特寡思功，须其自来，不以力构。——萧子显《自序》①

思若不来，即须放情却宽之，令境生。然后以境照之，思则便来，来即作文。如其境思不来，不可作也。——遍照金刚《文镜秘府论》②

有时忽得惊人句，费尽心机做不成。——戴复古《论诗十绝》③

当然，理论上的高标建的，时常与具体创作脱节。草窗也无疑有这方面的缺憾。游赏宴饮中，无论诗词，他都有大量的次韵分题之作。若说其这类作品即“喋喋然，强聒于杯酒间以为能也”，实不为过。从中也见出批评与创作的难成全美。

二，静通诗境界：虚静意境说。周密的庄禅思想影响到其论艺术构思中“静”的范畴上，也就有了“虚静”（主要道家）与“空静”（主要佛学）混沌不分的意味。这从他“静参齐物意，小大岂其然”④ 与“爱静多辞客，因禅忽悟诗”⑤ 两诗中可以看出。当然，无论道释，其“静”“就文学家、艺术家进行创作构思前应具备的心灵状态来说，有相通和一致的地方。”⑥ 论述中则取“虚静”概念。周密论“静”多与“诗境”并谈。如：

静通诗境界，醉到古乾坤。——《访全独翁吟居》⑦

静极通诗境，机疏远世群。——《秋日书怀寄仪父》⑧

---

① 严可均：《全梁文》卷23，中华书局影印本。

② 遍照金刚撰、卢盛江校考：《文镜秘府论汇校汇考》，中华书局2006年版，第1310页。

③ 戴复古：《石屏诗集》卷6，文渊阁四库全书本。

④ 周密：《草窗韵语》，傅璇琮等主编《全宋诗》第67册，北京大学出版社1998年版，第565页。

⑤ 周密：《草窗韵语》，傅璇琮等主编《全宋诗》第67册，北京大学出版社1998年版，第545页。

⑥ 张少康：《中国文学理论批评发展史》，北京大学出版社1995年版，第19页。

⑦ 周密：《草窗韵语》，傅璇琮等主编《全宋诗》第67册，北京大学出版社1998年版，第540页。

⑧ 周密：《草窗韵语》，傅璇琮等主编《全宋诗》第67册，北京大学出版社1998年版，第562页。

中有曲曲廊，幽眇入诗境。——《愚隐适兴》[1]

也就是说，对于文学家、艺术家主体来说，要想进入作诗的最佳状态，或者说，步入诗歌意境的美妙殿堂，必须要保持并达到“静”的精神与心灵境界。这种“静”，既是客观自然环境的幽眇静谧，更指主体心境的远离世纷，淡泊名利。刘勰说：“陶钧文思，贵在虚静；疏瀹五藏，澡雪精神。”[2]苏轼亦云：“欲令诗语妙，无厌空且静。”[3]都与周密的“吟情偏向静中生”[4]同一机括。

周密所谓“静”，绝非死寂空无，相反，是静中有动。清虚空静中，生意盎然，乐意无限，神思古往今来，情满宇宙天地。也就是苏轼所说的“静故了群动，空故纳万境”。体现在诗中，便是如下表述：

端居阅群动，造物无时闲。——《拟古呈存翁两首》[5]

闲知物情适，静觉生意闹。——《春晴散策》[6]

静中乐意无人见，一片春声在画图。——《题惠崇并禽图》[7]

每于动静间，窥见天地心。——《感秋杂兴十解》[8]

远绝人世间，静阅古今宙。——《和亲老苍玉洞韵》[9]

这里，周密把“静”之于艺术思维巨大而奇妙的作用袒露无遗。首先，唯

① 周密：《草窗韵语》，傅璇琮等主编《全宋诗》第67册，北京大学出版社1998年版，第567页。
② 刘勰著、范文澜注：《文心雕龙注》，人民文学出版社1958年版，第493页。
③ 苏轼：《东坡全集》卷10，文渊阁四库全书本。
④ 周密：《草窗韵语》，傅璇琮等主编《全宋诗》第67册，北京大学出版社1998年版，第567页。
⑤ 周密：《草窗韵语》，傅璇琮等主编《全宋诗》第67册，北京大学出版社1998年版，第508页。
⑥ 周密：《草窗韵语》，傅璇琮等主编《全宋诗》第67册，北京大学出版社1998年版，第515页。
⑦ 周密：《草窗韵语》，傅璇琮等主编《全宋诗》第67册，北京大学出版社1998年版，第520页。
⑧ 周密：《草窗韵语》，傅璇琮等主编《全宋诗》第67册，北京大学出版社1998年版，第544页。
⑨ 周密：《草窗韵语》，傅璇琮等主编《全宋诗》第67册，北京大学出版社1998年版，第551页。

其端居静坐，故能“阅群动”，从而把握宇宙万象的发展变化规律。此外，唯其远绝世尘，独与天地古今往来，方可“澄怀观道”，纳世间奇观异景于脑际胸中，并通过诗人艺术构思时的选择综合，作为创造审美意象的素材。这时，“静参齐物意”，也就是“物化”——主客体融合为一，难分彼此，于是“观心得自如”①，进而可以“自得吟千首”了。

“意境”是中国美学的一个重要范畴。“从历史的角度看，意境说的发展构成了中国美学史的一条重要的线索。”② 从唐代王昌龄、皎然、刘禹锡、司空图下来，到宋元书画及苏轼，历经数代，“意境”说到了清代已蔚为大观，最后王国维“境界”说集其大成而画上了完满的句号。周密论意境往往称“境界”“诗境”，并每与“静”并谈，认为诗人在虚静的状态下方能进入“诗境”，也就是“诗的境界”。但是，在其他地方周密直接谈“诗境”“境界”的时候几乎没有，这对我们理解或定义他的“意境”范畴便有很大难度。周密说“静通诗境界”“静极通诗境”“幽眇入诗境”，更多把“静”作为进入“诗境”的必要条件或手段，当然也不排除他所谓“诗境”“境界”具有幽静的美感特质。但显然周密的“意境”当有极丰富的内蕴，这可以从他评论书画诗文所用的“味、韵、神、趣、得其意态、悟其筌蹄”等等美学范畴上找到答案。随便掇拾几例如下，以见其“诗境”“境界”真义：

> 得其兰亭一卷。后有陆放翁诸公跋，其精神透出纸外。③
>
> 僧元蔼画太宗小本御容……神采英武重厚，真天人也。④
>
> 诗词皆有见趣，信乎非常之才也。⑤

---

① 周密：《草窗韵语》，傅璇琮等主编《全宋诗》第67册，北京大学出版社1998年版，第547页。
② 叶朗：《中国美学史大纲》，上海人民出版社1985年版，第265页。
③ 周密：《志雅堂杂钞》，《笔记小说大观》第8册，江苏广陵古籍刻印社1984年版，第234页。
④ 周密：《志雅堂杂钞》，《笔记小说大观》第8册，江苏广陵古籍刻印社1984年版，第235页。
⑤ 周密著、张茂鹏点校：《齐东野语》，中华书局1983年版，第361页。

暮色分浓淡，余音似有无。①

谁写无声句，无声胜有声。②

伯时天马图，生意飞动。③

吴梦窗《玉楼春》……深得其意态也。④

尽管大多为品评书画艺术品之语，但周密是书画兼通的艺术家，诗书画相通的道理当理会更深。可见，周密“诗境境界”的艺术标准是那种具有“味外之旨、韵外之致”，也就是含蓄不尽、意在言外的美学风貌。这显然是承钟嵘、司空图、严羽一脉而来的，严格说来，受严羽影响应该更深。对于这一点，下一章将会有重点论述。对于“意境”这个范畴，历代多数从“情景”关系来阐释，而周密把“静”作为获取意境的必要条件并暗示其“意在言外”的美学风貌，这便引人注目。此外，其“境界”“诗境”并论，可以说是王国维“境界”说的最早源头。那么，在中国文论史和美学史上是不是应该书上周密一笔呢？

三，务事之实，不计言野：实录原则。《齐东野语》和《癸辛杂识》是周密精心结撰的两部史料笔记。两书“大致相近，然野语兼考旧文，此（癸辛杂识）则辨订者无多；野语多记朝廷大政，此则琐事杂言居十九。故入之小说家”⑤。若细玩草窗自序两书之意，再通读两书，我们会发现，《癸辛》以小说之才见长，而《野语》则以史笔为人所宝重。不过有一点相同，那就是“实录”的写作原则贯穿两书，无处不在。

宋亡后，周密隐居不仕，“发愤著书”。令人称道的是，他在野史笔记的写作中体现了严格的“实录”精神。再联系其从小读书便有“远探天人际”的志向，所有这一切，我们都可以清楚地看到他深受司马迁“发愤著

① 周密：《草窗韵语》，傅璇琮等主编《全宋诗》第67册，北京大学出版社1998年版，第558页。
② 周密：《草窗韵语》，傅璇琮等主编《全宋诗》第67册，北京大学出版社1998年版，第558页。
③ 周密：《云烟过眼录》，文渊阁四库全书，上海古籍出版社1987年版，第871册，第53页。
④ 周密：《武林旧事》，西湖书社1981年版，第31页。
⑤ 周密著、吴企明点校：《癸辛杂识》，中华书局1988年版，第325页。

书说”及“实录”写作原则的影响。班固在《汉书·司马迁传赞》中对司马迁的“实录”原则作了如下总结：“然自刘向、扬雄博极群书，皆称迁有良史之才，服其善序事理，辩而不华，质而不俚，其文直，其事核，不虚美，不隐恶，故谓之实录。”①

盛杲评《齐东野语》正如班固之评《史记》。盛杲《齐东野语后序》云：“故是书正以补史传之缺，不溢美，不隐恶。国家之盛衰，人才之进退，斯文之兴衰，议论之是非，种种可辩。”② 评价不可谓不高，但若纳之书中，发现也并非溢美之辞。周密的“实录”原则表现在书中，往往用“盖纪实也、盖实录也、失其实也”等语词表示。如：

> 皆得之耳目所接，俱有家乘、目录可信。用直书之，以告后之秉史笔者。③

> 此虽史臣为魏公地，然失其实矣。信如所言，则秦桧之杀岳飞，亦不为过。或又比之孔明斩马谡，尤无谓也。直笔之难也久矣，惜哉！④

> 此事亲得之襄州、顺化老卒，参之众说，虽有微异，而大意则同。不敢以文害辞没其实，固直书之，以备异时之传忠义者云。⑤

> 据事直书，其罪自见，何必没其实哉！⑥

本着这种“实录”精神，周密认为修史忌主观而不必有所寓意——“必有所寓意者，亦过也”⑦。但他认为文学应该有所“寓意寄托”，可见他明了历史与文学的界限。上面所列举的这些例子，代表了周密的著作实践，也正是

① 班固著、颜师古注：《汉书》，中华书局1962年版，第690页。
② 周密著、张茂鹏点校：《齐东野语》，中华书局1983年版，第387页。
③ 夏承焘：《周草窗年谱》，上海古籍出版社1979年版，第52页。
④ 周密著、张茂鹏点校：《齐东野语》，中华书局1983年版，第270页。
⑤ 周密著、张茂鹏点校：《齐东野语》，中华书局1983年版，第343页。
⑥ 周密著、张茂鹏点校：《齐东野语》，中华书局1983年版，第230页。
⑦ 周密著、张茂鹏点校：《齐东野语》，中华书局1983年版，第232页。

他在《齐东野语》自序中所说“务事之实，不计言野”的反映。

我们都知道，“实录”系史学写作原则，无论周密本人还是他人在涉及到这一点时，都是就他著作中的“故家文献”而言的。然而，毫无疑问，周密《齐东野语》《癸辛杂识》中大量的人物传记和奇闻异谈具有极高的文学价值。一些人物传记如《子固类元章》《罗椅》《方回》等篇都运用了文学的创作方法来写，可以看作是艺术性颇高的传记文学或小说。即使一些“姑妄言之”的神鬼虚幻之作，也往往像六朝志怪小说一样，以为“实录”。总之，“实录”原则既符合周密野史的撰写，施之“笔记小说”亦无不可；既是一种史学写作原则，也可看作是现实主义的文学创作方法。这在周密词创作中也有反映。其《四游春》词前小序云：“禁烟湖上薄游，施中山赋词甚佳，余因次其韵。盖平时游舫至午后则尽入里湖，抵暮始出断桥，小驻而归，非习于游者不知也。故中山极击节余‘闲却半湖春色’之句，谓能道人之所未云。”①

周密于《武林旧事》中自称其词“看画船，尽入西泠，闲却半湖春色。盖纪实也”②。这尤其说明周密是把“实录”作为文学的创作原则的。最后，我们以草窗至交戴表元为其《齐东野语》序作结，以见戴表元对周密“实录”精神的推崇。戴氏《齐东野语序》云：“今夫周子之书，其言核，其事确；其询官名，精乎其欲似郯子也；其订舆图，审乎其欲似晋伯宗也；其涉词章礼乐，赡乎其欲似吴公子札也。他所称举，旁闻曲证，如归泰山之颠而记封邱之遗；过矍相之圃而数射夫之序。凡若是，不苟然也。”③

第四节　文艺的审美风格论

一，率意而写，极存天趣：自然平淡美。宋初批评家多着意于改变五代以来卑弱浮靡的文风，反对“淫巧侈丽，浮华篡组”的西昆流弊，于是提倡“平易流畅”的诗风文风。因此，“正是宋初诗文革新的现实需求使平淡美成为当时诗学关注的中心，自兹以往，平淡美便始终作为诗学理想建构的

① 周密著、邓乔彬校点：《萍洲渔笛谱》，上海古籍出版社 1985 年版，第 22 页。
② 施蛰存、陈如江：《宋元词话》，上海书店出版社 1999 年版，第 590 页。
③ 周密著、张茂鹏点校：《齐东野语》，中华书局 1983 年版，第 1 页。

关键而被再三阐释，甚至在一定程度上成为终极性的追求目标。”（韩经太《诗学美论与诗词美境》）这种追求平淡的风尚集中反映在梅尧臣、欧阳修、苏轼、黄庭坚等人的作品文论中。如：

作诗无古今，唯造平淡难。——梅尧臣《辄书一时之语》①

因吟适情性，稍欲到平淡。——梅尧臣《依韵和晏相公》②

重以平淡若古乐，听之疏越如朱弦。——梅尧臣《和绮翁游齐山寺次其韵》③

以闲远古淡为意。——欧阳修《六一诗话》④

所贵乎枯淡者，谓其外枯而中膏，似淡而实美。——苏轼《评韩柳诗》⑤

平淡而山高水深。——黄庭坚《与观复书》⑥

有几大家开风气之先，周密也对“自然平淡”这一宋诗学理想风貌表现出了极大的崇尚之情，并以此作为自己文学艺术创作和品鉴的终极标准。如《齐东野语》云“自制曲数百解，皆平淡清越，灏然太古之遗音也”⑦。而晚年《自铭》所言尤为道出了一生文艺创作的甘苦。《弁阳老人自铭》云：“作诗少负奇崛雄疑，晚乃浸趣古淡。”⑧ 正与苏轼“渐老渐熟，乃造平淡”吻合。

① 梅尧臣：《宛陵集》卷46，文渊阁四库全书本。
② 梅尧臣：《宛陵集》卷28，文渊阁四库全书本。
③ 梅尧臣：《宛陵集》卷5，文渊阁四库全书本。
④ 何文焕：《历代诗话》，中华书局1981年版，第265页。
⑤ 陶宗仪：《说郛》卷81，文渊阁四库全书本。
⑥ 黄庭坚：《山谷集》卷19，文渊阁四库全书本。
⑦ 周密著、张茂鹏点校：《齐东野语》，中华书局1983年版，第339页。
⑧ 朱存理：《珊瑚木难》卷5，适园丛书本。

很明显，所谓“平淡”，“它不是浅显近俗的艺术描写所能达到的，是以精心锤炼而无人为痕迹，由极工极巧而臻天生化成的理想境界”[1]，也就是“自然”。本来，古代文论中“自然”与“平淡”如一对孪生，总是形影相随，难分彼此。周密著作中直接以“平淡”范畴来谈诗论艺的地方并不多。更多的时候，他是以“自然”来昭示“平淡”，以“自然平淡”作为品鉴艺文的最高标准。如：

> 所藏唐人临兰亭，极瘦而自然。[2]

> 未氏研山……略无琢刻之痕，真奇物也。[3]

> 胡存斋置到砚山一座……殊见天趣。[4]

> 玉笙一攒，其薄如鹅管。此神工所为，非人世所有。[5]

> 僧元霭画太宗小本御容……神采英武重厚，真天人也。[6]

> 有灵壁石小峰，峰之顶有白石，正圆莹如玉，徽宗御题八小字于石背曰：山高月小，水落石出。略无雕琢之迹，真奇物也。[7]

> 风之吹万物不同，天籁也。禽鸟啁啭，亦天地自然之声，作乐者当于此取则焉。盖以我自然之声，感彼自然之应，所谓同声相应也。[8]

---

① 张少康：《中国文学理论批评发展史》，北京大学出版社 1995 年版，第 12 页。
② 周密：《志雅堂杂钞》，《笔记小说大观》第 8 册，江苏广陵古籍刻印社 1984 年版，第 223 页。
③ 周密：《志雅堂杂钞》，《笔记小说大观》第 8 册，江苏广陵古籍刻印社 1984 年版，第 224 页。
④ 周密：《志雅堂杂钞》，《笔记小说大观》第 8 册，江苏广陵古籍刻印社 1984 年版，第 225 页。
⑤ 周密：《志雅堂杂钞》，《笔记小说大观》第 8 册，江苏广陵古籍刻印社 1984 年版，第 226 页。
⑥ 周密：《志雅堂杂钞》，《笔记小说大观》第 8 册，江苏广陵古籍刻印社 1984 年版，第 235 页。
⑦ 周密著、吴企明点校：《癸辛杂识》，中华书局 1988 年版，第 167 页。
⑧ 周密著、吴企明点校：《癸辛杂识》，中华书局 1988 年版，第 271 页。

翁一日自品象管作数声，真有驻云落木之意，要非人间曲也。①

遇物发兴，率然成章，不事雕琢之巧，采绘之华。②

数联皆天衣无缝，妙合自然。③

米老自画东山朝阳岩海岳庵图。率意而写，极有天趣。④

灵璧研山一座，无天趣，不甚佳。⑤

如此重重叠叠，正使人惊叹周密对“自然”的推崇之情。所谓“天人天籁天趣，略无琢刻之痕，要非人间曲也，天衣无缝妙合自然，非人世所有”，真真道尽“自然”真义。“自然”即“平淡”，“平淡”即“自然”。二者略有区别：一般说来，创作的过程合乎“自然”，作品便具有“平淡”之美。故“自然”多指创作过程中合乎规律的要求，但也可用作指代“平淡”的美学风貌为“自然”。依周密看来，“自然”更多用于书画等艺术品类，而“平淡”在文学作品中的位置尤重。这也是强为之分而已。

周密《自铭》所云“作诗少负奇崛雄疑，晚乃浸趣古淡”有更深的意蕴，即：“平淡”并非“平易、枯淡”，而是“绚烂之极，归于平淡”，其得来需要一个艰辛的历程，绝非易事。正如苏轼在《与侄论文书》中说：“凡文字少小时须令气象峥嵘，采色绚烂，渐老渐熟，乃造平淡。”“其实不是平淡，乃绚烂之极也。”⑥ 周密诗少年与晚年风格迥异，正是上述文字的注释。也正如戴表元在《周公谨弁阳诗序》中说：“公谨少年诗流丽钟情，春融雪荡，翘然称其材大夫也。……晚年展转荆棘霜露之间，感慨激发，抑郁

① 周密著、张茂鹏点校：《齐东野语》，中华书局 1983 年版，第 187 页。
② 周密著、张茂鹏点校：《齐东野语》，中华书局 1983 年版，第 279 页。
③ 周密：《浩然斋雅谈》，文渊阁四库全书，上海古籍出版社 1987 年版，第 1481 册，第 827 页。
④ 周密：《云烟过眼录》，文渊阁四库全书，上海古籍出版社 1987 年版，第 871 册，第 56 页。
⑤ 周密：《云烟过眼录》，文渊阁四库全书，上海古籍出版社 1987 年版，第 871 册，第 65 页。
⑥ 唐顺之：《稗编》卷 76，文渊阁四库全书本。

悲壮，每一篇出，令人百忧生焉，又乌乌然称其为累臣羁客也。”[①] 说明了周密之见乃创作实践中得出的经验之谈，也印证了牟巘对其“反博趋约，落其英华”（《跋周公谨自铭后》）的评价[②]。这可用韩经太先生的一句话概括：“诗家姿态在老。”[③]

二，清丽·韵味·形神：自然平淡下的美学范畴。韩经太先生在《中国诗学的平淡美理想》中说：“平淡诗美的基本特性，首先可以‘清’这一范畴来概括。”[④] 周密在《苹洲渔笛谱》和《草窗韵语》两部诗词集中言“清”者凡156处（诗86、词70），确为一片“清”气笼罩，读之令人“气爽神清”。创作上的“清”有独钟很自然地会影响到批评。于是，品鉴书画、音乐、古器，则屡言“清奇、清朗、清越、清实、清赏、清芬”；论人论诗则“风度清远、清峻凌厉”频频。自来论“清者”多矣，如邓牛顿、樊美筠、韩经太、蒋寅诸先生均妙见迭出，几面面俱到，在此无须置喙。但与上文相关，不能不拈出周密之以“清丽”评诗，略陈陋见。《齐东野语》卷十五“张氏十咏图”条云：“其（张子野）诗清丽闲雅，如‘滩头斜日凫翳队，枕上西风鼓角声。’又‘花有秋香春不知’，皆佳句也。”[⑤] 周密不只评诗以“清丽”者为佳，其对词之“清丽”者更与“入神”“奇悟”及“自然”者相联。如其《柳梢青》词前小序云：

> 余生平爱梅，仅一再见逃禅真迹。癸酉冬，会疏清翁孤山下，出所藏《双清图》，奇悟入神，绝去笔墨畦径。卷尾，补之自书《柳梢青》四词，辞语清丽，翰札遒劲，欣然有契于心。余固戏曰：“不知点胸老、放鹤翁同生一时，其清风雅韵，优劣当何如哉？”[⑥]

李白“清水出芙蓉”真可谓最能状“清丽”这一诗美范畴。而“天然去雕饰”则进一步解释了“清水芙蓉”，也即“清丽”的内涵是“自然平淡”。

---

① 戴表元：《剡源戴先生文集》卷8，四部丛刊本。

② 牟巘：《陵阳集》卷16，吴兴丛书本。

③ 韩经太：《诗学美论与诗词美境》，北京语言文化大学出版社2000年版，第90页。

④ 韩经太：《诗学美论与诗词美境》，北京语言文化大学出版社2000年版，第91页。

⑤ 周密著、张茂鹏点校：《齐东野语》，中华书局1983年版，第280页。

⑥ 周密著、邓乔彬校点：《苹洲渔笛谱》，上海古籍出版社1985年版，第62页。

所以，作为“自然平淡”美的一面，“清丽”对周密来说，便是落其“少年流丽钟情，奇崛雄疑”之华英而“浸趣古淡”。清戈载谓“其词尽洗靡曼，独标清丽，有韶倩之色，有绵渺之思”。（《宋七家词选》）故周密以“清丽”评人正可作为自己的写照。

周密著作中以“古淡”“清丽”两美学范畴言己评人均不多见，而我们却将二者作为他核心的审美文学思想，这是不是失之浅率呢？当然不是。明眼人一看便知：“古淡”的背后有丰厚的“自然”之论作铺垫；“清丽”的凸显则是在大量的创作实践以及评论其他艺术门类中愈见分明的。

“平淡”不是“淡乎寡味”，而是“语淡而味终不薄”“平淡中饶有韵味”①。下面就谈谈周密关于“平淡”美学理想下的“韵味”范畴内涵。“韵味”最早可追溯到老庄的“大象无形”和“得意忘言”理论，以后有：钟嵘的“滋味”说，司空图“味外之旨、韵外之致、象外之象、景外之景”，梅欧苏黄，严羽的“兴趣”说当是影响周密最直接的理论了。可以看出，以“味”为首，“言意、神韵、意象、形神、神趣”等等字眼随意组合，交叉重叠，有千变万化之妙，但意思是相同的，即：“含蓄蕴藉，言有尽而意无穷”的美学特征。周密对此论述颇为丰富，用语也多姿多彩。下面分类各撷取几例，以见全貌：

关于“滋味”的，即“味外之旨”“味在咸酸之外”：

甄辩给雄一时，谑笑皆有余味。②

虽一时戏言，颇亦有味。③

余读杜诗“偏劝腹腴愧少年”，喜其知味。④

菖蒲土炭嗜不同，知味几人尝鼎脔。⑤

① 韩经太：《诗学美论与诗词美境》，北京语言文化大学出版社2000年版，第97页。

② 周密著、张茂鹏点校：《齐东野语》，中华书局1983年版，第241页。

③ 周密著、张茂鹏点校：《齐东野语》，中华书局1983年版，第241页。

④ 周密著、张茂鹏点校：《齐东野语》，中华书局1983年版，第302页。

⑤ 周密：《草窗韵语》，傅璇琮等主编《全宋诗》第67册，北京大学出版社1998年版，第42530页。

长年龂鸡跖，有味如啖蔗。大羹足真味，禁脔增重价。①

近来始识书真味，意倦才荒奈老何。②

重珍祭之以文曰：不必轻生，前以为空；不必重死，后以为实。此语极有味。③

关于“言意、荃蹄”，即“意在言外”“言有尽而意无穷”，如：

诸王孙赵孟坚，字子固，善墨戏，于水仙尤得意……得其韵度之清丽……是中有趣岂不传……夫君固已悟筌蹄。④

言虽不传，意自有得。⑤

油然悟真筌，于此得良贵。⑥

关于“形神”，即“传神写照”“神余形外”，如：

李思训“江山渔乐图”，无神气。⑦

李公麟山阴图……神采森然动毫末，萧散精神一片云。⑧

梅知春意思，山借雪精神。⑨

---

① 周密：《草窗韵语》，傅璇琮等主编《全宋诗》第67册，北京大学出版社1998年版，第42553页。
② 周密：《草窗韵语》，傅璇琮等主编《全宋诗》第67册，北京大学出版社1998年版，第42560页。
③ 周密：《浩然斋雅谈》，文渊阁四库全书，上海古籍出版社1987年版，第1481册，第826页。
④ 周密著、吴企明点校：《癸辛杂识》，中华书局1988年版，第44页。
⑤ 周密：《草窗韵语》，傅璇琮等主编《全宋诗》第67册，北京大学出版社1998年版，第546页。
⑥ 周密：《草窗韵语》，傅璇琮等主编《全宋诗》第67册，北京大学出版社1998年版，第556页。
⑦ 周密：《志雅堂杂钞》，《笔记小说大观》第8册，江苏广陵古籍刻印社1984年版，第221页。
⑧ 周密：《志雅堂杂钞》，《笔记小说大观》第8册，江苏广陵古籍刻印社1984年版，第236页。
⑨ 周密：《草窗韵语》，傅璇琮等主编《全宋诗》第67册，北京大学出版社1998年版，第42499页。

边鸾葵花，花心数蜂如活。①

鲁直谓余曰：异哉。伯时貌天厩满川花，放笔而马殂矣！盖神峻精魂皆为伯时笔端摄之而去。②

尉迟一僧，坐，神佳。③

闫立本职贡狮子图……神采粲然，与世所画狮子不同。④

吴梦窗《玉楼春》……深得其意态也。⑤

其他关于“趣”“韵”“思致”“诗画音乐”，与“滋味”“言意”“形神”同义，如：

书乎意趣，有神游八极气象。⑥

又有米老画东山朝阳岩海岳庵图，率意而写，极存天趣。⑦

然余生所见秀拔有趣者，皆莫如俞子清侍郎家为奇绝。⑧

余尝得其杂著数篇，议论皆有思致。⑨

---

① 周密：《云烟过眼录》，文渊阁四库全书，上海古籍出版社 1987 年版，第 871 册，第 90 页。
② 周密：《云烟过眼录》，文渊阁四库全书，上海古籍出版社 1987 年版，第 871 册，第 53 页。
③ 周密：《云烟过眼录》，文渊阁四库全书，上海古籍出版社 1987 年版，第 871 册，第 56 页。
④ 周密：《云烟过眼录》，文渊阁四库全书，上海古籍出版社 1987 年版，第 871 册，第 70 页。
⑤ 周密：《武林旧事》，西湖书社 1981 年版，第 31 页。
⑥ 周密：《志雅堂杂钞》，《笔记小说大观》第 8 册，江苏广陵古籍刻印社 1984 年版，第 222 页。
⑦ 周密：《志雅堂杂钞》，《笔记小说大观》第 8 册，江苏广陵古籍刻印社 1984 年版，第 235 页。
⑧ 周密著、吴企明点校：《癸辛杂识》，中华书局 1988 年版，第 14 页。
⑨ 周密著、张茂鹏点校：《齐东野语》，中华书局 1983 年版，第 260 页。

前辈风流雅韵，犹可想见也。[①]

诗词皆有见趣，信乎非常之才也。[②]

暮色分浓淡，余音似有无。[③]

欲参声画趣，细玩濯缨篇。[④]

又快雪时晴贴，皆真迹。有米老跋，叶森曾见此两贴，神韵精彩。[⑤]

例句迤逦而下，不惮其烦。之所以如此，一则为了说明周密对“韵味”的重视，这样才能显示出“韵味”为周密美学思想中的核心范畴。一则为了把其纳入有宋一代的“韵味”论整体中观照，以便有理由评估周密在其中的位置。“韵味”论发展到宋代，绵绵不绝：苏轼之“发纤秾于简古，寄至味于淡泊”。（《书黄子诗集后》）黄庭坚之“平淡而山高水深”（《与观复书》），杨万里之“去词去意”“以味不以形”论，姜夔《白石道人诗说》“语贵含蓄。东坡云‘言有尽而意无穷者，天下之至言也。句中有余味，篇中有余意，善之善者也’。”[⑥] 严羽“所谓不涉理路，不落言筌者，上也。……故其妙处，透彻玲珑，不可凑泊……言有尽而意无穷”。（《沧浪诗话》）[⑦] 周密正是踏着先人的足迹，用更宽阔的视野，把“韵味”论发扬光大。从渊源上来看，其受姜白石、严沧浪馨泽当为更多，更直接。

第五节　文学创作的技巧方法论

一，不可有意于用事，天衣无缝，妙合自然：用事对偶篇。周密非常重

① 周密著、张茂鹏点校：《齐东野语》，中华书局1983年版，第283页。
② 周密著、张茂鹏点校：《齐东野语》，中华书局1983年版，第361页。
③ 周密：《草窗韵语》，傅璇琮等主编《全宋诗》第67册，北京大学出版社1998年版，第558页。
④ 周密：《草窗韵语》，傅璇琮等主编《全宋诗》第67册，北京大学出版社1998年版，第558页。
⑤ 周密：《云烟过眼录》，文渊阁四库全书，上海古籍出版社1987年版，第871册，第57页。
⑥ 姜夔：《白石道人诗说》，何文焕编《历代诗话》，中华书局1981年版，第681页。
⑦ 严羽：《沧浪诗话》，何文焕编《历代诗话》：中华书局1981年版，第686页。

视文学作品的写作技巧，举凡用事、对偶、音律、锻炼、法度、夸张等都有程度不同的涉略。他对文学作品中“用事”的态度是辩证通达的。首先，他赞同“用事”，但主张用事要用的“切当”“中的”，也就是刘勰所谓的要“善用事”。《齐东野语》“用事切当”条云：“周益公诗云：一丁扶火德，三合巩皇基。盖高宗生于大观丁亥，孝宗生于建炎丁未，光宗生于绍兴丁卯故也。阴阳家以亥卯未为三合，一时用事，可谓切当。一联云：亥年巳月，无长蛇封豕之虞；午日丑时，有归马牧牛之喜。盖时方有蜀扰。其用事可谓中的，然或者则谓之失俳耳。”①《浩然斋雅谈》云：“建炎末，柔福帝姬自北归。朝廷封为福国长公主。下降，附马都尉高世荣、汪浮溪当制，云：赵城方急，鲁元尝用于车驰；江左复兴，益寿宜充于禁脔。可谓善用事。”②

不但诗文中用事应“中的”“切当”，词中用事也要如此。《浩然斋雅谈》中云：“周美成章短句纯用唐人诗句。如‘低鬟蝉影动，私语口脂香’此乃元白全句。贺方回尝言：‘吾笔端驱使李商隐、温庭筠常奔走不暇。则亦可谓能事矣。’”③ 这与张炎《词源》中所说的“美成负一代词名，所作之词，浑厚和雅，善于融化成句”④ 意正相同，都体现了“用事不为事所使”⑤ 的主张。

周密在提倡“善用事”，用事要“切当”“中的”的同时，针对宋诗“以才学为诗”的弊病，提出了他“不可有意于用事”的主张。《齐东野语》“诗用事”条云：“陈简斋尝语人以作诗之要云：‘天下书虽不可不读，然慎不可有意于用事。’正谓此也。今人或以用事多为博赡，误矣。”⑥

同样是说写作时用事要用的自然贴切，如盐之入水、浑化无迹，而非为用事而用事以夸学问博赡。这与严羽在《沧浪诗话》中说“诗有别材，非关书也；诗有别趣，非关理也”一样⑦，尖锐地指摘批评了诸如“词意高深

① 周密著、张茂鹏点校：《齐东野语》，中华书局 1983 年版，第 68 页。
② 周密：《浩然斋雅谈》，文渊阁四库全书，上海古籍出版社 1987 年版，第 1481 册，第 823 页。
③ 周密：《浩然斋雅谈》，文渊阁四库全书，上海古籍出版社 1987 年版，第 1481 册，第 851 页。
④ 张炎著、夏承焘校注：《词源注》，人民文学出版社 1963 年版，第 30 页。
⑤ 张炎著、夏承焘校注：《词源注》，人民文学出版社 1963 年版，第 35 页。
⑥ 周密著、张茂鹏点校：《齐东野语》，中华书局 1983 年版，第 160 页。
⑦ 严羽：《沧浪诗话》，何文焕编《历代诗话》，中华书局 1981 年版，第 686 页。

要从学问中来”的偏颇，也可看出江西派末学片面发展苏黄“好用事，而为事使”（胡应麟《诗薮》）的创作风气。那么，严羽、周密等挺身而出，振臂高呼的意义便非同寻常了。

当然，周密反对“有意于用事”“以用事多为博赡”，并不意味着他轻视学问。相反，他认为“天下书不可不读”，承认黄庭坚所谓“精读千卷书”的重要。《浩然斋雅谈》载：“高复古尝谓学者云：胸中无千百家书，乃欲为诗，如贾人无资，终不能致奇货也。”① 这无疑也代表着周密的观点。周密本身便学问渊博，“著作等身”。严羽、刘克庄对此均有共识。严羽说：“然非多读书，多穷理，则不能极其致。”② 刘克庄也说：“资书以为诗，失之腐；捐书以为诗，失之野与?”（《跋韩隐君诗》）

关于“对偶”问题，周密也略有涉及。他在《齐东野语》“奇对”条中云：“对偶小技，然亦非易事也。前辈所载已多，今择所未书而可喜者数联于此，为多闻之一助。”③ 看来也很重视。此外，周密认为对偶以“妙合自然”为佳。《浩然斋雅谈》云：“对偶之佳者曰：数点雨声风约住，一枝花影月移来；柳摇台榭东风软，花压栏杆春昼长；天下三分明月夜，扬州十里小红楼；梨园子弟白发新，江州司马青衫湿。数联皆天衣无缝，妙合自然。”④

二，协韵不可牵强，作文不惮于改：音律锻炼篇。

陆心源《宋史翼·周密传》云：（草窗）乐府妙天下，协比吕律，意味不凡。⑤ 周密师从精通音律的紫霞翁杨缵，其所交游如吴梦窗、张炎等人皆知音，故其赏音知律自然而然。这从其分别以“韵语”“笛谱”名诗集词集可以看出。而其以“公谨”为字亦足见其于“订音误，周郎顾”的三国周瑜之神往。

关于音律，周密首先持律当协“而难于协”的观点。他在《苹洲渔笛谱》卷一第一首词《木兰花慢》词小序中说：

---

① 周密：《浩然斋雅谈》，文渊阁四库全书，上海古籍出版社 1987 年版，第 1481 册，第 825 页。
② 严羽：《沧浪诗话》，何文焕编《历代诗话》，中华书局 1981 年版，第 688 页。
③ 周密著、张茂鹏点校：《齐东野语》，中华书局 1983 年版，第 308 页。
④ 周密：《浩然斋雅谈》，文渊阁四库全书，上海古籍出版社 1987 年版，第 1481 册，第 827 页。
⑤ 陆心源：《宋史翼》，续修四库全书第 311 卷，上海古籍出版社 2002 年版，第 642 页。

> 西湖十景尚矣，张成子尝赋《应天长》十阕，夸余曰：是古今词家未能道者。余时年少气锐，谓：“此人间景，余与子皆人间人，子能道，余顾不能道耶？”冥搜六日而词成，成子惊赏敏妙，许放出一头地。异日霞翁见之，曰：“语丽矣，如律未协何？”遂相与订正，阅数月而后定。是知词不难作，而难于改；语不难工，而难于协。翁往矣，赏音寂然，始述其概，以寄余怀云。①

这正与张炎《词源》中所说：“守斋持律甚严，一字不苟作，遂有作词五要，观此，则词欲协音，未易言也”② 相吻合，从中也反映了当时那个文人群体的共同观点。

周密以为“诗词固多协韵”，但不可拘于四声，要“随声取协”，任其自然而“不必牵强也”。《齐东野语》“协韵牵强”条云：“诗词固多协韵，晦庵用吴才老补音多通，然亦有太甚者。古人但随声取协，方言又多不同。至沈约以来，方有四声之拘耳，然亦正不必牵强也。”

“《离骚》一经，惟‘多艰多替’之句，最为不协。孙莘老、苏子容本云：古亦应协。未必然也。晦庵以艰音巾，替音天，虽用才老之说，然恐无此理。以余观之，若移‘长太息以掩涕’一句在‘哀民生之多艰’下，则涕与替正协，不劳牵强也。”③

同样，张炎在《词源》中也有类似表述：“词不宜强和人韵，若倡者之曲韵宽平，庶可赓歌，倘韵险又为人所先，则必牵强赓和，句意安能融合？徒费苦思，未见有全章妥溜者。”④ 严羽《沧浪诗话》对沈约等人“四声八病”也有很尖锐的批评，他说：“作诗正不必拘此，弊法不足据也。”⑤

从协韵自然“不必牵强”的观念出发，周密崇尚音韵谐婉、婉丽、闲婉及平淡清越，以繁声促节为“郑卫之音”。这与严羽所说“音韵忌散缓，亦忌迫促”也相同。《齐东野语》“琴繁声为郑卫”条云：“往时，余客紫霞翁之门。翁知音妙天下，而琴尤精谐。自制曲数百解，皆平淡清越，灏然

① 周密著、邓乔彬校点：《苹洲渔笛谱》，上海古籍出版社 1985 年版，第 1 页。

② 张炎著、夏承焘校注：《词源注》，人民文学出版社 1963 年版，第 31 页。

③ 周密著、张茂鹏点校：《齐东野语》，中华书局 1983 年版，第 205 页。

④ 张炎著、夏承焘校注：《词源注》，人民文学出版社 1963 年版，第 27 页。

⑤ 严羽：《沧浪诗话》，何文焕编《历代诗话》，中华书局 1981 年版，第 700 页。

太古之遗音也。复考正古曲百余，而异时官谱诸曲，多黜削无余，曰：此皆繁声，所谓郑卫之音也。”①

吟诗填词，周密既陶醉于“率然成章”“自得千首”的快意，也不废“惨淡经营”“揩摩抉剔”的锻炼苦功，即所谓“梦入苍茫外，诗成惨淡中”。(《夜雨泊双林》)②《齐东野语》“三高亭记改本”条云：“三高亭，天下绝景也，石湖老仙一记，亦天下奇笔也。余尝见当时手稿，揩摩抉剔，如洗玉浣锦，信前辈作文不惮于改如此……不见初草，何以知后作之功，观前辈著述，而探其用意改定，思过半矣。”③

正因为叹服于“前辈作文不惮于改如此”，故而对王筠、杨大年等人“一官为一集”“不择古律”、粗率随意的写作方式嗤之以鼻。《浩然斋雅谈》云：“坡翁谓陈师仲曰：足下所至，诗但不择古律，以日月次之，异日观之，便是行记。此说极佳。故王筠以一官为一集，杨大年亦然，所著有括苍武夷颍阴韩城。所谓一官成一集，尽付古沙头是也！”④

除了用事、音律、对偶、锻炼之外，周密对法度，用字、句法、描写、夸张等写作技巧也略有涉及。兹不赘述，仅次第于下，以见全貌：

> 凡泥法而不明于理，不可以言法也。⑤

> 曲尽形容之妙，闻者绝倒。⑥

> 硕人之诗曰“巧笑倩兮”——好口辅也，可谓善于形容。后人虽极言女色之美，无所不至，乃独不及于口辅，何耶？辅岂俗所谓笑靥者乎?⑦

---

① 周密著、张茂鹏点校：《齐东野语》，中华书局 1983 年版，第 339 页。

② 周密：《草窗韵语》，傅璇琮等主编《全宋诗》第 67 册，北京大学出版社 1998 年版，第 552 页。

③ 周密著、张茂鹏点校：《齐东野语》，中华书局 1983 年版，第 288 页。

④ 周密：《浩然斋雅谈》，文渊阁四库全书，上海古籍出版社 1987 年版，第 1481 册，第 825 页。

⑤ 周密著、张茂鹏点校：《齐东野语》，中华书局 1983 年版，第 147 页。

⑥ 周密著、张茂鹏点校：《齐东野语》，中华书局 1983 年版，第 244 页。

⑦ 周密：《浩然斋雅谈》，文渊阁四库全书，上海古籍出版社 1987 年版，第 1481 册，第 821 页。

杜诗喜用“悬”字，东坡诗喜用“去曷来”字。[①]

诚斋亦自语人曰：工夫只在一“捉”字上。[②]

贾师宪尝刻《奇奇集》……虽夸张过实，然文字古雅，颇奇。[③]

第六节　文学的发展论与价值观

一，源流射泽，自成一家：“推源溯流”法。周密的“推源溯流”论基本都出现在《齐东野语》和《浩然斋雅谈》两书中。其主要体征大体通过如下词语表述：祖，祖述，本之……步骤，规模，出于，蹈袭，类于，若出一辙，同此机括，源流射泽，有所自来，用……意、字、语、句、法，不脱……窠臼等。现举一例见其梗概。《浩然斋雅谈》载：“涪翁云：章子厚尝言：‘《楚辞》盖有所祖述’。初不谓然。子厚曰‘《九歌》盖取诸国风，《九章》盖取诸二雅，《离骚》盖取诸颂。’考之信然。”[④]

张伯伟先生在其《中国古代文学批评方法研究》一书中谈到其“从大量文学艺术的实际批评中归纳出三种最能体现传统文学批评精神的方法”，其中之一便是“推源溯流”法。该书旁征博引，分别从思想基础，文学背景、成立、类型、解剖、评价等方面对“推源溯流”法进行了深入的剖析，既面面俱到又精到透辟。其中，他认为，“推源溯流法的成立，除了在思想上受到古代学术传统的影响之处，文学创作本身也提供了某种不可忽视的背景，这就是古代文学史上的摹拟之风”[⑤]。据此，本章试先从与周密这一批评方法形成密切相关的一点，即南宋文艺思潮中的摹拟风气谈起，进而具体分析周密“推源溯流”法的内在意蕴。

创作上的摹拟之风自古而然，到了宋代，尤其南宋，则愈演愈烈。“江西派”宗法杜甫，有“一祖三宗”之说。其后，“四灵”“江湖派”起而反

---

① 周密：《浩然斋雅谈》，文渊阁四库全书，上海古籍出版社 1987 年版，第 1481 册，第 828 页。
② 周密：《浩然斋雅谈》，文渊阁四库全书，上海古籍出版社 1987 年版，第 1481 册，第 841 页。
③ 周密：《志雅堂杂钞》，《笔记小说大观》第 8 册，江苏广陵古籍刻印社 1984 年版，第 232 页。
④ 周密：《浩然斋雅谈》，文渊阁四库全书，上海古籍出版社 1987 年版，第 1481 册，第 816 页。
⑤ 张伯伟：《中国古代文学批评方法研究》，中华书局 2002 年版，第 127 页。

之而师“姚贾”或“宗晚唐”。严羽反“江西”、反“四灵”、反“江湖”，最终却不免步入“以盛唐为法”的另一轮摹拟。周密本人也不例外。钱钟书《宋诗选注》说：“他的诗也学晚唐体，在一般江湖派所效法的晚唐人以外，又搀进了些李贺、杜牧的风格。”① 其好友李龚和李莱老分别称其诗“一片宫商压晚唐”及“学得元和句法真”。而《弁阳老人自铭》云其：“间作长短句，或谓似陈去非、姜尧章。”② 至于创作上，上面所有评价，其实都是“似褒实贬”，也确道中了周密诗词的要害。即：尽管令人称赏，但没有形成自己鲜明独特的个性风格。恐怕这也是历代文论家或文学史家忽略其或仅稍美其词的缘故罢。

无须多言，这种摹拟之风简直到处弥漫。摹拟，与其说是某朝某代风靡的一种习尚，莫如说是贯整个文学史的不可舍弃的（即使再大家再天才）创作原则。作为创作原则，说好听了是继承历史上的积淀，再好了就有了创新；偏激了一些则说它是“剽窃”是“盗贼”。因此，单独提摹拟，其贬义的意味总归浓些。这是针对创作来说的。若从批评的角度来看，摹拟因使用了“祖述、源于”等字眼而有了探源和追溯历史的意义，从而与“推源溯流”这一批评方法挂起钩来。批评家在擎起“推源溯流”这面大旗时，往往提倡“继承中有创新”也就是所谓的“以故为新”“以俗为雅”，而极少“为溯源而溯源”。但是因为时代的局限，或是批评家本身的原因，如经历、修养、识见等，在具体操作中，有很多批评家也不免会执其一端而失之偏颇。其实，不难发现，上面所列的作为“推源溯流”法所用的“祖述、规模”等术语均可一词以蔽之，即“摹拟”。当然，一个批评家在使用“推源溯流”法时是否公正、令人信服，关键在于他对“源”“流”是否能够正确理解和阐释。毛泽东《在延安文艺座谈会上的讲话》指出：“人民生活……是一切文学艺术的取之不尽，用之不竭的唯一的源泉。这是唯一的源泉，因为只能有这样的源泉，此外不能有第二个源泉。……实际上，过去的文艺作品不是源而是流。……但是继承和借鉴决不可以变成替代自己的创造，这是决不能替代的。”③

① 钱钟书：《宋诗选注》，人民文学出版社 1958 年版，第 276 页。

② 朱存理：《珊瑚木难》卷 5，适园丛书本。

③ 《毛泽东选集》，人民出版社 1968 年版，第 817 页。

尽管毛泽东是针对创作而言的，但是，毋庸置疑，这对我们理解和辨识“源”“流”的真正含义及“推源溯流”这一批评方法大有裨益。现在，再看钱钟书先生对“江西派”“以才学为诗”，或者说所有朝代、所有形式的摹拟的批评：“从古人各种著作里收集自己诗歌的材料和词句，从古人的诗里孳生出自己的诗来，把书架子和书箱砌成了一座象牙塔，偶而向人生现实居高临远的凭栏眺望一番。”（《宋诗选注序》）[①] 真让人觉得尖锐贴切透着痛快。

拉拉杂杂说了这许多，似乎是在周密之外。其实可以说是“用心良苦”的。目的无非两个，一是为明了周密“推源溯流”法所以产生的现实文学创作背景；一是通过“源”与“流”的辨析，可以更公正地评价其这一批评方法。

首先，我们认为周密在用“推源溯流”法评价分析诗文作品时，对于文学创作中的“摹拟”或者说“继承”是默许的。比较两例。《齐东野语》“文章相类”条云：

> 李德裕《文章论》云：“文章当如千军万马，风恬雨霁，寂无人声。”黄梦升题兄子庠之辞云：“子之文章，电激雷震，雨雹忽止，阒然泯灭。”欧公喜诵之，遂以此语作《祭苏子美文》云：“子之心胸，蟠屈龙蛇，风云变化，雨雹交加，忽然挥斥，霹雳轰车。人有遭之，心惊胆破，震汗如麻。须臾霁止！”……张文潜《雨望赋》云：“飘风击云，奔旷万里，一蔽率然如百万之卒赴敌骤战兮，车骑崩腾而矢石乱至也。已而余飘既定，盛怒已泄，云逐逐而散归，纵横委乎天末。又如战胜之兵，整旗就队，徐驱而回归兮，杳然惟见夫川平而野阔。”皆同此一机括也。[②]

钱钟书《宋诗选注序》云：

> ……他作过一首《湖上》七绝：“浪汹涛翻忽渺漫，须臾风定见平

① 钱钟书：《宋诗选注》，人民文学出版社1958年版，第13页。

② 周密著、张茂鹏点校：《齐东野语》，中华书局1983年版，第174页。

> 宽；此间有句无人得，赤手长蛇试捕看。”这首诗颇有气魄，第三第四两句表示他要写旁人未写的景象，意思很好，用的比喻尤其新奇，使人联想起“捕捉形象的猎人”那个有名的称号，可是，仔细一研究，我们就发现史尧弼只是说的好听。他说自己赤手空拳，其实两只手都拿着向古人借来的武器，那条长蛇也是古人弄熟的、豢家的一条烂草蛇也似的爬虫。苏轼《郭熙〈秋山平远〉》第一首说过：“此间有句无人识，送于襄阳孟浩然；”孙樵《与王秀才书》形容卢仝、韩愈等的风格也说过：“读之如赤手捕长蛇，不施控骑生马，急不得暇，莫不捉搦。”再研究下去，我们又发现原来孙樵也是顺手向韩愈和柳宗元借的本钱，韩愈《送无本师归范阳》不是说过“蛟龙弄角牙，造次欲手揽”么？柳宗元《读韩愈所著〈毛颖传〉后题》不也是说过“索而读之，若捕龙蛇、搏虎豹，急与之角，而力不得暇”么？换句话说，孙樵和史尧弼都在那里旧货翻新，把巧妙的裁改拆补来代替艰苦的创造，都没有向“自然形态的东西”里去发掘原料。①

很明显，二人所论内容相似——都在探源溯流。但周密平平叙来，不置可否，其意隐然首肯文学创作上的以“因袭”为“继承”。而钱钟书则从辨“源”析“流”入手，犀利的笔触直指“摹拟”之习，也就是“旧货翻新”。其主旨则在于突出“创造”的重要。时代风气所染以及创作上的自以为然，周密在著作中运用“推源溯流”法时，往往如上述所言的“默许”。兹再举两例，以加深印象。《浩然斋雅谈》载：

> 昔有问王介甫：“佛家有日月灯光，佛灯何以能并日月？”介甫曰：“日煜乎昼，月煜乎夜，灯煜乎日月之所不及。”东莱《博议论史官》亦云：“昧谷饯日以后，旸谷宾日之前，暮夜晦冥，群匿并作。苟无烛以代明，则天之目瞽矣。”亦用介甫意。然皆本之庄子“月固不胜火”。②

① 钱钟书：《宋诗选注》，人民文学出版社1958年版，第15页。
② 周密：《浩然斋雅谈》，文渊阁四库全书，上海古籍出版社1987年版，第1481册，第819页。

《齐东野语》“诗用史论”条尤为详赡典型。简而示之：

> 刘贡父《咏史》诗云：……而其说则出于温公论李广利曰：……盖全用之。
>
> 然胡明仲论留侯则云：……此论全用荆公诗：……此则史论用诗也。
>
> 近世刘潜夫诗云：……而东坡《谏用兵之疏》云：……其意亦出此。
>
> 冯必大诗云：……亦用黄公度《汉高祖论》曰：……
>
> 叶绍翁诗云：……亦出于林少颖《武帝论》云：……
>
> 钱舜选诗云：……亦祖陈傅良之论羽云：……。
>
> 此类甚多，不暇枚举，岂所谓脱胎者耶？①

正如周密所言，草窗著作中“此类甚多，不暇枚举”。而“岂所谓脱胎者耶”也足见其受黄庭坚及“江西派”影响之深，且于“脱胎换骨、点铁成金”及“以故为新、以俗为雅”主张的赞同。

不过，尽管周密承认这种“摹拟”或者说“继承”的必要，他也同时敏锐地发现这毕竟是一种“蹈袭”，近于“剽窃”，因此用“不脱……窠臼”等说法微微表露出他的不满来。《齐东野语》“用事偶同”条云：

> 欧阳公《非非堂记》曰：“是是近乎谄，非非近乎讪，不幸而过，宁讪无谄。”坡翁为刘壮舆作《是是堂》诗云：“闲燕言仁义，是非安可无；非非义之属，是是仁之徒；非非近乎讪，是是近乎谀。”
>
> 子由《弹吕惠卿章》云：“放麑，违命也，推其仁则可以托国；食子徇君也，推其忍则至于弑君。”山谷《怀半山老人》诗云：“啜羹不如放麑，乐羊终愧巴西。”其意盖指惠卿也。
>
> 二公岂蹈袭者邪？其用事造语，若出一辙，而不以为嫌也。②

① 周密著、张茂鹏点校：《齐东野语》，中华书局 1983 年版，第 8 页。

② 周密著、张茂鹏点校：《齐东野语》，中华书局 1983 年版，第 86 页。

再如《浩然斋雅谈》云：

> 吕紫微《明妃曲》："人生在相合，不论胡与秦。但取眼前好，莫言长苦辛。君看轻薄儿，何殊胡地人？"其意固佳，然不脱王半山"人生失意无南北"之窠臼也。①

周密之意很明了：创作中，无论用事造语，还是用意内蕴，都有不可避免地受前人影响而有所承继，有时甚至若出一辙，难分彼此。这于是也不可避免地有了"蹈袭"之嫌，尽管有时不是故意的。所以，我们能感觉出周密于此似乎陷入了某种无奈的境地。也因此，周密发出了"作文自出机杼者极难"的感叹，并高标其"源流射泽而自成一家"的理想。《齐东野语》"作文自出机杼难"条云：

> 曾子固熙宁间守济州，作北渚亭，盖取杜陵《宴历下亭》诗："东藩驻皂盖，北渚陵清河"之句。至元祐间，晁无咎补之继来为守，则亭已颓毁久矣。补之因重作亭，且为之记。记成，疑其步骤开合类子固《拟岘台记》，于是易而为赋，且自序云："或请为记，答曰：赋，可也。"盖寓述作之初意云。然所序晋齐攻战，三周华不注之事，虽极雄赡，而或者乃谓与坡翁赤壁所赋孟德、周郎之事略同。补之岂蹈袭者哉！大抵作文欲自出机杼者极难，而古赋为尤难。惟陈言之务去，戛戛乎其难哉！虽昌黎亦以为然也。②

《齐东野语》之"俞侍郎执法"条云："吾乡前辈俞且轩待郎，善默戏竹石，盖源流射泽而自成一家，逮今为人宝重。……后余得竹石二纸于故家，叶如黍米，石亦奇润，自成一家。……因知子清戏墨有所自来。"③ 连连呼"二公岂蹈袭者哉""补之岂蹈袭者哉"，其语气神情毕现，证明周密是反对"蹈袭""模拟"之风的。而"大抵作文欲自出机杼者极难"的感慨，也正

① 周密：《浩然斋雅谈》，文渊阁四库全书，上海古籍出版社 1987 年版，第 1481 册，第 837 页。
② 周密著、张茂鹏点校：《齐东野语》，中华书局 1983 年版，第 76 页。
③ 周密著、张茂鹏点校：《齐东野语》，中华书局 1983 年版，第 180 页。

是其为提倡“作文当自出机杼”而发了。故而周密极赞韩愈之“陈言务去”，尽管“戛戛乎其难哉”，进而高标其“源流射泽而自成一家”的理想。此外，很明显，其在连呼“蹈袭”“极难”时也充满了极大的困惑。

问题是，“韩愈虽然说惟陈言之务去，又说惟古于词必己出，降而不能乃剽贼，但是他也说自己窥陈编以盗窃”①。而周密虽然倡源流射泽而自成一家，但其于“源”“流”未作分说，且语气中透着迷惑。其实周密之所以迷惑，是因为他与韩愈黄庭坚等一样，都错了。他们的错误在于：把“流”当作“源”，“撇下了唯一的源泉（生活）而把继承借鉴去替代自己的创造”。② 后来的“四灵”“江湖派”以及严羽犯的都是同样的错误。也难怪，尽管周密在批评中不断地“推源溯流”，并因为博学多识，对这一批评方法也是驾轻就熟，但终究不免于感叹困惑，原来是他未弄懂社会生活才是真正的“唯一源泉”，而不是“古书”和故纸堆——那只是“流”。期间，杨万里称“只是征行便有诗”，陆游也说“功夫在诗外”，但是很微弱，在那股强大的“以摹拟为风尚”的文艺思潮中很快便湮没无闻。

综合周密著作中所有关于以“推源溯流”法批评作品的文字，可以主要分为两大类型：一是形式上的。这表现在字、句法、语句、结构形式等方面的祖述规模时，基本不变或稍加改动，往往一眼便能看出渊源。我们姑且称为“师其辞”。二是内容上的。这表现在祖述时，虽然中心意思基本没变，但是从语言及文体形式上却是变化极大，非细心领会不能发现其规模的痕迹。我们姑且称为“师其意”。现将“师其辞”者举例如下：

> 《赤壁赋》谓：“自其变者而观之，则天地曾不能以一瞬；自其不变者而观之，则物与我皆无尽也。”此盖用庄子句法：“自其异者而视之，肝胆楚越也；自其同者而视之，万物皆一也。”③

> 东坡《赤壁赋》多用《史记》语，如：杯盘狼藉，归而谋诸妇，正襟危坐，开户视之。④

① 钱钟书：《宋诗选注》，人民文学出版社 1958 年版，第 17 页。

② 钱钟书：《宋诗选注》，人民文学出版社 1958 年版，第 18 页。

③ 周密：《浩然斋雅谈》，文渊阁四库全书，上海古籍出版社 1987 年版，第 1481 册，第 824 页。

④ 周密：《浩然斋雅谈》，文渊阁四库全书，上海古籍出版社 1987 年版，第 1481 册，第 824 页。

东坡诗喜用“去咼来”字：去咼来东观弃丹墨，长陵去咼来见大姊，去咼来城下作飞石，去咼来畦东走畦西……其用字盖出于颜延年《秋胡》诗：去咼来空复辞。所用之意同耳。①

“师其意”者则以《齐东野语》中“形影身心诗”条、“诗用史论”条和“文章相类”条为代表，上文已有引述，兹略。

二，诗道否泰，亦各有时：文学与政治时代关系。有关文学的繁荣衰落与政局的变化及统治者的提倡与否之关系，周密在《齐东野语》“诗道否泰”条作了集中论述。全文录下，再作分析：

诗道否泰

诗道否泰，亦各有时。政和中，大臣有不能诗者，因建言，诗为元祐学术，不可行。时李彦章为中丞，承望风旨，遂上章论渊明、李、杜而下皆贬之，因诋黄、张、晁、秦等，请为科禁。何清源至修入令式，诸士庶习诗赋者杖一百。闻喜例赐诗，自何文缜后，遂易为诏书训戒。是岁冬，初雪，太上皇喜甚。吴居厚首作诗三篇以献，谓之口号，上和赐之。自是圣作时出，讫不能禁，而陈简斋遂以《墨梅》诗擢置馆阁焉。

宝庆间，李知孝为言官，与曾极景建有隙，每欲寻衅以报之。适极有《春》诗云：“九十日春晴景少，百千年事乱时多。”刊之江湖集中；因复改刘子翚《汴京纪事》一联为极诗云：“秋雨梧桐皇子宅，春风杨柳相公桥。”初，刘诗云：“夜月池台王傅宅，春风杨柳太师桥。”今所改句，以为指巴陵及史丞相。及刘潜夫《黄巢战场》诗云：“未必朱三能跋扈，都缘郑五欠经纶。”遂指为谤讪，押归听读。同时被累者，如敖陶孙、周文璞、赵师秀及刊诗陈起，皆不得免焉。于是江湖以诗为讳者两年。其后史卫王之子史宅之，婿赵汝谋，颇喜谈诗，引致黄简、黄中、吴仲孚诸人。洎赵崇龢进《明堂礼成》诗二十韵，于是诗道复昌矣。②

① 周密：《浩然斋雅谈》，文渊阁四库全书，上海古籍出版社1987年版，第1481册，第828页。

② 周密著、张茂鹏点校：《齐东野语》，中华书局1983年版，第292页。

文章虽短，却包蕴丰富，显示了周密为文简洁扼要，不枝不蔓。文章开宗明义；诗道否泰，亦各有时——点出文学的繁荣发展与时代紧密相关。然后，两个段落，两次兴衰，呈现出一次循环往复，提示了文学繁荣与衰落的规律。文中各以有宋最大的两次文字狱元祐诗祸和江湖诗祸来标识两次衰落的原因：前者是因为新旧党争而波及文学的起伏，后者是因为统治者个人恩怨而引起文学的动荡；前者出现转机是因为“太上皇喜甚”，后者则因当朝宰相的子婿“颇喜谈诗”，于是“诗道复昌”。要之，周密用距其不远的铁的事实证明了：文学是随着时代的发展变化而发展变化的。在这个发展变化过程中，统治者的好恶以及政治上的争斗，甚至是统治阶级内部个人之间的恩恩怨怨都会在某种程度上左右文学的繁荣或衰落。而对于文字狱这一因政治倾轧而祸及文学和文人的封建社会畸形产品，周密更是不加掩饰地流露出他极大的痛恨和厌恶，并在他处，如《齐东野语》卷十一“吴倜”条也有提及。

三，雅与俗的碰撞，晚明小品之滥觞：尚雅的词学观与重俗的戏剧观。闻一多先生在《文学的历史动向》中说：“中国文学史的路从南宋起便转向了，从此以后是小说戏剧的时代。”① 更准确地说，在元蒙的铁蹄踏破南宋小朝廷苟安梦想的同时，也将相继盘踞了两千余年的正统文学（诗文词）踩在脚下，奄奄一息。从此，俗风烈烈，小说戏剧成了中国文学史舞台上的联袂主角。周密由宋入元，用自己创作和理论上的雅俗观念转变，缩影般印证了中国古代文学从雅到俗的变迁。

受南宋提倡“复雅”文艺思想的影响，创作上，“周密在前期词中常以高雅的格调写风雅的生活和清雅的景物”②。理论上，无论评诗论艺，还是词选文选，都体现了他力主骚雅，反对俚俗的倾向。然而，周密并非完全地把通俗文学拒之门外。相反，他不但通过《武林旧事》对宋杂剧演员、角色、剧场、剧目的记载，《齐东野语》对宋代优戏内容的叙述以及《癸辛杂识》对元初民间南戏《祖杰》形成的著录，保存了弥足珍贵的戏剧学史料，而且深刻认识到戏剧这一通俗文体的巨大社会作用。当然，周密关于雅俗文学观念认识中的矛盾和变迁轨迹，既有社会历史等客观因素，同时也是文学自身内部规律发展演进的结果。下面简述其宋亡前尚雅（词）的文学观到

① 闻一多：《闻一多全集》，三联书店1982年版，第201页。

② 王国维：《宋元戏曲史》，百花文艺出版社2002年版，第78页。

宋亡之后重俗（戏剧）的文学观的转变，并分析这种从雅到俗转变的原因和局限。

词本为俗文学样式，从晚唐五代发展到南宋姜白石、吴文英、周密、张炎、王沂孙一辈手中，逐渐雅化。周密作为宋末临安江湖雅人的代表，其创作和词选都反映了当时的“骚雅”风尚。金启华、萧鹏先生在《周密及其词研究》中对其词学思想论述极详，兹不赘述。仅就关于“雅”的部分摘录一些，以见其大概：

> 他与张炎一样颇具“骚姿雅骨”，操守、举止、情趣、谈吐、属辞、交游、起居无不关系一个“雅”字。故宰相马廷鸾说他“雅思渊才”，为《草窗韵语》作序的陈存敬称他“趣尚修雅”，《新元史》谓其“学问渊雅”，江宾谷叹其“风雅博洽”；他以“志雅”名其堂室，以“雅谈”名其书稿；他在诗中说“琴书存雅道”，说“相期在大雅，一洗哇俚淫”。可见他不仅趣尚修雅，学问渊雅，气质高雅，而且雅思雅志，有意识要在文坛上扫除淫俗恶道，伸张雅正。……清人戈载曾说：“（周密）所辑《绝妙好词》，采撷菁华，无非雅音正轨。”朱彝尊亦云：“周公谨《绝妙好词》选本中多俊语，方诸《草堂》所录，雅俗殊分。”另一位清代学者张宗泰又说：“周密《绝妙好词》七卷所选之词，大抵声情美丽，意致绵邈，不涉鄙俚之习，盖其持择者审也。”公论所在，决不是一人之言一时之论。①

与姜白石、张炎、王沂孙等人一道，周密用自己的创作和理论，把词这本来鲜活的俗文学样式通过“雅化”而推入死路，应该说是“过大于功”。不过周密也因为他最早对“戏剧”这又一俗文学样式地位的抬高，可以说是“将功补过”罢。这一过程正如沈家庄先生在《中国诗体嬗递规律及文化机制与美学动态》一文中所说：“终于将始创于民间的较俗的诗歌体式饰以华藻的外衣，注入沉郁的情感，获得较高雅的审美价值。但又必定会将这种诗体推进僵化的典雅之塔。于是民众摈弃既有的、僵化的形式，新的诗体

① 金启华、萧鹏：《周密及其词研究》，齐鲁书社 1993 年版，第 221 页。

又在创制与酝酿之中——这就是又一个由雅入俗的诗歌发展新周期的到来。”①

王国维在《宋元戏曲史》一书中引用周密《武林旧事》《齐东野语》《癸辛杂识》三书中的戏剧文献达20余处，这既看出周密相关戏剧史料记载的重要，也从中显露了周密本人对戏剧这一新兴俗文学样式的重视。周密关于戏剧方面的论述和记载主要分布如下：《武林旧事》卷四“乾淳教坊乐部”条、卷六“诸色伎艺人”条及卷十“官本杂剧段数”；《齐东野语》卷十三“优语”条；《癸辛杂识》别集卷上“祖杰”条。从中对戏剧的艺术形式和内容倾向均有所涉及。如《齐东野语》“优语”条云：

> 当史丞相弥远用事，选人改官，多出其门。制阃大宴，有优为衣冠者数辈，皆称为孔门弟子，相与言：“吾侪皆选人。”遂各言其姓……别有人出曰：“吾宰予也，夫子曰，于予与改，可谓侥幸。”其一曰：“吾颜回也，夫子曰：‘回也不改’，吾为四科之首而不改，汝何为独改”曰：“吾钻故改，汝何不钻？回曰：“吾非不钻，而钻弥坚耳。”曰：“汝之刁；改宜也，何不钻‘弥远’乎？’其离析文义，可谓侮圣言，而巧发微中，有足称言者焉。”②

再如《癸辛杂识》“祖杰”条云：“温州乐清县僧祖杰，自号斗崖，杨髡之党也。……旁观不平，惟恐其漏网也，乃撰为戏文，以广其事。”③

从周密“巧发微中，有足称言者”可见其于戏剧针砭现实的功能的认识，这正是其诗文批评中“学问须观其效”的观点的延伸。他把刚刚兴起的为封建正统文人所鄙视的这一文学样式抬高到与传统诗文并驾比肩的高度，足见其“雅不避俗”的融通文学观。而“惟恐其漏网也，乃撰为戏文，以广其事”云云，也无疑说明了戏剧的巨大社会作用和影响。此外，上文所载史弥远、祖杰两戏剧人物都取材于当时的现实生活，这等于说，戏剧在其萌芽时便已远开有清“事俱按实”派如《清忠谱》《桃花

① 沈家庄：《宋词文化与文学新视野》，人民文学出版社2002年版，第286页。

② 周密著、张茂鹏点校：《齐东野语》，中华书局1983年版，第244页。

③ 周密著、吴企明点校：《癸辛杂识》，中华书局1988年版，第261页。

扇》之先河。

宋元之间的朝代嬗替，标志着雅文学的终结和俗文学的开始。周密由宋入元，文学上雅不避俗，出入于雅俗之间，显示了他矛盾而又融通的文学思想。若探究其形成的原因，其一便是为了追咎宋亡之由，而戏剧针砭现实的社会作用正好暴露了北宋末年以来的政治弊端。另外，元初戏剧蓬勃兴起，周密与关汉卿、白朴、马致远生于同时，年龄相差无几。1277 年，关汉卿南游杭州等地；1286 年前后，大批杂剧作家和艺人南下，杂剧活动重心开始南移，与南戏相会于杭州。这一切对宋亡后一直寓居在杭州的周密来说，不能不是一个震动并提高了他对戏剧的认识。还有，尽管戏剧在元初方兴盛成熟，但它却主要是在两宋尤其南宋成长起来。所以，对周密来说，它应该属于故国文献文化的一部分。那么，如果说宋亡前因为严别雅俗界限的缘故而曾对戏剧心存轻视的话，那么，宋亡后，对于这一故国文化的感情当会亲切如见故人。当然，正因为这种强烈的遗民意识，也无形中限制了周密对代表元代文学之戏剧的全面而正确的认识和评价。

要之，通过对周密宋亡之前词学观的尚雅以及宋亡后戏剧观重俗的分析，我们不但认识了周密由雅入俗，雅不避俗的文学思想，而且，作为这一文学观念的典型代表，由个别到一般，我们也能推见宋元文学转型期雅俗变迁的整体风貌来。

最后，简单谈谈周密《绝妙好词》和《澄怀录》两个选本中体现出的文学思想。金启华、萧鹏先生在《周密及其词研究》中把周密的词论与张炎《词源》作比较，指出二人都受姜白石影响，论词主“骚雅清空”。而《绝妙好词》正集中反映了这种词学思想，并以选本的形式被“宗法姜张”的清初浙西词派奉为圭臬。

至于周密的散文选本《澄怀录》中所体现的文学思想，《四库全书总目》之《澄怀录》提要云：“是书采唐宋诸人所记登涉之胜与旷达之语，汇为一编，皆节载原文而注书名其下。亦世说新语之流别，而稍变其体例者也。明人喜摘录清谈，目为小品，滥觞所自盖在此书矣。”评价极高。将其比作《世说新语》，是说该选本有小说性质，即通过人物的“清谈”与“旷达之语”展示人物性格和形象。而称此书乃晚明小品文之滥觞，更是惊人之语，当会成为中国文学史上，尤其散文史上重要的一笔。再联系《绝妙好词》在清初浙西词派中的位置，我们可以说，仅就选本而言，周密的文学思想之于明清之际文学的影响便极为可观。[1]

第七节 周密文学思想的特征和意义

一，矛盾与融通。综上所述，我们发现周密文学思想的显著特征之一，便是矛盾而不失通达，冲突对立又总能圆融自洽。不是吗？他的文学观点东鳞西爪、零零散散地分布在众多著作之中，似乎让人摸不着头脑，但若掇拾并连缀起来，便呈现出自成体系的“大模样”而令人有“见龙在田”的惊异。他声称“学问之所尊，尊在道与义”，也认识到文学“写怀兴寄”与“发愤抒情”的真谛。他以“率意而写”的平淡自然之美为极致，又不废“作文不惮于改”的苦苦锻炼。他提倡“用事”，又警觉于以“用事多为博赡”的错误，因此告诫“不可有意于用事”，这正如他反对江西派“词意高深要从学问中来”所产生的弊端，同时深叹“胸中无千百家书，乃欲为诗，如贾人无资，终不能致奇货也”。他感慨律当协而“难于协”，呼吁“协韵不可牵强”和不必有“四声之拘”。“源流射泽”是他对我们离不开古代文化滋润的首肯，“自成一家”则又要求我们继承中有创新。他言法而不泥于法，他极雅却雅不避俗，他谈文如其人又不类其为人，如此等等，把看似无法统一的对立观点和谐地统一于一身，这无异非大手笔则不能为。当然，这除了得益于周密个人的禀赋素养之外，还应该与其复杂的思想、坎坷的经历以及因此引起的心态变化等因素息息相关。

周密一生坎坷不遇，又遭亡国破家之痛。虽悲愤抑郁，却依然达观自适，至老不见颓态。单从这点上来说，萧鹏先生曾比其为苏轼，不可不谓知音。周密少年便饱读诗书，十分留意于“得失治乱兴亡之迹”。其志远大且自视甚高，又恰逢元蒙铁蹄横践南宋小朝廷半壁河山之际，可算英雄正有用武之地。无奈初入仕途，一腔热情便被兜头浇灭：奸相贾似道专权擅政，对外软弱妥协，对内欺君瞒上并排挤暗算良将忠臣。职位卑微的周密，只有眼睁睁看着江山沦陷，国事日非。既然回天无力，周密便与一班“志不获骋”的“承平年少”“朝歌暮嬉、酣玩岁月”，过着看似洒落实则逃避的日子。我们知道他很难过，那种空有冲天抱负而报国无路的令人心痛心碎的难过！

---

① 任竞泽：《周密的文学思想》，《文学评论丛刊》2008 年第 2 期。

难过又有什么用呢？他只是一介儒生（尽管体貌豪逸俊伟，但从小便体弱多病如同李长吉），更多时候还带着掩饰起来的软弱。我们又能要求他做什么呢？用世的希望已然成为过眼云烟，幸好还有出世的幻影可以寄托愤激不平又羞愧难当的心灵。他，他们，一个王朝最后的精英，清醒地知道马上将会发生什么。他们一定害怕这种清醒，又有什么比这死亡之前的清醒更可怕呢？尤其是对他们这群由于生长在温柔富贵之乡而带有天生软弱的承平年少。于是，遥望着元蒙战马在不远处扬起的烟尘，他（他们）依旧登临游赏，放舟邀凉。这看起来有点像那个阿斗、李后主或太真皇上。其实，我们知道，他只是用他自己悲凉而独特的放旷，最后行走在大宋的西湖苏堤上，最后聆听荆溪雪川的叮咚流淌。不是吗？他知道他无力挽救那个王朝，但他可以把蔑视的目光投放给即将成为异族的天壤。终于，"兵火破家，一切散去"①。依照他原本孱弱的身体和宋季萌发的出世思想，按说这回该彻底垮掉并心灰意冷地遁迹山林了。是，也不是。确实，他"抗节遁迹"②，以出世为入世——他"以无所责守而志节不屈著称"于世③，以"介然特立，足以增亡国之光"④。他的确出世了，然而这是"横空出世"，这更是极为耀眼的"入世"。不但如此，他更以"发愤著书"来实现了儒家的"三不朽"。也就是说，宋亡前他本该积极入世的时候，无奈只有消极地出世；宋亡后他本该消极出世的时候，却主动地积极入世。如此矛盾的事情竟然如此和谐地统一在周密身上，其实这并不足为奇。在宋型文化的浸染下，周密像许多宋代文人（比如苏轼）一样，以儒家思想为主，又出入于释道。"他们不再满足于进或退的二向选择，而试图建构起一种融进与退、仕与隐为一体的新型人格境界。……这种生存智慧集儒家之阳刚进取、入世与道释的阴柔潜退、出世于一体，在保全性命并保持精神愉悦和乐的前提下关心天下大事。"⑤正是这种立足于宋学的大地而调和儒道释于一炉的融通思想，使得周密看问题、做事情便不会偏执一端，而显得辩证通达。这样一来，我们就很容易理解周密的文学思想为何冲突对立又总能圆融自恰了。当然，我们上面对周密

① 朱存理：《珊瑚木难》卷6，适园丛书本。

② 郑思肖：《郑所南文集》，知不足斋丛书本，第10页。

③ 郑思肖：《郑所南文集》，知不足斋丛书本，第10页。

④ 郑思肖：《郑所南文集》，知不足斋丛书本，第10页。

⑤ 李春青：《宋学与宋代文学观念》，北京师范大学出版社2001年版，第29页。

的仕宦经历、亡国遭遇、抗节遁迹以及思想复杂融通的简要叙述，绝不只是为了解释这一点，更重要的是，我们希望借此一系列的周密生平思想介绍，可以更透彻地了解和发掘周密文学思想背后的深层成因。

二，终结共总结。凝望着那个王朝远去的背影，周密怅怅地跌进了另一片天地。“风景不殊，正自有河山之异”①，寄居在昔日熟悉的临安一隅，我们的诗人注定要在回忆中熬尽他生命中最后的二十年。兀立于历史的废墟上，总结历史；他傲骨嶙峋，深邃的目光穿越时间的隧道，沉郁地寻找着国所以亡的痕迹。这正如《四库全书总目》之《伯牙琴》提要所云：密放浪山水，著《癸辛杂识》诸书，每述宋亡之由，多追咎韩贾，有黍离诗人“彼何人哉”之感②。

前面提到，周密自幼读书便于“古今得失治乱之故，必审其是”，因此形成了他敏锐的历史兴亡之感。这无疑使他在总结历史时会更深刻，更有见的。也因此，后世之治宋史者都会毫无例外地把其野史笔记作为首选的参考史料。与其生命轨迹所处的特殊历史位置相关，周密不但见证了一段历史的终结，也目睹了中国古代文学一次由宋入元的变迁和从雅到俗的转型。如果我们再回过头来剖析观照他的文学思想，便会发现，这种总结性的精神同样闪现在他对宋代文学思想的某种程度的总结上。

在此之前，有宋一代对文学思想和文学理论批评的总结大体有两次。其一在北宋前中期，其二在南宋中后期。前者以欧阳修、苏轼为代表，后者以刘克庄、严羽为代表。随着北宋诗文革新运动序幕的拉开，欧阳修、苏轼先后主盟文坛，并“团结了一大批优秀作者和批评家，各有建树，宛如群星灿烂，异彩纷呈”③。二人无论从创作和理论都取得了巨大的成就。尤其苏轼，其“所表述的文艺思想，可谓时代的集大成者”④。所谓集大成者，应该是说，他们在对前代尤其是中唐以后的文学思想进行了全面的总结之后，再结合当时的文艺思潮，并吸收同时代批评家的优秀成果，加上自己的创作实践，从而建构起庞大卓异的文学思想体系。因此，这次总结，是一次历史性的总结。

---

① 刘义庆著、刘孝标注：《原注世说新语》，广西民族出版社 1996 年版，第 43 页。
② 邓牧：《伯牙琴》，文渊阁四库全书，上海古籍版社 1987 年版，第 1189 册，第 501 页。
③ 顾易生、蒋凡、刘明今：《宋金元文学批评史》，上海古籍出版社 1996 年版，第 2 页。
④ 顾易生、蒋凡、刘明今：《宋金元文学批评史》，上海古籍出版社 1996 年版，第 2 页。

其后，黄庭坚继起，陈师道辅翼之，形成了声势浩大的江西诗派。以黄庭坚为首的江西诗论当是真正意义上宋诗的理论——它的创立可以说是一无依傍，从宋诗创作中来，反过来指导宋诗的创作，地地道道独具宋诗特色的理论。当然，独具宋诗特色的江西诗论自有它的瑕疵，其末学更是流弊丛生。于是，围绕着这一点，南宋诸家诸派各抒己见，争端迭起，也把理论的建树推向了另一轮高潮，首先，吕本中、曾几、陈与义、陆游、杨万里、姜夔等人出入于江西，在补弊救偏的同时又有所树立，有所超越。其后，“四灵”规模“姚贾”，意欲冲破“江西”藩篱，但气象未免跼蹙。接着，“江湖诗人”遍布江湖，他们反江西，学晚唐，效“四灵”，影响很大，但除了戴复古、刘克庄之外，整体成就不高。宋诗走到这里，一片混乱：江西末学，四灵，江湖诗派，一会儿反这个，一会儿学那个，嘈嘈杂杂地找不到出路，彻底地陷入了低迷。

文学发展的规律证明，这正是需要有人从理论上加以总结以振衰起痹的关头。果然，刘克庄和严羽几乎同时应时而起。尽管二人理论体系有别，成就影响不一，但有一点相同，那就是二人都针对现实文艺思潮，把矛头直指江西四灵江湖诗派的弊端，并吸收前人尤其是宋人已取得的成绩，营构起各自宏大的文学思想体系。可以看出，严、刘的这次总结是对宋诗本身发展变化的总结，并指明方向。关于二人理论上的不同之处，大体有三。其一，在对江西四灵江湖三大诗派的指摘批评上，严羽过于偏激，刘克庄则显得通达温和些。其二，严羽诗论侧重在美学方面，刘克庄则对文学的现实社会作用给予了更多的关注。其三，严羽的诗学思想沾溉后世更为深远，刘克庄的影响则主要在宋末文坛。

上面花费了许多笔墨来论述有宋一代文学思想发展的三次高潮（欧苏、黄陈、严刘）和两次总结（欧苏、严刘），并非是无的放矢。一则周密的文学思想于上述诸人均有不同程度的承继，并在前面或多或少地做过引述。这样串联起来再回过头去看，便会对其渊源流变一目了然。一则我们把周密的文学思想作为一次总结来谈，那么他的这次总结便成了三次高潮、三次总结这一链条中的一环。这样一来，周密文学思想之于终宋一代文学理论批评发展演变轨迹的意义便不言自明了。此外，周密的文学思想近源严刘也为原因之一。下面就周密文学思想之于严刘的承传关系来分析其总结性质。

严羽和刘克庄与周密同时稍早。严羽卒时（1246 年前后，据张少康先生考证[①]），周密 15 岁；刘克庄卒时（1269）周密 38 岁，比较起来，周密对刘克庄了解更深。周密虽非江湖诗人（据张宏生先生考证[②]），但其《绝妙好词》中选录了众多的江湖诗人，其他著作中也多有提及，他还与江湖诗人中的陈允平等相交至深，其诗宗晚唐，也显见受江湖诗派影响。所有这些，足以说明他为何在著述中大量记载江湖诗派领袖刘克庄的言论和文论。而周密之论“妙悟”“兴趣”“韵味”等也可证其对严羽诗话当知之甚深。周密对严刘二人理论的继承融合在前面已有重点引述，兹不赘言。所以，周密文学思想近源出于严羽、刘克庄，这是毫无疑问的。

上边我们说过，严刘二人理论各有所侧重，一个重审美特征，一个重现实内容。值得注意的是，周密于二者都极为看重，兼顾文学内容和形式的统一。综上所述，周密当是深入总结分析了严刘的文学理论，然后扬弃整合地建构起自己的文学思想体系。因此，周密的这次总结，应该说主要是对严刘二人的糅合总结。当然，我们能够看出，其实每次总结都是在同时代的基础上又吸收了所有前人的遗产的。更准确地说，由于周密的故国遗民身份及作为末代历史文学的最后见证人，那么，有谁会比他的历史文学及文学思想的总结更完整，更有说服力呢？最后，我们不能不提到具有完整文学思想体系的季宋评点批评家刘辰翁。最富有意味的是，二人同年生，人品经历等方面均极为相似。最关键的是二人的文学思想也不谋而合。这样，有刘辰翁作参照，周密文学思想的总结意味无疑更浓了。不过，这会引出一个更大的题目——宋遗民文人的文学思想，随即牵涉到方回张炎戴表元沈义父等等文论家及其文学思想，非本文所能胜述。

三，领袖和旗帜。宋代末年，以临安为中心活动着一群文人。萧鹏先生在《周密及其词研究》中这样写道：“习惯上称他们为宋末江湖雅人，他们中主要有杨缵、张枢、周密、李彭老、李莱老、王沂孙、陈允平、施岳、赵孟坚、仇远、赵与仁、金应桂、王英孙、薛梦桂、王易简等。宋末临安的这一群江湖雅人，有着浓重的宗派意味。”[③] 这里，萧鹏先生主要是从词人群

① 张少康：《中国文学理论批评发展史》，北京大学出版社 1995 年版，第 101 页。
② 张宏生：《江湖诗派研究》，中华书局 1995 年版，第 315 页。
③ 金启华、萧鹏：《周密及其词研究》，齐鲁书社 1993 年版，第 45 页。

体的角度分析而称其具有宗派意味。当然，这群文人在临安结为西湖吟社，“即是吟，当然是包括词也包括诗的”[1]。在这个具有宗派意味的文人群体中，“杨缵、张枢先后下世后，他（周密）在社中的地位逐渐提高，最终成为中心和领袖人物”[2]。周密把一大群优秀文人团结在他的周围，故而被“艺林推为领袖”（刘毓崧《重刊周草窗词稿序》），这种气势，很容易让人想起欧阳修、苏轼、黄庭坚和刘克庄。这些文坛领袖不但以他们的优异创作和人格修养而具强烈感召力，最关键的是，他们都把自己独创的文学思想体系作为旗帜，来引领文艺潮流的发展。当然，每个“领袖”的文学思想也应当是反映他那个文人圈的整体创作倾向并融入自己崭新的思想质素的。所以，我们通过透视作为旗帜的周密的文学思想，还能全面了解和把握聚集在他周围的那个文人群体的创作思想倾向。此外，由于凸现了周密的领袖地位和他的文学思想的旗帜作用，这时我们再来看上文所谓的“三次高潮”和“三次总结”这一宋代文学思想发展的链条，便会发现周密作为最后一环的不可或缺。这种说法不是夸大周密文学思想的作用，只是为了强调他的重要地位而已。

经过一番抉剔爬梳和归纳提炼，零零散散地沉埋于各种著述中的周密的文学思想，终于浮出水面，呈现出了一个较为清晰的轮廓。笔者以为，要想深入透彻地了解一个作家和他的作品，进而客观公正地评价他在所处时代的，或者整个中国文学史上的位置，那么，首先厘清并领会他的文学思想，无疑是必要且关键的一点，这或许也即本文的初衷罢。当然，由于才疏学浅，表现在材料的搜集、甄别以及上升为理论过程中的语言表达等方面，往往感到很吃力，难以驾驭。故而这种写作状态下出来的文章能够在多大程度上体现“初衷”，不免让人不敢肯定。此外，由于学力等各种原因，有几部分写的过于简略，如周密的词学思想和戏剧思想。尤其重要的是，应该将周密的文学思想纳入宋末元初遗民文人的文学思潮中，通过与当时较有成就、有代表的批评家如刘辰翁、方回、戴表元等的文学思想纵横比较，才能发现其文学思想的价值和在宋末元初或整个中国文学批评史中的地位。如此种种，都显示了本文的缺陷和不足。最后，将周密及其作品连缀一联，其中体

---

① 金启华、萧鹏：《周密及其词研究》，齐鲁书社1993年版，第52页。

② 金启华、萧鹏：《周密及其词研究》，齐鲁书社1993年版，第55页。

现的宋元易代背景和遗民作家心态等或可对进一步理解周密的文学思想有所裨益，也算对师友读我枯燥文字的一点补偿罢：

周遭冷雨　唯著蜡屐　漫步浩然斋中　幽幽吟草窗韵语
　　　　　　　　悲乎　圣宋去矣　空叹武林旧事如录云烟过眼
密布阴云　便披澄怀　静卧志雅堂上　浅浅唱绝妙好词
　　　　　　　　恨哉　乾元来兮　枉嗟齐东野语可谱萍洲渔笛

此联包括周密及其十部著作：《蜡屐集》《澄怀录》《浩然斋雅谈》《志雅堂杂钞》《草窗韵语》《绝妙好词》《武林旧事》《齐东野语》《云烟过眼录》《萍洲渔笛谱》。横批：《癸辛杂识》。

参考文献

B

遍照金刚著、王利器校注：《文镜秘府论校注》，中国社会科学出版社 1983 年版。

布封：《论文体》，见《布封文钞》，人民文学出版社 1958 年版。

C

蔡景康编选：《明代文论选》，人民文学出版社 1993 年版。

曹敏：《论新时期以来文体批评的独特品格》，《吉林师范学院学报》1998 年第 3 期。

曹明升：《清代词学中破体、辨体与推尊词体》，《中国文学研究》2005 年第 5 期。

曹旭：《诗品研究》，上海古籍出版社 1998 年版。

曹旭：《诗品集注》，上海古籍出版社 1994 年版。

陈必祥：《古代散文文体概论》，河南人民出版社 1986 年版。

陈昌云：《论明人的诗文之辨》，《中国韵文学刊》2009 年第 2 期。

陈国球：《胡应麟诗论研究》，华风书局有限公司 1986 年版。

陈望道：《修辞学发凡》，世纪出版集团、上海教育出版社 2006 年版。

陈文新：《从辨体角度看明清章回小说的几个特征》，《文艺研究》2006 年第 2 期。

陈元锋：《北宋馆阁翰苑与诗坛研究》，中华书局 2005 年版。

程敏政：《明文衡》，上海书店 1989 年版。

程千帆、徐有富：《校雠广义》，齐鲁书社 1998 年版。

程毅中：《中国诗体流变》，中华书局 1992 年版。

褚斌杰：《中国古代文体概论》，北京大学出版社 1990 年版。

D

代迅：《断裂与延续——中国古代文论现代转换的历史回顾》，西南师范大学出版社 2002 年版。

丹纳著、张伟译：《艺术哲学》，北京出版社 2004 年版。

党圣元：《论汉魏六朝的赋体源流批评》，《延安大学学报》1989 年第 3 期。

党圣元：《中国古代文论范畴研究方法论管见》，《文艺研究》1996 年第 2 期。

党圣元：《中国古代文论的范畴和体系》，《文学评论》1997 年第 1 期。

党圣元：《苏轼的文章理论体系及其美学特质》，《人文杂志》1998 年第 1 期。

党圣元：《传统文论范畴体系之现代阐释及其方法论问题》，《文艺研究》1998 年第 3 期。

党圣元：《钱钟书的文化通变观和学术方法论》，《中国社会科学》1999 年第 4 期。

党圣元、陈志扬：《读吴承学〈中国古代文体形态研究〉》，《文学评论》2004 年第 5 期。

党圣元：《传统文论诠释中的视界融合问题》，《中国社会科学院研究生院学报》2006 年第 6 期。

党圣元：《评郭英德〈中国古代文体学论稿〉》，《文学评论》2007 年第 4 期。

党圣元：《在传统与现代之间—古代文论的现代遭际》，山东教育出版社 2009 年版。

邓国光：《挚虞研究》，香港学衡出版社 1990 年版。

邓国光：《〈周礼〉六辞初探—中国古代文体原始的探讨》，《汉学研究》1993 年第 1 期。

邓新跃：《论宋代的诗学辨体理论》，《江淮论坛》2005 年第 1 期。

邓新跃：《高棅〈唐诗品汇〉与明代格调派诗学辨体理论》，《湖南科技大学学报》2005 年第 2 期。

邓新跃：《王世贞对前七子诗学辨体理论的发展》，《船山学刊》2006 年第 4 期。

丁福保辑：《清诗话》，上海古籍出版社 1978 年版。

丁福保：《历代诗话续编》，中华书局 1983 年版。

杜甫著、清仇兆鳌注：《杜诗详注》，中华书局 1979 年版。

F

方师铎：《传统文学与类书之关系》，天津古籍出版社 1986 年版。

伏涤修：《清代词学由辨体向尊体的批评转向》，《烟台大学学报》2004 第 5 期。

傅刚：《昭明文选研究》，中国社会科学出版社 2000 年版。

G

高黛英：《〈古文辞类纂〉的文体学贡献》，《文学评论》2005 年第 5 期。

格拉汉、霍夫著、何欣译：《文体与文体论》，台北成文出版有限公司 1979 年版。

顾实：《汉书 · 艺文志讲疏》，上海古籍出版社 1987 年版。

谷曙光：《宋代翰林学士撰教坊乐语考论》，《中国文化研究》2005 年第 3 期。

谷曙光：《一部久被忽略的文体学集大成之作》，《北京大学学报》2005 年第 6 期。

顾易生、蒋凡、刘明今：《宋金元文学批评史》，上海古籍出版社 1996 年版。

郭建勋：《辞赋文体研究》，中华书局 2007 年版。

郭绍虞：《宋诗话辑佚》，中华书局 1980 年版。

郭绍虞：《提倡一些文体分类学》，《复旦学报》1981 年第 1 期。

郭绍虞：《中国文学批评史》，百花文艺出版社 1999 年版。

郭绍虞、王文生主编：《中国历代文论选》，上海古籍出版社 2001 年新 1 版。

郭英德、谢思炜等：《中国古典文学研究史》，中华书局 1995 年版。

郭英德：《中国古代文人集团与文学风貌》，北京师范大学出版社 1998 年版。

郭英德：《中国古代文体学论稿》，北京大学出版社 2005 年版。

郭英德：《中国文体分类学刍议》，《中山大学学报》2005 年第 3 期。

H

韩高年：《诗赋文体源流新探》，巴蜀书社 2004 年版。

韩经太：《诗学美论与诗词美境》，北京语言文化大学出版社 2000 年版。

何诗海、刘湘兰：《〈文心雕龙〉的文体学思想》，《江淮论坛》2005 年第 3 期。

何诗海：《汉代经学中的文体学研究》，《学术研究》2006 年第 4 期。

何诗海：《经史一体与文体谱系——郝经文体学思想初探》，《学术研究》2007 年第 8 期。

何诗海、吴承学：《明代诗话中的文体史料与文体批评》，《文艺理论研究》2008 年第 4 期。

何诗海、吴承学：《从章句之学到文章之学》，《文学评论》2008 年第 5 期。

何诗海：《四大类书与唐代文体学》，《古代文学理论研究》第 25 辑，华东师范大学出版社 2008 年 6 月版。

何诗海：《章学诚碑志文体刍议》，《文学遗产》2010 年第 2 期。

何诗海《刘咸炘的文体观及其学术史意义》，《中山大学学报》2010 年第 4 期。

何诗海：《“文体备于战国”说平议》，《文学评论》2010 年第 6 期。

何诗海：《作为批评文体的明清文集凡例》，《学术研究》2010 年第 10 期。

何诗海：《明清文体学研究的学术空间》，《文学遗产》2011 年第 3 期。

何诗海：《汉魏六朝文体与文化研究》，北京大学出版社 2011 年版。

何诗海：《从文章总集看清人的文体分类思想》，《中山大学学报》2012 年第 1 期。

何诗海：《明代庶吉士与台阁体》，《文学评论》2012 年第 4 期。

何诗海：《论清代文章义例之学》，《浙江大学学报》2012 年第 4 期。

何诗海：《明清总集凡例与文体批评》，《学术研究》2012 年第 8 期。

何诗海：《古赋辩体与明代辨体批评》，《文艺理论研究》2013 年第 1 期。

何诗海：《“六经皆史”与章学诚的文体观》，《中山大学学报》2013 年第 3 期。

何诗海：《明代辨体批评的成就》，《南京师范大学文学院学报》2013 年第 3 期。

何诗海：《〈文通〉与明代文体学》，《苏州大学学报》2013 年第 3 期。

何诗海、吴承学：《儒家经典中的文体与文体观念》，《古典文学知识》2013 年 5 期。

何诗海、吴承学：《浅谈中国古代文体价值谱系》，《古典文学知识》2013 年 6 期。

何诗海、吴承学：《类书与文体学研究》，《古典文学知识》2014 年 1 期。

何诗海、吴承学：《早期字书与文体学》，《古典文学知识》2014 年第 2 期。

何诗海：《总集凡例与文学批评——以〈读雪山房唐诗选〉凡例为中心》，《上海大学学报》2014 年第 4 期。

何文焕：《历代诗话》，中华书局 1981 年版。

何文汇：《杂体诗释例》，中文大学出版社 1986 年版。

贺严：《清代唐诗选本研究》，人民出版社 2007 年版。

洪迈撰、孔凡礼点校：《容斋随笔》，中华书局 2005 年版。

侯外庐等主编：《宋明理学史》，人民出版社 1984 年版。

胡才甫：《诗体释例》，台北中华书局 1969 年版。

胡大雷：《诗人 · 文体 · 批评》，人民文学出版社 2001 年版。

胡道静：《中国古代的类书》，上海中华书局 1982 年版。

胡红梅：《曹丕文体学思想新解》，《长江学术》2012 年第 3 期。

胡应麟：《诗薮》，上海古籍出版社 1958 年版。

胡仔：《苕溪渔隐丛话》，人民文学出版社 1981 年版。

胡震亨：《唐音癸签》，上海古籍出版社 1981 年版。

黄金明：《汉魏晋南北朝诔碑文研究》，人民文学出版社 2005 年版。

黄侃：《文心雕龙札记》，中华书局 1962 年版。

黄天骥主编：《中国古代戏曲与古代文学研究论集》，中华书局 2001 年版。

黄卓越：《传统文论的研究：途径与规范》，《文艺争鸣》1996 年第 4 期。

J

贾奋然：《六朝文体批评研究》，北京大学出版社 2005 年版。

贾奋然：《论〈文体明辨序说〉的辨体观》，《首都师范大学学报》2007 年第 3 期。

简锦松：《胡应麟〈诗薮〉的辨体论》，中国古典文学研究会编《古典文学》第 1 集，学生书局 1979 年版。

蒋伯潜：《文体论纂要》，正中书局 1942 年版。

蒋伯潜、蒋祖怡：《体裁与风格》，世界书局 1946 年版。

江少虞：《宋朝事实类苑》，上海古籍出版社 1981 年版。

蒋述卓等：《宋代文艺理论集成》，中国社会科学出版社 2000 年版。

姜涛：《古代散文文体概论》，山西人民出版社 1990 年版

蒋寅：《关于中国古代文章学理论体系》，《文学遗产》1986 年第 6 期。

蒋寅：《一代有一代之文学》，《文学遗产》1994 年第 5 期。

蒋寅：《古典诗学的现代诠释》，中华书局 2003 年版。

蒋寅：《论清代诗文集的类型、特征与文献价值》，《河北师范大学学报》2004 年第 1 期。

皎然著、李壮鹰校注：《诗式校注》，人民文学出版社 2003 年版。

金振邦：《文体学》，东北师范大学出版社 1994 年版。

L

李春青：《宋学与宋代文学观念》，北京师范大学出版社 2001 年版。

李昉等：《太平御览》，中华书局 1985 年影印版。

李昉等：《文苑英华》，中华书局 1990 年版。

李建中：《辨体明性：关于古代文论诗性特质的现代思考》，《华中师范大学学报》2001 年第 2 期。

李建中：《刘勰“体乎经”的批评文体意义》，《清华大学学报》2009 年第 4 期。

黎靖德编、王星贤点校：《朱子语类》，中华书局 1986 年版。

李士彪：《魏晋南北朝文体学》，上海古籍出版社 2004 年版。

李树军：《吴讷〈文章辨体〉的“乐府”分为六类》，《文献》2008 年第 6 期。

李万堡：《诗歌辨体论》，《内蒙古社会科学》2007 年第 1 期。

李兆洛：《骈体文钞》，四部备要本。

李中华、李会：《唐代七古、七言歌行辨体》，《光明日报》2003 年 11 月 12 日。

李壮鹰：《禅与诗》，北京师范大学出版社 2001 年版。

梁昆：《宋诗派别论》，商务印书馆 1938 年版。

凌朝栋：《文苑英华研究》，上海古籍出版社 2005 年版。

刘大杰：《中国文学批评史》，中华书局 1964 年版。

刘大杰：《中国文学发展史》，上海古籍出版社 1982 年版.

刘师培：《中国中古文学史讲义》，中国人民大学出版社 2004 年版。

刘世生：《西方文体学论纲》，山东教育出版社 1998 年版。

刘熙载：《艺概》，上海古籍出版社 1978 年版。

刘勰著、范文澜注：《文心雕龙注》，人民文学出版社 1978 年版。

刘熙著、王先谦疏证：《释名疏证补》，上海古籍出版社 1984 年影印本。

刘叶秋：《类书简说》，上海古籍出版社 1980 年版。

刘永济：《文心雕龙校释》，中华书局 1962 年版。

刘跃进：《〈独断〉与秦汉文体研究》，《文学遗产》2002 年第 5 期。

龙榆生撰、钱鸿瑛导读：《中国韵文史》，上海古籍出版社 2002 年版。

陆机著、张少康集释：《文赋集释》，人民文学出版社 2002 年版。

鲁迅：《中国小说史略》，文化艺术出版社 1990 年版。

罗根泽：《中国文学批评史》，上海古籍出版社 1984 年版。

罗宗强：《刘勰文体论识微》，《文心雕龙学刊》第六辑，齐鲁出版社 1992 年版。

罗宗强：《隋唐五代文学思想史》，中华书局 1999 年版。

罗宗强：《读文心雕龙手记》，生活・读书・新知三联书店 2007 年版。

吕德申:《钟嵘〈诗品〉校释》,北京大学出版社 1986 年版。

吕祖谦:《宋文鉴》,中华书局 1992 年版。

M

马端临:《文献通考》,台湾新兴书局 1965 年版。

马积高、黄钧:《中国古代文学史》,湖南文艺出版社 1992 年版。

麻守中:《中国古代诗歌体裁概论》,吉林大学出版社 1988 年版。

闵丰:《诗学模范与词格重建——清初当代词选中的辨体与尊体》,《南京大学学报》2008 年第 1 期。

敏泽:《中国文学理论批评史》,人民文学出版社 1981 年版。

敏泽、党圣元:《文学价值论》,社会科学文献出版社 1999 年版。

敏泽:《中国美学思想史》,湖南教育出版社 2004 年版。

莫砺锋:《江西诗派研究》,齐鲁书社 1986 年版。

莫砺锋编:《第二届宋代文学国际研讨会论文集》,江苏教育出版社 2003 年版。

莫砺锋:《古典诗学的文化观照》,中华书局 2005 年版。

O

欧阳询等:《艺文类聚》,中华书局上海编辑所 1965 年版。

Q

钱仓水:《文体分类学》,江苏教育出版社 1992 年版。

钱建状、刘尊明:《尊词与辨体,宋词独特风貌形成中的一对矛盾因子》,《湖北大学学报》2000 年第 3 期。

钱志熙:《论中国古代的文体学传统》,《北京大学学报》2004 年第 5 期。

钱志熙:《再论古代文学文体学的内涵与方法》,《中山大学学报》2005 年第 3 期。

钱钟书:《宋诗选注》,人民文学出版社 1958 年版。

钱钟书:《管锥编》,中华书局 1979 年版。

钱钟书:《谈艺录》,中华书局 1984 年版。

钱钟书:《宋诗选注》,生活·读书·新知三联书店 2002 年版。

钱中文:《体裁:审美特性,规范与反规范》,《文艺理论研究》1989 年第 1 期。

秦秀白:《文体学概要》,湖南教育出版社 1986 年版。

R

任继愈等:《宋明理学史》,人民出版社 1984 年版。

任继愈主编:《中国哲学发展史》,人民出版社,1994.

S

萨都剌:《雁门集》,清顾嗣立:《元诗选》,中华书局 1987 年版。

上海艺术研究所、中国戏曲家协会编:《中国戏曲曲艺词典》,上海辞书出版社 1981 年版。

沈承:《文体》，载《毛儒初先生评选即山集》，明天启刻本。
沈家庄:《思精神远晚唐独步——杜牧七绝散论》,《湘潭大学学报》1981 年第 4 期。
沈家庄:《中国诗体嬗递规律论略》,《文学评论丛刊》第 31 辑，1989 年版。
沈家庄:《宋词文体特征的文化阐释》,《文学评论》1998 第 4 期。
沈家庄:《宋词文化与文学新视野》，人民文学出版社 2001 年版。
沈家庄:《词别是一家》,《光明日报》2003 年 10 月 8 日。
沈家庄:《苏轼“词似诗”新论》,《光明日报》2005 年 11 月 18 日。
沈金浩:《文体学研究的学术空间》,《学术研究》2001 年第 4 期。
施畸:《中国文体论》，北平立达书局 1933 年版。
史小军:《论复古者的文体意识及其影响》,《学术研究》2001 年第 4 期。
舒芜等编:《近代文论选》，人民文学出版社 1959 年版。
司春艳:《论中国古代文体的规定性及符号学特征》，《辽宁工程技术大学学报》2009 年第 3 期。
司空图著、郭绍虞集解:《诗品集解》，袁枚著、郭绍虞辑注:《续诗品注》，人民文学出版社 1963 年版。
苏天爵:《元文类》，上海古籍出版社影印本 1993 年版。
T
唐圭璋:《词话丛编》，中华书局 1986 年版。
唐磊:《汉晋文体变迁及其机制考察》，中国社会科学院研究生院 2006 年博士论文。
陶东风:《文体演变及其文化意味》，云南人民出版社 1994 年版。
陶礼天:《六朝“文笔”论与文学观——〈文心雕龙〉“文笔之辨”探微》,《文艺研究》2005 年第 3 期。
陶秋英编选、虞行校订:《宋金元文论选》，人民文学出版社 1984 年版。
田浩编:《宋代思想史论》，社会科学文献出版社 2003 年版。
童庆炳:《文体与文体的创造》，云南人民出版社 1994 年版。
脱脱:《宋史》，中华书局 1977 年版。
W
汪超:《词学尊体研究综述》,《重庆文理学院学报》2009 年第 1 期。
王大亨、欧阳恒忠:《刘熙载〈书概〉签注》，广西师范大学出版社，漓江出版社 1990 年版。
王丹:《曹雪芹的哀祭文体观》,《红楼梦学刊》2009 年第 1 期。
王国维:《宋元戏曲史》，百花文艺出版社 2002 年版。
汪泓:《许学夷〈诗源辩体〉评议》,《江海学刊》1996 年第 3 期。
汪泓:《明代诗学状况与〈诗源辩体〉的写作缘起》,《江西社会科学》2002 年第 4 期。
汪泓:《许学夷诗体正变论之再评价》,《江西师范大学学报》2003 年第 5 期。

汪泓：《“辨体”不“辨意”——许学夷论“体制为先”》，《江西社会科学》2003 年第 5 期。

汪泓：《明代诗学“体制为先”观念之内涵及其流变》，《江西社会科学》2007 年第 3 期。

王水照主编：《宋代文学通论》，河南大学出版社 1997 年版。

汪小洋、孔庆茂：《科举文体研究》，天津古籍出版社 2005 年版。

王瑶：《中古文学史论集》，上海古籍出版社 1982 年版。

王应麟：《玉海》（附《辞学指南》），江苏古籍出版社、上海书店 1987 年影印本。

汪涌豪：《范畴论》，复旦大学出版社 1999 年版。

王元化译：《文学风格论》，上海译文出版社 1982 年版。

王运熙：《文心雕龙探索》，上海古籍出版社 1986 年版。

王运熙、杨明：《魏晋南北朝文学史》，上海古籍出版社 1989 年版。

王运熙、顾易生主编：《中国文学批评通史》，上海古籍出版社 1995 年版。

王运熙、顾易生主编：《中国文学批评史新编》，复旦大学出版社 2001 年版。

王运熙：《中古文论要义十讲》，复旦大学出版社 2004 年版。

王镇远、邬国平编选：《清代文论选》，人民文学出版社 1999 年版。

韦勒克、沃伦：《文学理论》，三联书店 1984 年版。

闻一多著、傅璇琮导读：《唐诗杂论导读》，上海古籍出版社 1998 年版。

吴秉杰：《文体，它的三种意义》，《小说评论》1988 年第 1 期。

吴曾祺：《文体刍言》，《涵芬楼文谈》，商务印书馆 1913 年版。

吴承学：《从破体为文看古人审美的价值取向》，《学术研究》1989 年第 3 期。

吴承学：《江山之助——中国古代文学地域风格论》，《文学评论》1990 年第 2 期.

吴承学：《辨体与破体》，《文学评论》1991 年第 4 期。

吴承学：《人品与文品》，《文学遗产》1992 年第 1 期。

吴承学：《中国古代文体学的历史发展》，《中山大学学报》1993 年第 1 期。

吴承学：《从体到派》，《学术研究》1993 年第 4 期。

吴承学：《中国古典文学风格学》，花城出版社 1993 年版。

吴承学：《生命之喻——论中国古代关于文学艺术人化的批评》，《文学评论》1994 年第 1 期。

吴承学：《明代八股文文体研究》，《中山大学学报》2000 年第 6 期。

吴承学：《中国古代文体形态研究》，中山大学出版社 2000 年版。

吴承学：《文体形态：有意味的形式》，《学术研究》2001 年第 4 期。

吴承学、沙红兵：《中国古代文体学学科论纲》，《文学遗产》2005 年第 1 期。

吴承学、沙红兵：《中国古代文体学研究展望》，《中山大学学报》2005 年第 3 期。

吴承学：《“八脚词”与宋代文章学》，中山大学学报 2005 年第 4 期。

吴承学、何诗海:《贺复征与〈文章辨体汇选〉》,《学术研究》2005 年第 5 期。

吴承学、陈赟:《对“文本于经”说的文体学考察》,《学术研究》2006 年第 1 期。

吴承学、何诗海:《论〈四库全书总目〉的文体学思想》,北京大学学报 2007 年第 4 期。

吴承学:《〈文体通释〉的文体学思想》,《古典文学知识》2007 年第 5 期。

吴承学、刘湘兰:《书牍类文体》,《古典文学知识》2008 年第 3 期。

吴承学、何诗海:《明代诗话中的文体史料与文体批评》,《文艺理论研究》2008 年第 4 期。

吴承学:《明代文章总集与文体学——以文章辨体等三部总集为中心》,《文学遗产》2008 年第 6 期。

吴承学:《宋代文章总集的文体学意义》,《中国社会科学》2009 年第 2 期。

吴承学:《中国文体学:回归本土与本体的研究》,《学术研究》2010 年第 5 期。

吴承学:《中国古代文体学研究》,人民出版社 2011 年版。

吴承学、何诗海:《中国文体学与文体史研究》,凤凰出版社 2011 年版。

吴承学:《论〈古今图书集成〉的文学与文体观念——以〈文学典〉为中心》,《文学评论》2012 年第 3 期。

吴承学:《中国文章学成立与古文之学的兴起》,《中国社会科学》2012 年第 12 期。

吴承学:《中国文体学札记:“文体”与“得体”》,《古典文学知识》2013 年 1 期。

吴承学:《中国文体学札记:读〈文体明辨序说〉二书献疑》,《古典文学知识》2013 年 2 期。

吴怀祺:《中国史学思想史》(宋辽金卷),黄山书社 2002 年版。

吴讷著、罗根泽点校:《文章辨体序说》,徐师曾著、于北山点校:《文体明辨序说》,人民文学出版社 1982 年点校本。

吴调公:《文学分类的基本知识》,长江文艺出版社 1982 年版。

吴文治主编:《宋代诗话全编》,江苏古籍出版社 1999 年版。

X

郊天庆:《曹丕与陆机的文体学思想比较论略——兼及魏晋文学思潮的发展轨迹》,《兰州大学学报》2009 年第 4 期。

萧统编、李善注:《文选》,中华书局影印本 1977 年版。

熊十力:《体用论》,中华书局 1994 年版。

徐宝余:《宋人〈离骚〉辨体——从宋人对〈骚〉类作品的选评出发》,《蒙自师专学报》2001 年第 5 期。

许嘉璐:《古代文体常识》,北京出版社 1980 年版。

许结:《从说字诠音到赋学辨体——简宗梧教授汉赋研究的思路与价值》,《古典文学知识》1997 年第 3 期。

徐楠:《试论祝允明的诗歌辨体意识与创作观》,《齐鲁学刊》2007 年第 2 期。

许慎撰、清段玉裁注:《说文解字注》,江苏古籍出版社 2006 年版。

徐兴华等:《中国古代文体总览》,沈阳出版社 1994 年版。

许学夷撰、许维浓点校:《诗源辩体》,人民文学出版社 1987 年点校本。

徐召勋:《文体分类浅谈》,安徽教育出版社 1986 年版。

徐中舒主编:《汉语大字典》(缩印本),湖北辞书出版社,四川辞书出版社 1992 年版。

许总:《宋明理学与中国文学》,百花洲文艺出版社 1999 年版。

薛凤昌:《文体论》,商务印书馆 1934 年版。

Y

亚里士多德:《诗学》,商务印书馆 2003 年版。

鄢化志:《中国古代杂体诗通论》,北京大学出版社 2001 年版。

颜昆阳:《论文心雕龙辨证性的文体观念构架》,《文心雕龙综论》,(台湾)学生书局 1988 年版。

颜延之著、王利器集解:《颜氏家训集解》(增补本),中华书局 1993 年版。

严羽著、郭绍虞校释:《沧浪诗话校释》,人民文学出版社 1961 年版。

杨东林:《汉魏六朝文体论与文体观念的演变》,中山大学 2004 年博士论文。

杨庆存:《宋代散文研究》,人民文学出版社 2002 年版。

杨晓霭:《宋代声诗研究》,中华书局 2008 年版。

杨仲义:《中国古代诗体简论》,中华书局 1997 年版。

姚爱斌:《协和以为体,奇出以为用——中国古典文体学方法论初探》,《文艺理论研究》2005 年第 6 期。

姚爱斌:《中国古典文体论思辩》,首都师范大学 2006 年博士后工作报告。

姚爱斌:《论中国古代文体论研究范式的转换》,《文学评论》2006 年第 6 期。

姚爱斌:《中国古代文体观念与文章分类思想的关系——兼与西方文类思想比较》,《海南大学学报》2007 年第 3 期。

姚鼐:《古文辞类纂》,上海古籍出版社 1998 年版。

姚铉:《唐文粹》,浙江人民出版社影印杭州许氏园本 1986 年版。

永瑢等撰:《四库全书总目》,中华书局 1965 年版。

余嘉锡:《目录学发微》,巴蜀书社 1991 年版。

虞世南:《北堂书抄》,中国书店 1989 年影印本。

于雪棠:《先秦两汉文体研究》,北京师范大学 2002 年博士后工作报告。

余英时:《朱熹的历史世界》,生活·读书·新知三联书店 2004 年版。

郁沅、张明高编选:《魏晋南北朝文论选》,人民文学出版社 1996 年版。

Z

曾枣庄:《宋代文学与宋代文化》,上海人民出版社 2006 年版。

詹瑛:《〈文心雕龙〉的风格学》，人民文学出版社 1982 年版。

詹瑛:《文心雕龙义证》，上海古籍出版社 1989 年版。

张伯伟:《钟嵘〈诗品〉研究》，南京大学出版社 1993 年版。

张伯伟:《钟嵘诗品研究》，南京大学出版社 1999 年版。

张伯伟:《中国古代文学批评方法研究》，中华书局 2002 年版。

张岱年:《中国古典哲学概念范畴要论》，中国社会科学出版社 1987 年版。

张涤华:《类书源流》，商务印书馆 1985 年版。

张高评:《破体与创造性思维——宋代文体学之新诠释》，《中山大学学报》2009 年第 3 期。

张海鸥、梁穗雅:《北宋“话”体诗学论辨》，《中山大学学报》2005 年第 3 期。

张宏生:《江湖诗派研究》，中华书局 1995 年版。

张宏生:《宋诗融通与开拓》，上海古籍出版社 2001 年版。

张见:《辨体方法与王士祯的诗歌批评》，《求索》1991 年第 4 期。

张利群:《辨味批评论》，广西师范大学出版 2000 年版。

张利群:《刘勰“辨体”的文体论意蕴及批评学意义》，《广西师范学院学报》2007 年第 3 期。

张少康、刘三富:《中国文学理论批评发展史》，北京大学出版社 1995 年版。

Z

张晚林、王瑜:《格调的坚守与诗意的回归——评〈明代前中期诗学辨体理论研究〉》，《湖南科技大学学报》2008 年第 1 期。

张新科:《试论雅诗中的赋法》，《陕西师范大学学报》1985 年第 3 期。

张新科:《唐前史传文学研究》，西北大学出版社 2000 年版。

张新科:《魏晋南北朝时期史传文学的嬗变轨迹》，《陕西师范大学学报》2000 年第 4 期。

张新科:《唐前史传与辞赋》，《中州学刊》2000 年第 5 期。

张新科:《汉赋的经典化过程—以汉魏六朝时期为例》，《人文杂志》2004 年第 3 期。

张新科:《消费与接受：传记终极目标的实现》，《文学评论》2004 年第 5 期。

张新科:《从唐前史传论赞看骈文的演变轨迹》，《文学评论》2007 年第 6 期。

张新科:《论欧阳修的杂传传记》，《欧阳修研究—纪念欧阳修诞辰 1000 周年国际学术研讨会论文集》，学林出版社 2008 年版。

章学诚著、叶瑛校注:《文史通义校注》，中华书局 1985 年版。

张毅:《宋代文学思想史》，中华书局 1995 年版。

张智华:《南宋的诗文选本研究》，北京师范大学出版社 2002 年版

智少云:《浅谈文体的分类》，《牡丹江师范学院学报》1982 年第 1 期。

钟嵘著、陈延杰注:《诗品注》，人民文学出版社 1961 年版。

周萌：《六朝诗赋观考辨——以文赋、文章流别论、文选、文心为中心》，《深圳大学学报》2007 年第 5 期。

周密：《武林旧事》，西湖书社 1981 年版。

周密撰、张茂鹏点校：《齐东野语》，中华书局 1983 年版。

周晓燕：《小品文文体辨说》，《思茅高等师范专科学报》2006 年第 4 期。

周效柱：《〈诗薮〉中的辨体论》，《兰州学刊》2009 年第 2 期。

周勋初：《中国文学批评小史》，复旦大学出版社 2007 年版。

周裕锴：《宋代诗学通论》，上海古籍出版社 2007 年版。

周芸：《辨体破体与语体的认知》，《修辞学习》2003 年第 1 期。

周振甫：《文章例话》，中国青年出版社 1983 年版。

周振甫：《文学风格例话》，复旦大学出版社 2005 年版。

周振甫：《中国文章学史》，江苏教育出版社 2006 年版。

周祖譔编选：《隋唐五代文论选》，人民文学出版社 1990 年版。

朱东润：《中国文学批评史大纲》，上海古籍出版社 2001 年版。

祝尚书：《宋人总集叙录》，中华书局 2004 年版。

祝尚书：《宋代科举与文学考论》，大象出版社 2006 年版。

祝尚书：《宋代文学探讨集》，大象出版社 2007 年版。

朱艳英：《文章写作学文体理论知识部分》，东北师范大学出版社 1991 年版。

朱迎平：《宋文论稿》，上海财经大学出版社 2003 年版。

朱正华：《“辨体”辨》，《浙江师范学院学报》1983 年第 4 期。

朱子南：《中国文体学辞典》，湖南教育出版社 1988 年版。

朱自清：《朱自清说诗》，上海古籍出版社 1998 年版。

邹云湖：《中国选本批评》，上海三联书店 2002 年版。

责任编辑:宫　共
封面设计:源　源

图书在版编目(CIP)数据

宋代文体学思想研究/任竞泽著.—北京:人民出版社,2018.11(2021.4重印)
ISBN 978-7-01-020007-1

Ⅰ.①宋…　Ⅱ.①任…　Ⅲ.①中国文学—古典文学—文体论—研究—宋代
Ⅳ.①I206.2

中国版本图书馆CIP数据核字(2018)第249082号

宋代文体学思想研究

SONGDAI WENTIXUE SIXIANG YANJIU

任竞泽　著

人民出版社 出版发行

(100706 北京市东城区隆福寺街99号)

北京一鑫印务有限责任公司印刷　新华书店经销

2018年11月第1版　2021年4月第3次印刷

开本:710毫米×1000毫米 1/16　印张:19.75　字数:326千字

ISBN 978-7-01-020007-1　定价:52.00元

邮购地址:100706　北京市东城区隆福寺街99号
人民东方图书销售中心　电话(010)65250042　65289539